KB022676

창조산업

이 론 과 실 무

로저먼드 데이비스·고티 시그트호슨 지음
박동철 옮김

이 도서의 국립중앙도서관 출판예정도서목록(CIP)은 서지정보유통지원시스템 홈페이지
(http://seoji.nl.go.kr)와 국가자료공동목록시스템(http://www.nl.go.kr/kolisnet)
에서 이용하실 수 있습니다.
CIP제어번호: CIP2015029214(양장), CIP2015029215(반양장)

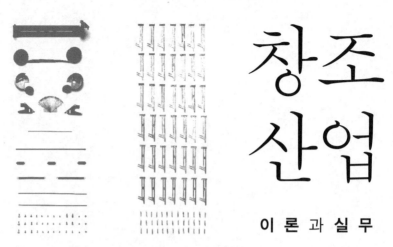

창조산업

이론과 실무

Introducing the
Creative Industries

박동철 옮김

로저먼드 데이비스·고티 시그트호슨 지음

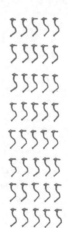

한울
아카데미

차 례

11

변화하는
경제 환경
/ 287

일러두기

_ 굵은 글씨로 표기된 용어는 본문 옆에 달린 용어 설명이나 책 뒤쪽에 있는 '용어 해설'에서 풀이를 보실 수 있습니다.

_ + 표시한 부분은 독자의 이해를 돕기 위해 옮긴이가 덧붙인 것입니다.

_ 단행본은 겹낫표(『 』), 논문이나 보고서는 홑낫표(「 」), 잡지나 신문 등 정기간행물은 겹꺾쇠(≪ ≫), 영화나 방송 프로그램은 홑꺾쇠(〈 〉)를 사용해 표기했습니다. 국내에 정식으로 소개된 책이나 영화는 소개된 제목으로 표기했으며, 그렇지 않은 것은 원제를 직역해 표기했습니다.

옮긴이의 글

우리는 '창조경제'라는 말을 흔히 듣지만, 그 구체적인 내용이나 의미는 선뜻 머리에 떠오르지 않는다. 창조경제는 박근혜 정부가 추진하는 경제정책의 핵심 개념이며, 신설된 미래창조과학부의 명칭에도 창조가 들어가 있다. 여기서 창조경제는 정보통신 등 첨단과학기술을 산업 전반에 접목시켜 일자리를 창출하고 미래의 성장 동력을 찾는다는 상당히 포괄적인 의미다. 이러한 창조는 창의적 아이디어를 강조하는 것으로서 슘페터의 '혁신'과 일맥상통한다.

이 책에서 말하는 '창조산업'은 문화, 예술, 방송, 광고 등 순수한 창작과 관련된 활동으로서 그 범위가 구체적으로 한정된다. 여기서 창조는 새롭고 독창적인 것을 만드는 작업이며 콘텐츠가 중시된다. 그 작업의 결과는 하나하나 작품으로서 개성이 있다.

창조산업의 이론과 실제 양면에서 세계에서 가장 앞선 나라로는 영국을 꼽을 수 있다. 영국 문화미디어체육부DCMS의 최근(2015.6.30) 발표에 따르면, 2014년 영국 전체 고용의 5.8%를 차지한 창조산업 일자리 수는 전년 대비 5.5% 증가했는데, 이는 전체 고용증가율 2.1%보다 훨씬 높다. 이러한 통계는 영국에서 창조산업이 활성화되고 있고 그것의 성장 기여도가 매우 높다는 사실을 보여준다. 일반적으로 말해서 성장 잠재력이 큰 분야가 바로 창조산업이다.

이 책을 집필한 저자 둘 다 영국 그리니치대학교에서 미디어를 강의하는 교수로서 구미의 경험과 사례를 많이 인용한다. 창조활동이 이루어지는 배경이나 맥락은 로컬의 성격이 강하지만, 하나의 산업으로서 기업조직, 근로형태, 유통 등은 글로벌한 공통성을 지니고 있다. 이러한 의미에서 이론과 실무를 관통하는 이 책은 국내 창조산업 종사자들이 원용할 만한 전범이다.

역자는 이 책을 번역하면서 외래어 등 용어 정리에 상당히 고심했다. 우리의 일반적 언어 관행을 고려하면서 일관성과 정확성을 기하려고 노력했다. 이해의 편의를 위해 독자 여러분에게 본문보다 먼저 권말의 용어 설명부터 일독하시기를 권한다. 참고문헌은 나중에 찾아보기 쉽도록 원문 그대로 실었다.

우리 민족이 가진 우수한 창의성과 끼를 마음껏 발휘할 분야가 바로 창조산업이라고 본다. 싸이의 「강남스타일」과 한류 드라마 같은 문화 콘텐츠 생산은 첨단기술 분야 못지않게 부가가치가 높은 미래 성장동력이다. 앞으로 한류문화가 세계 일류를 지향하면서 케이팝을 넘어 영화, 미술, 디자인, 소프트웨어 등 다양한 분야로 확산될 때, 작지만 강한 '글로벌 코리아'의 위상은 더욱 높아질 것이다.

2015년 10월
옮긴이

감사의 글

우리는 이 책을 저술하는 데 도움을 주신 분들의 지원과 격려에 감사한다. 그리니치대학교의 커뮤니케이션 및 창조예술 학과의 동료 교수들, 그리고 '미디어와 창조산업 분야 일하기' 수강생들에게도 감사드린다.

필자 로저먼드는 이 책을 연구·저술하는 데 관심과 지원을 보낸 앤지 대니엘Angie Daniell, 마르셀 번스타인Marcelle Bernstein, 브리지드 데이비스Brigid Davies와 특히 루크 클랜시Luke Clancy에게 사의를 표한다. 또한 말리 데이비스Marley Davies는 지난 2년 동안 필자의 주말과 휴일 작업을 고맙게도 잘 참아주었다.

필자 고티는 학회 발표가 이 프로젝트의 기초를 다듬을 기회가 되었음에 감사한다. 그러한 발표를 열거하자면 시티뮤직 콘퍼런스, 레이캬비크 아카데미, 웨스트민스터대학교, 에라스무스대학교, 문화학회, 미국비교문학회, 애버리스트위스대학교의 마틴 베이커Martin Baker, 리즈대학교의 헬렌 케네디Helen Kennedy와 데이비드 헤스몬달프David Hesmondhalph 등이다. 필자가 비프뢰스트대학교에서 안식년을 보낼 때 대화를 나눈 욘 올라프손Jón Ólafsson과 뇌르뒤르 시귀르욘손Njörður Sigurjónsson에게 감사한다. 스티브 케네디Steve Kennedy, 알레프 아딜Alev Adil, 데이비드 제너먼David Jeneman, 앤드루 나이턴Andrew Nighton, 코스타스 마로니티스Kostas Maronitis, 조이 화이트Joy White, 닐 퍼시벌Neil Percival, 데이비드 베리David Berry 등으로부터 받은 영감과 제안이 줄곧 도움이 되었다. 또한 많은 도움을 준 폴 베이Paul Bay, 뵈르퀴르 시그트호슨Börkur Sigthorsson, 그리고 베라 율리우스도티르Vera Júlíusdóttir

에게도 감사드린다. 고故 안나 크리스탸나 토르파도티르Anna Kristjana
Torfadóttir(1948~2012)에게 추모와 함께 깊은 사의를 바친다.
　끝으로, 기꺼이 인터뷰에 응해준 수많은 분들에게 감사한다. 대부분
익명으로 남기를 원한 그들의 도움 없이는 이 책이 결코 나오지 못했을
것이다.

서 문
: 이 책을 활용하는 방법

창조산업이란 하나의 은유로서 창조생산이 산업화되어 공장 같은 구조에서 그리고 다른 대중시장 상품 제조와 똑같은 원리에 따라 이루어진다는 것을 의미한다. 이는 단순화한 정의이지만, 창조산업이 여느 산업과 마찬가지로 사람의 힘에 의해 움직인다는 사실을 환기시킨다는 점에서 유용하다. 이에 따라 우리는 기존 문헌을 폭넓게 참고하면서도 밖으로 나가 창조실무자들을 광범위하게 인터뷰했는데, 이들의 이야기와 통찰력이 이 책 내용의 대부분을 채웠다.

우리는 고찰 대상을 오디오비주얼 제작, 음악, 게임, 출판 등 특정한 분야의 창조산업에 한정하지 않으며, 그 대신에 서로 다른 전문분야의 공통분모를 찾는 방식으로 창조산업을 고찰한다. 우리가 인터뷰한 사람들은 전문지식, 기량, 근무조건, 경제적 환경 면에서 서로 큰 차이가 있지만 핵심 사안에서 일정한 공통점이 있으며, 이것이 바로 이 책을 관통하는 주제를 형성한다.

첫째, 창조성과 상업 간의 관계를 고찰한다. 오늘날 수많은 사람들이 자신의 창조성을 직업화하고(즉, 창조생산물이나 창조서비스를 생산하고) 있지만, 기실 사람들은 수세기 동안 그래왔다. 화가, 세공인(아르티장), 장인, 작가, 배우, 연예인, 음악가 등으로 일정 기간 활동해온 사람들은 앞으로도 그런 활동을 계속해 나가겠지만, 그들이 어떻게 자신의 말, 이미지 또는 소리를 가지고 생계를 꾸리는지는(그리고 꾸릴 수 있는지 여부는) 전혀 다른 문제다.

둘째, 우리는 창조산업의 근로루틴과 근로문화를 검토한다. 즉, 창조근로자들이 무슨 일을 어떻게 무슨 환경에서 하는지 살펴본다. 다시 말해서 우리는 여러 전문가 부문에 걸쳐 공통된 문화·루틴·관행, 예를 들어 당신이 광고, 미술, 미디어 제작 등의 분야에서 프리랜서로 일할 때 왜 네트워킹이 필요한지 등에 주목한다.

셋째, 우리는 창조근로자들이 일하는 기업구조, 즉 발주, 고객 브리프, 자금조달, 기업가정신을 소개한다. 이러한 기업구조는 다소 추상적으로 보이지만 창조실무자들의 일상생활에 영향을 미친다. 예를 들면, (라디오, TV, 잡지 등을 위한) 콘텐츠 발주 방식에 따라 창조근로자들 간에 소득, 근로습관, 사회관계 면에서 차이가 생긴다. 그들이 어떻게 새로운 사업을 발굴해서 수행하느냐에 따라 일정한 구조가 도입되고 가능성이 열릴 수 있다.

이 책의 목적은 창조산업 내의 다양한 전문분야가 어떻게 아이디어, 기량, 재능 등의 면에서 상호의존적인지를 보여줌으로써 독자들의 지평을 넓히는 데 있다. 여러 분야 사이에는 공통된 특성이 있으며, 한 분야에 쓰이는 기량과 재능이 다른 분야에도 쓰인다. 창조산업 내에서 출발하더라도 한 분야에서 시작해 기회가 생겨 다른 분야로 옮길 수 있다. 창조산업은 아주 빠르게 변한다. 새로운 추세, 제품, 기술과 시장이 등장하면서 일부는 구식이 되어 사라지거나 경제성이 없어진다. 우리가 이 책을 통해 성취하고 싶은 것이 하나 있다면, 그것은 독자들이 기회가 올 때 그 기회를 포착하고 이용하도록 돕는 것이다.

1

창조산업이란 무엇인가

창조산업의 정의

적어도 통일된 범주로서의 창조산업은 존재하지 않는다. 이 책에서 우리는 '창조산업creative industries'을 다양한 활동·제품·서비스를 아우르는 포괄적인 용어로 다룬다. (몇 가지 예를 들자면) 미술, 음악, 영화·TV 제작, 게임 설계, 행사와 축제, 광고와 마케팅 등은 이 책에서 검토하든 그러지 않든 간에 모두를 잇는 다음과 같은 세 가지 정의적 특징을 지닌다(UNCTAD, 2010: 4). 첫째, 모두가 인간의 **창조성** 투입을 요구한다. 둘째, 모두가 **상징적 메시지의 전달수단**, 즉 의미의 전달자다. 셋째, 모두가 개인이나 단체에 귀속되는 **지적재산권** 요소를 적어도 잠재적으로는 포함하고 있다.

쉽게 말해서 창조산업은 경험과 관련된 것이다. 엄청난 범위의 경제 활동이 즐거움과 의미를 창조하는 데서 나온다. 이러한 경험이 상품과 서비스의 형태를 취할 때 컴퓨터 프로그래머와 엔지니어부터 작가, 미술가, 음악가 등에 이르기까지 수많은 사람에게 일을 제공한다. 또한 홍보PR부터 인터랙션디자인interaction design, 소매업에 이르기까지 많은

↪ **지적재산권(IPR)**

지적재산(권)은 음악에서 기계류에 이르기까지 매매할 수 있는 모든 형태의 원조창조물이다(2012.5.22. 영국 지적재산권청). 지적재산권의 유형에는 저작권, 특허, 상표, 디자인 등 몇 가지가 있다.

↳ **저작권(copyright)**

일정 기간, 보통은 원작자 사후 50~70년간 지적재산권 대상물(서적, 영상, 레코드, 영화 등)의 복제품을 생산하거나 판매할 수 있는 법적 권리를 말한다. 애초에 저작권은 배급·판매될 서적을 인쇄할 권리가 법적으로 누구에게 있는가를 확인하기 위해 고안되었다. 이는 또한 당국이 출판을 검열하고 싶은 경우에 책임자를 추적하는 편리한 방법이기도 했다. 오늘날 저작권은 노랫말, 악보, 잡지·서적 레이아웃, 소프트웨어, 데이터베이스 등 광범위한 원조창작물을 대상으로 한다. 저작권은 자동적 권리로서 권리자가 저작권을 신청할 필요가 없으며 제삼자에게 저작권을 양도하는 계약서에 서명할 때까지 창작물에 대한 저작권이 유지된다. 그러나 중요한 것은 저작권이 아이디어 자체가 아니라 아이디어의 표현에만 (쓰고, 보고, 듣는 등의 형태로) 적용된다는 점이다. 창조산업에서는 아이디어가 핵심이기 때문에 이는 창조근로자들에게 난제일 수 있다. 창조인은 아이디어를 피칭(pitching)하는 방식으로 길을 뚫어 관계자를 만나고 수주한다. 그래서 아이디어를 자유롭게 공유하는 것이 사장시키는 것보다 나은 사업 책략일 때가 허다하다. 반면에 아이디어는 남이 가로채기 쉬우며, 이를 막을 방도가 반드시 있는 것도 아니다. 창조실무자는 이 점을 늘 염두에 두고 사안에 따라 결정해야 할 것이다.

디지털 기술과 온라인 배급으로 저작권법 시행이 상당히 복잡해졌다. 음악·영화·서적의 사본 판매에 의존하는 사업모델은 저작권이 붙은 자료를 디지털 방식으로 복사·공유하려는 소비자와 타협하게 되었다. 그다음에는 동업자협회와 기업이 저작권 '해적질(piracy)'에 관련된 개인 소비자를 고소하고 판매 손해에 대한 배상을 청구함으로써 저작권 침해를 막으려고 했다. 좀 더 건설적인 측면을 보자면, 최근에는 이른바 저작권 위기를 계기로 특히 음악과 영화의 온라인 배급에서 엄청난 혁신이 일어났다.

추천 문헌: Lawrence Lessig, *Free Culture: How Big Media Uses Technology and the Law to Lock Down Culture and Control Creativity* (2005); Matthew Rimmer, *Digital*

종류의 서비스에서 즐거움, 의미, 경험이 일을 하는 데 절대적으로 중요하다. 예를 들면, 비디오게임이 즐겁고 의미 있는 경험을 제공하는 데 중점을 두지만 나이키, 스타벅스, 또는 캘리포니아 주 쿠퍼티노Cupertino에 본사가 있는 어떤 과일 로고의 컴퓨터회사(*애플)와 같이 수익성 좋은 대기업도 그렇다. 다시 말해서 창조산업은 일부 측면이 가벼워 보이거나 적어도 '진지한' 사업은 아니라고 보이기도 하지만, 실은 다수의 다른 경제활동과 모든 산업을 지원하고 기여한다.

로컬과 글로벌

창조산업의 개념이 절충식인 이유 중 하나는 우선 사람들이 '창조적'이라고 생각하는 것이 국가마다 다양하다는 데 있다. 일부 국가에서는 국내 창조산업이 주로 문화유산, 관광 및 자연 명승지나 동물 서식지로의 접근에 대한 관리와 관련된다. 결국 모든 국가가 영화, 음악, 비디오게임 등을 산업 규모로 생산하는 것은 아니다. 이처럼 더 넓게 보면, 창조산업은 선진국뿐 아니라 개도국에도 중요하다. 일부 개도국은 '트리니다드와 카리브 해의 카니발'과 같이 문화유산이나 관광 및 페스티벌과 관련된 수출 기회를 개척하고 있으며, 영화와 시청각 매체의 수출을 모색하기도 한다(Green and Scher, 2007; Barrowclough and Kozul-Wright, 2006; Keane, 2007; UNESCO, 2009: 11~16). 아프리카에서 르완다의 고릴라 관찰 투어, 나이지리아 라고스의 '날리우드Nollywood' 영화산업, 남아프리

Copyright and the Consumer Revolution (2007); David Berry, *Copy, rip, Burn: The Politics of Copyleft and Open Source* (2008); Matt Mason, *The Pirate's Dilemma* (2008); Vincent Miller, *Understanding Digital Culture* (2011).

↳ 특허

특허를 내면 산업적으로 응용되는 새로운 발명에 대해 법적으로 보호받는다. 특허는 20년까지 갱신될 수 있기 때문에 이 기간에 발명자는 남들이 시장에 진입하기 전에 자신의 발명품을 개발하여 상업적 이용을 준비하고 초기의 상업적 이득을 수확할 수 있다. 특허는 자동적 권리가 아니어서 공식적으로 등록할 필요가 있으며, 그렇게 하는 데는 비용이 든다. 영국 지적재산권청(www.ipo.gov.uk)에 따르면, 영국에서 최초의 특허는 1449년 유티남(Utynam)의 존(John)이라는 사람에게 부여되었다. 그 특허는 스테인드글라스를 만드는 플랑드르 지방의 한 방법에 대해 20년간의 독점권을 존에게 부여했는데, 당시 영국에 알려지지 않았던 그 방법은 이튼 칼리지(Eton College)의 창을 만드는 데 사용되었다(IPO, 2012.8.11.).

↳ 상표

한 단체가 자신의 정체성을 다른 단체와 구별하기 위해 사용하는 표지(signs)를 말한다. 그러한 표지가 상표로 등록되면 다른 단체의 무단 사용이 법적으로 금지된다. 나이키의 '틱(tick)'과 같이 상표가 브랜드의 핵심 요소인 경우가 흔하다. 상표가 시각적 로고인 경우가 보통이지만, 문자나 말로 된 슬로건, 소리(예컨대, 인텔 프로세서 소리), 냄새 등도 상표가 될 수 있다. 상표는 등록할 필요가 있으며, 등록하는 데 비용이 든다.

↳ 디자인

디자인(2차원과 3차원 모두)도 등록될 수 있는데, 이는 무단 모방이나 복제로부터 창작자를 법적으로 보호하기 위한 것이다. 예를 들면, 벽지 패턴, 수제 또는 공업적 세라믹 제품, 포장 디자인 등 광범위한 디자인이 등록될 수 있다.

카공화국의 도시 관광 등은 창조산업에 포함될 수 있을 것이다(Lobato, 2010; Rogerson, 2006). 요컨대, 전 세계적으로 창조산업의 로컬 버전이 대거 등장하고 있다.

많은 창조제품과 창조서비스가 전 세계에 유통되거나 각국의 관객을 끌지만, 그것이 의지하는 전통, 아이디어, 언어, 기량, 재능 등은 어떤 의미에서 전부 **로컬** 성격이다. 사물이 어디서 온 것인지는 창조산업에서 엄청나게 중요한데, 예를 들어 문학·음악·무용은 로컬 언어와 전통에 뿌리를 두고 있다. 제품이 글로벌하게 유통될 경우에도 영화와 텔레비전 같은 산업은 — 할리우드의 미국풍이든 아니면 발리우드Bollywood(⁺인도 영화를 가리킨다)의 춤과 노래든 — 로컬 성격이 강하다(Kavoori and Punathambekar, 2008).

또한 창조산업은 도시와 지역의 경제와 손잡고 발전한다. 국가, 도시 그리고 개별 지역 자체가 상징적인 산물이라고 말할 수 있으며, 결국 장소가 아주 많은 것을 의미한다(Evans, 2003). 예를 들면, 창조산업은 관광과 밀접하게 연관되어 있는데, 그것은 번성하는 문화의 현장이 흥미로운 행선지가 되기 때문이다. 이러한 원리는 더 넓은 도시지역에도 적용되는데, 예를 들어 스페인 북부의 빌바오 시는 구겐하임 미술관의 출현(⁺1997년)으로 면모를 일신한 바 있으며, 도시 내부나 외곽에 '네오보헤미아neo-bohemia'(⁺자유분방한 구역을 의미한다) 같은 것을 조성해 '창조도시'로의 변신을 꾀하기도 한다(Evans, 2003; Lloyd, 2010). 런던의 사우스뱅크 지역에 로열 페스티벌 홀, 헤이워드 미술관, 영국영화협회, 국립극장, 테이트 모던 미술관 등이 없다고 상상해

→ (예술적·문화적) 창조성과 창조인

창조성이란 엄밀한 개념이 아니다. 창조성은 때에 따라 하나의 과정이나 그 과정의 산물·결과를 가리키며, 참여자의 재능을 가리킬 때도 있다. 실제로 창조성은 그것이 이루어지는 맥락과 관계가 깊으며, 혁신을 창조산업의 산출(output)로 볼 때 창조성은 창조산업의 단순한 '투입(input)' 이상이다(Pratt and Jeffcutt, 2009). 제임스 도널드(James Donald)의 설명대로 창조성을 "유용하고 즐길 수 있거나 아름다운 것을 만드는 기량 또는 흥미로운 것을 만드는 재주"로 볼 수 있다(Donald, 2004: 236). 이러한 의미에서 창조성은 본질적으로 지식적인 것이라기보다 글쓰기, 그리기, 악기 연주하기 등 여러 가지 구체적인(그리고 연마할 수 있는) 기량의 부산물이다. 결국 '창조인'이란 제작 과정에 일정 형태의 표현적 또는 독창적 가치를 기여하는 숙련자다(Hackley and Kover, 2007). 창조산업을 통틀어 창조인은 소설가와 음악가부터 건축가와 그래픽 디자이너까지 어떤 매체 속에서 발명하고 창조하며 표현하는 사람이다. 창조인이 일을 마쳤을 때, 전에 존재하지 않았던 무엇이 존재하게 된다. 크리스 빌턴(Chris Bilton)은 자신의 저서 『경영과 창조성(Management and Creativity)』(2007)에서 창조성이 유용한 광기(즉흥성, 공상 및 영감)의 일종이며 예외적 개인의 특성이라는 낭만적 관념에 이의를 제기한다. 반대로 그는 창조성을 여러 가지 역할을 결합시키는 합리적이고 관리 가능한 과정으로 본다. 빌턴은 개인 차원을 넘어 성공적인 창조 환경·제도가 창조재능의 다양성을 배양하며 복수의 역할을 수행하는 개인을 배출한다고 주장한다. 요컨대, 다수의 창조적 역할이 전문가 기량과 훈련을 요하지만 '창조인'은 독점적인 전문가 역할이 아니라는 것이다.

빌턴은 창조성의 집단적 공유 과정에 관한 더욱 광범위한 논의에 의지하고 있다. 창조산업과 관련하여 이러한 사고방식의 다른 본보기로 제임스 웹 영(James Webb Young)의 『아이디어 생산기법(A Technique for Producing Ideas)』(1939년 학생들에게 강의, 1965년 출판)이 영향력이 있다. 영은 창조성을 배우고 생각하고 경험하는 더 큰 과정의 요소들로 — '생자료'를 수집하여 의식적·무의식적으로 처리하는 것부터 '해법이 떠오르는 순간(a-ha moment)'과 아이디어를 예술적·상업적·기술적·실제적 현실에 적응시키는 일까지 — 분해했다(Young, 2003). 철학과 인류학, 사회학, 심리학에서는 창조성을 인간의 지성과 사회생활의 한 특징으로, 즉 언어, 기량, 생자료, 기술 등과

보라. 그런 지역은 특별히 신나지 않을 것이다.

상징적 제품과 서비스

'창조산업'과 같은 포괄적 개념을 논하다 보면 전문가직업들의 공통점은 무엇일지, 그리고 한 전문가직업 종사자가 다른 전문가직업 종사자에게 무엇을 배울 수 있을지를 생각하게 된다. 우선 독창적인 예술품을 만드는 조각가와 휴대전화 애플리케이션용 코드를 작성하는 프로그래머 사이에 공통점이 있을 것 같지는 않다. 그러나 잘 생각해 보면 조각과 소프트웨어는 모두 상징적 제품, 즉 의미를 가진 것이다. 이것이 바로 일부 학자가 창조산업을 개인의 창조성과 상징적 문화상품의 대량생산의 결합이라고 정의하는 까닭이다. 이러한 사상을 피력한 경제학자들과 문화비평가들은 상징을 생산·전파하기 위해 고유한 형태의 산업생산과 조직을 이용하는 일부 산업이 있다는 점에 주목했다(Hirsch, 2000; Banks, 2007; Hesmondhalgh, 2008: 533).

상징적 제품은 다양한 미디어에서 만들어진다. 게다가 대량으로 생산·배포되는 상징적 제품은 대개 독립한 창작물이 아니라 클러스터 또는 관련 제품·서비스의 '사슬'을 형성한다. 영화 〈스타워즈Star Wars〉는 창조생산물이 성공적인 영화 프랜차이즈(독점판매권)를 통해 하나의 브랜드가 된 고전적 본보기다. 그 프랜차이즈는 라이선싱을 통해 캐릭터, 스토리, 게임, 장난감, 라이프스타일 제품(잠옷, 도시락, 한정판 햄버거 등)에 통틀어 적용되는

같은 창조성의 자원을 모두가 공유한다고 보기에 이르렀다(역사적 개관은 Johnson, 2010 참조). 재능 있는 개인은 이러한 공유 풀에 의지하는데, 그렇다고 해서 시·회화·소설·음악 등의 예외적 작품이 훼손되지는 않는다(Weisberg, 1993; Sternberg, 1998). 루이스 하이드(Lewis Hyde)는 자신의 저서『선물(The Gift)』(2007, 초판은 1983)에서, 창조성을 인류학적 견지에서 현재 세대와 과거 세대 간의 유대관계를 강화하는 상호 선물로 이해할 수 있다고 주장한다. 개인적·심리적 차원에서는 미하이 칙센트미하이(Mihaly Csikszentmihalyi)가 영향력 있는 저서『몰입: 미치도록 행복한 나를 만난다(Flow: The Psychology of Optimal Experience』(1991)에서 창조성은 무엇을 한다는 것, 만든다는 것, '활동 중'이라는 것과 관련된 광범위한 즐거움의 한 측면이라고 주장했다. 따라서 창조성을 '창조산업' 내에서 산업화·체계화된 경제적·직업적 활동으로 보는 것은 인간의 역량·심리·공동체를 다소 축소시킨 관념이라는 비판을 받았다(Osborne, 2003; Banks and O'Cornor, 2009).

↪ 플랫폼

다른 기술 또는 시스템의 작동을 가능케 하거나 허용하는 기술 또는 시스템을 말한다. 첨단기술은 이러한 플랫폼이 쌓이고 쌓여서 존립한다고 말할 수 있다(예를 들어 발전소와 전기 인프라가 전화와 데이터 네트워크를 가능하게 만들고, 이는 다시 인터넷을 가능하게 하며, 나는 그 인터넷을 스마트폰을 통해 이용하는데, 그 스마트폰에서 돌아가는 안드로이드 운영체제가 다시 이메일 앱의 플랫폼이며, 나는 버스에서 그 앱을 통해 메일을 확인한다). 컴퓨터 운영체제는 그것이 데스크톱용 윈도우 운영체제든 스마트폰용 iOS나 안드로이드든 간에 여러 종류의 소프트웨어를 가동하는 플랫폼이다. 플랫폼은 어느 정도까지만 열려 있는데, 이는 안드로이드 앱을 아이폰에서 시도해보면 쉽게 알 수 있다. 좀 더 근본적으로 전력, 전화망, 인터넷 등과 같은 사회기반시설 플랫폼 덕분에 아주 다양한 기술과 활동이 가능하다. 따라서 플랫폼은 기술적인 동시에 그것이 채택되는 방식과 유발하는 행태 면에서 문화적·사회적이기도 하다(Bowker and Star, 2000). 옛 플랫폼의 변경 또는 새 플랫폼의 도입은 역사적으로 창조산업에 격변과 급진적 변화를 야기했다. 예를 들면, 무성영화에 소리를 넣은 것은 영화 제작과 감상을 변모시켰다. 좀 더 최근에 이르러 우리는 디지털 미디어 덕분에 텔레비전, 라디오 등 기존 대중매체를 대하는 태도를 바꾸었으며, 이는

유일한 특색이 되었다(Curtin and Streeter, 2001). 유명 브랜드가 된 엔터테인먼트 업계의 선구자 월트 디즈니는 이처럼 상징적 제품들을 한 꾸러미로 체계화한 것을 총체적 판촉total merchandising이라고 불렀다. 부연하자면 디즈니 제품끼리 서로 광고한 것인데, 디즈니 영화에 나오는 캐릭터(미키마우스, 백설 공주, 신데렐라 등)와 시나리오로 디즈니랜드 테마파크를 채우고 디즈니랜드 TV 채널이 그 테마파크를 홍보했다(Anderson, 2000). 그와 똑같은 패턴을 따라 영화 〈캐리비안의 해적〉의 프랜차이즈 사업도 성공했는데, 그 영화는 디즈니랜드 테마파크에 있는 똑같은 이름의 배 타기 놀이에서 개발된 것이다. 이와 비슷하게 J. K. 롤링의 '해리 포터' 시리즈도 총체적 판촉 브랜드로 크게 성공했다. 책 속의 한 캐릭터에서 영화, 컴퓨터 게임, 캐릭터 인형, 의류 및 기타 다양한 제품에 이르기까지 모든 상징적 제품들이 소년 마법사를 중심으로 그의 친구와 적들이 함께 어우러져 창조성과 산업생산을 결합한 것이다(Kruhly, 2011).

미술, 건축, 컴퓨터 게임, 영화 등 창조 분야의 작업은 다양한 전문성을 요한다. 이와 동시에 단일 프로젝트를 놓고 팀으로 작업하든지, 아니면 기업과 단체 수준에서 작업하든지 간에 그러한 전문성은 끊임없이 서로 결합된다. 이러한 것을 최근에는 언론인이 인쇄에서 디지털 발행으로 이행하는 과정에서 경험한 바 있다. 스토리를 조사하고 서술하는 근본적 기량은 예전과 다름없었지만 언론인은 새로운 기술적 맥락에 적응해야 했다(제9장 참조). 이제 신문과 잡지는 다양한 **플랫폼**으로

미디어기관이 기존의 제작 시스템과 업무 방식을 바꾸는 압력으로 작용했다.

추천 문헌: Henry Jenkins, *Convergence Culture*(2008); Mark Deuze, "Rethinking Convergence Culture in the Creative Industries"(2007b); Graham Meikle and Sherman Young, *Media Convergence*(2012).

→ 수렴(convergence) 또는 '미디어 수렴'

이것은 종래 분리되었던 여러 미디어(매체)가 하나의 새로운 미디어로 합칠(즉 '수렴할') 때를 말한다. 이런 현상은 특히 디지털 미디어 업계에 해당하는데, 디지털 미디어는 음향·영상·텍스트·비디오를 새로운 방식으로 결합해 거기에 참여, 공유 등 여러 형태의 상호작용성을 가미한다. 미디어 이론가 헨리 젠킨스(Henry Jenkins)는 수렴 문화가 등장하고 있는데, 그 특징은 사용자들이 "사회적으로 미디어와 상호작용하고 미디어를 운용·공유할 수 있을 것"으로 스스로 기대하는 것이라고 주장했다(Jenkins, 2008).

→ 제작 사슬(production chain)

창조생산물을 처음부터 끝까지 한 개인이 작업하는 경우는 거의 없다. 모든 창조생산물은 어떤 식으로든 그 생산에 기여하는 개인과 단체의 사슬을 거친다. 예를 들면, 오디오비주얼 산업에서 하나의 TV 시리즈는 아이디어에서 출발하여 개발, 프리프로덕션, 제작, 포스트프로덕션을 거쳐 최종 배급에 이른다. 이러한 각각의 단계에는 프로젝트의 최종 인도에 무언가 기여하는 전문가들이 있다(더 상세한 것은 제6장의 단순·복합 문화상품에 관한 논의 참조). 앤디 프랫(Andy Pratt: 이 책에서 많이 인용되는 문헌의 저자)이 "시장·기술·조직·규제체제(뭉뚱그려 거버넌스라고 함) 면에서 본 문화제작의 상황적 성격"을 특별히 묘사하기 위해 이 용어를 사용한다는 것은 특기할 만하다. 그가 보는 제작 사슬은 이 책에서 사용하는 것보다 훨씬 더 넓은 범위에서 직업, 기구, 시장, 거버넌스 시스템을 포함한다.

→ 문화

기술, 경제, 사회 등 다른 추상적 용어처럼 '문화'도 맥락과 사용자의 목적에 따라 여러 가지 다른 의미로 쓰인다. 문화의 개념과 범주를 이해하는 데는 기본적으로 네 가지 방식이 있다. 첫째, 문화는 무엇이 가치를 지니고 있다는 것을 나타낼 수 있다. 예를 들면, 문화는 소중한 문화적 가공품(예컨대,

발행되는데, 웹사이트에서 동영상과 오디오 팟캐스트podcast를 제공하고 휴대 인터넷 기기로 읽을 수 있도록 맞춤형 버전을 발행한다. 이에 따라 미디어 **수렴**, 온라인 유통, 상호작용성interactivity 증가로 새로운 생산물·실무·정체성의 출현이 촉진되었다. 신문기자는 문장과 사진을 이용해 기사를 작성할 뿐만 아니라 비디오, 팟캐스트, 블로그 등 다른 포맷에도 기고하고 소셜 네트워킹 사이트 등 여러 채널을 통해 독자와 소통할 수 있어야 한다.

우리가 창조·제작·배급·소비의 과정(이 책에서는 **제작 사슬**이라고 한다)에 초점을 맞출 때, 우리는 '고급'문화와 '저급'문화(또는 '대중'문화)를 구별하지 않는다. 경제학, 특히 문화경제학 연구에서 속물근성은 분석적 가치가 모호하다. 이러한 관점에서 볼 때, 소년 마법사 해리 포터의 브랜딩은 빌바오의 구겐하임과 런던의 테이트 모던과 같은 우상적 미술관이 구사하는 고답적 형태의 브랜딩과 크게 다르지 않다. 국제적으로 명성이 높은 이들 미술관은 정교한 총체적 판촉 전략을 구사하는데, 그 목적의 일부는 공적 보조금에만 의존해 재원을 조달하는 상황을 피하려는 데 있다. 이들은 (미술관 로고를 새긴 가방·티셔츠·머그잔으로 가득 찬 선물가게는 물론이고) 건물, 카페, 식당 등을 이용해 유명 목적지로서 자신을 일상적으로 단장하는데, 몰래 낙서하는 예술가 뱅크시Banksy에 관한 다큐멘터리 영화 〈선물가게를 지나야 출구Exit Through the Gift Shop〉(2009)는 그런 방식을 조롱한다.

상징적 제품의 창조와 배급을 특정한 유형의 산업으로 볼 수 있다는 사상은 새로운 것이 아니다.

미술품, '문화적 유산' 품목), 실천(예컨대, 교육, 악기 학습, 독서 등을 통한 '정서 함양'), 품질(예컨대, 어떤 음악을 '쓰레기'로 다른 음악은 '고급문화'로 판단할 경우) 또는 감성(예컨대, '세련되다'라고 할 경우)까지 가리킬 수 있다. 둘째, 문화는 위치, 언어, 종교, 민족성 또는 기타 공유하는 특성과 습관에 의해 확인되는 일정 범위의 사람들이 지닌 관행을 가리킨다. 이러한 의미에서 문화는 '생활양식' 또는 '사람들이 행하는 것'이다(Williams, 1985: 87~93; Bennett et al., 2005: 67). 셋째, 문화는 다양한 사회적·경제적·정치적 목적에 봉사하는 하나의 자원으로 인식된다(Yudice, 2003). 더 나아가, 문화가 자원이라면 특정한 형태의 문화노동도 있다(Gill and Pratt, 2008; Ross, 2008). 그러한 문화노동은 문화자원을 문화상품으로 전환하는 데 필요하며, 리얼리티 TV 프로그램의 참여자를 다루는 데 필요한 정서적 노동이 그 예다(Hesmondhalph and Baker, 2008; Harney, 2010).

여기에는 **문화**와 문화산업에 관해 더 오래되고 팽배한 관념이 있고, 그것은 대체로 미술, 문학, 연극, 음악, 라디오, 영화, 텔레비전 등과 같은 문화상품의 생산에 적용된다. 존 하틀리John Hartley에 따르면, "창조산업 관념은 **창조예술**과 문화산업이라는 오래된 두 용어를 결합한 다음 급격하게 변모시킨다. 이런 변화는 예술(즉, 문화)을 미디어 엔터테인먼트(즉, 시장)와 같은 대형 산업과 직접 접촉하게 만든다는 점에서 중요하다"(Hartley, 2005). 이 개념도 유용하지만, 더 넓은 의미의 창조산업 개념이 유행하는 이유는 그것이 '예술' 또는 '문화'로서 무엇이 중요한가와 같은 질문에 비중을 두지 않고 관련된 생산·노동의 형태에 초점을 맞춤으로써 예술, 미디어산업, 기타 형태의 상징물 생산·배급을 연계한다는 데 있다.

창조산업 연구: 세 가지 접근방법

이 책은 주로 경제 데이터, 창조산업 시장, 창조노동이라는 세 각도에서 창조산업을 고찰한다.

경제 데이터를 보면 창조산업의 규모, 예를 들어 창조산업 내 일자리와 기업의 수(추정치), 생산성에 관해 알 수 있다(DCMS, 1998a, 2010, 2011).

창조제품·창조서비스를 위한 시장의 특징은 불확실성이다. 예술, 엔터테인먼트, 창조서비스 등 창조산업의 모든 제품·서비스가 기호의 변화, 유행, 경제변동, 기술진보, 대중의 변덕 등의 영향을 받는다(Caves, 2000; Potts et al., 2008a).

→ 정책과 창조산업

정책은 지침이다. 개별 정책의 외도는 제도(정부든, 단체든, 기업이든, 심지어 개인이든) 내에서 개인의 의사결정과 행동을 위한 룰 또는 가이드라인 역할을 하는 것이다. 정책은 일정한 경로를 따라 의사결정과 행동을 조정하기 때문에, 특히 그 과정에서 일종의 주관적 편향이나 돌발적 의사결정을 제거하려는 목적이 있기 때문에 중요하다. 예를 들면, 기업은 고객을 대하는 회사정책(예컨대, 제복 착용하기, 고객을 '사장님'이나 '사모님'으로 부르기), 직원 해고 규정이 포함된 인사정책, 고객 정보를 다루는 프라이버시 정책(예컨대, 우리는 온라인으로 서비스를 신청할 때 고객의 개인정보 활용에 대한 회사의 정책을 읽고 이해했다는 항목에 체크해야 한다) 등을 가지고 있다. 공공정책이 행정부의 행동을 안내하는 것은 법률에 규정된 대로다. '창조산업정책'은 그러한 공공정책의 일종으로서 국가가 어떻게 자원·제도·세금을 활용해 창조산업 부문에 개입하거나 영향을 미칠 것인가를 안내한다. 이러한 정책 결과는 기업에 중요할 수 있는데, 예를 들어 특정한 유형의 창조기업은 국제시장에서 경쟁력을 개선하도록 세금감면 혜택이 주어진다면 수출가격을 내리고 매출을 늘릴 수 있을 것이다.

1998년 영국의 창조산업대책위원회는 구체적인 창조산업정책을 발표했다(DCMS, 1998a). 1997년 새로운 노동당 정부가 들어서고 신설된 문화미디어체육부의 크리스 스미스(Chris Smith) 장관은 예술 분야에 대한 재정지원을 늘리기 위해 (원래 호주에서 지어낸) '창조산업'이라는 용어를 사용했다. 이 전략은 영국을 "멋진 브리태니아(Cool Britannia)"로 치장하여 이미지를 바꾸려는 시도일 뿐이라고 비판을 받았다(Oakley, 2004; Garnham, 2005). 이 전략은 종래의 예술 분야에 대한 재정지원을 방송, 마케팅, 출판, 게임, 전자출판 등과 함께 새로운 카테고리에 넣었다(Cunningham, 2004). 이윤이 거의 없는 예술은 **시장의 실패**에 근거하여 공적 지원을 받아야 한다는 것, 즉 예술은 국가보조금 없이는 상업적으로 존속할 수 없는 필수적 문화활동이라는 것이 종래의 전통적 주장이었다. 하지만 새로운 창조산업정책에서는 비영리적이라고 자부하는 예술 분야(시각예술, 공연예술, 댄스, 극장 등)가 기존의 상업적인 미디어, 디자인, 건축술 그리고 신생 '뉴미디어' 부문과 나란히 분류되었다(Banks, 2007; Flew, 2012). 일부 학자는 1998년으로 거슬러 올라가는 이러한 정책 변화 탓에 오히려 예술 분야에 대한 재정지원과 정책결정자들의 전반적 관심이

우리의 가장 중요한 관심사는 창조노동이다. 우리는 창조근로자들의 경험·조건·직장생활에 관해 그들을 인터뷰하는 방법에 의해, 창조직종에 종사한다고 스스로 밝힌 사람들이 하는 일과는 무엇인지, 그리고 그들이 어떤 지역적 맥락에서 일하는지를 조사한다(McKinlay and Smith, 2009; Hesmondhalph and Baker, 2011).

경제 데이터, 조직 및 직종

창조산업이란 개인의 창조성·기량·재능을 기반으로 지적재산권의 발생·이용을 통해 부와 일자리를 창출할 잠재력이 있는 산업이다(DCMS, 1998a: 5).

'창조산업' 개념은 공공**정책**에서 비롯되었는데, 호주가 처음으로 도입해 영국이 그 뒤를 잇고 나중에 국제적으로 확산되었다. 1998년 이후 영국 문화미디어체육부DCMS가 창조산업으로 분류한 13개 범주는 다음과 같다: 광고, 건축술, 미술과 골동품, 공예, 디자인, 다자이너 패션, 영화와 비디오, 컴퓨터 게임, 음악, 공연예술, 출판, 소프트웨어와 컴퓨터 서비스, 텔레비전과 라디오(DCMS, 1998b). 이 목록이 결코 완전하지는 않지만, 이 목록에 힘입어 정부와 정책결정자들은 창조산업에서 일하는 사람의 수, 각 분야 내 기업의 수, 창조 서비스의 수출액, 창조산업이 영국 경제 전체의 **총부가가치**Gross Value Added: GVA에 기여하는 비율을 추정할 수 있다.

이러한 접근방법은 주로 얼마나 많은 사람이 창

줄었으며, 예술 분야는 다만 창조산업 중에서 직접적으로 수익을 내는 타 분야에 창조성을 불어넣는 잠재적 원천일 뿐이었다고 주장했다(Banks and O'Connor, 2009; Oakley, 2009a). 창조산업이라는 아이디어는 애초 1990년대 말 정책결정자들이 생각했던 것 이상으로 21세기 초의 네트워크화한 경제·사회 공간에 더 타당하다고 주장하는 학자도 있다(Cunningham in Wright et al., 2009: 10). 1990년대 말에 정책결정자들은 증과세되는 저작권산업을 공영방송, 예술 및 다수의 비영리활동(공공재), 상업적이지만 저작권이 없는 부문(건축술, 디자인, 소프트웨어 등)과 한 바구니 속에 담았다.

추천 문헌: Mark Banks, *The Politics of Cultural Work* (2007); Andy Pratt and Paul Jefcutt(eds), *Creativity, Innovation and the Cultural Economy*(2009); Terry Flew, *The Creative Industries: Culture and Policy*(2012).

조산업에 고용되어 있는지, 얼마나 많은 기업이 있는지, 그들의 생산 총액은 얼마인지 등 통계적 질문과 관련된다. 모든 통계가 그렇듯이 그 대답은 조사 대상을 어떻게 정의하고 측정하느냐에 달려 있다. 결국, 우리는 그저 나가서 국내에 있는 모든 창조적 아이디어, 디자인, 발명품, 영화, 음악, 라디오, 예술작품, 연극, 비디오게임, 출판물을 거대한 저울에 쌓아놓고 무게를 잴 수는 없다. 그 대신에 각 부문의 규모나 가치, 일자리 수는 — 예컨대, 영국 경제 전체가 1년 동안 생산한 총부가가치에 부문별 종사자들이 얼마나 보탰는지는 — 추정할 수 있다. 예를 들면, 〈그림 1.1〉 비교의 기초는 2009년 영국의 총부가가치에 창조산업의 각 부문이 기여한 액수를 공식적으로 추정한 것이다(DCMS, 2011).

여기서 우리는 2009년 영국 창조산업의 4대 부문(각 부문이 생산한 부가가치를 1억 파운드 단위로 측정)은 출판을 선두로 광고, TV·라디오, 음악·비주얼·공연예술 순임을 알 수 있다. 우리는 또한 추정치를 사용해 각 부문에 고용된 사람의 수를 비교할 수 있다. 〈그림 1.2〉는 2009년과 2011년 공식 수치를 사용하여 영국 창조근로자의 부문별 순위를 보여 준다.

약 150만 명이 2010년 영국 창조산업에 고용되었다. 음악·비주얼·공연예술 부문의 일자리가 가장 많고 그다음으로 광고, 출판, 디자인 순인데, 모두가 20만 명 이상을 고용하고 있다. 다시 강조하지만, 이러한 수치는 모두 추정치이며, '창조산업'이라는 관념은 고정된 것이 아니다. 기업, 일자리, 생산물 자체가 급변하기 때문에 그 정의도 시간이 흐르면서 변하기 마련이다.

창조활동은 여러 가지 맥락에서, 여러 경제 부문에서 발생한다. 따라서 어떤 사람들이 창조산업에서 일하느냐를 따질 때 우리는 전문적 창조활동에 관련된 제도나 기관의 유형을 고려해야 한다. 영화, 텔레비전,

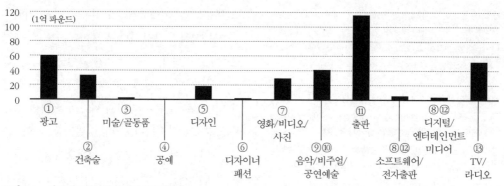

그림 1.1   영국 창조산업의 부문별 총부가가치
자료: DCMS(2011).

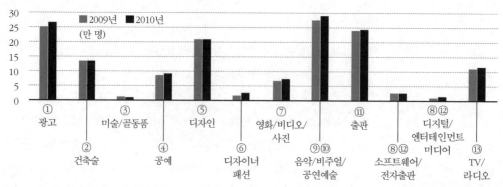

그림 1.2   영국 창조산업의 고용 추정치
자료: DCMS(2011).

출판, 음악과 같이 가장 눈에 띄는 창조활동 부문의 일에 관해 가장 공통적으로 하는 가정은 각 부문의 꼭대기에 소수의 대형 회사들이 위치하고 그 아래에 다수의 작은 회사와 프리랜서들이 있다는 것이다. 최근의 공식 추정치에 따르면, 대다수 회사(84%)가 10인 미만의 소기업이고 단지 2%만이 100인 이상의 대기업이다(Skillset and CCSkills, 2011: 28). 그 이유는 모든 미디어산업, 특히 영화와 TV에서 BBC, 채널4 Channel 4, ITV 등과 같은 대형 기관은 사내에서 프로그램을 제작하지 않으며, 그 대신 발주 절차에 의존하여 소기업이나 개인 프리랜서에게 아웃소싱한

↪ 콘텐츠

창조산업에서 콘텐츠라는 현대적 관념의 중요성은 매체와 매체 속에 들어 있는 콘텐츠를 분명하게 구별하는 데 있다. '프로그램', '책' 등과 같은 매체별 용어보다 '콘텐츠'라는 용어의 사용이 증가한 것은 TV·라디오·인쇄 등 과거에 분리되었던 미디어 포맷이 그처럼 간단하게 구분되지 않는 디지털 포맷으로 수렴하는 데서 비롯된다. 예를 들면, 뉴스 웹사이트는 신문사 사이트든 TV 방송국 사이트든 텍스트, 비디오, 오디오를 특별히 포함한다. 온라인 미디어에서는 콘텐츠가 콘텐츠를 배급하는 플랫폼과 기능적으로 분리된 것으로 보인다. 물론 콘텐츠와 플랫폼을 절대적으로 분리할 수는 없는데, 예를 들어 오디오비주얼 콘텐츠는 동영상과 음향을 합당한 품질로 전달할 수 있는 매체에서 제작·편집·배급되어야 한다. 그러나 이러한 오디오비주얼 '스트림(stream)'이 우리에게 방송채널로 오느냐 아니면 온라인으로 오느냐는 이제 중요하지 않다. 스포츠 이벤트의 생중계를 볼 때, 우리가 바로 지금 실황을 보고 있다는 것이 중요하지 그것을 어떤 방식으로 보느냐(즉 TV로 보느냐 또는 온라인 스트리밍으로 보느냐)는 중요하지 않다. 콘텐츠 생산자로서는 콘텐츠에 붙은 지적재산권이 점점 소중해지고 있는데, 이제는 인쇄나 방송 같은 하나의 매체가 아니라 광범위한 플랫폼을 통해 콘텐츠를 활용할 수 있기 때문이다.

다는 데 있다. 조지나 본Georgina Born의 주장대로, 수신료 수입에 의존하는 방송사에 독립 제작 쿼터를 부여한 1990년 방송법은 BBC를 비롯한 전 미디어산업에서 "창조직종을 임시직으로 전환하는" 효과를 냈다.

1979년 텔레비전 분야에 고용된 거의 모든 인력이 BBC와 ITV의 직원이었으나, 1989년 전체 피고용자의 39%가 프리랜서였고 1994년에는 이 수치가 54%로 상승했다. 프리랜서 고용의 비중은 1990년대 중반에 정점에 달했다가 1990년대 후반에 45% 정도로 떨어져, 이후 이 수준에서 계속 맴돌았다. 아마 이러한 변동은 지난 20년 동안 영국 텔레비전 분야에서 가장 큰 구조변화일 것이다(Born, 2004: 180~181).

발주, 자금조달, 배급 등 핵심 기능에 초점을 맞추면, 오늘날 대형 미디어기관은 창조업무의 상당량을 TV·라디오·영화 **콘텐츠** 개발을 전문으로 하는 독립 프로덕션 회사에 아웃소싱한다. 따라서 영국 영화와 텔레비전의 대부분이 소기업이나 개인에 의해 만들어지는데, 이들은 특정 프로젝트를 중심으로 모이고(때로는 아주 큰 팀을 만듦), 일이 완료되면 흩어진다.

이는 다수의 창조근로자들이 특정 창조기업·기관에 정규직으로 고용되어 있지 않다는 것을 의미한다. 또한 프리랜서나 독립 **프로듀서**로 일하는 창조인들이 있는가 하면, 전문 창조기관에서 그룹이나 팀으로 일하는 사람도 있고, 대형 '비非창조'기관 내에서 창조직종에 종사하는 이들도 있다(Pratt, 2004; Cunningham and Higgs, 2008: 15). 영국의 통계가 이를 입증하고 있는데, 영국의 전체 창조인력 가운데 약 43%가 창조산업 밖의 취업자다(Skillset and CCSkills, 2011: 29). 다시 말해서, 영국의 전체 창조근로자 가운데 거의 절반이 명쾌하게 창조산업에 속하는 것으로 확인되지 않는 회사에서 일하고 있다(〈그림 1.3〉 참조).

'창조산업'이라는 딱지는 다양한 범위의 기업과 활동에 붙는다. 예를 들면, 루시라는 그래픽 디자이너가 시기를 달리하여 프리랜서나 1인기업으로, 창조 에이전시의 직원으로, 또는 은행에서 웹 팀의 일원으로 근

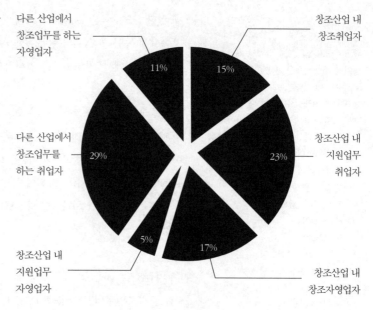

그림 1.3 2010년 영국의 창조고용
자료: DCMS(2011).

다른 산업에서 창조업무를 하는 자영업자 11%

창조산업 내 창조취업자 15%

다른 산업에서 창조업무를 하는 취업자 29%

창조산업 내 지원업무 취업자 23%

창조산업 내 지원업무 자영업자 5%

창조산업 내 창조자영업자 17%

무할 경우를 상정하자. 루시가 프리랜서든 광고인이든 은행원이든 그는 동일한 기량을 각각의 직장과 맥락에 투입한다. 이것이 바로 이 책에서 우리가 창조산업 전반에서 사람들이 하는 일에 초점을 맞추어 그들이 어떻게 재능·기량·시간을 사용하는지를 주목하는 이유다. 상징(문화)생산물은 대부분 여러 단계를 포함하는 제작 사슬을 거쳐서 나오는데, 각 단계마다 사람들이 전체의 일부에 기여할 수 있다(Caves, 2000; Bilton, 2007).

창조산업의 범위를 너무 좁게 정의할 때의 문제점을 루시의 사례가 잘 보여준다. 루시가 광고 에이전시에서 근무하는 동안에는 창조산업 근로자로 계산되지만, 은행의 웹 팀으로 이직할 때는 같은 일을 하더라도 다른 범주에 들어간다. 루시는 세 직장에서 비슷한 일을 하지만 통계적 목적에서는 세 산업에서 일한 것이다. 그러나 '산업'이라는 범주에 본연의 상태란 없다. 일반적으로 산업은 관련 활동, 사용 재료, 생산물에 따라서 정의된다. 영국 문화미디어체육부의 창조직업 목록은 표준산업분류sic에서 따온 것인데, 이것은 영국 납세자들이 종사하는 모든 직업을 망라하기 위한 분류체계다. 이 분류체계는 각 직업에 번호를 매김으로써 정부가 제조업, 서비스, 교육 등에 얼마나 많은 사람이 종사하고 있는지를 알 수 있게 한다. 이 분류체계는 대다수 경제활동이 활동·투입·산출에 의거해 정의될 수 있을 때 적절하지만, 창조산업처럼 경제체제가 더 복잡해지고 서비스 지향으로 바뀐 사례에는 적절하지 않을 수 있다.

시장, 진기성 및 불확실성

창조산업의 핵심적 특징 중 하나는 생산물 시장의 **불확실성**이다(Caves, 2000). 창조산업은 노래, TV 프로그램, 광고 캠페인 등 무언가 새로운 것을 생산하지만, 실제로 그것을 위한 시장이 있다는 확실한 보장은 없다. 따라서 창조산업의 전 분야에 어느 정도 리스크가 내재한다.

이를 좀 더 구체적으로 살펴보기 위해 미술작품의 가격이 (흔히 경매를 통해) 어떻게 형성되는지 검토해보자. 여기서 유명한 사례는 데이미언 허스트Damien Hirst가 포름알데히드 탱크 속에 매단 뱀상어다. 이 작품의 제목은 '살아 있는 자의 마음속에 있는 죽음의 육체적 불가능성'인데, 속칭 '1200만 달러 박제 상어'로 불린다(Thompson, 2008). 이렇게 보존된 실물 크기의 상어는 일반인들로서도 (운반과 보관은 말할 것도 없이) 구하는 데 돈이 많이 들 것이다. 그렇지만 아무리 비싸게 치더라도 1200만 달러에는 훨씬 못 미칠 것이다. 그 평가의 차이는 허스트가 미술가이며 그의 상어가 중요한 미술작품으로서 현대미술에 기여한 바가 독특하고, 따라서 그 상어는 다른 박제 처리된 동물과 달리 예술적 가치가 있다는 데 많은 사람이 동의하기 때문이다. 그 상어가 고유한 예술적 가치가 있는지 여부는 차치하고, 그 작품에 대한 평가는 미술품을 구입하려는 사람들 사이에서 허스트가 예술가로서 받는 평판과 같은 사회적 요인이나 그들이 경매에서 가격을 제시할 때 그 작품이 얼마나 독특하고 혁신적이라고 생각하느냐에 달려 있다. 응찰자들이 그의 상어에 대해 지불하려는 가격은 혁신이 사회적으로 (서로 신호를 주고받는 구입자와

→ 주시하기(Keeping an Eye Out)

트렌드스포팅(trendspotting), 쿨헌팅(coolhunting), 또는 단순히 최신 정보 알기 등 다양한 용어가 주시하기에 해당하는데, 이는 미디어와 창조산업 업무의 기본적 필수 항목이다. 런던의 대형 광고 에이전시에서 선임 기획담당자로 일하는 데이비드는 자신의 중요한 역할이 신개발품, 추세, 흥미로운 아이디어 등을 따라잡아 이를 급변하는 시장에서 광고를 제작하는 협업 과정에 투입하는 것이라고 말한다(David, 2010). 마케팅과 광고업계에서 전문적으로 하는 쿨헌팅은 1990년대에 전성기를 맞이했으며, 이때「팝콘 보고서(The Popcorn Report)」(1992)를 작성한 페이스 팝콘(Faith Popcorn), 조사대행사 룩룩(Look Look) ─ 맬컴 글래드웰(Malcom Gladwell)은 룩룩을 1997년 ≪뉴요커(New Yorker)≫ 기사로 소개하고 자신의 저서『티핑 포인트(The Tipping Point)』(2000)에 다시 실었다 ─ 등 추세 파악의 전문가들이 등장했다. 쿨헌팅은 초기에 한 다큐멘터리(*The Merchants of Cool*, 2001)에 묘사된 대로 젊은 소비자에게 나타나는 추세와 10대에게 초점을 맞추었으나, 최근에는 조사대행사의 광범위한 접근이 대세가 되었다. 트렌드위칭닷컴(Trendwatching.com), ≪컨테이저스(Contagious)≫ 등 조사대행사는 대체로 B2C (business-to-consumer) 시장에 초점을 맞추고 있다. 끝으로

수집가들에 의해) 인정되어 화폐적 가치가 매겨지는 시장에 의존한다. 이러한 사회적 신호가 잠재적 구입자가 묻는 질문, 즉 우선 허스트가 미술가로 간주되는지, 과거에 그의 작품을 구입한 사람이 있는지, 그때 가격은 얼마였는지, 그 작품을 되팔면 얼마나 받을지 등에 대해 대답한다. 이런 일은 우리가 '미술계'라고 부르는 복잡한 사회적 시장을 (그리고 그 시장에서 활동하는 사람들의 사회적 네트워크를) 통해 이루어진다(Becker, 1982; Currid, 2007; Thornton, 2008).

진기성novelty 은 불확실성을 부른다. 다른 분야와 마찬가지로 예술에서도, 무언가 새로운 것이 나타나면 사람들 대부분이 그것에 대해 알지 못하며 아는 사람이라도 먼저 무엇을 해야 할지를 모른다. 그래서 모든 혁신은 개인, 집단, 기관이 결정하는 선택의 복합적 사회시스템을 거쳐 걸러진다. 진기성과 불확실성에 관해 선택이 이루어지는 이러한 시장이 창조산업을 정의한다고 말할 수 있는데, 이는 생산과 소비가 모두 사회적 네트워크 속에서 다른 사람들이 하는 선택에 의해 결정되기 때문이다(Potts et al., 2008a: 169). 이러한 관점에서 보면, 창조산업은 진기성과 주류mainstream 를 잇는 연결고리다. 왜냐하면 창조산업은 어떤 것이 새롭고 미지인 시기부터 그것이 구닥다리가 되고 널리 알려져 유산이 될 때까지 이루어지는 선택들을 결합하기 때문이다.

이러한 접근은 창조산업의 핵심 요소인 예술과 문화유산에는 초점을 맞추지 않는다. 그 대신에 창조산업에 세 가지 주요 기능, 즉 혁신, 혁신에 대한 인프라 지원, 진기성을 생활양식·문화·사회활동의 주류로 변환시키는 기능이 있다고 본다. 이에 따라 일부 학자는 이러한 기능이 본질적으로 사회적이기 때문에 창조산업을 사회적 네트워크 시장으로 정의하는 것이 가장 좋다고 주장한다(Potts, Hartley and Cunningham, 2008b; O'Connor, 2009a). 이러한 의미에서 창조산업은 다른 산업보다 입소문, 기호, 인기 등 사회지표에 더 의존하며, 개인의 선택을 지배하는 것은 타고난 선호와 가격 신호라기보다 사회적 네트워크를 통한 정보 피드백이다(Potts et al., 2008a: 185). 요컨대, 우리는 어떤 진기한 것이 큰 가치가 있는지를 결정할 때 다른 사람들을 주목하는데, 그것은 다

트렌드스포팅은 블로거들 사이에서 유행하게 되었는데, 패션 블로그 'Facehunter'(Rodic, 2010), 디자인 블로그 'Cool Hunting', 미술기법 블로그 'We Make Money Not Art' 등이 그 예다.

른 사람들의 선택이 추세, 소문, 뉴스, 투기 등의 형태로 우리에게 유용한 온갖 신호를 보내기 때문이다.

창조산업 종사자들이 하는 일 가운데 상당 부분이 그러한 신호 처리와 관련이 있다. 제작 일감을 찾는 프리랜서, 원고 청탁을 바라는 저널리스트, 잠재 고객에게 홍보하는 광고 에이전시 등은 모두 특정한 기량과 책략을 사용해 자신의 서비스에 대한 수요를 파악한다. 나중에 더 상세히 보겠지만, 전문직에 종사하면서 대처법을 배우게 되는 기업구조와 근로문화가 있다. 예를 들면, 네트워킹은 난데없이 '인맥'을 만들어내는 신비한 활동으로 종종 간주된다. 사실 네트워킹은 하나의 기량으로서 창조근로자가 수요의 불확실성, 부정기적 수입, 프리랜서로서의 일감 스케줄 등에 대처하고 새로운 기회를 찾는 데 도움이 된다(제5장 참조). 포트폴리오 근로자 — 프로젝트별로 일하며 매번 다른 팀과 일하는 경우가 흔하다 — 는 자신의 전문지식과는 다른 종류의 전문지식에 대해 열린 태도를 보이고 자신의 재능을 보완할 수 있는 다양한 재능 보유자들과 개인적 네트워크를 쌓는 것이 필요하다. 이것은 마감시한에 맞추어 무엇인가를 제작하기 위해 임시로 팀을 편성하는 단기 프로젝트의 경우에 특히 중요하다(제3장 참조).

여기서 등장하는 것이 사회적 네트워크 시장이라는 급진적 명제다. 즉, 창조산업은 기업·교육·산업·예술 간의 상호관계 집합으로서 혁신 활동에 의해 정의되며, 그 활동이 어디에서 일어나는가는 중요하지 않다. 모든 경제 부문이 잠재적으로 창조산업에 기여한다고 볼 수 있다(Potts and Cunningham, 2008). 이러한 접근은 창조직종을 어떻게 창조산업 '안'으로 또는 '밖'으로 분류하느냐의 문제를 해결한다(DCMS, 2011). 그러나 이 접근방법은 창조산업의 특수성을 격하시킨다는 비판을 받았다. 즉, 창조산업을 고유한 무엇을 내놓기보다 다른 부문을 서비스하는 산업으로 정의한다면, 창조산업 연구에서는 의문의 여지도 없이 경제적 가치가 가장 중요한 것이 된다.

요컨대, 사회적 네트워크 시장은 문화정책의 여지를 거의 남기지 않는다. 문화정책의 역할은 납세자를 대표해 국가의 권력과 자원을 어떻게 사용할 것인가를 결정하는 것이다. 저스틴 오코너Justin O'connor는 창조산업을 문화정책으로부터 분리하는 것이 창조상품의 고유한 가치를 무시하는 것이라고 주장한다. 그는 창조산업이 단순히 사업과 관련되지는 않는 문화 영역에 의지하고 그 안에서 작동한다고 주장한다. 문화상품은 고유한 가치를 지니고 있으며, 단순한 교환가치를 넘어 즐거움, 의미, 정체성, 표현과 관련이 있다. 문화상품은 기능성만 있는 것이 아니며, 사업과 관련된 효용만 있는 것도 결코 아니다. "문화상품이 또한 적극적 시민권의 일부라면, 다음과 같은 기준으로 판단해야 한다. 문화상품이 이러한 시민권을 얼마나 고양하는가?"(O'Connor, 2009a: 400).

나아가, 창조성을 '지식경제knowledge economy' 전체의 일반적 구성요소로 본다면, 창조산업에 관해 특별한 무엇이 있겠는가? 마크 뱅크스Mark Banks와 저스틴 오코너는 우리가 "창조산업을 넘어서는" 시점에 이르렀다고 주장하면서 그 이유로 "창조산업을 지원·개발에 도움을 필요로 하는 독특한 산업 부문으로 보는 시각이 점차 줄면서 다른 부문과 경제 전체에 투입되는 혁신과 창조성의 원천으로 보는 시각이 늘고 있다"라는 점을 든다(Banks and O'Connor, 2009: 366). 이러한 혁신에 대한 강조는 창조산업정책 — 특히 컴퓨팅, 디자인 등 혁신이 주도하는 부문에 대한 정부 지원과 관련된 정책 — 에서 중요했지만, 예술이 덜 강조되는 결과를 가져옴으로써 적어도 영국에서는 예술이 창조산업정책에서 점차 사라지게 되었다(Oakley, 2009a). 이 영향을 크게 받는 것은 실무자, 특히 창조산업 전반에 걸쳐 기업을 지원하고 그것에 양분을 공급하는 예술, 교육 등의 분야에 종사하는 사람들이다.

창조노동, 창조산업에서 일하기

현대의 창조산업을 이해하는 데는 실무자에 대한 언급이 일부 필요하다. 우리는 이 책을 집필하면서 인터뷰한 창조근로자들에게 그들의 직장생활에 관해 질문하고, 특히 어떤 정황에서 일하는지, 그들이 속한 업계, 공동체, 직업에 대해 개인적으로 소중히 여기는 것은 무엇인지 등을

→ 불안정성
고용되었다면 사용자가 부담할
사업 리스크와 책임을 근로자
자신이 질 경우를 말한다.
'불안정한 근로자들'의 삶의 특징은
리스크, 불안 그리고 스스로
부담하는 비용을 증가시키는
우발사태다(Gill, 2011: 250).
예를 들면, 프로젝트 중심으로
일하는 프리랜서들은 예측 가능한
소득, 일자리 보장 등 장기고용의
혜택을 누릴 수 없다. 그들은 장비,
훈련, 기량뿐 아니라 예산, 세금,
연금, 보험 등도 스스로 책임진다.
추천 문헌: Andrew Ross,
No-collar(2003); Rosalind Gill
and Andy Pratt, "In the Social
Factory? Immaterial Labour,
Precariousness and Cultural
Work"(2008); Terry Flew, *The
Creative Industries: Culture and
Policy*(2012).

물었다. 이러한 인터뷰는 사업모델, 자금조달, 고용형태 등 더 큰 맥락
속에 반영되었다.

우리는 창조근로자들의 경험을 연구한 여러 학자들의 저술에 의지한
다. 앤절라 맥로비Angela McRobbie는 영국의 디자이너 패션(McRobbie,
1998)과 1990년대 말 런던의 창조적 기업가정신의 정치를 조사했다
(McRobbie, 2002). 앤드루 로스Andrew Ross는 특히 자신의 저서『노칼
라No-Collar』(2003)에서 뉴미디어 등 창조업무에 종사하는 프리랜서와
임시근로자들의 근로조건, 시간, 보수, 환경에 관해 중요한 문제를 제기
했다. 맥로비와 로스는 스튜디오, 사무실 등 직장에서 인터뷰하고 관찰
하는 방법을 사용해 창조노동의 **불안정성**(대개 자영업자들이 연금, 실업,
세금, 건강보험 등을 스스로 책임지는 데 따른 개인적 스트레스)과 '탄력적' 근
무시간에 따른 개인시간 및 가정생활의 부담, 창조산업의 화려한 부문
에서 벌어지는 치열한 일자리 경쟁, 신기술의 등장으로 자신의 기량이
뒤처지는 것이 될지 모른다는 끊임없는 염려 등에 특별히 주목했다.

크리스 빌턴Chris Bilton은 자신의 저서『경영과 창조성Management
and Creativity』(2007)에서 이 주제를 조직의 관점에서 보면서 자신의 영
화제작자 경험에 비추어 창조성은 각 조직과 팀에 확산된다고, 즉 사실
상 창조성은 각 부문에 고유한 시스템과 프로세스의 산물이라고 주장한
다. 이와 비슷하게 마크 듀즈Mark Deuze의『미디어 업무Media Work』
(2007)는 핀란드에서 미국에 이르기까지 각국 미디어산업에 종사하는
사람들과 광범위하게 인터뷰한 내용을 모았다. 로절린드 길Rosalind Gill
의『테크노보헤미안인가 신사이버전문가인가?Technobohemians or the
New Cybertariat』(2007)는 매우 영향력 있는 연구로서, 암스테르담의 웹
근로자 50명과 인터뷰한 내용을 모아 그들이 겪는 모순을 일부 조명한
다. 그 모순이란, 그들이 한편으로 고용보장과 소득에 관한 걱정, 긴 근
무시간, 경쟁, 새로운 기술발전을 따라잡으려는 노력 등을 경험하고 있
지만, 다른 한편으로 자부심을 지니고 있고 좋은 업무를 하는 즐거움을
누리며 자신의 일에 전력투구하고 있는 상황을 말한다.

여기서 말한 '좋은 업무' 또는 '좋은 일'은 데이비드 헤스몬달프David

→ 지식근로자

전문적인 훈련, 기량, 지식에
의존해 서비스를 생산하는
근로자를 지식근로자라고 부를 수
있다. 흔히 쓰는 용어인
'지식경제'란 경제의 중점이 제조와
원료·원자재의 가공에서
고기술과 고수익 제조·가공이
특징인 하이테크경제로, 그리고
무엇보다도 서비스경제로
이동하는 선진경제를 말한다.
이러한 서비스경제에는 통신·
정보 기술이 포함되며, 고도로
훈련된 전문가들이 새로운 과학
지식을 소프트웨어, 특허를 받을
수 있는 기술혁신, 보건, 소매,
관광, 금융서비스 등을 비롯해
수많은 지식기반사업과
공공서비스에 적용할 수 있다
(Perrons, 2007). 창조산업은
지식경제의 부분집합으로 볼 수
있으며, 창조근로자는 일반적으로
지식근로자로 분류될 수 있다.
이러한 이유로 창조산업정책은
전통적 예술·미디어 생산을
전자출판, 소프트웨어 등
'뉴'미디어와 연계하고 광고와
마케팅, 디자인과 건축술 등
전문적인 서비스와도 연계한다
(Cunningham, 2002; Garnham,
2005; Foord, 2008).

Hesmondhalph와 세라 베이커Sarah Baker의 폭넓은 연구서 『창조노동: 3대 문화산업의 미디어 업무Creative Labour: Media Work in Three Cultural Industries』(2011)에서 중심 개념이다. 데이비드와 세라는 자기착취와 불안정성을 비판하는 로스, 맥로비 등의 저술을 근거로 저널리스트, 음악가, 텔레비전 종사자 등을 인터뷰하여 그들의 경험에 비추어 '좋은 창조업무'의 중요한 요소가 무엇인지(반대로 '나쁜' 창조업무의 요소는 무엇인지) 찾아내려고 했다. 특히 그들은 실무자들이 말하는 '좋은 제품' 만들기, 자율성 그리고 자아실현(개인으로서, 그리고 창조전문직 공동체의 구성원으로서)에 주목했다. 달리 말해서 그들은 창조노동에 수반되는 걱정과 리스크뿐 아니라 창조노동의 즐거움에 주목했다. 이와 비슷하게 마크 뱅크스는 창조업무에 내재된 '도덕경제moral economy', 즉 사회적·정치적 가치가 경제적 가치 못지않게 중요하다 — 어떤 사람에게는 더 중요하다 — 는 데 주목했다(Banks, 2006). 뱅크스가 인터뷰한 문화기업가들에게는 돈이 주된 동기가 아니었다. 다만 그들의 생활은 뱅크스가 다른 저술에서 언급한 "창조계급creative class의 수단적 여가"(Banks, 2009)가 주어질 뿐으로, 업무에 따른 자유 시간의 희생이 불가피하다.

'창조계급' 개념은 영향력이 있는 동시에 광범위한 비판의 대상이었다. 리처드 플로리다Richard Florida의 저술에서 유래한 창조계급은 창조성을 통해 경제적 가치를 보태는 사람들의 직업을 가리키며, 좀 더 일반적으로는 **지식근로자**knowledge workers를 가리킨다. 창조근로자는 엄밀하게 규정된 기량이나 제품보다 창조역량, 즉 문자 그대로 머릿속에 들어 있는 무형의 역량을 파는 사람이다(Florida, 2002a: 68). 플로리다의 주장에 따르면, 창조역량은 사람들 속에 존재하기 때문에 기업, 도시 및 산업클러스터가 어떻게 창조근로자들을 유치하고 붙잡아둘 것인가를 전략적으로 생각하는 것, 특히 그들에게 좋은 보수를 지급하는 것뿐만 아니라 그들이 살고 싶은 환경을 제공하는 것이 경제적으로 필요하다. 플로리다의 주장에 따르면, 한 지역에 일자리가 있는 것만으로는 충분하지 않으며, 창조계급이 일상생활에서 만족해하는 다양한 것들, 즉 편리한 교통, 좋은 통신 인프라, 선택의 폭이 넓은 문화적 기회와 오락거리, 인종적으로 다양한 인구구성, 높은 수준의 사회적 관용, 생각이 같은 사람들의 사회적 모임 등을 갖추어야 한다(Florida, 2010c).

따라서 도시지역에서 문화·사회생활의 일정한 지표를 봄으로써 성장 활력과 잠재력을 측정할 수 있을 것이다(Hansen, Asheim and Vang, 2009). 이러한 척도의 하나인 보헤미안 지수Bohemian Index는 대도시권에서 미술가, 음악가, 작가, 디자이너, 연예인 등의 집중도를 도표화한다. 즉, 특정 지역 내 창조계급의 집중도를 지도화하는 것이다(Florida, 2010a). 플로리다는 어느 지역에서 보헤미안들의 존재는 다른 유형의 재능을 가진 사람들을 끌어들이는 환경을 조성한다고 주장한다. 결과적으로 고급인력을 충원하기 쉬워 혁신적인 기술집약적 산업이 그 지역에 유치되고, 같은 기회를 이용하기 위해 새로운 기업들도 설립될 것이다(Florida, 2002b). 따라서 보헤미안 지수 ― 그리고 '다양성diversity 지수', '게이gay 지수' 등 유사 지수 ― 는 그가 말하는 '예술·문화 창조인' 집단, 즉 창조계급의 한 부분집합을 넘어서는 함의를 지니고 있다. 플로리다는 전문직 계급을 업무상 창조성의 중요성에 비추어 정의함으로써 지속적으로 창조계급의 범주를 확장해 높은 수준의 교육, 훈련, 기량, 지적 작업을 요하는 직종을 다 포함시켰다. 그의 후기 저술에서는 창조계급이 협의의 창조산업과 대체로 일치하지 않으며, 일반적으로 창조계급의 직무는 새로운 아이디어, 새로운 콘텐츠, 새로운 기술을 창출하는 것과 관련된다. 이에 따라 과학·기술, 사업과 경영, 보건, 법률, 예술, 문화, 디자인, 미디어, 연예 등에 종사하는 근로자들이 창조계급에 포함된다(Florida, 2010b).

플로리다를 비판하는 일부 학자는 그의 저술이, 탈산업화 과정에서 경기가 나빠진 도시들에 버려진 공장과 창고 지역에 더 많은 창조인력을 유치할 방법에 관해 조언을 제공하고 후한 보수를 받는 컨설팅산업을 낳았다고 주장했다(Nathan, 2005). 이러한 형태의 컨설팅에는 '플로리다 사업doing a Florida thing'이라는 특별한 이름이 붙었다(McGuigan, 2009). 그러나 케이트 오클리Kate Oakely가 지적했듯이 지방 수준에서 플로리다의 저술을 가지고 돈벌이하는 사람들이 있다고 해서 그를 비난

할 수는 없다(Oakley, 2009b). 가장 흔하게 인용되는 창조계급 가설의 약점은 플로리다가 일정 부류의 사람들에게 우선순위를 둠으로써 본말을 전도하고 있다는 점, 다시 말해서 인프라, 경제적 기회, 주택, 교통, 교육 등이 충분하지 않다면 지방경제에 크게 기여하는 창조계급도 없을 것이라는 점이다(Nathan, 2005; Pratt, 2008). 따라서 정책을 제안할 때의 시야는 어떻게 창조근로자를 한 지역이나 도시로 유치할 것인가의 문제를 넘어서야 한다. 그러므로 어떤 사람들에게는 플로리다의 '환상적인 창조업무 관념'은 지나치게 단순화된 것으로, 창조산업의 노동 현실에서는 불가능한 것으로 보인다(Hesmondhalph and Baker, 2011). 더구나 플로리다가 쓰는 창조성과 '보헤미안'이라는 용어는 임시직과 프리랜서 고용관행·노동을 미화할 위험이 있으며, 현실의 노동은 저임과 불안정에 시달리기 마련이고 사람들은 생계를 꾸리고 가족을 부양하며 경력을 유지하는 데 필요한 이른바 일과 생활의 균형을 맞추기 힘든 경우가 허다하다(Gill and Pratt, 2008; Banks, 2009). 다시 말해서 실제의 창조노동에 관한 연구 결과는 '창조계급'의 자율성과 자유에 대한 유토피아적 주장에 의문을 제기하지만, 그와 동시에 창조전문직의 근로생활에 관해 흥미롭고 구체적인 통찰을 제공한다. 여기서 창조전문직을 창조실무의 화려함이라는 너무 단순한 관념으로 축약하거나 불안정성, 자기착취, 가난에 찌든 과로 등의 비참한 예측으로 일관할 수는 없다.

학자들은 여러 가지 창조직종에 종사하는 사람에게 초점을 맞춤으로써 미디어와 창조산업에서 일하는 것이 구체적으로 어떤 모습인지를, 그리고 사람들이 일하는 정황을 예의 주시할 수 있다. 창조산업은 국가 간에도 공통적인 특징이 많지만 실제로는 로컬 현상임이 드러난다. 도시와 도시지역은 단순히 살고 일하는 곳이 아니라 창조실무자들의 이야기가 만들어지는, 살아 숨 쉬는 사회구조로서 극히 중요함이 판명된다. 이 책에서 핵심 요소로 등장하는 그러한 사례를 몇 가지 들자면, 런던의 혹스턴Hoxton과 쇼어디치Shoreditch 지역(Pratt, 2009), 뉴욕 시(Neff, Wissinger and Zukin, 2005), 할리우드의 작가와 프로듀서와 영화제작진(Mayer, Banks and Cadwell, 2009), 맨체스터의 미디어와 음악 분야

(Banks, 2006; Robb, 2009; Johns, 2010), 시카고의 '네오보헤미아 neo-bohemia'(Lloyd, 2010), 암스테르담의 웹설계 스튜디오(Gill, 2007), 베를린의 번성하는 예술·디자인·미디어 분야(van Heur, 2009; Heeble and van Aalst, 2010), 라고스의 영화제작자들(날리우드)(Lobato, 2010), 뭄바이의 힌디어 영화산업(발리우드)(Kavoori and Punathambekar, 2008), 싱가포르(Kong, 2009)와 베이징(Keane, 2007, 2009), 상하이 (O'Connor, 2009b; Wu Wei and Hua, 2009)의 신흥 '창조클러스터'를 꼽을 수 있다.

요약

우리는 이 장에서 창조산업의 개념을 소개했다. 창조산업은 포괄적 용어로서 **창조성**(특히 상징 생산 및 지적재산권 창출과 관련되는)이 중요하게 작용하는 일정 범위의 경제활동(제품과 서비스)을 포괄한다. 우리는 또한 경제 데이터 이용, 시장 특성 조사, 창조실무자들의 스토리 등을 통해 창조산업을 연구하는 접근방법을 소개했다. 우리는 창조산업의 **특성**은 무엇인가, 창조산업은 무엇을 **생산**하는가, 창조산업에서 **일하기**는 어떤 모습인가를 묻는다.

읽을거리

Bilton, Chris. 2007. *Management and Creativity: From Creative Industries to Creative Management*. Oxford: Blackwell.
기업의 기초를 이해하고 경영에 초점을 맞춘 창조산업 연구서.

Hesmondhalph, David and Sarah Baker. 2011.
Creative Labour: Media work in Three Cultural Industries. London: Routledge.
저자는 인터뷰와 참여관찰을 통해 텔레비전·음악녹음· 잡지출판에 종사하는 관리자와 근로자를 연구한다. 이 책은 창조업무를 둘러싼 제반 조건과 이슈를 철저히 조사한 중요한 연구서다.

Johnson, Steven. 2010. *Where Good Ideas Come From: The Seven Patterns of Innovation*. London: Penguin.

과학·산업·예술의 창조성과 혁신을 역사적으로 접근한
연구서.

Kong, Lily and Justin O'Connor, eds. 2009. *Creative
Economies, Creative Cities, Asian European
Perspectives.* New York: Springer.
문화상품의 국제교역에 관한 훌륭한 개관서로서, 아시아적
맥락에서 유럽과 비교해 창조산업의 작동원리를 고찰했다.

McKinlay, Alan and Chris Smith, eds. 2009. *Creative
Labour: Working in the Creative Industries. Critical
Perspectives on Work and Employment.*
Basingstoke: Palgrave Macmillan.
네트워킹과 기량에서부터 노조정치에 이르기까지 창조산업
근로의 다양한 측면에 관한 연구 모음집.

McRobbie, Angela, 1998. *British Fashion Design:*
Rag Trade or Image Industry? London: Routledge.
런던 패션산업에 관한 획기적 연구서.

Pratt, Andy C. and Paul Jeffcutt, eds. 2009.
Creativity Innovation and the Cultural Economy.
London: Routledge.
창조산업의 여러 부문에 관한 연구 모음집으로서 광고, 음악,
영화와 TV, 뉴미디어, 디자인, 박물관·시각예술·공연 등 각
부문에 두 챕터씩 할애하고 있다. 모든 연구는 어디서 관련
활동이 발생하는가의 문제를 다루고, 창조전문직이 어떤
제도와 네트워크 내에서 일하는가를 고찰한다.

Thornton, Sarah. 2008. *Seven Days in the Art World.*
London: W. W. Norton.
예술학교 세미나에서 크리스티 경매에 이르기까지 재미있고
유익한 관찰을 모았다.

2　창조성과 상업

경제학과 문화의 관계, 상업과 창조성의 관계는 상업적 상징문화 상품·서비스의 생산을 연구하는 데 매우 중요하다. 예술적 창조성·영감·재능을 '판매'(효용·상업·이윤의 비도덕적인 물질성에 굴복하는 것)와 타협할 수 없는 '예술을 위한 예술'로 낭만 있게 묘사하는 것은 솔깃한 유혹일 것이다. 레이먼드 윌리엄스Raymond Williams에 따르면, 이처럼 비교적 최근에 예술을 상업과 분리하게 된 것은 예술적 성향 또는 재능이 예술가가 행정적이거나 상업적인 문제에 연루되는 것을 배제하게 할 것이라는 사상에 의존한다. 이런 사상에 따르면, 사람은 '심미인aesthetic man'이거나 '경제인economic man'이거나 둘 중 하나다. 전자는 자유분방한 보헤미안의 삶에 헌신하며 후자의 특성인 근로, 사려분별, 가족, 직업 등의 가치를 이단자처럼 거부한다(Williams, 1961, 1961).

심미인과 경제인은 일부 미술가와 음악가가 스스로 대중적 모습을 구축하는 데 큰 효과를 본 스테레오타입이다. 예를 들면, 밥 딜런Bob Dylan은 자신의 자서전『연대기Chronicles』—자서전 자체가 자기정형화의 연습이다—에서 우디 거스리Woody Guthrie와 램블링 잭 엘리엇Ramblin' Jack Elliot 같은 선배들을 모델로 미국의 민속전통을 열심히 공부하여 떠돌이

그림 2.1 런던 레드처치가 '비매품(Not for Sale)' 낙서
자료: 2012년 8월, 고티 시그트호슨 촬영.

민속음악인, 시인이자 방랑자로서 자신의 음악적 모습을 만드는 데 그 문화유산을 사용했다고 술회한다(Dylan, 2003). 그보다 최근의 음악인으로서 록밴드 건스 앤 로지스Guns N'Roses의 베이스기타 연주자인 더프 매케이건Duff McKagan은 순서를 바꿔 심미인과 경제인의 역할을 개발했는데, 그는 금전 문제에 무지한 보헤미안의 약점을 스스로 극복했다면서 1994년 마약중독 치료를 마치고 대학에 진학해 자신의 비즈니스 업무를 직접 처리하게 되었다고 밝혔다(McKagan, 2011). "양복 없이 양복쟁이가 된" 매케이건은 마침내 그의 새로운 밴드와 녹음하고 투어를 다니면서 음악인을 위해 재정관리를 해주는 회사를 설립했다(Kimes, 2011).

상업을 무시하면 사람들이 실제로 어떻게 창조노동으로 생계를 꾸리는지에 대한 우리의 연구가 진전되지 못한다. 이 책의 주된 초점은 현시대에 맞춰져 있으며, 우리는 독자들이 다양한 직종의 창조산업 실무자들이 경험하는 생계 꾸리기에 관해 궁금해한다고 가정한다. 그러한 이야기를 하는 데는 몇 가지 역사적 개념에 대한 약간의 고찰이 필요하다. 상업적 창조생산의 전 역사를 하나의 장으로(또는 한 권의 책으로) 압축하는 것은 불가능하겠지만, 이 장에서는 상업과 문화 창조 간의 밀접한 관계가 수세기 동안 어떻게 전개되었는지를 설명하고자 한다.

누가 지불하는가, 누가 만드는가, 누가 사는가

현대 창조산업에 적용되는 기초적 사업관계와 자금조달 모델은 오랜 역사를 갖고 있다. 우리는 이 장에서 그러한 모델 세 가지를 검토한다. 첫째, 미켈란젤로 등 이탈리아 르네상스 화가들의 사례를 활용해 후원과

→ 산업혁명

산업혁명의 '시작'이라 할 수 있는 것은 여러 가지가 있지만, 영국의 산업혁명은 직물 제조를 기계화하기 위해 석탄을 때는 증기기관이 발명된 1700년대 중엽에 시작되었다. 산업화의 특정 가운데 가장 영향력이 큰 것은 제조 과정에서 노동자와 관리자 기능의 표준화와 더불어 기계 부품의 표준화가 나타난 것이다(Beniger, 1986). 이것은 산업혁명 이전의 다양한 소규모 수공예 제조업과 산업화로 가능해진 표준화된 대규모 계층적 제조업 간의 큰 차이였다(Hobsbawm, 1999). 산업화는 제조업에 오래 국한되지 않고 곧 생활의 모든 측면으로 퍼졌는데, 새로운 일자리와 직업이 창출되고 농촌에서 도시로 대량 이주가 발생했으며 농업사회에서 분산되었던 노동자들이 '노동계급'을 형성했다(Williams, 1965). 또한 19세기와 20세기에 걸쳐 상품의 대량생산과 기술의 표준화가 등장했다(57쪽 **포드주의** 참조). 예를 들면, 근대 신문을 가능하게 만든 것은 기계화된 인쇄, 빠른 배달, 전신 같은 통신기술 등이다. 특히 종래에 사람이 전달하던 정보가 전신에 힘입어 전선을 통해 전기의 속도로 전달되었다(Matelart, 1996). 표준(선로, 엔진, 객차 등)과 정확히 일치하는 부품이 대량생산되지 않고는 불가능했을 철도는 19세기에 장거리 수송 속도를 획기적으로 높이면서 "시간과 공간을 효과적으로 산업화"했다(Schivelbusch, 1986). 표준화는 결국 수송·에너지·통신 분야에 심대한 사회적·문화적·기술적 영향을 미쳤다(Bowker and Star, 2000). 결국 우리는 산업화의 역사를 통해 창조성의 산업화를 여러모로 조명해볼 수 있다. 예를 들면, 디자인과 건축술은 표준화, 제조업 기술 및 인프라(전기, 상하수도, 통신 등)의 영향을 크게 받는다. 19세기 신문에서 21세기 게임 스튜디오에 이르기까지 모든 매스커뮤니케이션과 매스미디어는 표준, 전문화된 근로자, 기술적 기량 및 생산·분배 시스템에 의존한다는 점에서 '산업적' 활동이다.

주문에 관해 고찰한다. 다음으로 우리는 셰익스피어의 희곡이 공연된 시장과 어떻게 유료 관객이 후원자 역할을 하는지를 살펴본다. 끝으로, 인쇄술의 발명과 18, 19세기 **산업혁명**을 본보기로 창조상품의 산업생산을 고찰한다. 오늘날 우리에게 익숙한 대량생산, 대량유통 및 (일종의 대량중재가 이루어지는) 대중문화가 등장한 배경에는 그러한 핵심적 전개가 있었다.

후원: 이탈리아 르네상스 회화에서 부·권력·종교

14~16세기는 유럽에서 문화가 발전한 기간으로서 오늘날 **르네상스**라고 불린다. 르네상스는 흔히 유럽 역사에서 **중세**의 끝이며 근대의 시작으로 간주된다. 14세기 이탈리아에서 **고전적인** 그리스·로마의 문화·예술이 예술가와 지식인들에 의해 재발견되고 장려되었다. 르네상스는 학문적·종교적·예술적·과학적 운동으로서 이후 3세기 동안 유럽 전역에 전파되었으며, 기술적·정치적·경제적 변화*와도 상당 기간이 일치했다. 르네상스는

• 이러한 신지식의 상당 부분이 아시아에서 유럽으로 넘어왔다. 콘스탄티노플(지금의 터키 이스탄불)은 당시 학문의 중심지로서 로마제국이 최후로 잔존한 비잔틴제국의 수도였다. 1453년 그리스도교의 콘스탄티노플이 오스만 튀르크에 함락되어 이슬람교 국가인 오스만제국의 영토가 되자 그리스 학자들이 대거 유럽으로 탈출하면서 당대의 아랍 학문과 고전 지식을 가져왔다. 이에 앞서 이슬람 학문이 이슬람 이베리아반도(오늘날의 스페인과 포르투갈)의 학문 중심지를 통해서도 유럽에 전파되었는데, 그중에는 그때까지 유럽에 없었던 고전철학자 아리스토텔레스의 번역서도 있었다.

↪ 후원자와 후원

'아버지'를 뜻하는 라틴어에서 유래하는 후원자는 지원과 영향을 주는 방어자 또는 보호자다. 예를 들면, '예술의 후원자'는 모종의 예술 활동자금을 지원하고 예술가(단체)를 보호하며 후대를 위해 예술작품을 수집·보존하는 기관이나 개인이다. 메디치 가문이 미켈란젤로를 후원한 것처럼 고전적 의미의 후원은 나중에 '고객', 즉 해당 작품을 정기적으로 구입하는 사람에 가까운 의미를 갖게 되었다. 그러나 디지털 시대에 '후원'의 옛 의미가 되살아나면서 공적 자금지원과 개인·기업의 예술 후원뿐 아니라 더욱 넓은 범위의 관행을 가리키게 되었다. 예를 들면, 음악가들이 자신의 음악을 광고에 사용하도록 라이선스를 제공함으로써 CD 제품의 판매 손실을 보충하거나 아니면 자신의 팬층에게 직접적인 기부를 요청하는데, 이는 음악가들이 소득을 대중 기반 형태의 후원에 효과적으로 의존한다는 것을 의미한다. 이러한 형태의 후원에 관해서는 제10장에서 좀 더 상세하게 논의한다.

추천 문헌: Jerry Brotton, *The Renaissance: A Very Short Introduction*(2006); Paul Allen, *Artist Management for the Music Business*(2011).

또한 예술에서 **후원**의 황금시대였는데, 당시 피렌체, 베네치아 등 이탈리아 도시국가의 부유한 상인과 귀족들은 자신의 이름과 화상畵像이 사후에도 오래 존속하도록 의욕적으로 고급 미술품을 주문하기 시작했다.

르네상스 문화의 회화

르네상스에 앞서서, 이미지와 장식이 가톨릭(중세와 르네상스 초기에 유럽을 지배한 종교)에서 중요한 위치를 점하고 있었다. 여기에는 두 가지 주요한 이유가 있었다. 첫째, 신의 영광을 드러내어 신자들의 경외심을 고취하도록 교회를 장엄하고 아름답게 꾸미는 데 많은 돈과 노력을 들였다. 둘째, 좀 더 실제적인 차원에서 대체로 문맹이어서 성경을 읽을 수 없는 신자들에게 종교의 핵심 메시지를 전달하기 위해 그림이 사용되었다. 중세의 화가들은 그림의 주제와 교회 자체의 중요성을 드러내기 위해 금가루와 같은 비싼 안료를 사용했다(Baxandall, 1988). 비싼 금속과 광물질을 사용함으로써 그림이 밝은 색상과 광택이 나는 표면을 통해 감각적으로 어필하게 되었을 뿐 아니라 질료적으로도 고가품이 되었는데, 이러한 고가품은 봉헌의 중요성은 물론, 나아가 교회 당국이나 그림을 주문하고 대금을 지급한 개인 기부자의 영성적 가치를 반영하는 것이었다. 그 결과, 발주 기관이나 개인은 화가에게 그림 속에 포함될 금가루 등 비싼 재료의 양을 명시했다. 따라서 우리는 이런 그림이 어떻게 상징 문화생산물로서 기능했는지를 검토할 때, 중세와 르네상스 초기 이탈리아 회화의 영성적 **가치**가 그 물질적 가치와 밀접하게 연계되었음을 염두에 두어야 한다. 이러한 관행은 현대 예술에서도 찾을 수 있는데, 가장 유명한 사례가 데이미언 허스트의 작품 '신의 사랑을 위하여 For the Love of God'(2007)다. 이 작품은 백금으로 주형을 뜬 사람 두개골에 다이아몬드를 입히고 원래의 두개골에서 가져온 치아를 해부학적으로 제자리에 삽입했다.

중세 회화의 주된 목적은 사실주의가 아니라 종교의 어떤 중요한 측면을 상징화하고 기념상祈念像, devotional image을 제공하는 데 있었다.

그림 2.2　피에로 델라 프란체스카 (Piero della Francesca)의 "채찍질 당하는 그리스도"(1455년경, 목판, 59 × 81.5cm). 이탈리아 우르비노 시 두칼레 궁 소장.

⤷ 가치

오스카 와일드(Oscar Wilde)는 "냉소가란 모든 것의 가격만 알고 그 가치는 모르는 사람"이라고 했다. 우리는 무엇을 평가할 때 "무슨 가치가 있는가"라고 물으면서 비슷한 성질의 다른 것과 비교한다. 그러므로 가치라는 관념은 사회적 평가와 분리할 수 없으며, 그러한 평가를 통해 가치가 수립된다. 이런 식으로 우리는 어떤 것을 다른 것보다 높이 평가하면서, 높고 낮은 가치의 위계를 구성하고 좋은 것, 더 좋은 것과 가장 좋은 것을 구별한다. 우리는 같은 것을 놓고 여러 가지 방식으로 평가할 수 있기 때문에 '가치'란 말 앞에는 으레 '경제적 가치', '미적 가치', '도덕적 가치' 등과 같은 수식어가 붙는다(Edgar and Sedgwick, 2008). 이는 평가가 본질적으로 사회적 활동임을 의미하며, 그 활동이 시장에서 이루어지든 신인 디자이너나 화가의 작품과 같은 어떤 것의 가치를 인식하고 수립할 수 있는 특정 사회단체 내에서 이루어지든 불문한다(Currid, 2007). 경제적 가치, 미적 가치 및 도덕적 가치를 비교할 때 경제적 가치가 가장 파악하기 쉬운 것처럼 보이지만, 경제학은 교환가치(돈으로 측정되며 누군가 지불할 용의가 있는 금액)와 사용가치(어떤 것이 누군가에게 얼마만큼의 소용이 있는지)를 구별한다(Bennet et al., 2005). 다시 말해서 일부 유형의 가치는 돈으로 측정할 수 있겠지만 사람의 동기, 행동, 선택 등을 평가할 때에는, 흔히 돈과 무관하고 다른 추상적 가치와 관련된 고려 사항을 바탕으로

그러나 르네상스 시대의 이탈리아 화가들은 자연세계를 더욱 엄밀하게 재현하는 그림을 그리기 시작했다. 그들은 일점투시 또는 직선원근법(3차원 공간의 표현을 용이하게 하는 수학공식)이라는 시스템을 사용하기 시작했다. 건축설계에 소중한 도구로 쓰인 이 시스템에 힘입어 건축가들은 종래 너무 복잡했던 구조도 종이 위에 표현하고 설계하게 되었다. 르네상스가 진행되면서 이 시스템은 회화에도 똑같이 소중한 **기술**이 되었다. 이탈리아 화가들은 원근법 사용에 점점 더 집착한 나머지 인물을 배치하여 3차원 공간을 납득시키려고 했다. 피에로 델라 프란체스카Piero della Francesca의 그림은 원근법에 대한 강한 집착을 보여준다. 이와 동시에 미켈란젤로 같은 화가도 인물 표현에서 고전 조각에 영감을 받았다.

르네상스 화가들은 여전히 종교화를 생산했지만, 그들의 초점은 종교적 상징주의에서 벗어나

대략 측정하게 된다. 예를 들면, 진기성, 혁신, 창조성 등은 잠재적 수익성이 있는 아이디어, 디자인, 물건 등을 평가하는 중요한 기준이다(Potts et al., 2008a). 따라서 당장 현금으로 측정할 수 없지만 엄청난 가치가 있는 것들이 있다.

↳ 기술

예술적이거나 산업적인 무엇을 '체계적으로 처리'한다는 기술의 옛날 의미는 현대적 용법에도 내포되어 있다. 가장 단순한 의미에서 기술이란 (물질적·물리적·사회적) 과정을 물리적 시스템으로, 또는 체계적인 절차로 단축하는 것이다. 이것이 기술이 물리적인(장치, 기계, 도구의 의미) 동시에 사회적인 이유다. 기법, 사고의 습관, 분업은 그 자체로 기술이다. 예를 들면, 공장 생산에서 분업은 일정한 '산출'을 내도록 다수의 일을 조직하는 기술이다. 요컨대, 기술은 기계적인 동시에 사회적이다.

추천 문헌: Tonny Bennet et al., *"Technology" in New Keywords*(2005: 342~344); Craig Hanks, *Technology and Values: Essential Readings*(2010).

→ 천재로서의 미술가

미술가를 비범한 재능을 타고난 특별한 사람으로 보는 오래된 관념은 르네상스 시대에서 비롯되었다. 조르조 바사리(Giorgio Vasari)는 『미술가 열전, 혹은 가장 유명한 화가·조각가·건축가 열전(Le vite de' più eccellenti pittori, scultori e architetti)』이라는 미술가들의 전기 모음을 저술했는데, 1550년 초판이 나온 그 책은 미술의 역사는 미술가 자신들의 전기를 통해 말한다는 새로운 형태의 미술사 저술의 효시였다. 미술가를 예외적인 인간으로 간주한다는 점에서 바사리는 르네상스 이후 계속 발전한 전통을 수립했으며, 이는 여러 학자들이 지적한 바 있다(Batschmann, 1997). 그것은 19세기 초 낭만주의 운동(이 장에서 후술함)의 근본 사상이었으며, 계속해서 미술과 미술가에 관한 현대의 담론을 뒷받침하고 있다.

인물이나 건축, 자연세계의 표현으로 옮아갔다.

르네상스 화가

화가들이 이렇게 사실적이고 구상적으로 표현하는 기량이 늘면서 고객들의 초점도 옮아갔다(Baxandall, 1988). 그림의 가치는 비싼 재료의 사용보다 화가의 기량과 더 밀접하게 연계되었다. 교회 당국과 개인 후원자들은 재료보다 화가를 중시하기 시작했으며 그림 주문을 위해 특정한 고가 재료를 명시하기보다 특정한 화가를 섭외하려고 했다. 그 결과, 예술가들은 자신의 작품에 서명하기 시작했으며, 르네상스 이전의 화가들은 장인으로 간주되고 다른 장인보다 지위가 높지 않았으나(모든 공예활동의 사회적 지위가 상당히 낮았다), 미켈란젤로(1475~1564)와 라파엘로(1483~1520) 같은 후기 르네상스 화가들은 천재로 추앙받았다.

이렇게 이탈리아 르네상스 회화에서는 회화 자체와 화가의 사회적 지위 양면에서 개인의 인간적 주체성이 더욱 중요해졌다.

생산과 자금조달 구조

르네상스 이후 화가의 높은 지위는 르네상스 회화의 역사가 대체로 개별 화가의 업적에 초점이 맞춰졌음을 의미한다. 그러나 이탈리아 회화 대부분이 작업장workshop 생산체제의 일환으로 생산되었다는 점이 중요하다. 작업장을 가진 기성 화가들은 그곳에서 도제들을 훈련시키고 주문 처리를 도와줄 화가 팀을 고용했다. 따라서 물론 작품에 작업장 주인의 낙관이나 서명이 들어갔지만, 이탈리아 르네상스 회화는 대체로 한 개인의 단독 작품이 아니라 하나의 생산라인에서 생산되었다. 그러므로 미술가의 이름과 서명은 현대 상업의 브랜드와 마찬가지 역할을 했으며, 작업장 주인이 제공하는 품질과 진품임을 보증하는 것이었다.

작업장 체제는 그것을 운영하는 미술가에게 상당한 간접비용을 안겼으며, 화가는 작품을 주문하는 후원자들에게 크게 의존했다. 화가들은 투기적으로 그림을 생산하지 않았으며, 특정한 작품을 주문하고 그 생산 대금을 지급할 고객을 찾아 나섰다. 르네상스 시대까지는 가톨릭교회가 주된 후원자였다. 교회는 유럽에서 가장 강력한 정치적 실체로서 신권神權 교리에 의해 보위와 혈통을 인정받는 왕과 귀족들로부터 엄청난 부를 끌어모았다. 부유한 후원자들이 교회를 위해 그림을 주문하는 것은 자신의 독실함을 입증하는 방편이었다. 이러한 전통을 지중해의 해상무역으로 부유해진 상인들이 이어받았다. 또한 해상무역으로 엄청난 부를 축적한 이탈리아 도시국가들은 독립국가로 기능했으며, 이들의 부가 늘어나면서 사적 주문도 성행하기 시작했다.

교회와 경당뿐 아니라 공공건물과 가정집을 위한 그림 주문도 점차 늘었다. 르네상스 시대에 이탈리아를 통틀어 미술과 조각의 중심지였던 도시국가 피렌체에서 가장 부유하고 강력한 가문인 동시에 최고의 예술 후원자는 메디치가였다. 메디치가는 화가, 조각가, 시인, 철학자 등에 대한 후원을 권력과 영향력을 세우는 방편으로 활용했다. 권력과 교회의 위엄을 이어주는 역할을 한 그림은 권력과 메디치가의 위엄을 이어주는 역할도 수행했다. 즉, 그림을 통해 메디치가는 르네상스 피렌체에서 가장 부유하고 가장 문화적 안목이 높은 가문의 지위를 유지했다 (Brotton, 2006).

따라서 이탈리아 르네상스 회화의 주문과 생산 과정에는 미학, 종교, 권력, 지위가 밀접하게 얽혀 있었다. 인공물로서 한 그림의 값어치는 영성적·상업적·사회적·정치적 가치가 총체적으로 복합된 것이었으며, 그 그림의 생산·유통·전시에 관여한 사람마다 그 가치의 의미가 다 달랐다. 21세기의 후원은 대개 종교나 영성과 거리가 멀지만, 미학과 권력

↪ 시장(market)과
장터(marketplace)

시장 또는 장터는 단순한 의미로
보면 사람들이 모여 대개
공개적으로 상품을 사고파는
장소다. 좀 더 추상적인 현대적
의미의 '시장'에도 이런 오래된
뜻이 내포되어 있다. 교환이
발생하는 곳에는 시장이 형성된다.
장터에서 무언가의 가치는 비교와
거래를 통해 수립된다. 즉, 상품,
서비스, 기량, 정보 등 유형·
무형의 것이 크고 작은 시장에서
거래된다. 창조생산자로서 당신이
당신의 작품을 시장에 내놓는 것은
그 창조 작업의 재원을 조달하기
위해 후원자로부터 수수료를 받는
것과는 아주 다른 의미를 함축하고
있다.

첫째, 주된 재정적 차이는 당신이
먼저 작품에 투자하고 나중에 그
투자와 이윤의 회수를 기대해야
한다는 데 있다. 당신이 자금을
전부 걸기보다 프로젝트에 돈을
투자할 투자자를 찾을 때도 있다.
투자자는 예술 후원과 관련된 권력
또는 영향력의 이득보다 금전적
수익을 추구한다. 투자자는 완성된
작품이 장터에서 생산비용
이상으로 교환되어 이윤을 남길 수
있다고 계산한다.

둘째, 주된 미학적 고려는 당신이
특정한 개인이나 기관의 요구를
충족하기 위해 무엇을 생산하지
않는다는 점이다. 당신은 미지의
소비자를 위해 무엇을 생산하는
것이다. 따라서 당신은 대상
고객의 취향에 관해 꽤 좋은
생각이 있어야 할 것이다. 그 대상
고객이 예를 들어 튜더왕조 시대

과 지위의 결합은 행사나 개별 예술가에 대한 기업의 후원, 자금조달 동
업사 관계, 공동 브랜드co-branding(예컨대, 한 브랜드를 저술상이나 영화상
의 이름에 덧붙일 경우), 기타 예술과 후원기업의 탄탄한 공적 제휴 등에
여전히 존재한다(다른 유형의 후원에 관한 상세한 논의는 Williams, 1981을
참조할 것).

시장: 셰익스피어 시대의 영국 극장

1564년 이탈리아 르네상스 화가 미켈란젤로가 사망한 해에 영국의 극
작가 셰익스피어가 태어났다. 셰익스피어는 16세기 말 런던에서 극단
'체임벌린 경의 사람들Lord Chamberlain's Men'에 소속되어 희곡을 쓰고
연기도 했다. 여기서 우리의 관심은 셰익스피어 시대 극장의 문화경제
에 있으므로 그의 작품과 영문학에서 그가 담당한 역할에 관한 논의는
생략한다. 그 대신에 우리는 어떤 정치적·문화적 요인이 그의 성공에
기여했는지 살펴보고 그가 소속된 극장의 사업모델을 검토할 것이다.

후원 대 장터

16세기 말 이탈리아처럼 영국에서도 인구가 도시로 유입되었다. 런
던은 분주한 수도로서 주민도 많았지만 거쳐 가는 상인들과 방문자들이
더 많았다. 법률에 의해 극단이 공연하려면 공식적인 후원자가 있어야
했다. 그러나 실제로 극단 '체임벌린 경의 사람들'이 운영하는 **사업모델**
은 이탈리아 르네상스 화가들의 그것과 판이했다(Williams, 1981: 38~
44). 모두가 극단 **지분**을 보유한 셰익스피어와 그의 동료 배우들은 생계
를 꾸리기 위해 부유한 후원자들의 수수료뿐 아니라 유료 관객들에게도
의존했다. 회화, 음악, 시를 후원한 왕실과 귀족들만 튜더왕조 시대 런
던의 극장 객석을 채운 것은 아니었으며 상류층부터 직업 도제까지 섞
여 있었다(Berry, 1985; Shurgot, 1988; Gurr, 2006). 16세기 말 극장이 직

극장에 자주 가는 사람이거나,
빅토리아 시대 소설 독자이거나,
슬로건이 인쇄된 티셔츠를 입는
사람이거나, 수제 함지박을 사는
공예품광이거나 마찬가지다.
추천 문헌: Peter Antonioni,
Economics of Dummies(2010).

업적·상업적 벤처사업으로 등장하던 시기에 희곡을 쓰면서 셰익스피어는, 어떻게 하면 계급과 배경이 다양하게 혼합된 대중의 관심을 모을 것인가를 생각해야 했으며 최대한 인기를 끌려고 했다.

극단 '체임벌린 경의 사람들'의 사업모델은 공연을 보기 위해 각자 소액의 돈을 내는 다수의 대중에게 의존했다. 이는 창조의 한 형식으로서 극장이 회화보다 사회적 지위가 훨씬 낮았음을 의미하는데, 그것은 극장 후원자 대부분이 왕족이나 귀족이 아니라 평민과 보통 사람들이었기 때문이다. 배우 역시 사회적 지위가 매우 낮았다. 이처럼 장터의 평민들에게 호소하는 사업모델의 주된 약점은 극단이 작품 생산의 금전적 리스크를 떠안았다는 점이다. 공연을 보러 오는 관중이 없다면 극단이 손실을 입거나 파산할 수도 있었다. 다른 한편에서는, 희곡의 소유권이 극단에 있었던 점이 사업모델에 중요한 역할을 했다. "극단은 공공극장에서 주 6일 동안 매일 다른 연극을 공연했다. 2주마다 새 연극을 추가하면서 인기 있는 연극은 재공연하고 나머지는 폐기했다"(McEvoy, 2000). 공연목록을 필수적으로 보유하고 있어야 했는데, 이는 극단이 관객을 끌기 위해 옛 연극을 재공연하고 새 연극을 추가하면서 반복해서 연극을 공연할 수 있었기 때문이다. 이에 힘입어 극단과 극작가가 자신들의 **'지적재산권'**을 (이 개념이 법적·상업적 의미에서 정립되기 한참 전에) 잘 보호하게 되었는데, 연극 대본의 인쇄 출판을 거부함으로써 다른 경쟁 극장들이 그 대본을 입수해 무대에 올리는 것을 막았다.

이와 달리 후원 체제에서는, 일단 르네상스 화가가 그림을 완성하면 그것을 주문한 후원자에게 인도하고 처음부터 새로운 작업을 시작했다.

지금까지 두 가지 자금조달 방법을 개관했는데, 첫째는 엘리트 후원자의 주문을 기반으로 자금을 조달하는 것이고, 둘째는 장터에 의존하는 것이다. 이 두 가지 방법 모두 생산의 특정한 사회적·역사적 맥락 및 예술가들이 속한 매체의 개별적 특성과 관련이 있다. 회화는 그 사회적 지위를 유지해왔으며, 다른 '미술fine arts'과 더불어 흔히 개인이나 공적·사적 기관의 후원을 통해 자금을 조달하고 있다. 극장은 16세기 장터 바닥에서 기어 나와 셰익스피어 시대에 바랄 수 있었던 것보다 더 높은 문

→ 공적 자금지원

정부가 여러 부문에서 창작을 포함한 문화 활동을 지원하기 위해 자금을 대는 국가가 많다. 여기에는 영화와 디지털 매체뿐 아니라 공연·시각 예술에 대한 보조금이 포함된다. 대개는 정부기금과 함께 그 기금의 신청과 배분을 관리하기 위한 중개기관이 설립되는데, 미국의 국립예술재단(National Endowment for the Arts), 영국 예술위원회(Arts Councils), 호주 예술위원회 등이 그 예다. 일반적으로 이러한 기관은 특정 프로젝트에, 그리고 단체의 발전을 위해 자금을 지원한다. 공적 자금 정책에 관해서는 제10장에서 좀 더 상세하게 논의한다.

→ 자본과 자본주의

자본이란 주로 이윤을 내는 기업을 소유하거나 그 기업에 투자〔예컨대 '모험자본(venture capital)'에 주식, 지분 또는 자금을 직접 투자〕함으로써 더 많은 부를 창출하는 부다. 그 연장선에서 자본주의란 자본의 소유를 촉진하는 사회체제다. 자본주의에도 여러 가지 다른 형태가 있는데, 시장 주도 자본주의에서는 재산권이 개인의 기본권으로 간주되지만, 국가자본주의에서는 모든 재산이 국가의 집단적 소유권 아래 놓이며 중앙의 계획·관리 대상이다. 다시 말해서 복수의 자본주의가 있으며, 그 안에서 창조산업은 로컬 형태를 취한다. 그 예로 중국의 국가자본주의 맥락에서 창조산업

화적 지위로 올라섰다. 이와 동시에 영화, 라디오, 텔레비전 드라마가 대중문화의 주종으로서 극장 연극을 대체하면서 이제 순전히 공연료 수입만으로는 살아남기 힘든 극장들이 많다. 따라서 현대의 극장은 **공적 자금지원**public funding 형태의 후원과 매표 형태의 **장터**에 모두 의존하는 혼합 모델의 재정을 운용하는 것이 보통이다(Caves, 2000).

그러나 주류 영화와 대중음악은 현대의 창조생산 가운데 장터를 통해 자금을 조달하는 본보기다. 그 장터는 현대의 레코딩 및 배급 기술을 통해 엄청나게 확대된 데다 기업구조와 산업생산을 특징으로 한다. 따라서 그 장터는 튜더왕조 시대의 극장과 판이하며, 이에 관해서는 다음에 계속 살펴볼 것이다.

재생산과 대량생산: 인쇄혁명

신생 벤처기업은 궁극적으로 소비자 판매에 의존하겠지만 그러한 매출을 일으키기 전에 사업의 초기비용을 충당하기 위해 거액의 돈이나 선납입된 **자본**을 필요로 한다. 15세기 중엽 독일에서 인쇄기가 발명됨으로써 등장한 유럽의 출판산업 발전은 신생 기업에 대한 그러한 자본 투자의 초기 사례를 보여준다. 독일의 금 세공인이자 인쇄업자인 요하네스 구텐베르크Johannes Gutenberg가 도입한 혁신은 가동활자를 사용하는 것이었는데, 이 기술을 당시 중국에서는 알고 있었지만 유럽에서는 그렇지 않았다. 구텐베르크의 혁신 이전에 쓰던 목판인쇄술은 인쇄할 쪽마다 그에 맞는 판목을 만들어야 했지만, 가동활자 기술로 인해 쪽마다 개별 문자를 조합하여 텍스트를 얼마든지 재생산할 수 있게 되었다.

혁신자 구텐베르크

제프 자비스Jeff Jarvis는 자신의 전자책 『괴짜 구텐베르크Gutenberg the Geek』(2012)에서, 그리고 기술 저널리스트 존 노턴John Naughton은

관념이 채택되는 방식을 들 수 있다(Keane, 2007).
추천 문헌: Tony Bennett et al., *"Capitalism" in New Keywords* (2005: 22~26); Nigel Thrift, *Knowing Capitalism*(2005), Peter Antonioni, *Economics for Dummies*(2010).

저서 『인터넷에 관한 필수지식: 구텐베르크에서 저커버그까지 What You Really Need to Know About the Internet: From Gutenberg to Zuckerberg』(2012) 에서 구텐베르크를 현대 실리콘밸리의 기술기업가로 비유했다. 노턴은 "인터넷이 특별한 것은 그것이 교란적 혁신을 일으키는 강력한 조력자이며, 좋건 나쁘건 무관하건 우리를 갑자기 놀라게 하는 글로벌 기구이기 때문"이라고 주장한 바 있다(Nauhgton, 2012: chap. 3). 자비스는 현대의 기술기업가나 혁신자와 마찬가지로 구텐베르크도 **연구·개발**R&D에 몰두하면서, 자신의 상당한 투자액을 회수하기 전에 — 실제로 투자액을 회수하지는 못했다 — 종업원들이 발명품을 가지고 도망가서 독자적으로 인쇄소를 차릴 위험을 줄이기 위해, 분리된 여러 작업장에서 활자를 주조하고 조판하며 인쇄했다는 사실을 지적한다(Jarvis, 2012).

인쇄기의 영향

인쇄는 기존 제도를 심대하게 변화시키면서 르네상스, 종교개혁, 현대과학 발달의 주요 동력 가운데 하나가 되었다. 인쇄기가 발명되기 전에 유럽에서는 서적을 손으로 필사하거나 목판 인쇄를 통해 몇 권의 사본만 생산되었다. 사제나 귀족 계급에 속하지 않은 사람으로서 책을 구경한 사람은 거의 없었으며, 책을 보유한 이는 더 적었다. 수도원, 귀족, 왕의 서재에서 서적을 볼 수 있었는데, 주로 라틴어로 쓴 종교서적이었다(Briggs and Burke, 2002). 그러나 종교서적은 바람직하고 기타 서적은 바람직하지 않다고 교리적으로 구별한 탓도 있지만, 실제로 글을 읽을 줄 알고 서적을 접할 수 있었던 사람들은 다른 종류의 비종교서적도 많이 읽었다(Williams, 1965: 178~179).

인쇄기에 힘입어 텍스트가 대규모로 생산되자 확실히 여러 문화운동이 이 새로운 발명품이 제공하는 기회를 포착했으며 광범위한 서적과 문서가 생산되었다. 인쇄된 서적은 실로 놀라운 속도로 대중화되었다. 1500년까지 적어도 2000만 권의 책이 인쇄되었고 1600년경에는 그 수치가 2억으로 늘었는데, 이 때문에 프랜시스 베이컨 Francis Bacon은 인쇄가 등장한 150년 동안 "세계의 모습과 상태"가 변했다고 믿게 되었다 (Febvre and Martin, 1976: 248~249). 특히 대량인쇄가 가능해지자 라틴 어 이외의 언어, 즉 유럽 전역에서 구어로 쓰지만 문어로는 쓰지 않는 방 언이나 각국 언어로 인쇄되는 서적에 대해 수요가 생겼다. 교회와 학문 의 언어인 라틴어는 외연에 한계가 있었다. 페브르Lucian Febvre와 마르 탱Henry-Jean Martin의 추정에 따르면, 라틴어 서적 시장이 1600년경 포 화상태에 이르면서 여러 공용어로 된 서적에 대한 수요가 급증했다.

인쇄술에 힘입어 바티칸은 이른바 교황의 면죄부를 유럽 전역에 대규 모로 판매할 수 있었다. 교황이 서명한 서한 형태의 이 면죄부는 구입자 에게 이미 사제에게 고해해 용서받은 죄를 보속하는 데 필요한 속죄나 참회 행위를 면제해주었다. 이와 마찬가지로, 독일에서 시작된 개혁주 의 프로테스탄트 종교운동은 대량생산된 면죄부를 아무한테나 판매하 는 데 대한 항의를 인쇄술에 힘입어 전파할 수 있었다. 16세기에 프로테 스탄트는 종교적 반대 메시지를 널리 전파하는 방법으로 팸플릿, 포스 터, 그 밖의 인쇄물을 적극적으로 활용했다. 사실, 마르틴 루터Martin Luther의 95개 명제는 처음 비텐베르크 교회 문에 게시되었으나 곧바로 독일어로 번역되어 책자로 출판된 덕분에 그처럼 영향력이 컸던 것이 다. 루터는 역사상 최초의 베스트셀러 저자, 즉 "자신의 이름으로 자신 의 새 책을 '판매'할 수 있었던 최초의 작가"였다(Anderson, 1991: 38).

17세기에 들어 유럽 전역에서 중요한 뉴스를 전파하고 여러 가지 명 분에 대한 폭넓은 대중의 정치적 지지를 끌어내기 위해 정부가 후원하 거나 비공식적인 팸플릿을 사용하는 것은 흔한 현상이었다. 업계에서도 인쇄술의 잠재력을 간파했다. 투자할 돈이 있는 부유한 상인들은 이 신 기술을 이윤창출의 기회로 보고 벤처사업으로서 인쇄소를 설립하는 데 동참하는 경우가 많았다. 이러한 수준의 자본 투자와 투기는 **자본주의** 경제체제의 시작을 알리는 새로운 특징이었다(Briggs and Burke, 2002). 인쇄된 뉴스의 등장은 상인계급의 재산 증식과 시장·운송·상업 관련 정보에 대한 수요로 연결된다. 유럽에서 최초의 신문은 17세기 말에 등 장해 상인 독자층에게 국제 무역·투자 뉴스를 제공했다. 18세기 중엽에는 신문과 정기간행물이 유럽에서 자리를 확실히 잡아 확대되는 중산층의 정치적·경제적·문화적 관심사를 전달했다(Williams, 1965: 197).

인쇄혁명과 작가

인쇄물의 광범한 배포와 그것을 읽을 수 있는 독자층의 증대로 작가들에게 대안적인 소득원이 생겼다. 종전에 왕실과 귀족들의 후원에 의존해 글을 썼던 시인과 수필가들이 이제는 시장으로 눈을 돌려 자신의 저작물을 판매해 생계를 꾸리는 것이 가능해졌다. 유명 저자라면 자신의 원고를 출판업자에게 팔 수 있었는데, 출판업자는 저자의 평판을 기초로 믿을 만한 투자라고 판단되면 그 원고를 샀다(Anderson, 1991: 40). 새로운 유형의 작가인 저널리스트가 출현했으며, 1709년 영국에서 최초의 **저작권**법이 통과되었다. 이 법률은 저자나 그 양수인에게 작품을 완성한 후 14년 동안 인쇄할 배타적 권리를 부여했다(21세기에 유럽 법률은 이 권리를 저자의 사후 70년으로 연장했다).

작가는 책, 팸플릿, 언론 등 인쇄매체를 통해 배포되는 글을 쓰면서 생계를 유지하는 뚜렷한 전문직 부류로 등장했다. 18세기 영국에서 작가들은 확대되는 중산층의 일부였으며, 중산층 또한 그들의 독자가 되었다. 이러한 중산층 확대에 편승해 화가와 조각가도 장인 조직이나 노동계급 조직으로 간주되는 **직인 길드**trade guilds와 관계를 끊고 대신 클럽이나 협회를 결성함으로써 별개의 전문직 정체성을 정립하기 시작했으며, 그 결과 왕립미술원Royal Academy of Arts이 창설되었다(Vaughan, 1999). 작가들과 마찬가지로 화가들도 상류층의 후원이 주는 특권과 잠재적 수익성이 큰 중산층 소비자들이라는 돈줄 사이에서 균형을 잡아야 했다. 이 경우의 좋은 본보기가 윌리엄 호가스William Hogarth다. 그는 다량으로 재생산되는 판화를 중산층에게 판매해 이름을 날리고 생업을 유지했지만, 결과적으로 상류층 후원자들로부터 그림 주문을 받는 데는 애를 먹었다. 그들은 호가스를 상업적 화가라고, 그래서 저급 화가라고 무시하는 경향이 있었기 때문이다.

↳ 분업

간단히 말해서 분업이란 크고
복잡한 일을 작고 단순한 일로
분리해 근로자들에게 나누어준
다음, 모아서 완성하는 것이다.
산업과 관련해, 분업은 산업혁명의
위대한 발명 가운데 하나로서
물건이나 기계 만드는 것을 작은
전문가 과업으로 모듈화함으로써
산출을 배가했다. 그 전문가
과업은 작은 부품 제조부터 완제품
조립에 이르기까지 수십, 수백
명의 사람에게 분배될 수 있다.
분업은 행정, 즉 다른 사람의 일을
지시·감독하는 관리자 시스템을
필요로 한다. 제임스 베니거
(James R. Beniger)가 그의 저서
『컨트롤 레벌루션(The Control
Revolution)』(1986)에서
주장하듯이, 근대 관료제와
행정으로 가능하게 된 통제를
산업혁명의 동인 가운데 하나로 볼
수 있다. 관료제가 분업을
가능하게 했고, 분업은 다시
공장이 대규모로 운영되도록
만들었다.

산업생산

18세기 말 영국에서는 국제무역과 식민지에서 나오는 부의 증대가 나중에 전 세계로 확산되고 창조생산에 광범위한 영향을 미칠 사태의 발전으로 이어졌는데, 바로 **산업혁명**이 그것이다. 포터R. Porter에 따르면, 제조의 증대와 출산율의 증가가 서로 밀접하게 결합하여 이 변혁의 양대 동인으로 작용했다(Porter, 1990). 새로운 농업 장비의 제조는 토지개혁•과 더불어 대규모 농업생산을 촉진함으로써 팽창하는 노동인구를 먹일 수 있었다. 또한 수로 시스템의 발전이 원자재의 대규모 저비용 수송을 촉진했다. 영국은 철강을 대규모로 생산해 수출하기 시작했다. 게다가 신기술 발명과 인도산 원면 수입으로 직물 생산의 기계화와 비용절감이 이루어졌다. 직물은 대부분이 영국의 해외 식민지로 역수출되는 영국의 최대 수출 품목이었다.

영국에서 직물이 대량으로 생산·수출됨으로써 질 좋고 값싼 의류가 생산되어 과거 그런 옷을 살 형편이 못 되던 사람들도 입게 되었다. 또한 그 때문에 인도에서 면직물 가공·제조가 종식되고, 영국에서는 종래 소규모 수공업으로 직물을 짜던 독립적인 장인들이 가격이나 물량 면에서 새로운 면직공장과 경쟁할 수 없었다. 그들은 일자리를 잃거나 큰 공장에 고용되어 위험한 환경에서 저임으로 장시간 노동해야 했다. 공장은 **분업**을 시행함으로써 미숙련 (따라서 값싼) 노동자(보통 여자와 어린이)도 고용할 수 있었다. 그러나 포터의 주장에 따르면, 산업혁명이 일부 사람에게는 끔찍한 노동조건 아니면 실업을 강요했지만, 다른 사람들에게는 "연철, 기계부품 조작, 도자기 그림 그리기, 중공업지대 금속공장의 여러 부문 등과 같은" 활동에서 새로운 고숙련·고임금 기회를 제공했다(Porter, 1990: 316).

• 　특히 인클로저운동으로, 종래 마을 주민들이 공동으로 이용하던 들판과 목초지에 지주들이 울타리를 쳤다. 이는 근대 농업기술의 사용과 더불어 토지이용의 효율과 생산성을 높였지만, 다수의 가난한 농부들이 경작지와 목초지를 잃는 결과를 초래했다.

산업혁명과 설계자

분업과 기계화가 낳은 또 다른 새로운 창조역할은 설계자designer의 역할이었다(Forty, 1995: 34, 47). 장인 생산에서는 설계 활동과 생산 활동이 통합되고, 아이디어를 유형적 형태로 전환하는 것이 상당히 직관적인 비공식 과정이다. 그러나 대량생산에서는 그 두 단계가 완전히 구별된다. 설계자는 **원형**prototype을 생산하며, 표준제품을 생산하기 위해 다른 사람들이 수행할 시방서를 작성한다. 따라서 분업의 효과로, 종종 화가와 조각가를 고용하는 설계의 역할이 격상되었으며 미숙련 과업으로 세분화된 생산의 역할이 격하되었다.

근로자에서 소비자로

산업화가 초래한 변화의 규모와 깊이는 가히 혁명적이었다. 위대한 혜택과 끔찍한 고통이 모두 산업화 탓으로 돌려졌다. 산업화로 말미암아 농촌지역의 인구가 감소한 반면, 도시인구는 단기간에 과잉이 되어 거대한 도시 빈민가를 만들어냈다. 공장 주변에 여자와 어린이를 포함한 도시노동계급이 등장했는데, 그들은 유해하고 위험한 환경에서 장시간 저임으로 일했다. 19세기 중엽 영국에서 망명 생활을 하던 카를 마르크스는 노동계급을 착취하는 영국의 산업주의에 대한 자신의 관찰을 바탕으로 자본주의 경제체제를 분석하고 비판했다. 그는 맨체스터에서 직물공장을 소유하고 경영한 프리드리히 엥겔스와 함께 『공산당 선언』(1848)을 집필했다. 생산수단 소유자들의 압박에 대항해 단결할 것을 세계의 노동자들에게 요구한 이 선언은 큰 영향력을 발휘했다. 마르크스와 엥겔스만 외로이 산업 관행의 비인간성을 비난한 것은 아니었다. 19세기 내내 영국의 사회개혁가들은 아동노동 등 최악의 학대에 반대하는 캠페인을 벌였으며, 19세기 말에는 이러한 악습이 다소 줄어들었다. 이러한 개혁운동은 20세기에도 계속되어 노조의 합법화 같은 진전이 있었다. 이와 동시에 산업혁명은 또한 상품의 유통에서 소비자층이 확대되는 거대한 도약을 가져왔다. 제품의 대량생산에 힘입어 이전에는 구입할 형편이 못 되었던 사람들도 제품을 이용할 수 있게 되었는데, 먼저 주로 중산층을 충족시키고, 다음으로 19세기 말쯤에는 노동계급을 충족시키는 수준이 되었다.

낭만주의: '심미인'과 '경제인'의 결별

산업혁명은 18세기 이후 창조생산에 특별한 영향을 미쳤다. 산업혁명으로 말미암아 창조 표현을 정신적·심미적 추구로 보는 관념과 창조 기량 및 제품이 돈과 교환되는 실무 사이에 긴장이 커졌다. 직조와 도예 같은 분야의 공예 활동이 점차 산업화되면서 생산물의 제조를 예술과 분리해서 보게 되었다. 산업화된 영국에서 이런 견해를 중시한 낭만주의 운동은 산업혁명에 대해 추하고 파괴적이라고 반발했다. 영국의 낭만주의는 19세기 초 사회적·정치적 격변에 대한 반작용으로 등장한 유럽 낭만주의 운동의 일부였다. 프랑스혁명(1789~1799)은 프랑스에서 공화정을 수립하는 데 실패했지만, 산업혁명은 영국을 '세계의 공장'으로 전환시키고 있었다. 두 혁명 모두 사회를 개선하려는 **계몽주의**의 실패를 알리는 신호로 보았다. 낭만주의는 문학, 회화, 음악 등에서 계몽주의 가치인 객관성과 논리에 도전했다(Brown, 2001). 그 대신에 낭만주의는 개인의 표현으로서 예술을 옹호하면서 억압적인 사회적·정치적 구조에 대한 저항의 한 형태로 예술을 규정하고 일종의 마법적 활동 또는 신성한 활동으로 예술을 고양했다. 시인인 윌리엄 워즈워스William Wordsworth 같은 영국의 낭만파는 자연을 찬미했으며, 대세를 장악한 듯 보이는 자본주의의 물질가치에 반대해 회화와 시 같은 예술 형태를 정신적·정서적 가치를 보존하는 방식으로 보았다. 낭만파가 예술을 산업적·사회적·정치적 구조보다 자연과 개인의 자유와 일치시키고 저항자와 국외자를 예술가의 비전으로 삼은 것은 하나의 혁신으로서, 그 문화적 영향이 오래 지속되었다. 그러나 여러모로 낭만파는 기존의 문화규범에 순응했다. 그들이 예술을 '특별한' 정신적 활동으로 강조한 것은 시, 회화, 조각, 고전음악 등 전통적 형태의 기존 창조생산에 특권을 부여한 것이다. 이들 전통적 형태의 예술은 높은 문화적 지위를 계속 누렸으며, 관객에게 세련된 심미적 이해를 요구하는 것으로 보였다. 관객은 그 예술을 감상할 수 있는 자신의 능력 때문에 스스로 '특별한' 사람이 되었다. 전통적 형태의 예술은 현대 문화에서도 이런 특별한 지위를 유지하고 있다.

한편, 산업디자인, 일러스트레이션, 저널리즘 등 산업화 과정과 연계된 새로운 창조형태는 전통적 예술에 부여된 높은 문화적 지위를 갖지 못했다. 레이먼드 윌리엄스가 지적하듯이, 창조근로자들에게 예술과 상업 간의 선택은 대량생산이 디자인과 출판 같은 일정 분야의 창조생산을 확대함에 따라 19세기 내내 예민한 문제였다(Williams, 1961). 작가 지망생은 고매하지만 가난한 시인이 되느냐, 아니면 신문사에 빌붙어 살며 속없는 글쟁이가 되느냐의 뻔한 선택에 직면했을 것이다.

도덕적 진보로서의 예술

이처럼 창조성과 상업 간의 인지된 갈등이 지속되고 그에 수반하여 고급문화와 저급문화가 구별됨으로써 또 다른 결과가 초래되었다. 산업혁명이 19세기 후반으로 접어들면서 도시중산층이 지배적인 사회계급이 되었으며, 고급문화를 자신들의 전유물로 삼았던 도시중산층은 종래 방치되었던 하층민에게 고급문화를 전파하기 시작했다. 이를 포함해 더욱 폭넓은 사회개혁운동이 새로운 제조업 환경에서 벌어지는 아동노동 등 최악의 학대에 대응하려고 했다. 사회개혁운동의 중심에는 노동환경 개선을 위한 캠페인뿐 아니라 자기개선에 대한 신념도 있었다. 도덕적으로 옳은 행동과 힘든 일은 궁극적으로 보상받으리라는 것이 사회개혁운동의 지배적인 사상이었다. 따라서 대개 사회개혁운동은 자신을 빈민의 육체적 행복 외에 도덕과도 결부시켰다. 때로 이러한 접근은 가르치려 들고 간섭하려는 것으로 보일 수도 있었으나, 모든 이에게 무상교육을 제공하고 대중에게 박물관·미술관 입장을 허용하는 법률이 통과된 배경에는 이러한 운동이 추진동력으로 작용했다. 이는 고급문화가 공동선으로서 교화하는 힘이 있다고 보는 것과 같다.

'일반 대중'의 등장

노동계급의 개혁을 위한 중산층의 열의는 산업혁명으로 중산층의 수가 크게 늘어나고 집중된 결과 주요 도시에 18세기에는 상상도 못 했을 만큼 거대한 인구가 형성된 사실에 기인한다고 볼 수도 있다. 1840년대에 유럽에서 여러 혁명이 발발한 이후, 새로운 산업도시의 '대중'이 정치와 사회에 미치는 영향력이 19세기를 삼켰다. 18세기에는 하층민 대부분이 문맹이었고 (재산을 보유하지 않았기 때문에) 투표권이 없었으며 대체로 공공생활에서 배제되었다. 20세기 초엽 영국을 비롯한 유럽 여러 나라에서 투표권이 모든 성인 남성으로 확대되고, 무상 의무교육이 확립되면서 문맹률도 크게 낮아졌다. 결과적으로, 18세기에는 정치인과 창조생산자를 위한 '대중'이 비교적 작고 동질적인 집단이었으나, 20세기 들어서는 '일반 대중'의 개념이 등장했으며, 예술가와 입법의원 모두 그들의 견해를 고려해야 했다. '대중'은 마침내 투표권을 가진 시민의 지위를 획득하는 한편 현대적 의미의 '소비자', 즉 대중시장에서 상품·서비스의 구입자가 되었는데, 이제는 문화를 생산하는 모든 산업이 그들의 취향에 영합하려 하게 되었다.

산업화된 미디어 제작: 스튜디오 시스템

20세기에 들어 창조생산 분야에서 기술적 발명이 계속되었다. 종이 위에 빛을 기록하는 기술(19세기에 개발)에 힘입어 사진술과 영화 제작이 창조생산의 새로운 형태로 등장해 20세기에는 산업적 대량생산 모델과 대중문화의 지위로 빠르게 통합되었다. 사진과 영화는 옷이나 도자기와 같은 다른 **상품**처럼 대량생산이 가능했기 때문에 예술작품보다 상품이

→ 포드주의와 포스트포드주의

자동차 제조업자 헨리 포드는 제품을 일반 대중이 구입할 수 있는 가격으로 대량생산하기 위해 표준화를 사용하는 새로운 형태의 산업생산을 도입한 공적이 있다. 그는 조립라인을 창안한 사람은 아니지만 가장 성공적으로 적용해 1908년 획기적인 최초의 대중시장 자동차(Model-T-Ford)를 생산한 사람이다. 따라서 포드주의는 보통 산업생산의 3대 관련 요소, 즉 (표준부품 등을 통한) 제품과 생산과정의 표준화, 복잡한 과업을 단순한 과업으로 분해하기 위한 전문가적 도구 사용, 그리고 (가능한 한) 숙련노동의 배제를 가리킨다. 또한 포드주의는 기업이 전체 생산과정을 하나의 조립라인으로 통합함으로써 가능한 한 사내에서 일을 처리하려는 경향을 갖는 것과 관련이 있다. 이와 대조적으로 포스트포드주의는 기업이 사외에서 더 싸게 할 수 있는 것은 아웃소싱하면서 특정 사업의 핵심 기능 위주로 자체 활동을 줄이는 경향을 가리킨다. 여기서도 기업은 포드주의 원칙(표준화, 작업 루틴, 숙련노동 배제)을 적용하여 일정 기능을 이전 가능하도록, 즉 아웃소싱할 수 있도록 만든다. 흔히 아웃소싱은 최종 제품의 운송비를 상쇄할 정도로 인건비가 낮은 다른 나라에서 한다. 게다가 포스트포드주의는 서비스, 주문제작, 그리고 특정 소비자그룹을 정밀하게 겨냥하는 틈새 마케팅과 관련이 있다. 이런

되기에 적합했다. 사진은 점차 신문과 잡지 발행의 필수요소가 되었는데, 영국의 ≪픽처 포스트Picture Post≫(1938~1957)와 미국의 ≪라이프 Life≫(1936~1972) 잡지가 그 완벽한 보기다. 이런 잡지들은 일반 대중을 겨냥해 포토저널리즘을 개척했다.

한편, 영화산업이 특히 미국에서 급속히 팽창했으며, 1930년대에는 영화가 아마 세계에서 가장 인기 있는 창조생산물이었을 것이다. 예를 들면, 할리우드 스튜디오(⁺대형 영화사)의 수입 중 절반 가까이가 해외수출에서 나왔다. 1930년대와 1940년대 할리우드 스튜디오 시스템은 섬유류나 도자기류 같은 분야에서 이미 운용되고 있던 대량생산 원리가 녹화·녹음 기술에 힘입은 새로운 창조형태에도 적용되었음을 보여주는 중요한 본보기다.

할리우드 스튜디오는 제조업과 똑같이 제작라인을 운영했다. 특정한 영화 구상이 채택되어 제작에 들어갈 때 대본을 작성하게 되는데, 그 대본은 감독과 제작진이 따라야 할 설계청사진 같은 기능을 했다. 감독은 할리우드 연속성 시스템에 따라 영화를 촬영했는데, 이 시스템은 와이드샷부터 클로즈업까지 표준 범위의 샷 크기와 각도로 촬영하는 것이었다. 이 시스템 덕분에 **편집자**가 감독 없이도 대본에 의거해서 완성된 장면을 조립할 수 있게 되었다. 실제로 영화가 편집되고 있을 때 감독은 이미 다른 영화를 촬영하곤 했다. 이렇게 할리우드 스튜디오 시스템은 엄격한 분업을 시행했다. 감독부터 의상보조에 이르기까지 제작진 각자가 표준화되어 운영되는 제작라인에서 전문화된 역할을 맡았다. 할리우드의 주요 스튜디오들은 영화 촬영 방식으로서 연속성 시스템을 충실히 지켰을 뿐 아니라 각자의 스타일대로 같은 배우를 쓰고 특정 장르에 집중했다(Bordwell, Staiger and Thompson, 1985).

할리우드 스튜디오 시스템의 조직은 흔히 헨리 포드Henry Ford가 소유한 포드자동차 공장의 조직과 유사해서 일종의 **포드주의**로 불린다. 포드는 20세기 초 자동차를 저비용으로 대량생산하는 데 제일 먼저 성공함으로써 자동차의 대중시장을 열었는데, 자동차는 그때까지 평균적 소비자로서는 구입할 수 없는 사치품이었다. 포드 공장과 할리우드 스

모든 것이 가능하도록 소비자의
습관과 기호에 관한 정보를
수집하는 정보기술, 통신 등의
정교한 방법이 동원된다(Smythe,
2006: Flew, 2012: 117~120).
추천 문헌: David Harvey, *The
Condition of Postmodernity*
(1992); Ash Amin, ed.,
Post-Fordism: A Reader(1994).

튜디오의 공통된 특징은 생산과 유통의 수직적 통합, 즉 제품의 생산뿐
아니라 유통까지 통제한 것이다. 할리우드 스튜디오는 자체 영화관을
소유하거나 극장주와 계약을 맺어 영화의 유통을 보장했다. 유통은 확
실히 매스미디어 성공의 중요한 관건이다.

영화 제작은 엄청난 돈이 들어가는 과정이다. 신문, 잡지 등 기록 매
체의 제작과 마찬가지로 영화 제작도 저비용으로 다수의 사본을 재생산
하고 배포하여 원본을 제작하는 데 들어간 고비용을 회수하는 것이 관
건이다. 대량생산은 대량소비를 필요로 한다. 표준화와 전문화는 비용
대비 효율이 높은 제작과 영화계 종사자들의 고도 기량 획득을 용이하
게 했다. 이는 또한 관객들이 영화를 보러 갈 때 얻을 것이 무엇인지 정
확히 알고 있다는 것을 의미했다. 그러나 이러한 환경에서 모든 창조근
로자가 꽃을 피운 것은 아니었다. 유명 감독 오슨 웰스Orson Welles는 스
튜디오 시스템에 대한 비판으로 악명 높았는데, 거액을 들여 만든 영화
가 두 차례 상업적으로 대실패를 겪은 다음에는 그를 아무 데서도 채용
해주지 않았다. 여배우 주디 갈랜드Judy Garland는 성인이 된 후 자신의
마약중독을 MGM 스튜디오 탓으로 돌렸는데, 제작라인의 혹독한 스케
줄에 맞추기 위해 자신을 포함한 아역배우들이 스튜디오로부터 암페타
민과 수면제를 받기도 했다고 폭로했다.

견고한 영화산업과 더불어 음악산업도 대량생산 분야로서 꽃을 피웠
다. 음악은 오랜 세월 동안 사람들에게 생활의 일부였지만, 동영상처럼
녹음·재생 기술이 19세기 말에 개발됨으로써 20세기 들어 음반을 일반
대중에게 팔 수 있게 되었다. 이로써 음악산업이 탄생한 것이다. 축음기
와 레코드 판매가 1920년대에 시작되었는데, 초기의 레코드회사는 유
명 가수와 음악가들의 음반을 생산했다. 라디오의 발전은 처음에는 레
코드 판매에 부정적 영향을 미쳤으나, 결국 음악과 라디오 사업이 결합
함으로써 1930년대 말에는 레코드회사가 더 이상 인기 있는 라이브공
연을 녹음하지 않고 그 대신 라디오와 주크박스에서 인기를 끌어 레코
드 판매를 늘릴 '레코딩 스타recording star'를 만드는 데 주력하게 되었다
(Frith, 1988). 한편, 라디오회사는 제휴 음반사로부터 값싼 프로그램을

받아 방송시간을 메웠다. 1930년대에 들어 EMI, RCA, DECCA 등 주요 레코드회사는 음악 출판과 콘서트 흥행으로 사업을 확장하면서 할리우드 스튜디오처럼 예술인 '양성소'가 되어 독자적인 스타 시스템을 만들어냈다. 이들 회사는 녹음할 노래의 선정부터 음반의 배급·판촉까지 제작 사슬의 모든 측면을 관장했다.

레코드회사의 산업적 성격은 우연이 아니었다. 디트로이트에 소재한 '모타운 레코드Motown Records'를 설립한 음악계의 거물 베리 고디Berry Gordy는 자서전에서 젊었을 때 근무했던 링컨머큐리Lincoln-Mercury의 자동차 조립라인을 모델로 하여 회사를 설립했다고 적고 있다. "공장에서 자동차는 그저 프레임으로 출발해 컨베이어 벨트를 따라가다가 라인 끝에서 멋진 신차가 되어 굴러나간다. 나는 예술인과 노래와 레코드만 있는 내 회사에도 똑같은 개념을 원했다"(Gordy, 1994: 140). 요컨대, 제조업, 영화산업, 음악산업 간에는 (전략·시장·재능 면에서) 중첩되는 유사점이 많았다. 영화산업과 마찬가지로 음악산업도 산업생산 원리에 입각해 국제적 진출을 서둘렀다.

요약

우리는 이 장에서 현대 창조산업을 연구하는 데 필요한 네 개의 기본 개념, 즉 후원, 장터, 대량생산, 산업화에 관한 역사를 간단히 개관했다. 이 개념들은 이 책 전체에 걸쳐 변용된 모습으로, 때로는 철저히 다른 모습으로 나타날 것이다. 예를 들면, 인터넷 기반의 소셜 미디어에 힘입어 새로운 형태의 후원, 즉 크라우드소싱crowdsourcing이 등장했는데, 이는 작은 제작사가 킥스타터Kickstarter 같은 웹사이트를 통해 개인의 소액 기부금을 모아 창조프로젝트의 자금을 조달하는 것이다. 중세 메디치가에서 킥스타터까지 먼 길을 왔지만, 두 경우 모두 후원 개념에 해당한다. 우리는 후속 장에서 재정·생산·배급 구조 같은 창조생산 사업의 핵심적 측면으로 되돌아갈 것이다. 이는 이 장에서 살펴본 역사상의 선례와 비슷한 것이다. 우리는 직장에서 창조생산자가 하는 역할을 살피고 그가 제품과 서비스를 통해 경제적 가치를 창출하는 여러 가지 방식을 검토할 것이다. 우리는 또한 신기술의 파급효과를 조사할 것이다. 이러한 탐구 과정에서 우리는 과거와 현재 사이의 유사성과 단절을 모두 발견할 것인데, 이는 오늘날 창조산업의 구체적 특징과 함의를 파악하는 데 도움을 줄 것이다.

읽 을 거 리

Baxandall, M. 1988. *Painting and Experience in Fifteenth-century Italy: A Primer in the Social History of Pictorial Style* (2nd edition). Oxford: Oxford University Press.
이탈리아 르네상스 화가들의 작업 관행과 제도에 관한 상세 설명서.

Bordwell, David, Janet Staiger and Kristin Thompson. 1985. *The Classical Hollywood Cinema: Film Style and Mode of Production to 1960*. London: Routledge.
할리우드 영화산업의 작업 관행과 제도적 조직을 소개한다.

Briggs, A. and P. Burke. 2002. *A Social History of the Media: From Gutenberg to the Internet*. Cambridge: Polity Press.
인쇄술과 그에 따른 '인쇄혁명'에 관한 부분은 현대 독자들에게 큰 도움이 된다.

Brotton, Jerry. 2006. *The Renaissance: A Very Short Introduction*. Oxford: Oxford University Press.
르네상스에 관해 이해하기 쉽게 설명한 일반적 입문서.

Caves, Richard E. 2000. *Creative Industries: Contacts between Art and Commerce*. Cambridge, MA: Harvard University Press.
주로 미국 위주의 비즈니스 시각에서 창조산업을 광범위하게 소개한 입문서.

Forty, A. 1995. *Objects of Desire: Design and Society since 1750. London: Thames and Hudson*.
디자인 역사에 관한 주요 사례연구서.

Porter, R. 1990. *English Society in the Eighteenth Century*. London: Penguin.
18세기 중산층의 확대와 산업혁명을 이해하는 데 큰 도움이 된다.

Williams, Raymond. 1965[1961]. *The Long Revolution*. Harmondsworth: Penguin.
영국 문화사, 특히 독서대중, 출판 및 언론에 관한 고전.

Williams, Raymond. 1981. *Culture*. Glasgow: Fontana.
제2장에서 '생산자와 제도 간의 관계'를 역사적으로 설명하면서 후원과 시장의 함의를 검토한다.

창조산업에서
일하기

제1부의 세 장은 창조산업에서 일하기와 관련된 여러 가지 측면을 특정 관점에서 탐구한다.

제3장은 창조산업에서 발견되는 조직의 종류와 고용구조에 초점을 맞추어 그 특징적 관행을 검토한다. 이러한 조직과 고용구조에서 일하는 다양한 사람들을 만나서 그들 일의 구성요소와 일상적 근로루틴에 관해 알아본다.

제4장은 사업 원칙과 활동을 더욱 자세하게 탐구한다. 조직 활동의 법적 틀, 지적재산권과 계약 측면, 그리고 창조산업에서 활동하는 일련의 사업모델에 관해 더 깊이 알아본다.

제5장은 고용과 관련된 다른 근로루틴과 문화, 즉 프리랜서와 포트폴리오 근로를 더욱 상세하게 검토한다. 창조산업 근로의 사회적 요소(네트워킹 필요성 등)에 관해, 그리고 신규 진입자가 직면하는 잠재적 장애물과 그것에 대처하는 방안에 관해 더 깊이 알아본다.

3

창조산업의 조직·소유와 기업가정신

→ **프리랜서**

말 자체는 중세의 떠돌이 용병에서 유래하는데, 그들은 긴
창(lance)을 사용하는 군인으로서 형편이 되는 귀족
누구에게나 몸을 의탁했다. 현대의 비폭력적 의미에서
프리랜서는 한 회사에 일정 기간(보통 영화, 연극, 앨범 녹음
등 프로젝트 진행 기간) 자신의 서비스를 제공하거나 책, 기사,
의상, 보석류 등의 생산물로 자신의 서비스를 제공하는
근로자다. 영국 영화·방송 부문의 공식 훈련기관인
스킬세트(Skillset)의 정의에 따르면, 프리랜서 고용은 1년
이하의 계약이며 1년 이상의 계약은 **직원(employee)**
신분이다(Skillset, 2009).

때때로 프리랜서는 회사와 계약하는 대신 대중에게 직접
자신의 서비스나 생산물을 공급하기도 한다. 예를 들면,
그들은 소속된 부문에 따라 음악이나 글을 온라인으로
발표하거나 가게를 열거나 클럽이나 술집에서 공연한다. 흔히
프리랜서로 활동하는 사람들의 전형적인 직업을 들자면 작가,
영화제작자, 음악가, 사진사, 디자이너 등이다.

창조산업 전반에 걸쳐 상당 부분의 근로자들이 프리랜서로
일한다. 영국의 최근 수치를 보면, 직원과 프리랜서 간의
비율은 전문분야에 따라 크게 다르다. 예로서 스킬세트가
영화, TV, 라디오 및 애니메이션 부문의 근로자 고용구조에
관해 조사·발표한 바에 따르면,

앞서 본 바와 같이 창조산업은 여러 가지 부문으
로 구성되어 있다. 각 부문의 창조 산출물은 다르
더라도 제도적 조직과 고용구조는 모든 부문에 공
통되는 점이 많다. 현대 창조산업의 제도적 모습
은 세 유형의 조직구조, 즉 **프리랜서**, **중소기업, 대
기업**(때로 다국적기업)으로 나뉜다.

프리랜서는 자신의 특정한 기량이나 지식, 경험
을 살려 단기계약으로 고용된 임시직 근로자다
(Osnowitz, 2010: 4). 프리랜서는 시급, 주급, 또는
월급을 받거나 **프로젝트** 건당 정액 수수료를 받는
다. 프리랜서의 상대방은 고용주라기보다 고객으
로서 대개는 기업이나 기관이지만 개인을 상대할
때도 더러 있다. 고객과의 관계는 보통 단기적이
고 계약도 프리랜서와 고객 간에 직접 체결하거나
에이전시(예컨대, 연예기획사)를 통해 체결한다.

중소기업은 대체로 상근 직원을 고용하기보다

종합적으로 창조매체산업에서 일하거나 일할 수 있는 인력의 25%가 '프리랜서'로 나머지는 '직원'으로 활동한다. 창조매체산업의 직원 가운데 5분의 4가 풀타임으로, 5분의 은 파트타임으로 일한다. 창조매체산업에서 프리랜서 비율이 특징적으로 높은 부문이 많은데, 특히 제작 과정과 밀착된 분야, 예컨대 영화 제작(89%), 사진 영상 처리 (67%), 사내 제작(54%), 애니메이션(46%), TV용 독립 제작(44%) 등이다. 광고와 같은 다른 부문에서는 그 수치가 20% 언저리 또는 그 아래다(Skillset, 2011: 26).

정규직에서 프리랜서로 전환하는 것이 어려운 사례가 종종 있다. 예를 들면, 조지나 본(Born, 2004)이 BBC를 조사한 바에 따르면, 고용의 불확실성이 프리랜서가 받는 스트레스의 주된 원인이다. "남자보다 여자 프리랜서가 더 많으며 스트레스도 더 받는다. 불확실성 때문에 근로자들은 소득원을 다양화하도록 강요된다. 텔레비전 종사자 가운데 상당 비율이, 특히 경험 많은 사람들이 전직을 고려하고 있다"(Born, 2004: 211). 그러나 프리랜서 활동의 다양성과 융통성이 리스크를 넘어선다고 보는 사람들도 있다. 프리랜서로 뛰는 커뮤니케이션 컨설턴트 폴은 몇 년간 프리랜서로 성공적으로 활동한 후에는 비록 일부 고객이 붙들고 싶어 하더라도 정규직으로 돌아가기는 어렵다고 말한다. "우리 같은 사람은 고용할 수 없다는 것을 깨닫지 못하는 회사가 가끔 있는데, 우리는 고용되는 것을 원하지 않는다"(Paul, 2011). 프리랜서로 뛰다가 자신의 회사를 설립해 대중이나 더 큰 기관에 직접 창조생산물을 공급하는 사례도 있다. 프리랜서 프로듀서가 자신의 프로덕션 회사를 설립할 수도 있고, 제화공이 구둣방을 차릴 수 있으며, 작가가 잡지를 만들 수도 있다. 그러나 배우, 작가, 음악가, 영화·TV기술자 등 현역으로 일하는 동안 프리랜서로 계속 남는 사람들이 많다.

↪ **프로젝트**

'프로젝트'라는 용어의 현대적 의미는 냉전 시대로 거슬러 올라간다. 그 이전에는 '프로젝트'가 초안, 제안, 또는 제안된 아이디어로 이해되었다. 그러나 1950년대 군비경쟁과 더불어 무기체계 개발이나 인간의 달 착륙 같은 목표를 성취하는 데 필요한 복합적 기술개발이 이루어지면서 새롭게 이해되는 프로젝트 개념이 등장했다.

종래 별개의 활동으로 생각되던 개발 과정들이 이제는

프리랜서와 계약하는데, 이는 **프로젝트 기반** 산업의 중소기업으로서는 그렇게 하는 것이 충원의 유연성을 확보하는 길이기 때문이다. 반면에 대기업은 다수의 직원을 영구계약으로 고용하는 경향이 있다. 그러나 대기업도 특히 콘텐츠 창조 분야에서 중소기업과 프리랜서에게 계약을 통해 하청을 준다.

이러한 구조적 차이가 업무 경험에 영향을 미치는 것은 창조산업 내 어느 특정 부문이나 마찬가지다. 예컨대 출판과 게임 산업 부문에서 각각의 프리랜서, 중소기업 사장, 대기업 **직원**이 경험하는 업무는 두 부문이 서로 비슷할 것이다.

생산 조직

창조근로자가 프리랜서로 활동할지, 자신의 회사를 설립할지, 아니면 대기업 직원으로 일할지를 결정하는 것은 무엇인가? 이 질문에 대한 답은 많지만 주로 산업의 추세 및 개인적 선택과 관련이 있다. 정부 규제, 시장 상태, 탈산업화, 경영이론의 추세 등도 나름대로 일정 역할을 수행한다.

1~2장에서 살펴본 바와 같이 20세기 전반기에 연예산업과 대중매체가 결합한 대기업은 **수직적 통합**을 통해 아이디어 발굴부터 배급에 이르기까지 생산의 모든 면을 **사내**에서 처리하는 경향이 있었다. 이것의 본보기가 바로 20세기 전반기 미국의 할리우드 스튜디오와 20세기 후반기 영국의 BBC다. 이러한 생산 정황에서는 창조근로자 대다

'프로그램', '시스템' 또는 '프로젝트'로 불리는 통합된 존재로 개념화되었다. 이러한 프로젝트의 규모가 원대한 시간계획뿐 아니라 재정적·과학적 자원 면에서 엄청나기 때문에 조정과 통제라는 만만치 않은 문제가 생겼다(Grabher, 2002a: 207).

이러한 맥락에서 '프로젝트 관리자'(공동의 성과를 내기 위해 일하는 사람들로 이루어진 팀의 전문적 조정자)의 역할이 불가결해졌다. 창조산업의 다양한 직무에는 이러한 종류의 조정이 수반되는데, 특히 복합적 산출물을 생산하기 위해 여러 팀을 조정해야 할 때 그렇다(Caves, 2000; Ekinsmyth, 2002). 크로스플랫폼(cross-platform) 생산이 성행하면서(Skillset, 2011), 프로젝트 관리자의 역할은 이제 기술과 소프트웨어에서 영화, TV 쇼, 라디오 및 컴퓨터게임 제작으로 이동했다.

추천 문헌: Stanley Portny, *Project Management for Dummies*(2010); Peter Morris et al., eds., *The Oxford Handbook of Project Management*(2011).

↪ 중소기업(SME)

중소기업은 250명 미만을 고용하는 조직(보통 합명회사 또는 유한책임회사)을 일컫는다. 창조산업에는 영세한 중소기업이 많다. 연예기획사, 텔레비전 프로덕션 회사, 디자인 에이전시 등은 단 두 사람으로 이루어진 합명회사일 때(흔히 영세기업으로도 불린다)도 있다. 중소기업이 제작 프로젝트를 추진할 때는 프리랜서를 포함시켜 작업팀을 확대한다.

↪ 프로젝트 기반 업무

이것은 가게 운영과 같이 일일 또는 주간, 연중 중단 없이 진행되는 루틴의 일부가 아니라 특정 고객의 주문에 따라 개별 제품이나 서비스를 공급하는 데 초점을 맞춘 업무다. 방송사 같은 큰 기관에는, 정규직으로 충원되고 기관의 일상 업무를 구성하는 직무(프로그램 커미셔너, 마케팅 담당자, 송출직 등)가 많다. 이와 대조적으로 영화나 TV 프로그램의 실제 제작과 직접적으로 관련된 직무는 프리랜서 중심으로 충원되는 경향이 있다. 프로젝트 기반 업무는 영화와 방송 매체를 넘어 프로덕션 및 포스트프로덕션의 다양한 역할에서 일반적으로 볼 수 있다. 창조산업 전반에 걸쳐 프리랜서와 중소기업은 프로젝트 기반의 기업네트워크를 형성하며(Bilton, 2011), 광고 에이전시와 언론기관 같은 대기업도

수가 정규직원이었다.

창조산업 내에 여전히 대형 조직이 많이 있지만, 20세기 말 무렵 여러 가지 정치적·경제적·사회적 요인 때문에 일부 변화가 일어났다. 한때 창조산업에서 포드주의의 전형을 보여준 할리우드 스튜디오가 변모한 것이 한 예다. 1950년대에 텔레비전이 등장하면서 시청각 연예시장에서 차지하는 할리우드의 점유율은 상당히 약화되었고, 할리우드 스튜디오는 살아남기 위해 군살을 빼야 했다. 할리우드 스튜디오는 1930~1940년대에 했던 것처럼 급여가 나가는 전속 배우단과 기술진을 유지하기보다는 '꾸리는' 체제로 전환해 영화의 발주와 배급은 계속하되 실제 제작은 독립 프로덕션 회사에 아웃소싱하기 시작했다.

포스트포드주의

20세기 후반기에 **아웃소싱**이 모든 사업 부문에 걸쳐 유력한 사업모델로서 이른바 **포스트포드주의**의 한 요소가 되었다. 포스트포드주의에서는, 하나의 조립라인에서 제품을 완성하는 통합형 공장이 다수의 제조 과정으로 분해되어 여러 제조회사로 분할될 수 있으며 때로는 다른 나라로 이전하기도 한다. **신자유주의**가 주로 국영기업의 민영화나 국가통제를 줄이는 **규제완화**를 통해 정부정책에 영향을 미친 것도 조직의 구조를 변화시킨 중요한 요인이었다. 세계 여러 나라에서 방송에 대한 태도가 바뀌어 다수의 규제가 철폐되었는데, 이는 국제무역·금융에 대한 규제가 철폐된 것과

프로젝트 주변을 어슬렁거린다(Grabher, 2002b).

추천 문헌: Chris Bilton and Mark Deuze, eds., *Managing Media Work*(2011).

→ 당신의 대답은?

다음은 우리가 창조근로자들에게 그들의 업무와 고용구조에 관해 던진 질문의 일부다. 먼저 독자들은 이 질문에 대해 프리랜서, 중소기업 사장, 대기업 직원이 각각 어떻게 대답할까를 생각해보고, 자신을 대입해 묻고 답해보자.

- 당신은 '정상 근무 시간'을 지키는가?
- 당신은 노동조합 또는 동업자협회에 소속되어 있는가? 그 이유는 무엇인가? 그리고 회원의 권리와 의무는 무엇인가?
- 당신 직무의 장단점은?
- 당신 업무의 범위는 국제적인가, 아니면 국내에 한정되는가?

→ 수직적 통합

이것은 한 회사가 개발부터 제작과 배급에 이르기까지 제작 사슬의 거의 전부를 사내에서 수행하는 것이다. 한 과정이 수직적으로 통합되면, "제작과 배급의 연속되는 각 단계가 단일 기업의 통제 아래 놓이며"(Bannock, Baxter and Davis, 2003: 399), 이로써 전체 과정을 통제할 수 있게 된다. 창조산업과 같이 불안정한 부문에서는 수직적 통합이 각 생산물에서 나오는 수입을 최대한으로 보장하지만 리스크 또한 집중시키므로 고비용 작품이 실패하면 수직적으로 통합된 대기업이 파산할 수도 있다. 할리우드 스튜디오 시스템이 1918~1948년에 포드주의 제조 모델에 입각하여 수직적으로 통합된 것은 잘 알려진 이야기다. 영화제작의 전 과정이 (아이디어 창출과 시나리오 작성부터 제작과 영화사 소유의 극장 상영에 이르기까지) 같은 조직 내에서 이루어졌다. 이러한 통합이 분해되기 시작한 1948년은 영화사들이 상영을 제작과 배급으로부터 분리하도록 강요받았을 때다. 그들은 극장을 매각했으며, 점진적 해체 과정이 시작되어 제작, 배급, 상영이 분리되었다(Bordwell, Staiger and Thompson, 1985: 399~400).

추천 문헌: Jennifer Holt and Alisa Perren, eds., *Media Industries: History, Theory and Method*(2009).

같은 맥락이다. 이에 따라 방송사들이 대개 더 큰 회사로 합병(국제적 합병을 포함) 됨으로써 상업적 이익의 확대를 도모하기가 훨씬 수월해졌다.

여러 학자가 지적하듯이(Hesmondhalgh, 2007 등), 이러한 20세기 후반기의 정치적·경제적 여건에다 규제개혁과 수직적 해체가 복합적으로 작용함으로써 창조산업에서 활동하는 대형 **복합기업**의 출현이 늘고 중소기업과 프리랜서의 수도 늘었다. 예를 들면, 1990년대에 영국에서는 1990년 개정 방송법에서 소유권 제한이 철폐된 후, '독립텔레비전네트워크ITV'를 구성한 텔레비전 회사들의 소유권이 집중되는 현상이 있었다. 그러나 1980~ 1990년대에 영국 정부는 국가경쟁력이 대기업과 중소기업이 공존하는 **기업가**사회의 발전에 달려 있다고 보았다. 이에 따라 1990년 개정 방송법은 또한 BBC와 ITV 양사가 프로그램의 25%를 인디펜던트independent 회사에 발주하도록 의무화했다(Born, 2004). 그 이전인 1982년에 이미 영국에서는 '채널4'가 비제작 방송사로 출범해 독립 프로덕션 회사들에 방송을 개방했다(Brown, 2007).

창조산업에서 대기업과 소기업의 뚜렷한 대비는 흔히 '모래시계 구조'(소수의 주요 기업이 부문을 지배하고 다수의 소기업, 자영업자와 2~3인 기업이 그 나머지를 채우는 구조)라고 불린다. 이 점에서 창조산업에는 "중간이 빠져" 있다(Pratt, 2008: 46). 예를 들면, 미국에서는 텔레비전 방송, 광고, 출판, 음반 산업 부문에서 상위 4개 사가 차지하는 **시장 점유율**이 80%를 넘는다(Flew, 2012: 117).

→ 신자유주의

사회의 모든 분야에서 국가의 역할을 최소화하고 가급적 '자유
시장'의 기능에 맡기자는 경제학과 정치학의 한 학파.
신자유주의를 대표하는 정책은 국영 서비스와 사업의 민영화,
규제완화(즉, 기업 활동을 제약하는 규제 틀을 느슨하게 하는
것), 철저한 개인주의('사회'란 사적 목표를 추구하는 개인의
집합에 불과하다는 관념을 거부하는 경우도 더러 있다)
등이다. 따라서 신자유주의는 모든 형태의 집단적 동원·교섭,
특히 노동조합과 강하게 대립된다. 1980~1990년대 미국과
영국에서 시행한 은행·금융 부문의 신자유주의적 규제완화는
신용 거품의 씨앗을 뿌렸으며 그 거품이 2007년의 신용
경색과 2008년의 붕괴를 초래했다는 비판을 받기도 한다.
추천 문헌: Manfred B. Steger, *Neoliberalism: A Very Short
Introduction* (2010); Nick Couldry, *Why Voice Matters:
Culture and Politics after Neoliberalism* (2010); Gerard
Dumenil, *The Crisis of Neoliberalism* (2011).

→ 방송미디어 규제와 규제완화

모든 국가가 미디어를 국가적 수준에서 어느 정도는 규제한다.
대부분의 유럽 국가에서 방송미디어는 직접적 검열 없이
콘텐츠에 관해 규제를 받는다(예컨대, 영국의 텔레비전
방송에서 성인물과 폭력물은 '9시를 넘겨' 방영한다는 규칙).
국가가 방송미디어에 대한 직접적 허가권을 갖고 있는 것은
라디오와 텔레비전이 사용하는 무선 주파수대('공중파')가
영국의 오프컴(Ofcom) 같은 정부기관에 의해 배분되기
때문이다. 이러한 공공 자원을 사용하는 대가로, 방송사는
(상업방송과 공영방송 모두) 방송 허가를 유지하기 위해
일정한 규제를 준수해야 한다. 이와 대조적으로, 1980~
1990년대에는 방송의 규제완화가 이루어지면서 먼저 국가의
방송 장악이 느슨해지고 광고로 자금을 조달하는 민간
사업자에게 텔레비전과 라디오를 개방했다. 나아가 영국, 유럽
및 미국에서 규제완화가 이루어지면서 미디어 소유에 대한
규제가 풀려 대형 복합기업이 다수의 미디어 업체를 소유
(교차소유라고도 한다)할 수 있게 되었으며, 미디어 시장이
개방되어 신규 진입업체가 생겼다.
추천 문헌: Graeme Burton, *Media and Society: Critical
Perspectives* (2010); Paul Hodkinson, *Media, Culture and
Society* (2011); Georgina Born, *Uncertain Vision* (2004);
David Hesmondhalgh, *The Cultural Industries* (2007);
Maggie Brown, *A License to be Different: The Story of*

고래와 플랑크톤: 창조산업의 생태계

그렇다면 현대의 창조산업이 구성하는 매우 특
별한 **생태계**의 특징은 주로 콘텐츠를 창조하는 다
수의 프리랜서와 **영세기업**이 한편에 있고 다른 한
편에는 거대기업(때로 다국적기업)이 지배적 존재
로 군림하는 모습이다. 이들 대기업이 발주와 발
행, 배급을 통제하는 추세다(Hesmondhalgh, 2007;
Pratt, 2008; flew, 2012).

사이먼 에번스Simon Evans는 이러한 창조산업
의 생태계, 즉 세계적으로 활동하는 소수의 플레
이어·스타·다국적기업이 거대한 무리의 프로젝
트 기반 영세기업에 의존하는 특징을 '고래와 플랑
크톤'의 생태계라고 알기 쉽게 정의했다(Evans,
2004: 9). 이 정의는 창조산업의 중요한 특징, 즉
그 많은 창조생산이 거쳐야 하는 문지기gatekeeper
내지 필터를 부각하고 있다. 출판사, 영화사, 방송
사 등과 같은 문지기가 예술가·창조인과 소비자·
관객을 연결시킨다(Hirsch, 2000). 고래가 바닷물
에서 플랑크톤을 걸러내듯이, 문화의 문지기는 대
중을 위해 작가·화가·음악가의 산출물을 걸러내
며, 그 선택을 통해 명성을 얻는 것도 있고 잊히는
것도 있다.

한편 플랑크톤 없이는 고래가 굶주리겠지만 고
래와 플랑크톤의 관계는 끊임없이 변동한다. 고래
가 자주 플랑크톤을 삼켜 흡수하듯이 21세기 비디
오게임 부문에서는 광범위한 통폐합이 이루어졌
다. '일렉트로닉 아츠Electronic Arts'와 '유비소프트
Ubisoft' 같은 회사가 작은 개발 스튜디오들을 매입

Channel 4(2007); Peter Lunt and Sonia Livingstone, *Media Regulation: Governance and the Interests of Citizens and Consumers*(2012).

↪ 기업가

사업을 아이디어부터 시작해 상업적 제품이나 서비스로 구축하는 사람. '기업가적'이란 아이디어를 실제 사업으로 전환할 기량과 동기를 보유하고 있음을 의미하며, 사업이 1인기업이건 더 큰 회사나 조직의 내부에 위치하건 불문한다. 또한 기업가정신은 창조성, 문제 해결, 시장의 틈새를 찾는 안목 등과 관련이 깊다. "창조성은 사업의 온상이다. 삶에서 문제의 해법을 발견하고, 요구를 충족하거나 간극을 메우는 것은 바로 기업가의 번득임이다"(Wright et al., 2009: 16). 추천 문헌: Kathleen Allen, *Complete MBA for Dummies* (2008); William Bygrave, *Entrepreneurship*(2011).

↪ 생태계

흔히 상호 지원·의존의 네트워크를 은유하는 말로 쓰인다. 생물학에서 '생태계'란 구체적 맥락 내에서 연관된 모든 유기체의 집합이다. 그 맥락은 크거나 작을 수 있는데, 생태계를 미시 수준(예컨대, 하나의 연못)에서 보거나 거시 수준(예컨대, 지구)에서 볼 수 있다. 컴퓨터, 미디어, 커뮤니케이션 등에 이 용어를 사용할 때는 관련된 하드웨어, 소프트웨어, 실무 등 연결된 네트워크를 가리킨다. 예를 들면, 휴대폰 운영시스템은 그 애플리케이션을 만드는 소프트웨어 공급자, 콘텐츠를 만드는 창조인, 구입과 광고를 통해 그 대가를 지불하는 사용자로 구성되는 생태계를 가지고 있다고 할 수 있다. 창조산업을 분석할 때, 우리는 여러 '문지기'를 생태학적으로, 예컨대 뉴욕의 화가·화랑·구입자 간의 상호의존성으로 표현할 수 있다(Currid, 2007). 게르노트 그라버(Gernot Grabher)는 영국의 광고 부문을 연구하면서 이러한 생태계 비유를 사용해 런던 소호(Soho)의 '광고마을(advertising village)'의 집적현상(clustering)을 관찰했고 (Grabher, 2001), 광고업계 실무를 '프로젝트 생태계'라고 표현했다(Grabher, 2002a). 그의 접근방법은 맨체스터의 영화·TV 산업을 연구하는 데도 사용되었다(Johns, 2010). 추천 문헌: Matthew Fuller, *Media Ecologies*(2005); Gernot Grabher and Oliver Ibert, "Project Ecologies" in *The Oxford Handbook of Project Management*(2011).

했다. 그러나 동시에 그런 다국적 개발회사에 소속된 스튜디오들은 모 조직의 정체성 속으로 완전히 흡수되지는 않는 추세다. 그들은 뚜렷한 개성을 가지고 있으며, 일렉트로닉 아츠의 우산 아래 있는 여러 스튜디오처럼 자신들의 '작은 스튜디오' 사고방식에 대해 긍지를 느끼는 경우가 많다 (Edge, 2012). 이와 비슷한 몇 가지 눈에 띄는 사례를 들자면, 구글이 최근 몇 년간 가장 유명한 유튜브를 비롯해 다수의 뉴미디어 스타트업startup을 인수했으며, 연예계의 큰손인 CBS가 라스트.fm Last.fm을 매입하고 페이스북이 인스타그램을 매입한 것을 꼽을 수 있다. 이러한 뉴미디어 부문의 동향은 영화·TV·음악 등 기존 미디어 부문의 추세와 일치한다.

노동 유연성에 대한 찬반

네트워크화한 포스트포드주의 모델의 특징인 업무의 **임시직 전환**casualization과 아웃소싱은 창조산업 내 대기업에 여러 가지 이점을 제공한다. 그것은 대기업의 간접비용을 줄이며, 프로젝트 팀 구성의 유연성과 경쟁력을 높인다.

창조산업에 소속된 다수의 중소기업과 프리랜서도 이러한 생산 조직에 의해 자신들에게 주어진 상대적 자율성과 유연성을 소중히 여기는 경향이 있다. 영화와 텔레비전 시나리오작가인 클라이브는 매일 사무실로 출근할 필요가 없는 자택근무를 즐긴다.

저는 언제 잠자리에 들지, 그리고 언제 일어날지 걱정할 필요가 없어요. …… 진부한 표현이지만, 제가 제 자신의 보스지요. …… 저로서는 9시부터 5시까지 근무하는 일자리가 상당히 버겁습니다(클라이브, 2011년 인터뷰).

마찬가지로 작은 광고 프로덕션 회사의 사장 겸 **감독**인 크리스는 자신의 회사를 설립한 주된 이유에 대해, 어떤 일을 할 것인지 그리고 자신의 시간표를 어떻게 짤 것인지에 관한 선택의 폭을 넓히는 길이 창업이었다고 말한다. 큰 광고 프로덕션 회사에 이름을 올려놓고 프리랜서 **감독**으로 다년간 일했던 크리스는 이렇게 말한다.

우리는 그 업계를 잘 알고…… 사람들을 알았습니다. 우리는 무슨 일을 어떻게 할 것인가를 우리 자신이 결정하고 싶었습니다(크리스, 2011년 인터뷰).

또한 크리스와 그의 파트너들은 광고 이외의 다른 프로젝트를 개발하는 데 더 많은 시간과 자원을 투입하고 싶었다. 현재 크리스는 두 명의 작가와 함께 두 개의 장편영화 프로젝트를 진행하면서 다른 TV시리즈 구상도 가다듬고 있고, 뉴질랜드영상위원회에 제출할 단편영화 계획도 짜고 있다. 크리스와 그의 파트너들은 그들 자신의 프로덕션 회사와 시설을 통해 대외적으로 접촉하고 물적 자원도 이용하기 때문에 이러한 종류의 프로젝트 추진이 더욱 용이하다.

따라서 노동구조의 유연성은 '플랑크톤'과 '고래' 모두에 득이 된다. 경쟁적인 피칭 환경이 월급을 받는 상근 정규직원 대신 최적의 인물이나 회사가 일을 수임하는 것을 의미한다면 이론상 이를 통해 최종생산물의 품질이 높아지고 신규 진입자에게 기회가 더 많이 생긴다. 게다가 미디어 회사는 근로자의 창의성에 의존하므로 핵심 인물에게는 높은 보수를 지급하는 경향이 있다. 영화 한 편에 수백만 달러를 버는 스타 배우들이 가장 뚜렷한 예이지만, 성공적인 감독이나 촬영감독, 그 밖의 핵심 재능인도 높은 보수를 받을 수 있다.

그러나 소수의 대형 다국적기업이 (홍보, 마케팅 등 다른 사업 활동과 더

불어) 제품 배급을 통제하는 추세인 미디어 생태계에서 대기업에 제품과 서비스를 공급하는 대다수 프리랜서와 중소기업은 구매자가 지배하는 시장에서 서로 치열한 경쟁을 벌인다. 결과적으로 그들은 보수와 가격을 인하하고 장시간 근로에 동의하도록 강요받는 처지에 놓인다(Randle and Culkin, 2009). 이는 특히 영화와 TV 같은 덩치 큰 산업에서 창조인력이 분화된 상태임을 의미하는데, 노조가 없는 저임 근로자들은 저예산 제작에 고용되고 노조를 결성한 A급 기술자와 재능인은 고예산 제작에 투입될 것이다(Christopherson, 2009: 82).

노동조합의 역할

노동조합은 창조근로자의 권익을 옹호하는 데 중요한 역할을 수행한다(Christopherson and van Jaasveld, 2005; Saundry, Stuart and Antcliff, 2007). 개인 근로자들이 집단의 힘을 발휘하기 위해 뭉치는 관행은 사실 역사가 깊다. 중세에는 개별 장인들이 **직인 길드**에 소속했다. 산업화로 이러한 길드가 힘을 잃었으나, 20세기에 들어 치열한 정치투쟁 끝에 노동조합이 등장해 근로자의 권익을 대변하게 되었다. 노조가 행사하는 권력은 나라마다 시대마다 천차만별이며, 노조의 정치적 지위도 불법단체에서부터 정치적 영향력의 중심축을 이루는 경우까지 다양하다.

노조가 강력하면 지원조직뿐 아니라 문지기 역할도 할 수 있다. 예를 들어 영국에서 배우노조인 에퀴티Equity와 연예근로자 노조인 BECTU는 영국 정부가 그 관행을 강제로 중단시킨 1980년대 말까지 **클로즈드 숍**closed shop을 효과적으로 운영했다(Saundry, Stuart and Antcliff, 2007; Daniels and McIlroy, 2008: 33). 1979~1990년 재임한 마거릿 대처 영국 총리는 노조의 정치적·경제적 권력을 영국의 국제경쟁력을 저해하는 요소로 보고 경제의 전 부문에 걸쳐 노조 권력의 약화를 체계적으로 추진했으며, 이러한 노조 개혁이 창조산업을 신규 진입자와 **인디펜던트**에 개방하는 데 일조한 것은 확실하다. 영국 상업방송의 분수령이 된 1988년에는 상업 텔레비전 방송 사업자들이 전국적 **단체교섭**을 일방적으로

→ 에이전트와 에이전시

에이전트와 에이전시는 서비스 수요자와 공급자 간의 중개자다. 에이전트는 보통 개인별로 일한다. 예컨대 시나리오작가, 감독 등 영화·TV 업계 창조인을 대리하는 에이전트는 그들의 시나리오와 제안을 발주자에게 보이고 제작자와 교섭을 진행하는 등의 방식으로 그들을 돕는다. 문학·음악 에이전트 등 전문 에이전트도 똑같다. 촬영감독과 편집자 등 영화·TV 업계의 기성 전문직들이 흔히 이용하는 다이어리 전문직들은, 부킹(booking) 에이전시가 그들의 일감을 관리하고 신규 작업 일정을 짜기 위해 프로덕션 회사와 연락하는 다이어리 서비스를 자주 이용한다. 에이전트와 에이전시는 창조산업 전반의 프로젝트 기반 업무에서 중요한 역할을 수행하는데, 매우 다양한 역할·기량·재능을 발굴·충원한다. 전문 에이전시는 대개 특정한 서비스에 중점을 두는데, 이런 서비스는 일반적으로 고객이 자체적으로 보유하지 못하는 기능이다. 예컨대, 커뮤니케이션 에이전시는 고객회사에 브랜드와 제품의 판촉을 위한 통합된 커뮤니케이션 전략을 제공한다. 커뮤니케이션 에이전시는 다른 개인과 단체를 활용해 그 전략의 여러 요소를 충족시킬 것이다. 예를 들어 브리프(brief)를 작성하고 창조 에이전시를 불러 특정 광고 캠페인을 위한 설명회를 개최할 것이다(좀 더 자세한 것은 제10장 참조). 다른 예로서 재능 에이전시는 작가, 감독, 배우 등

종식했다(McKinlay, 2009). 이 때문에 방송사들이 발주 과정을 통해 아웃소싱하는 일거리를 맡는 인디펜던트 제작 부문의 일자리가 늘어났다.

그러나 역으로 1988년 이후 노조 규정이 허용하는 기준보다 낮은 보수와 긴 시간에도 일하겠다는 근로자가 늘어났으며(Saundry and Nolan, 1998), 이런 상황은 지금까지 계속되고 있다.

영국 미디어산업에서 노조의 권력이 약화되었는데도 시나리오작가인 클라이브와 게임작가인 주디는 그들이 영국작가협회Writers' Guild of Great Britain의 회원이라는 사실이 그들에게 얼마나 중요한지를 강조한다. 예를 들어 방송사나 비디오게임 개발회사와 전국적 보수율 기준을 협상할 때 이 협회의 역할이 긴요했기 때문이다.

계약 협상은 **에이전트**의 역할이기도 한데, 에이전트의 임무는 고객을 위해 최선의 협상 결과를 확보하는 것이다(다음 장에서 자세하게 이야기한다). 클라이브는 자신을 대신해 협상하는 에이전트에게 의존한다고 말한다.

그들은 저보다 훨씬 더 유명한 사람들도 대리하는데, 이 사실이 제 자신에게는 없는 힘과 권위를 그들에게 실어줍니다. 이 때문에 제가 보수를 더 받는 것 같기도 하고, 확실히 그럴 때도 더러 있다고 생각됩니다(클라이브, 2011년 인터뷰).

그러나 또한 클라이브는 자신이 노조원인 사실도 똑같이 중요하다고 말한다.

노조는 달리 대변자가 없는 작가에게 매우 유용하고, 대변자가 있는 작가, 다시 말해 달리 힘쓸 사람이 있는 작가에게도 노조 가입이 중요한 것 같습니다. 노조 가입이 힘을 보태기 때문인데요. 노조가 에이전트 없는 작가들만 대변하는 경우는 없을 겁니다(클라이브, 2011년 인터뷰).

클라이브가 지적하듯이 강력한 에이전트와 유명한 창조재능인은 개

일정 부류의 창조인에 속하는
개인을 대리하는데, 고객을 관련
기관에 추천하고(예컨대, 문학
에이전시가 저자의 소설을
출판사에 보냄) 특정 서비스를
찾는 기관에 대해 고객의 접촉선
(예컨대, 텔레비전 연속극에서
역할을 맡을 배우의 접촉선)이
된다.

별적으로 극히 높은 보수를 협상할 수 있겠지만, 산업 전체의 표준 보수율을 설정해 모든 창조근로자가 혜택을 볼 수 있게 하는 것이 중요하며, 이는 노조의 역할이다. 에이전트가 없는 주디는 작가협회에서 지원과 조언을 받는다고 분명히 말한다.

그러나 영국의 창조산업에서 일하고자 할 때, 현재 노조 가입은 필수라기보다 선택의 문제다. 이와 달리 미국에서는 미국작가협회Writers' Guild of America: WGA와 같은 창조근로자들의 노조가 여전히 클로즈드 숍에 가까운 관행을 유지하고 있다. 대규모 작가팀들이 여러 미국 텔레비전 쇼에 풀타임으로 고용되고 있다는 사실과 더불어 그러한 관행으로 인해 2007~2008년 석 달간 지속된 미국작가협회 파업은 텔레비전 프로그램 편성에 심대한 영향을 미쳤다(Stahl, 2009: 60; M.J. Banks, 2010).

문지기 통과하기

따라서 '플랑크톤'(창의성으로 대기업 '고래'를 부양하는 여러 개인과 소기업)은 일정한 조직의 힘을 휘두를 수 있다. 그렇지만 규모, 자본 동원력, 배급망, 마케팅 예산 등의 내재적 불평등을 창조산업 전반에서 볼 수 있다. 공예와 패션 같은 부문의 소규모 생산자들은 미디어 부문과 마찬가지로 소매업자 등의 문지기를 통과해야 하며, 자신들의 제품에 대해 유통과 공정 가격을 확보하기 위해 고생한다.

그러나 패션과 디자인 부문의 콘텐츠 생산자들로서는 대형 소매회사에 납품하는 것 외에 다른 선택도 일부 있다. 의류, 보석 등의 제품을 대중에게 직접 판매하는 작은 양품점boutique shop도 있다. 그러므로 생산자가 소규모로 지방의 소매업자들과 협력할 수도 있다. 또한 그들은 자신의 가게나 노점을 열 수도 있다. 반면, 오디오비주얼 미디어에서는 이러한 소규모 유통은 역사적으로 고려의 대상이 되지 않았다. 지금까지 텔레비전과 영화 배급은 대기업이 꽉 잡고 있어서 콘텐츠 생산자가 고객을 찾으려면 대기업을 경유해야 했다(Garnham, 1990). 그러나 디지털 기술에 힘입어 배급과 소매의 역학관계가 변화하면서 그러한 모델도 큰 영향을 받고 있다(상세한 것은 제10장에서 논의한다).

지금까지 우리는 생산 조직의 특성을 폭넓게 고찰했는데, 이제 우리가 개관한 고용구조 내에서 일하기란 어떤 모습인가를 좀 더 상세하게 조사한다. 먼저 일터workplace부터 시작한다.

일터

창조산업의 일터는 각자 일하는 부문과 직무에 따라 엄청나게 다를 수 있다. 화가는 스튜디오에서, 제품 디자이너는 랩lab에서 일한다. 배우와 음악가가 무대에서 공연하듯이 오디오비주얼 기술자는 녹음실에서 일한다. 한편, 영화·텔레비전 제작진은 들판 한가운데서부터 테라스가 있는 작은 주택에 이르기까지 로케이션이 어디든 거기서 일한다. 그러나 그 중간의 직무를 가진 다수 프리랜서의 영구적 일터는 집이다. 프리랜서는, 직무에 따라 다르지만, 예를 들어 디자이너나 작가라면 대부분의 일을 집에서 수행할 수 있다. 일부 프리랜서는 사무실을 빌리거나 자기 집 일부를 분리된 사무실로 개조할 수도 있다. 일터와 집을 공식적으로 구분하지 않는 프리랜서도 있다. 클라이브는 사무실을 만들 수 있는 남는 방이 있지만 거실에서 일하기를 더 좋아한다고 말한다.

> 거실에는 제가 일반적으로 필요로 하는 모든 것이 있기 때문이지요. 음악을 틀 수 있고, 쉬면서 텔레비전을 볼 수 있고, 부엌에 잠깐 들러서 차를 한 잔 탈 수도 있고요. 이 모든 것이 손 가까이에 있어서 거실에서 일하는 것을 정말로 좋아합니다(클라이브, 2011년 인터뷰).

스타트업 회사도 집에서 시작할 수 있다. 커머셜commercials 감독인 크리스는 비용을 낮추기 위해 동업자들과 회사를 설립했을 때, 한 동업자의 차고에서 작업했다고 말한다. 회사가 좀 더 자리가 잡히자 그들은 시내 중심에 사무실 공간을 임차했다. 이로 인해 그들은 에이전시 사무실, 포스트프로덕션 회사 등 거래관계를 맺을 법한 상대방과 가까이 위치하게 되어 촉박한 미팅도 쉽게 주선하게 되었다.

클라이브도 영국의 수도 런던에 근거를 둠으로써 같은 도시에 자리 잡은 프로듀서 및 프로덕션 회사와의 미팅에 대부분 쉽게 참석한다. 그러나 그는 런던에 살지 않더라도 커리어에 큰 영향을 받지 않을 것으로 생각하며, 특히 새로운 통신기술에 힘입어 프로젝트 협력자들과, 예컨대 최근 협력 관계를 맺은 덴마크의 프로덕션 회사와 장거리 대면 토론을 아주 쉽게 한다고 말한다. 새로운 기술이 그러한 프로젝트 협업을 촉진하는 것은 분명하지만, 프로젝트 초기의 발기인들은 아무래도 잠재적 협력자들과 직접 만나고 싶어 한다. 기성 재능인은 덜하지만 신참이라면 현장에 있는 것과 대면 접촉을 하는 것이 긴요하다(제5장에서 네트워킹과 관련해 추가로 논의한다).

크리스는 동업자들과 함께 사무실에서 토론과 미팅을 비롯해 모든 업무가 이루어지는 오픈플랜open-plan 식 사무실을 갖기로 명시적 결정을 내렸는데, 이는 그렇게 트인 사무실로 인해 "사람들이 일이 어떻게 돌아가는지 더 잘 파악하기" 때문이라고 말한다(크리스, 2011년 인터뷰). 비록 필요할 때 더 긴밀한 미팅을 하기 위한 별실이 있기는 하지만 말이다. 이렇게 격식을 차리지 않는 접근은 창조산업의 전형적인 업무 문화인데, 창조산업의 일터는 진행 중인 프로젝트상의 필요에 따라 급조되고 변경되는 경우가 흔하다.

라디오 드라마 프로듀서인 케빈은 훨씬 크고 체계화된 조직에서 일하지만, 그의 작업 공간도 매우 유사하다. 그는 드라마뿐 아니라 예술·특집·다큐멘터리 프로그램을 포괄하는 라디오 부서에서 일한다. 크리스와 마찬가지로 그의 사무실도 오픈플랜식이다. 그의 사무실 천정에 매달린 신호는 여러 분야의 프로그램 산출을 표시한다. 그를 포함한 제작진은 지정된 책상 없이 사무실을 돌아다니면서 그들이 작업 중인 프로그램에 따라 천정 신호 아래 배치된 책상 앞에 앉는다. 이러한 배치는 그 부서 내의 프로듀서와 조사자가 케빈처럼 한 분야를 전문으로 하더라도 부서에서 제작하는 프로그램 전반에 걸쳐 두루 일할 것이 요구된 다는 사실을 반영한다. 따라서 사무실의 이러한 공간적 조직은 이처럼 모든 직원이 전문적 활동과 일반적 활동에 두루 종사하는 구조를 반영 하는 동시에 그런 구조를 용이하게 한다. 케빈이 말하듯이, 그런 공간 배치 덕분에 "드라마를 작업하다가 예술 저널리즘 프로그램으로, 특집 제작으로 바로바로 이동하기가 쉽다"(케빈, 2011년 인터뷰). 또한 이러한 **핫데스킹**hot-desking 배치는 모든 직원이 네트워크로 연결된 IT 프로파 일을 갖고 있어 어느 PC로든지 이동해서 작업할 수 있음을 의미한다(케 빈, 2011년 인터뷰).

근로 구조

크리스의 회사와 같은 작은 회사는 정규직원이 거의 없이 프리랜서 근 로자 풀에 의지한다. 크리스의 회사는 창업 파트너 세 명 외에 정규직원 이 단 둘인데, 한 명은 사무실 관리자고 다른 한 명은 사장 보조로서 행 정적 지원을 담당한다. 프로젝트가 들어오면 이 작은 팀이 확장되어 프 로듀서, 감독, 디자이너, 기타 제작진 등 프리랜서 근로자들을 포함하며, 그들도 프로젝트 작업이 진행되는 동안 사무실을 근거지로 삼는다. 따 라서 연중 내내 아주 다양한 사람들이 들락날락한다.

케빈의 일터인 아일랜드 국영방송사 RTE는 좀 더 안정된 구조를 가 지고 있다. 수도 더블린 교외에 위치한 RTE의 대형 본사에는 뉴스, 시 사, 연예, 음악 등의 프로그래밍 분야를 책임지는 부서와 인쇄나 복제 같은 서비스뿐 아니라 프로그램 기획·시설, 판매·마케팅, 홍보 등의 중 앙집중화된 활동을 책임지는 부서를 포함해 다수의 부서가 있다. 드라 마 팀은 세 명의 직원 프로듀서로 구성되어 있다.

그러나 크리스 회사와 마찬가지로 제작의 여러 단계별로 작가, 감독, 출연진, 기술진 등 팀 인원이 늘어난다. 작가, 감독과 출연진은 대체로 프리랜서로 제작에 참여하지만, 음향기사와 같은 기술진은 프로그램 기획·시설 부서에서 제작에 투입된 RTE의 사내 직원이다.

케빈의 팀 내에는 분명한 위계가 확립되어 있는데, 세 명의 프로듀서 가운데 한 명이 시리즈 프로듀서로서 선임 역할을 맡아 추진할 프로젝트 선정을 주도한다. 그의 보고를 받는 드라마 **편집인**은 예술·특집·다큐멘터리·인디펜던트 제작을 감독한다. 제작팀이 내는 아이디어는 추진되기 전에 지휘계통을 밟아서 편집인의 승인을 받을 필요가 있다. 그 반대로 아이디어가 내려올 수도 있으며, 편집인 역시 특정 프로젝트에 필요한 인원을 배정하는 등 일의 흐름을 감독·관리하는 책임을 맡는다. 편집인 자신은 조직의 고위 경영진에게 설명해야 한다.

제작 사슬을 따라 일하는 프리랜서와 중소기업에서는 프로젝트의 가부와 그 개발 방향을 말하는 이러한 상급자가 흔히 그들의 조직 밖에 있다. 크리스의 말대로 광고업에서 최종 결정권을 가진 사람은 고객이다. 커머셜을 찍고 있을 때, 광고 에이전시에서 나온 창조인들과 고객사의 대표자가 모두 촬영장에 와 참관할 것이다. 그들은 감독이 일하는 것이 마음에 안 들면 안 든다고 말하겠지만, 신뢰가 결여되어 있거나 고객이 몹시 까다로울 때에는 이런 간섭이 감독의 직무를 아주 불편하게 만들 수 있다. 그러나 크리스의 말대로 일이란 궁극적으로 고객을 위해서 하는 것이며, 따라서 감독은 통제권을 포기할 줄 알아야 한다.

이와 비슷하게, 클라이브는 제작 사슬과 관련된 여러 당사자들의 희망사항을 두루 충족시켜야 한다. 그는 텔레비전 프로젝트를 작업할 때 대개 편집인, 프로듀서, 감독에게서 쪽지를 받으며, 최종적으로는 방송사의 실행프로듀서executive producer에게서 쪽지를 받는다. 클라이브 말대로, "전업 작가는 비판을 먹고사는" 것처럼 느껴질 때가 가끔 있다(클라이브, 2011년 인터뷰). 그러나 그는 대체로 사람들이 그에게 무엇을 쓰라고 꼬집어 이야기하기보다 작가로서 그의 창의성을 존중하면서 제안하거나 문제점을 지적한다고 말한다. 결국 최종 결정권자는 프로덕션 회사나 방송사며, 그들은 어느 작가가 쓴 것을 좋아하지 않는다면 그 작가를 해고하고 다른 작가를 구할 것이다. 이것이 집필 과정을 여러 단계로 분할해 작가와 계약하는 이유 중 하나인데, 회사는 작가가 마음에 들지 않으면 각 단계가 끝날 무렵에 계약의 종료를 결정하고 다른 사람을 다음 단계에 투입할 것이다. 예를 들면, 새 작가를 불러들여 다른 작가가 쓴 최초의 초안을 수정하게 할 것이다.

프리랜서는 직원보다 쉽게 채용되고 해고된다. 그래서 프리랜서는 클라이브처럼 자기 시간을 운용하는 데 아주 많은 자유와 탄력성을 누리면서 '스스로 사장'이라는 느낌을 즐기기도 하지만, 직업 안정성의 결여, 좀 더 정확히 말해 '창조 커리어의 취약성'에 따른 불안과 무력감을 강하게 느낄 때도 있다(Hesmondhalgh and Baker, 2011: 145). 이에 따라 그들은 일에 점점 더 많은 시간을 투입하게 된다.

창조업무는, 특히 자택에서 일하거나 체계화된 일터 또는 사무실의 울타리를 벗어나 자율적인 방식으로 일하는 경우에 흔히 개인의 사생활(가족, 친구, 여가 등)과 분리하기가 어렵다. 이러한 '창조계급의 가용 여가'로 말미암아 개인의 모든 시간이 잠재적으로 업무상의 요구에 종속된다(Banks, 2009: 668).

이러한 사정은 창조산업에 국한되지 않는다. 멀리사 그레그Melissa Gregg가 『일과 친해지기Work's Intimacy』에서 지적하듯이, 단기 또는 임시 계약 근로자는 "오늘날 정보 관련 일자리로 대표되는 웹 기반의 탄력적인 멀티태스킹 일터에서" 자신의 지위에 대해 흔히 불안을 느끼며, 그런 일터는 대체로 단기 · 임시 근로자와 때로 무임의 도제 근로자가 차지한다(Gregg, 2011). 우리는 이 문제를 제5장에서 다룰 것이다.

근로 형태

새로운 프로젝트마다 제가 많은 시간 한눈파는 국면이 있습니다. …… 그러고서는 무언가에 발동이 걸려서 멈추기 어렵게 되는데…… 오전 10시부터 오후 9시까지 집필하기도 합니다(클라이브, 2011년 인터뷰).

전형적인 반복되는 일과 같은 것은 없고 프로덕션, 프리프로덕션, 포스트프

→ 개발

특히 오디오비주얼 산업에서 사용하는 용어로, 브레인스토밍을 거쳐 아이디어를 끄집어내는 단계를 가리킨다. 전형적인 개발 활동에는 회의와 토론, 예비 스케치, 개요 작성, 계획, 대본, 프로토타입(원형), 조사, 모금 등이 포함된다. 개발은 비디오게임이나 라디오 프로그램처럼 사내 프로젝트의 일부일 수 있다. 그것은 한두 명의 개인이 보수 없이 프로젝트를 발진시키는 좀 더 비공식적인 과정일 수 있다. 프로젝트 지위로서의 개발은 초기 아이디어에서 충분한 자금조달이 이루어진 대본 또는 스타트업 벤처기업에 이르기까지 모든 것을 포괄하는 모호성과 불확실성이 있기 때문에, 흔히 쓰는 말, 즉 "나는 개발 중인 프로젝트가 여럿 있다"는 "나는 현재 하는 일이 아무 것도 없다"를 완곡하게 표현한 말로 이해하게 된다.

→ 프리프로덕션
오디오비주얼 산업의 또 다른 표준 용어인 프리프로덕션은 프로덕션을 위해 모든 준비 조치가 이루어지는 단계다. 개발과 프리프로덕션의 중요한 차이는 프로젝트에 대한 **그린라이트** (green light)가 떨어진 이후에 프리프로덕션이 시작된다는 점이다. 그래서 프리프로덕션은 프로젝트를 위한 자금이 충분히 준비되었을 때 시작되며, **프로덕션과 포스트프로덕션**까지 포함하는 프로젝트 스케줄의 일부를 구성한다. 개발과 달리

로덕션 등 단계별로 다룹니다. 그러나 사실 저는 여러 프로젝트를 한꺼번에 작업하면서 이들 모든 단계에 처할 수도 있습니다. 바쁠 때면 7시에 일어나 8시에 일을 마친 다음에 자료를 읽습니다. 촬영에 들어가면 다른 모든 것이 중단됩니다(크리스, 2011년 인터뷰).

날마다 아주 달라요. 제작 중에는 스튜디오에서 5일 뒤에 완성해야 할 드라마를 만들고 있거나 사무실 책상에서 제작에 필요한 모든 지원업무를 처리하고 있을 겁니다. 대본을 읽고, 음향을 찾고, 음향 디자이너를 데려오고, 맞는 배우를 찾기 위해 동료들과 많은 토론을 벌이죠(케빈, 2011년 인터뷰).

이 세 코멘트는 창조산업의 일이 대부분 프로젝트 기반이라는 점을 보여주고, 프로젝트의 진행 리듬이 그 작업을 하는 사람들의 근무 형태를 규정하는 모습을 일부 드러낸다. 따라서 프리랜서, 중소기업, 대기업 간의 고용구조에 차이가 있는데도 그와 상관없이 창조생산에 종사하는 사람들의 근무 형태에는 여러 가지 유사점이 있다. 프로젝트의 **연구·개발**R&D 과 **프리프로덕션**pre-production 단계는 흔히 가장 긴 단계로, 가장 다양한 활동과 시간 척도가 필요하다. 프로젝트의 **프로덕션**production 단계는 가장 집약적인 근무 형태와 매우 집중된 구체적인 활동을 요하며 비교적 짧은 시간에 완료된다. 일반적으로 사람들은 이 단계에서 장시간 근무한다. 오디오비주얼 제품의 생산에서 중요한 단계인 **포스트프로덕션**post-production 은 재검토하고 수정하는 시간으로서, 보통 프로덕션 단계보다 길다. 우리는 창조산업에서 프로젝트 기반 업무의 함의와 근무 리듬을 제5장에서 더 자세히 검토하고, 창조프로젝트 제작 주기의 여러 단계를 제7장에서 더 자세히 살필 것이다.

일감 찾기

창조산업 내 전문분야들 간 차이 가운데 하나는 다양한 고용구조에 있

프리프로덕션은 무한정 계속되지 않으며 그럴 수도 없다. 전형적인 프리프로덕션 활동에는 캐스팅, 리허설, 장비와 장소 예약, 회의와 토론, 스케치, 계획과 기타 서류 작성 등이 포함된다. 개발과 프리프로덕션의 중요한 차이 하나는 프리프로덕션은 재정이 확보되어야 시작될 수 있으며 언제나 프로젝트의 완성을 위해 정해진 스케줄의 일부라는 점이다.

↪ 프로덕션(제작)과 포스트프로덕션

이들은 오디오비주얼 산업의 표준 용어이지만, '프로덕션'은 창조산업의 여러 부문에서 두루 사용하는 표준 용어이기도 하다. 프로덕션은 오디오나 영화, 비디오의 녹음 및 녹화, 라이브 공연, 제조나 인쇄, 출판 등의 과정을 가리킨다. '포스트프로덕션'은 프로덕션 후 제품의 배급을 준비하는 단계를 가리킨다. 여기에는 오디오·영화· 비디오 편집, 트랙 레잉(track laying)과 믹싱(mixing), 영상 조정(image grading: 영화· 비디오 영상의 색상이나 채도 등을 조정하는 것) 등이 포함된다. 가장 직접적으로 프로덕션 일을 하는 사람은 바로 프리랜서인데, 프로덕션 업무가 프로젝트 기반이며 일시적 성격을 지니기 때문이다. 그것은 '단명 사업'이다 (Menger, 1999).

↪ 피치와 피칭

창조제품이나 창조서비스에 대한 준비된 소개로서 잠재적 구매자,

는 사람들이 어떻게 프로젝트에 줄을 대느냐에 있다.

프리랜서 시나리오작가인 클라이브는 주로 **에이전트**를 통해 일거리를 얻는다. 그의 에이전트가 클라이브의 작품을 영화와 TV 드라마 **프로덕션 회사**에 보내거나 아니면 프로덕션 회사가 프로젝트에 맞는 작가를 물색하면서 그에게 접근한다. 또한 클라이브는 프로젝트 일을 하면서 몇몇 프로덕션 회사와 관계를 맺었으며, 새 프로젝트가 나오면 종종 그들과 다시 일하게 될 것이다. 클라이브가 진행 중인 프로젝트는 넷이다. 그가 선불을 받아 대본을 쓰고 있는 두 프로젝트는 현재 제작자가 제작 자금을 모으고 있다. 세 번째 프로젝트는 현재 제작자가 개발자금을 기다리고 있는데, 클라이브는 그 돈을 받으면 대본 집필을 시작할 것이다. 네 번째 프로젝트는 드라마 시리즈를 위한 아이디어인데, 현재 클라이브와 제작자가 텔레비전 방송을 위해 **피칭**pitching을 벌이고 있다.

자신의 커머셜 제작회사를 경영하는 크리스도 다른 기관과의 접촉에 의존해 일거리를 찾는다. 광고 **에이전시**가 크리스의 회사를 비롯해 4~5개 사를 초청하여 **브리프**brief에 관해 **피치**pitch한다. 이 브리프는 광고 에이전시에 근무하는 작가와 미술감독이 작성하여 대개 크리스의 회사와 같은 커머셜 제작회사를 통해 감독들에게 배포된다. 크리스는 회사를 경영할 뿐만 아니라 다른 동업자 한 사람과 같이 커머셜도 감독한다. 네 명의 다른 감독은 프리랜서 방식으로 크리스의 회사를 위해 일한다. 유일한 사내 프로듀서는 회사 동업자이기도 하며, 다른 프로듀서들은 프리랜서 방식으로 일한다.

그렇다면 클라이브와 크리스 모두 프로젝트의 개발과 제작 과정에서 기관과 개인을 연결하는 **제작 사슬**의 일부임이 분명하다. 프로젝트에서 개인의 역할을 수행하는 프리랜서가 제작 사슬의 한쪽 끝에 위치하고, 프로젝트 비용을 대는 자금주가 다른 한쪽 끝에 위치한다. 에이전시와 프로덕션 회사를 비롯해 다양한 규모의 회사들이 여럿 있어서 제작 사슬의 다른 고리를 만든다. 이 사슬이 구체적으로 어떻게 작동하는가는 부문별로 다르다. 광고의 경우에 커머셜 자금은 고객회사가 조달한다. 일반적으로 고객회사와 협력하는 커뮤니케이션 에이전시나 창조 에이

투자자 또는 고객을 설득하는 데 목적이 있다. 물론 좀 더 일반적으로 판매 피치는 무엇을 사거나 투자하도록 어떤 사람을 설득하는 시도를 가리킨다. 이 용어는 야구에서 유래하는데, 투수는 공을 타자를 지나 포수의 미트 속으로 정확하게 던진다. 피치에는 여러 형태가 있는데, 짧은 '엘리베이터 피치'(이 명칭은 할리우드의 시나리오작가들이 프로듀서와의 우연한 만남을 이용해 시나리오 전체를 몇 초 만에 설명하는 데서 유래한다)도 있고 공식적인 피치 미팅을 통해 프로젝트, 제품 또는 서비스를 제시하기도 한다. 전문분야별로 피칭에 관한 독자적 관습과 관행이 있다. 저널리스트는 스토리를 발주 편집인(commissioning editor)에게 피치하고, 시나리오작가는 영화제작자와 감독에게 피치한다. 프로듀서는 프로그램 아이디어를 TV 커미셔너에게 피치하고(좀 더 자세한 것은 제9장 참조), 마케팅·광고 에이전시는 캠페인을 고객들에게 피치한다(제10장 참조)(West, 1993; Hackley and Kover, 2007; Grabher, 2002).

전시는 커머셜을 제작하는 프로덕션 회사에 브리프를 제시한다. 그러면 이들 회사가 감독 등 진용을 구성해 커머셜을 제작한다.

텔레비전의 경우에 클라이브 같은 작가는 거의 모든 비용을 대는 방송사가 직접 섭외하거나 방송 프로그램을 만드는 프로덕션 회사가 섭외한다. 영화·텔레비전 프로덕션 회사는 흔히 에이전트를 통해 시나리오작가를 섭외한다. 그러나 비디오게임작가로 일하는 주디는 에이전트가 없는데, 그녀는 모든 일거리를 게임개발자와 직접 접촉하여 얻는다고 말한다. 크리스의 경우와 마찬가지로, 이는 대체로 그녀가 피칭 과정에 참여해야 함을 의미한다. 여기에 필요한 것이 프로젝트와 회사마다 다르다고 그녀는 말한다.

컷 신cut scene 하나 쓰기, 어떤 AI 대사(즉, 인공지능에 의해 통제되는 논플레이어 캐릭터non-player character 의 대사) 쓰기, 메인스토리의 줄거리 재작성하기 등등이 회사의 요구에 달려 있습니다(주디, 2010년 인터뷰).

따라서 프리랜서와 프로덕션 회사는 새 프로젝트를 개발·제작하기 위해 새로운 제작 사슬을 끊임없이 형성하고 그 일부가 된다. 그들은 연결과 협동이라는 가변적 틀에 동참하는데, 그 틀은 새 프로젝트마다 만들어진 후 다시 해체된다. 그들은 프로젝트를 기준으로 보수를 받는데, 전체 작업에 대한 수수료를 받든가 일당을 받는다. 비디오게임 작업을 하는 주디는 프로젝트가 얼마나 걸릴지 모르기 때문에 일당 받기를 선호한다고 말한다. 클라이브가 받는 텔레비전 드라마 대본 수수료는 최종 프로그램의 길이로 계산되는데, 프로그램의 분당 금액이 일정하게 정해져 있다. 그러나 각 단계에서 그가 수령하는 금액은 차이가 있을 것이다(제4장에서 계약에 관해 좀 더 깊이 고찰한다). 크리스의 회사는 제작 수수료를 받고 크리스 자신도 감독 수수료를 받는데, 이는 커머셜 예산의 일부로 책정된 것이다.

반면에 프리랜서가 아니라 공영 라디오 방송국의 직원 프로듀서로 고용되어 있는 케빈은 프로젝트별 보수가 아니라 연봉을 받는다. 프로젝트는 사내에서 생산되며, 정규 프로그램 편성을 위해 그가 책임지는 몫이 있다. 이는 텔레비전 방송사, 신문사, 대형 영화·TV 제작사, 게임발매사 등 대기업 내에서 근무하는 작가나 프로듀서, 기타 직원에게도 해당한다.

커리어 경로와 포트폴리오

창조산업에서 일하는 사람은 전문 기량을 갖고 있기 마련이지만 커리어 경로를 바꾸었을 수도 있고 자신의 커리어상에서도 다양한 범위의 프로젝트를 수행할 수 있다. 예를 들면, 드라마 프로듀서인 케빈은 과거 밴드에서 활동한 적이 있는데, 그 밴드가 레코드 취입은 했으나 돈벌이가 신통치 않자 그는 예술행정 쪽에서 잠시 일하다가 라디오 프로덕션 분야에서 재훈련을 받았다. 이후 그는 한 클래식 라디오 방송국에서 프로덕션 조정 직책을 얻었으며, 'RTE라디오1'로 회사를 옮겨 프로듀서가 되었다. 그는 RTE라디오1에서 대체로 예술·특집·다큐멘터리 분야에서 일하다가 드라마에 특화했다. 한편 주디는 비디오게임에 관해 기사를 작성하는 저널리스트로 출발했으며, 이 일을 하면서 접촉한 인맥을 통해 마침내 게임작가로서 일을 찾았다.

포트폴리오 커리어

프로젝트 기반의 고용은 아주 불규칙적이어서 몹시 바쁜 기간을 보내다가도 일이 별로 없게 되기도 한다. 모든 프리랜서는 실업의 위험을 감안해서 계획을 짜야 하는데, 특히 한 프로젝트로 번 돈으로 다음 프로젝트가 들어올 때까지 버틸 수 있도록 확실한 계획이 필요하다. 예를 들면, 텔레비전 제작 분야에서 프리랜서는 소득의 불확실성과 일의 불규칙성에 대처하기 위해 다양한 소득원을 추구한다(Dex et al., 2000). **포트폴리오 근로**portfolio working의 특징은 "여러 다른 고객이나 고용주를

→ **포트폴리오 근로와 포트폴리오 커리어**

포트폴리오는 묶지 않은 종이다발을 담는 책 모양의 문서함이다. 이 용어는 주식부터 예술작품과 전문적 기량에 이르기까지, 선택한 것을 정리해 모은 것을 은유하는 말로 사용되게 되었다. 우리는 모두 한두 종류의 포트폴리오를 가지고 있다. 이러한 의미에서 포트폴리오 근로자는 (프리랜서나 파트타이머로서) 복수의 개인이나 기관을 위해 고용된다. 예를 들면, 어떤 저널리스트는 주 2일을 신문사에서 일하고 나머지 3일은 대학교에서 저널리즘을 가르칠 수 있다. 이것이 장기화되면 그 근로자는 포트폴리오 커리어를 보유하고 있다고 할 수 있다. 조사 결과에 따르면, 많은 화가들이 복수의 직장을 가지고 있으며, 다른 부문에서 벌어 화가 활동에 보태는 일이 흔하다(Throsby and Zednik, 2011).

추천 문헌: Mark Deuze, *Media Work* (2007); Alan McKinlay and Chris Smith, eds., *Creative Labor: Working in the Creative Industries* (2009); David Hesmondhalgh and Sarah Baker, *Creative Labour: Media Work in Three Cultural Industries* (2011).

위해 다양한 일을 하거나 얻는 것"이며(Clinton, Totterdell and Wood, 2006: 179; Handy, 1995), 포트폴리오 근로자는 때로 **포트폴리오 커리어** portfolio careers 보유자라고도 한다.

'포트폴리오 보유'의 이러한 의미는 '경력 쌓기 CV-building'와 같은 용어에 함축되어 있으며, 각종 학교 졸업자에게 경험, 기량, 훈련, 인맥을 얻어 '포트폴리오를 쌓기' 위해 유급 일 대신에 무급 일을 하도록 권장하는 경우에도 그런 의미가 내포되어 있다. 경험과 기량의 가치는 '취업 능력', 즉 구직 시장에서 생존력을 보장하는 다양한 전문적 특성에 있다 (Osnowitz, 2010: 147). BBC 연속극 〈셜록 Sherlock〉에서 몰리 후퍼 Molly Hooper 역으로 출연한 여배우 루이즈 브리얼리 Louise Brealey 는 저널리스트 엘리자베스 데이 Elizabeth Day 와의 인터뷰에서 자신의 포트폴리오 커리어에 대해 한때 잡지 ≪원더랜드 Wonderland≫의 부편집인으로 있으면서 "연기 일과 저널리즘을 가지고 저글링"을 했다고 표현한다. "한번은 왕궁에서 촬영 리허설을 하면서 차 마시는 휴식 시간에 〈트윈 픽스 Twin Peaks〉 20주년에 관한 기사를 편집하고 있었어요." 최근까지 그녀는 다큐멘터리 연구자로 일했고, BBC의 어린이 코미디극 〈찰스 디킨스 쇼 The Charles Dickens Show〉를 제작했다(Day, 2012). 포트폴리오 근로자들이 흔히 자신들의 커리어를 '저글링'으로 표현하는 것은 놀랄 일이 아닌데(Platman, 2004: 591; Osnowitz, 2010: 147), 자영업자로서 그들은 동시에 많은 공을 공중에 띄워야 한다.

프리랜서가 하는 일의 범위에 따라 그가 장기적으로 쌓는 포트폴리오가 정해진다. 예를 들면, 저널리스트로 일하는 레이철은 소설을 쓰면서 파트타임으로 강의도 한다. 영화 프로듀서이자 과외교사인 에밀리는 스케줄대로 가르치는 예측 가능한 일과, 영화제작을 추진하고 자금을 조달하는 예측이 어려운 일 사이에서 시간을 쪼갠다.

때때로 커리어 경로 변경과 포트폴리오 커리어는 당사자가 구체적 목표를 달성하려는 장기 전략의 일환으로 심사숙고한 것이다. 분명 이것은 커리어와 관련해서 TV·영화 산업에 입문하기를 희망하는 젊은이들에게 줄 조언의 핵심 요소다(Richmond, 2012). 예를 들면, 어떤 이는 궁

제1부 창조산업에서 일하기 **82**

극적으로 영화감독이나 프로듀서가 되고 싶어서 임시로 바텐더 일과 영화 프로젝트의 러너runner 일을 가지고 저글링할 것이다.

사람들의 관심과 기량은 꼭 계획된 전략의 일환이 아니더라도 장기적으로 변화·발전할 수 있으며 커리어를 더욱 발전시킬 새로운 기회를 창출할 수도 있다. 주디가 저널리즘에서 게임으로 전환한 것과 케빈이 드라마로 옮겨간 것은 모두 커리어가 기회와 설계의 복합적인 작용을 통해 장기간 유기적으로 변화하고 발전한 본보기다.

창조커리어에는 '자아실현' 요소가 있다(Hesmondhalgh and Baker, 2011). 헤스몬달프와 베이커가 창조근로자들과 한 인터뷰를 보면, 그들이 하는 일과 그들이 자아와 자신의 재능·열정에 대해 가지고 있는 의식 사이에 강력한 결합이 나타난다. 다시 말해서 자신이 하는 일에 대한 그들의 애착은 자아의식, 자기개발, 자존심과도 밀접하게 연계된다. "노동과 관련된 자아실현에는 좋은 일을 한다는 의식이 지속되어야 하며, 따라서 어떤 사람이 스스로 발전하고 있고 잘나가고 있으며 가치 있는 작품 활동 형태로 탁월한 성취를 이루고 있다는 의식에는 그러한 좋은 일이 작용하고 있다"(Hesmondhalgh and Baker, 2011: 140). 전직 배우 출신으로서 최근 아이 아버지가 된 한 작가는 새로운 책임감과 작가 소득의 내재적 불안정성에도 불구하고, "나는 방에 틀어박혀 하루 종일 집필하는 것이 어쩐지 더 가치 있는 것처럼 느낀다. 그것이 기차를 타고 런던 소호Soho로 가서 커머셜 한 편 찍으려고 2분 정도 겁쟁이 연기를 한 다음 다시 기차를 타고 귀가하는 것보다 더 적절한 방식의 생계 꾸리기라고 느낀다"(Hesmondhalgh and Baker, 2011: 145)라고 말한다. 포트폴리오 커리어가 자유·자율성과 동일시되고 화려하고 신나는 돈벌이 방식으로 비치는 것과는 반대로, 헤스몬달프와 베이커는 창조커리어가 본질적으로 취약하다고 주장한다. 그러나 그들은 상당수의 인터뷰 대상자들이 작가, 음악가 등으로서 자신의 창조업무와 정체성에 대해 깊은 애정을 가지고 있으며, 그러한 업무에 수반되는 리스크를 충분히 받아들이고 있다고 조심스럽게 지적한다.

↦ **닷컴과 닷컴 거품**
주로 온라인에서 사업하는 회사를
말한다. 닷컴 거품(또는 닷컴 붐)
시기에 일반 용어에 접미사
'닷컴(.com)'을 붙여 회사(예컨대,
Pets.com)를 창설하는 행태를
중심으로 기업이 우후죽순처럼
등장했다.
추천 문헌: Michael Lewis, *Next:
The Future Just Happended*
(2002)는 닷컴 시대에 관한
초창기의 사후분석이다; Lori
Gottlieb, *Inside the Cult fo Kibu*
(2002)는 이 부문에서 매우
재미있는 내부자의 설명서다;
Rory Cellan-Jones, *Dot.bomb:
The Rise and Fall of Dot.com
Britain*(2001)은 영국의 닷컴 붐을
정리했다; 닷컴 붐 관련 문헌에
관한 비판적 개관은 Geert Lovink,
My First Recession(2003) 참조;
닷컴 시대와 초기 웹2.0 시대의
후유증에 관한 재미있는 자서전적
서술은 Paul Carr, *Bringing
Nothing to the Party*(2008)
참조.

기업가정신

가끔 기업가정신entrepreneurship은 창조산업에서 창조표현의 한 형태로 간주된다. 흔히 다수의 창조인들이 자신의 프로젝트에 착수하고 자신의 기업을 설립하기도 한다. 크리스의 커머셜 제작회사가 드라마 프로젝트에 시간과 자원을 투자하는 것은 드라마 분야로 이동하고 싶기 때문이다. 창조산업의 신참들은 배우, 음악가, 댄서, 작가 등으로 갓 시작한 자신의 커리어를 뒷받침하기 위해 술집이나 식당 일을 할 수 있다. 자신의 술집이나 식당, 클럽을 설립하고 싶고 그 분야를 경험하고 싶어서 그런 일을 할 수도 있다.

또 다른 기업가 커리어 경로는 시장의 틈새를 메울 수 있는 독창적인 아이디어를 실현해 돈을 버는 것이다. 창조산업에서 그런 벤처사업 기회는 개인의 취향과 맞아떨어질 때가 많다. 베지테리언 슈즈Vegetarian Shoes 회사의 사장인 로빈은 자신이 채식주의자이기 때문에 채식주의(즉, 가죽이 아닌) 신발을 만들고 싶었다. 그는 곧 다른 채식주의자들로부터 그러한 신발 수요가 꽤 된다는 것을 알았다. 처음에는 그가 직접 신발을 만들었으나, 나중에는 신발 생산을 어느 공장에 아웃소싱함으로써 사업이 커지고 매출도 늘어났다. 이와 비슷하게 라스트.fm의 설립자들은 음악 추천을 공유하는 데 흥미를 느껴 이 개념을 중심으로 **닷컴** 회사를 세웠다.

시장의 틈새를 인식하고 이를 영민하게 이용하는 선발주자가 고전적인 **기업가**의 모델이다(Neff, Wissinger and Zukin, 2005). 전형적인 다음 단계는 그 회사를 대기업에 매각해 큰돈을 벌고 새로운 벤처사업으로 이동하는 것이다. 그러나 다수의 뉴미디어 스타트업처럼 라스트.fm은 대기업(CBS)에 매각되었지만, 베지테리언 슈즈는 이런 길을 가지 않았다. 이 회사는 우편주문이 밀려들기는 했으나 중소기업에 머물렀다. 그러한 차이는 항상 부분적으로 시장의 힘이 작용하는 데서 기인하며, 특히 뉴미디어는 성장 가능성이 거대한 신흥 분야다. 뉴미디어는 이미 투기 거품(이른바 **닷컴 거품**)의 대상이 되어왔으며, 스타트업 뉴미디어에 대해 **시장의 평가**가 엄청나게 부풀려지는 특징이 이어지고 있다. 신발 산업은 훨씬 더 성숙하고 안정된 부문으로서 투기자들의 관심도 그만큼 덜하다. 그러나 창조산업의 기업가들이 모두 큰 이윤을 주된 목적으로 삼는 것은 아니다. 그들이 하는 일의 공동체적 가치와 질, 그리고 동료 그룹의 인정이 금전적 고려를 능가하는 사례도 흔하다(Leadbeater and Oakley, 1999). 이 문제는 제4장에서 더 자세히 살핀다.

국가적 관점과 국제적 관점

이 장에서 우리는 다양한 국가적 정황 속에 있는 창조근로자들의 경험에 관해 살펴보았다. 우리는 그들의 근무 형태 및 근무 구조와 관련한 경험이 영국과 기타 국가의 프리랜서, 중소기업, 미디어 기업 직원들의 경험을 대체적으로 대표한다고 볼 수 있었다. 그러나 늘 구체적인 국가적·정치적 요인과 기타 요인이 이러한 경험에 영향을 미치기 마련이다.

국가적 요인과 지방적 요인

창조산업의 일거리는 대체로 다양한 그룹의 사람과 기관이 재능과 노력을 결집시키는 프로젝트 네트워크에서 발생하기 때문에, 창조근로자들은 대부분 로컬 인맥에 의존한다. 여기에는 몇 가지 중요한 이유가 있다. 첫째, 개인이 산업을 接觸하고 일거리를 얻을 기회는 흔히 특정 도시나 지역에 집중되어 있으며, 이 때문에 네트워킹이 창조전문직에게 그토록 중요한 수완인 것이다(Blair, 2009). 둘째, 최근 각종 학교 졸업자들이 어떤 부문에 진출하려면 자격증과 훈련이 매우 중요할 때가 많은데, 예를 들어 영화·TV 제작이나 공연예술 같은 부문에서는 **로컬 지식**과 함께 일을 어떻게 처리하는지 파악하는 것이 긴요하다(Guile, 2010). 셋째, 창조산업의 특정 부문은 기관, 시장, 자금조달 기회, 로컬 인재풀 등을 중심으로 지리적 집적cluster 경향을 보인다(Flew, 2012: 146). 이 문제에 관해서는 다음 장에서 자세히 이야기한다.

국가 규제와 법적 틀도 큰 역할을 한다. 예를 들면, 일부 국가의 경제적·정치적 조건(과세, 자본 접근성 등)은 중소기업을 설립하고 유지하는 데 다른 국가보다 더 유리할 수 있다. 일부 국가에서는 미디어가 대체로 국가의 통제와 검열을 받지만, 다른 국가에서는 미디어가 대체로 사유화되어 있다. 그러나 모든 미디어가 국가 수준에서 어느 정도는 규제를 받는다(Freedman, 2008; Chalaby, 2010). 예를 들면, 영국에는 "시민과 소비자의 이익을 증진하기" 위해서 **오프컴**Ofcom 이 존재한다(Lunt and Livingstone, 2012: viii).

물론 그러한 거시적 수준의 사회적·정치적·경제적 요인은 미시적 수준(예컨대, 근로자 개인의 경험)에 영향을 미친다. 예를 들면, 영국 시장에서 독립 프로듀서가 공공서비스 소관을 가진 방송사 커미셔너에게 피칭하는 방식은 그런 의무가 없는 방송사 커미셔너에게 피칭하는 방식과 사뭇 달라야 할 것이다.

국제적 차원

그러나 창조전문직이 오로지 국내시장에서만 활동하는 것은 아니다. 다음 세 가지 사례를 검토해보자.

영국의 프리랜서 시나리오작가인 클라이브는 최근 아일랜드 국영방송사 RTE와 영국의 전국 네트워크 ITV가 **공동제작**하는 드라마를 위해 두 편의 이야기를 썼다. 게다가 그가 지금까지 작업한 영화 프로젝트에는 거의 모두 국제적 구성요소가 포함되었는데, 덴마크와 아랍에미리트, 미국 등 여러 국가의 프로듀서와 기관이 참여했다. 국제 공동제작은 방송보다 영화제작에서 훨씬 더 뚜렷하게 나타난다(제10장에서 자세히 검토한다).

비디오게임 콘텐츠 감독인 뤼크는 국제적인 대형 비디오게임회사에 고용되어 있다. 그 회사는 프랑스인 소유의 회사로, 본사도 프랑스에 있다. 그러나 프랑스는 그 회사가 발매하는 비디오게임의 유일한 시장이 아니며 주된 시장도 아니다. 그 주된 시장은 미국과 아시아다. 회사의 스튜디오는 전 세계에 산재해 있으며, 직원들에게는 국제적인 안목이 요구된다. 뤼크는 전에는 상하이에 있는 회사에서 일했다. 그는 프랑스 인이지만 영어가 유창하며 본사 사무실과 전 세계에 위치한 게임 스튜디오 및 기타 사업체 사이를 오가면서 국제여행에 많은 시간을 보낸다.

한편, 뉴질랜드에 본부가 있는 크리스의 프로덕션 회사도 호주에 지사를 두고 있으며 캐나다의 다른 프로덕션 회사와 영화 프로젝트를 개발 중이다. 크리스는 뉴질랜드뿐 아니라 호주와 아시아 고객을 위한 업무도 지휘하며, 전 세계에 지점을 가진 국제적 광고 에이전시를 통해 일감을 얻는다. 미국 회사들은 가끔 인건비가 싼 뉴질랜드에서 커머셜을 찍는다. 그래서 크리스도 가끔 미국 시청자를 위한 커머셜 작업을 할 때가 있다.

우리가 위의 세 가지 본보기에서 얻을 수 있는 결론은 현대 창조산업에서 프리랜서, 중소기업, 대기업 직원 모두 자신이 하는 일의 국제적 범위를 느낀다는 점이다.

수신료를 내는 전국의 시청자들에게 일차적 책임을 지는 RTE와 BBC 같은 국가 공영방송도 국제 공동제작에 참가하여 프로그램을 국제적으로 배급한다(더 자세한 것은 제9장 참조). 드라마 프로듀서인 케빈도 자신이 어떻게 해서 매년 유럽라디오상 시상식에 참석하는지를 이야기하는데, 업계의 연례행사인 그 시상식이 전문적인 지원·개발과 국제적 차원의 네트워킹을 모색할 기회라고 한다. 이러한 국제행사는 창조산업의 모든 부문에서 나타나는 특징이다.

로컬 차원과 글로벌 차원의 관계는 복합적이다. 강력한 로컬 제품은 강력한 글로벌 제품이 될 수도 있다. 방송사로서는 강력한 국내시장의 존재가 미디어 콘텐츠, 특히 TV·라디오·영화를 파는 국제시장에 진출하는 데 중요하다. 할리우드는 거의 100년 동안 미국 문화를 세계에 수출했으며, BBC도 글로벌 브랜드가 되어 **BBC 월드서비스**를 운영하면서 상업 부문 자회사인 **BBC 월드와이드**를 통해 프로그램을 국제적으로 판매하고 있다(Wood, 2000).

여기서 우리는 창조제품의 고객은 글로벌하다고 결론지을 수 있을 것이다. 창조제품은 어디서 만들어지든 전 세계 시장에 내다팔린다. 그러나 창조산업이 국제무역이 확대되는 분야인데도, 동시에 모든 창조산업은 어떤 의미에서 국지적인 기반도 가지고 있다. 테리 플루Terry Flew는 "창조산업이 개발하는 제품과 서비스 가운데 어떤 것이 국가나 문화 사이를 잘 넘나들고 어떤 것이 그렇지 못한지를 파악하기 위해서는 많은 연구가 필요하다"라고 지적한다(Flew, 2012: 132). 특정 국가의 창조산업 고용구조를 거시 수준과 미시 수준에서 파악하려면 문제의 특정 국가나 시장에 관한 구체적인 심층 연구가 반드시 필요할 것이다.

요약

우리는 이 장에서 먼저 창조산업의 조직과 소유에 관해 살펴보았는데, 현대 창조산업은 한쪽으로 다수의 프리랜서와 영세기업(주로 제작에 관여함)이 있고 다른 한쪽에는 국제적인 초대형 기업(발주·발행·배급을 통제함)이 군림하는 것이 특징이다. 이처럼 서로 다른 유형의 회사들을 연결하는 제작 사슬 속에서 각 회사는 프로젝트의 구상부터 배급에 이르기까지 특정한 역할을 수행한다. 창조산업의 일은 프로젝트 중심으로 이루어지며, 보통 창조근로자는 프로젝트의 수요와 리듬에 맞추어 장시간 탄력적이고 불규칙적으로 일한다. 이러한 근로 형태는 다양한 범위의 활동과 시간표를 요하는 연구·개발 단계, 그리고 그보다 훨씬 더 활동이 집약적·집중적으로 이루어지고 비교적 짧은 시간 내에 완료되는 프로덕션 단계에서 전형적으로 나타난다. 프리랜서는 프로젝트 기간 중에만 일하기 때문에 현행 프로젝트가 끝나면 바로 일을 계속할 새 프로젝트를 늘 찾을 필요가 있다.

일터는 창조산업에서 일하는 사람에 따라 매우 다르다. 그들의 일터는 자택, 크고 작은 사무실, 가게, 작업실과 스튜디오, 시장, 영화·TV·라디오 로케이션 현장 등이다. 한 사람이 프로젝트 단계에 따라 여러 유형의 일터에서 일할 수도 있다. 격식을 따지지 않고 탄력적인 근로 형태와 팀 운영을 촉진하도록 사무실 공간을 구성하는 경우가 흔한데, 여기에는 오픈플랜식 사무실과 핫데스킹이 포함된다.

커리어는 예측할 수 없으며, 창조산업에 이르는 정해진 길은 없다. 사람들은 때로는 뜻밖의 다양한 경로를 거쳐 창조산업에 진입하며, 포트폴리오 근로는 통상적이다. 직책은 보통 공모되며 개인적 구두 접촉을 통해 충원된다. 그래서 네트워킹은 습득해야 할 중요한 수완이다. 작업은 국제적인 규모일 때가 많다. 국내시장보다 국제시장에 명시적으로 주력하는 창조산업 기관이 많지만, 반대로 국제시장보다 국내시장에 주력하는 기관도 있다. 그러나 창조근로자 대부분은 자기가 하는 일의 국제적 범위를 어떤 식으로든 느낀다.

읽을거리

Deuze, Mark. 2007. *Media Work: Digital Media and Society*. Cambridge: Polity Press.
특히 미디어산업 관련 업무에 대한 창조근로자들과의 인터뷰는 범위가 국제적이고 매우 유익한 내용이다.

Hesmondhalph, David and Sarah Baker. 2011. *Creative Labour: Media Work in Three Cultural Industries*. London: Routledge.
인터뷰와 참가자 관찰을 토대로 3대 산업(텔레비전, 음반, 잡지 발행)을 폭넓게 연구했다.

Hjorth, Larissa. 2011. *Games and Gaming: An Introduction to New Media*. Oxford: Berg Publishers. Oxford University Press.
게임을 연구 분야와 산업으로 다룬 간결한 입문서.

Lewandowski, Natalie. 2010. "Understanding Creative Roles in Entertainment: The Music Supervisor as Case Study." *Continuum: Journal of Media & Cultural Studies*, 24(6): 865.
음악감독의 실무적 역할에 관한 유익하고 이해하기 쉬운 연구서.

Martin, Chase Bowen and mark Deuze. 2009. "The Independent Production of Culture: A Digital Games Study." *Games and Culture*, 4(3): 276~295.
스튜디오에서의 제작 과정에 관한 사례연구.

Miller, Vincent. 2011. *Understanding Digital Culture*. London: Sage.
디지털 미디어와 그 문화적 함의에 관한 주요 이슈를 알기 쉽게 개관했다.

4 창조성의 기업화

이 장은 창조산업에서의 기업 원칙과 활동을 탐구한다. 우리는 라이프 스타일기업(⁺사주가 자기 생활에 필요할 정도의 이익만 추구하는 기업)과 성장기업을 비교하고, 기관의 활동을 규율하는 법적 틀에 관해 공부한다. 그리고 지적재산권, 계약, 금융 등 여러 측면과 창조산업 내에서 작동하는 일련의 사업모델에 관해 공부한다. 또한 우리는 사업의 성공에 영향을 미치는 주요 요인을 검토할 것이다.

1인기업과 영세기업

제3장에서 우리는 현대 창조산업의 특징이 소수의 대기업과 다수의 중소기업으로 이루어진 생태계라는 생각을 검토했다. 나아가 우리는 창조근로자 가운데 다수를 차지하는 프리랜서의 법적 지위가 **자영업**으로서 이른바 **1인기업**이라는 특수한 유형의 소기업으로 규정되기 때문에, 창조산업의 많은 소기업들이 실제로 너무나 작다는 사실을 알았다. 2인 이상으로 구성되는 창조기업도 평균 이하의 규모다. 그들은 종종 사실

상 **영세기업**이다.

프리랜서 창업

제3장에서 보았듯이 프리랜서는 독립성을 중시한다. 시나리오작가 클라이브는 프리랜서이기 때문에 '그 자신의 보스'라는 느낌이 더 절실하다고 논평했는데, 실로 그는 자기 사업의 유일한 소유자이기 때문에 이것은 문자 그대로 사실이다. 이러한 독립성에 수반하여, 그는 만일 그가 피고용인이라면 고용주가 부담할 것을 직접 책임진다. 왜냐하면 피고용자의 임금과 봉급에서 자동적으로 원천 공제되는 세금과 국민보험료를 1인기업은 직접 지불할 책임이 있기 때문이다. 클라이브는 자신의 **총소득**을 전부 쓰지 않고 세금 납부를 위해 충분히 남겨둘 필요가 있다.

예산 측면에서 1인기업이 관리해야 할 것으로 세금과 국민보험료 납부만 있는 것이 아니다. 가장 기본적인 수준에서라도 기업이 성공하려면 그 제품이나 서비스를 인도하는 데 드는 비용보다 더 많은 돈이 들어와야 한다. 창조생산자가 생계를 유지하는 데 충분한 돈을 벌려면 **이윤**을 낼 필요가 있다. 그러나 창조제품을 생산하는 데 실제로 드는 비용은 얼마인가? 이것은 매우 조심스럽게 계산할 필요가 있으며 흔히 신입 창조생산자가 과소평가하는 문제다. 예를 들면, 당신이 신문이나 잡지에 기사를 파는 프리랜서 기자로 일하고 있다면 어떤 자원과 비용이 소요되는가? 맨 먼저 당신의 노동이 핵심 자원이다. 그러나 그 기사 작성에 며칠이 소요되는가? 기사를 작성하는 데 소비한 시간은 분명하나, 그 스토리를 조사하는 데 소비한 시간은 어떻게 할 것인가? 그리고 무엇보다도 아이디어를 피칭하고 당신의 스토리를 실어줄 사람을 찾는 데 소비한 시간은? 그리고 나서도 신문사나 잡지사에 원고료를 청구하는 데 소비하는 시간이 있다. 결국 당신의 노동에는 최종본을 작성하는 데 소비하는 시간 이상이 투입된다. 게다가 당신은 전화와 인터넷 서비스에, 그리고 문구류와 여행에도 돈을 썼을 것이다. 앞서 논의했듯이 당신은 또한 원고료 수입의 일부를 국민보험과 세금으로 정부에 내야 하기 때문에 그 **총수입**을 그대로 지킬 수가 없음을 명심해야 한다. 이 모든 비용을 원고료로 충당하고 더 나아가 저널리즘으로 생계를 유지하려면 원고료가 비용을 초과해야 한다. 당신이 이런 비용을 계산한 다음 당신의 서비스에 대한 가격을 매길 수 있다면 이상적일 것이다. 그러나 신문사가 특히 창조산업 신참자인 당신의 스토리에 대해 얼마를 지불할지를 당신이 조정하기는 어려울 것이다. 그래서 당신은 스스로 예산에 통제를 가하면서 기사 작성에 투입하는 시간과 자원이 지속 가능한 수준을 넘지 않도록 주의해야 한다. 이는 이론상으로는 그럴듯하지만 실제로는 상당히 까다로운 문제다. 라디오 진행자 겸 프로듀서인 루크는 다음과 같이 설명한다.

영세기업은 정체성을 기반으로 하는 측면이 강합니다. 자신이 하는 일과 밀접하게 동일시되기 때문에 자신의 작품을 아주 저렴하게 억지로 처분하는 것은 정말이지 못 할 짓입니다(루크, 2012년 인터뷰).

영세 창조업자는 항상 다음 일감을 뒤쫓고 있는데, 이렇게 하는 한 가지 방법은 작품의 품질로 기존 고객을 기쁘게 하고 쇼 릴show reel(⁺자기소개용 작품집)로 미래의 고객을 감동시키는 것이다. 이런 일과 비용 절감 노력을 병행하기란 쉬운 일이 아니다.

라디오에서 매일 문화·예술 프로그램을 한 꼭지 제작하는 루크는 복수의 쇼를 생산할 수 있는 인터뷰를 얻는 것이 그가 자원과 비용을 관리하는 방식의 하나라고 말한다.

제가 꼭 추구하는 전략 가운데 하나는 세 꼭지의 쇼를 만들 수 있는 사람을 섭외하는 것…… 반드시 머라이어 캐리나 리한나 급일 필요는 없지만 많은 팬을 가진 사람을 찾는 것입니다. 우리로서는 이것이 글로벌한 측면에서 좋은데, 사람들이 어디서든 팟캐스트를 청취하기 때문입니다. 그래서 글로벌한 팬층과 함께 저술 경력이나 검증을 거친 아이디어를 가진 사람을 찾으면 그들과 몇 시간 동안 대담하는 자리를 마련할 수 있습니다. 여기서 3일치 분량을 뽑는다면 훌륭한 성과지요. 이것은 **규모의 경제**에 거의 도달한 것입니다(루크, 2012년 인터뷰).

이윤율이 아주 낮은 경쟁적 환경에서 활동하는 영세 창조사업자가 성공하려면 자신의 자원을 어떤 활동에 어떻게 배분할지 주도면밀하고 창의적으로 결정해야 한다. 그러나 모든 스타트업 기업이 손익분기점을 넘기 전에 상당 기간의 손실 발생을 예측하고 계획을 세울 필요가 있다. 이것은 지난 장에서 검토한 포트폴리오 근로를 하는 하나의 동기가 된다. 사실 기성기업도 전략과 실무 양면에서 **미끼상품**을 고려한다.

다른 기업과 마찬가지로 자영업자도 사업비용을 **수입**에서 공제해 이윤과 그에 따른 납부 세금을 줄일 수 있다. 재택근무자라면 공제 비용에 일정 비율의 전기세와 전화비가 포함될 것이다. 공제 비용에는 여행 경비, 문구류와 같은 소모품, 장비 구입과 같은 자본 지출 등이 포함된다. 루크는 예를 들어 아이튠즈iTunes로 스토리에 쓸 음악을 구매하는 것처럼 작은 항목을 종종 잊어버리고 기록하지 않는다면서, 이는 그런 항목이 세금을 줄일 합법적 지출이지만 회사 **장부**에 필요한 영수증을 붙여 그런 지불을 기록·정리하는 데 시간이 걸리기 때문이라고 인정한다. 그러나 그의 창조산출물에 가치를 보탤 고급 장비가 이윤으로 보상받을 수 있고 사업에도 매우 유용하다는 점을 그는 경험적으로 안다.

제가 젊었을 때 사진작가들이 항상 어마어마한 장비를 가지고 있는 것을 보고 어떻게 저럴 수 있을까 의아해했던 것이 기억나요. 사실 최고의 장비를 보유하지 않을 이유가 없는데, 그것이 좋은 작품을 위한 최선인 데다 장비를 구성하기에도 가장 편리한 방식이죠. 저도 흔히 그렇게 하라고 권해요(루크, 2012년 인터뷰).

그러나 루크는 세무사의 도움을 받아 세금 혜택이 있는 것과 없는 것을 구분한다. 어떤 지출이 소득 공제를 받을 수 있는지에 관한 규정은 매우 엄격하고 상세하다. 이러한 이유로 대부분의 자영업자들은 세무사에게 돈을 주고 자문을 구하며 세금환급 처리를 맡긴다.

합명회사 또는 주식회사 설립

리드비터Charles Leadbeater와 오클리Kate Oakley가 20세기 말 창조산업에 관한 연구에서 지적했듯이, 일부 프리랜서의 다음 단계는 1인기업을 **합명회사**나 **주식회사** 설립으로 전환함으로써 본격적으로 기업경영에 뛰어드는 것일 수 있다(Leadbeater and Oakley, 1999). 제3장에서 본 커머셜 감독 크리스가 그러한 사례다. 그는 광고업계에서 다년간 프리랜서 감독으로 일한 뒤, 다른 감독·프로듀서와 합명회사를 설립했다.

그러나 대기업 직원 출신이 자신의 벤처사업을 시작하기 위해 기업을 새로 설립하는 일도 흔하다. 예컨대, 1980년대와 1990년대에 방송산업에 대한 규제완화로 방송사 직원 출신들이 대거 독립 프로덕션 회사를 설립하게 되었다. 영국에서는 채널4의 탄생과 새로운 지역·독립 제작 쿼터 도입에 힘입어 많은 프로듀서들이 BBC와 ITV의 사내 직책을 그만두고 다른 방송사뿐 아니라 그만둔 방송사에까지 콘텐츠를 공급하는 프로덕션 회사를 설립했다.

직원에서 기업가로 변신하는 데는 개인적 환경이 동기가 될 수도 있다. 캐롤은 출판사 직장을 잃은 후에 거의 우연히 자신의 문인 에이전시 회사를 설립했다.

저는 출판사 일을 그만둔다고 생각하면서 사장과 면담하려던 참이었어요. 그리고 그즈음 저자들이 제게 전화해서 에이전트를 하면 어떻겠느냐고 물었지요. …… 그때 저는 사실상 초기 고객명단이 제게 있다는 것을 깨달았어요. 기혼자로서 집이 있었고, 에이전시 사무를 볼 수 있는 남는 방도 있었어요. 그래서 그때가 1977년인데, 리스크도 크지 않을 것 같았어요. 그렇게 해서 문인 에이전트로 종사하게 되었지요(캐롤, 2011년 인터뷰).

스타트업 회사의 역사는 설계와 전략의 역사만큼이나 행운과 우연의 역사인 경우가 흔하다. 캐롤과 달리 로빈은 자신의 제화사업을 시작하기 위해 신중하게 출발했다. 그는 시장의 틈새(가죽 신발을 신고 싶지 않은 사람들을 위한 채식주의자 신발)로 보이는 것을 찾아냈으며, 신발 제조에 사용할 통기성 초극세사 자재도 알아냈다. 이후 그는 돈을 모으기 위해 1년간 일하는 동안 야근을 마다하지 않았으며, 부모 집에 얹혀살면서 비용을 최대한 아꼈다. 기회가 찾아온 것은 그때였다.

앞으로 몇 년간 휴가도 없을 것이란 걸 알았기 때문에 자신에게 포상휴가를 주어 긴 여행을 떠났습니다. 그 여행 막바지에 …… 날이 어두워질 무렵 부지런히 걷고 있었기 때문에 엄지를 내밀지 않았는데도 차를 얻어 탔지요. 누군가 차를 세웠고, 그와 대화하던 중에 제 비밀을 털어놓았습니다. 그때까지 이 환상적인 아이디어를 위해 돈을 모으면서 누구에게도 말하지 않았지요. 누군가 제 아이디어를 모방하지 않을까 걱정도 되었고, 또 사실 저는 매우 순진했고 사업 경력이나 배경도 없었기 때문에 이게 잘될지 어떨지 몰랐습니다. 그렇지만 에너지와 결심은 넘쳐났습니다. 그래서 그 친구에게 털어놓았고, 그는 자신이 발견한 이 자재에 관해 이야기해줬어요. 저는 바로 이 자재를 추적해서 그다음 주에 사업을 시작했습니다. 1년 전 제 계획에 없었던 이 자재가 결국 우리가 지금 사용하는 자재가 되었는데, 정말 좋은 재료입니다(로빈, 2011년 인터뷰).

라이프스타일사업 대 성장사업

작가, 감독, 음악가, 영화·텔레비전 기술자, 디자이너 등이 되고 싶다면, 대부분 프리랜서 방식으로 출발할 것이다. 따라서 창조근로자가 영세기업가가 되는 것은 대개 그들이 기업을 설립해서 성공적으로 성장시키려는 열망 때문이라기보다는 특정한 창조활동에 관심이 있기 때문이다. 합명회사와 주식회사의 설립 동기도 이와 비슷할 것이다. 예를 들면, 광고감독인 크리스는 파트너들과 합명회사를 설립한 목적이 개인의 발전이 꽃을 피우고 개인적 성취를 이룰 수 있는 공간을 마련하는 데 있었으며, 이는 남을 위해 프리랜서로 일해서는 맛볼 수 없는 것이라고 말한다. 이는 그들의 회사 목표에도 영향을 미치고 있는데, 그들은 오로지 광고 활동을 확장하는 데 전념함으로써 얻을 수 있는 고수익보다 창조적 성취감을 맛보는 드라마 등 프로젝트를 개발하는 시간을 더 소중히 여긴다. 로빈 역시 처음 사업을 시작했을 때 자신의 모든 시간과 에너지를 쏟아부었지만, 사업 기반이 잡힌 지금은 일과 생활의 균형을 유지하고 싶다고 설명한다.

인생 초기에는 열심히 일해야 하지만 나중에는 좀 더 편하게 일할 수 있습니다. …… 저는 주 5~6일 일하면서 어디든지 달려갔었지만 이제는 삶의 질을 추구합니다. 그래도 생활은 꾸려갈 수 있습니다. …… 누군가 "얼마를 받고 싶나요?" 하고 물으면 늘 "조금만 더 쓰시라"라고 대답했지만…… 사실 돈은 충분히 있고 더는 필요도 없습니다(로빈, 2011년 인터뷰).

그는 지금 주 5일 대신 주 4일 근무를 시도하고 있으며 대부분의 공장 직원들도 100% 풀타임 근무는 아니라고 말한다.

사람들은 밖으로 나가 오토바이도 타야 합니다. 그것이 의미 있는 것이지요. 여기 있는 사람들이 다 풀타임 근무를 하지는 않습니다. 풀타임 근무를 하더라도 돈을 많이 받지는 않는데, 근무 일수가 적기 때문입니다. 그러나 일부는 여가 시간을 선호하고…… 일부는 그게 좀 이상하다고 생각하고…… 그게 아마 보수적인 생활방식은 아닐 겁니다. 대안적이라고나 할까요(로빈, 2011년 인터뷰).

이러한 종류의 사업은 소유주의 목표가 주로 특정한 라이프스타일을 뒷받침하는 데 있다는 점에서 흔히 라이프스타일사업이라고 불린다. 이 용어는 프로페셔널리즘의 결여를 함축하고 있다는 의미에서 가끔 부정적으로 쓰인다. 그러나 실제로는 다수의 라이프스타일사업이 기업으로서 완전한 생존력을 갖추고 있다(Harper, 2003: 205; Bygrave, 2011:

chap. 14).

하지만 창조기업이 어느 정도 기업가정신을 발휘하면서 경영을 모범적으로 실행하지 않는다면 문제가 야기될 수 있다. 앞서 본 대로 행운과 우연이 사업 성공에 일정한 역할을 하지만 대체로 그것이 충분조건은 아니다. 1인회사에도 따져보고 관리할 필요가 있는 요소가 있다. 로빈은 자신이 디자인하고 공장에서 만들어 우편주문으로 판매한 신발의 첫 제작주문을 위해 어떻게 **현금 흐름**을 관리했는지 설명한다.

최소한의 제작주문량은 100켤레라고 생각했지만, 100켤레 신발의 대금을 지급할 돈은 충분치 않았습니다. 자재를 살 돈은 충분했고, 공장에서 제작과 다른 부자재를 담당하고 그 비용을 청구하기 때문에 공장에 줄 돈도 충분했습니다. 광고를 때릴 돈도 충분했지요. …… 그래서 신발이 도착해서 일부 주문을 받기 한 달 전에 광고를 미리 하고 그 주문에서 수금한 돈으로 도착한 신발값을 치르기로 목표를 세웠습니다. 마술처럼…… 그리고 신발이 마침내 도착했을 때, 얼마나 순진했던지, 받자마자 바로 대금을 정산해야 한다고 생각했습니다. 어쨌든 **30일 신용**을 받았고…… 그러나 주문이 충분히 밀려들어 신발값을 치르고 다시 제작주문을 내서 다 잘됐습니다(로빈, 2011년 인터뷰).

회사가 커지면 계획하고 관리할 필요가 있는 요소도 더 늘어나고 복잡해진다. 창조회사를 괴롭힐 수 있는 문제의 하나는 프로젝트 관리와 기업 관리 사이에서 요구사항이 경합할 때다. 창조산업은 일반적으로 프로젝트 베이스인데, 앞서 프리랜서 저널리스트의 사례에서 보았듯이 자금조달이 프로젝트별로 이루어진다. 예컨대 기사, 책, 대본, 커머셜, 디자인 등이 건별로 발주된다. 그렇다면 고객이 제품에 대해 지불하는 가격은 그것에 수반된 모든 **직접비와 간접비**를 아울러야 한다. 로빈의 첫 신발처럼 한 번에 한 제품을 다룰 때에는 그러한 계산과 처리가 아주 간단하다. 그러나 사업이 확장될수록 사업과 프로젝트가 모두 성공할 수 있도록 예산과 현금 흐름을 관리하는 기량이 더 필요하다. 여러 프로젝트 또는 제품을 동시에 다루면서 개별 프로젝트의 비용뿐 아니라 늘어난 인프라 비용과 사업 자체의 **간접경비**를 놓치지 않도록 만전을 기해야 한다.

캐롤의 문인 에이전시는 결국 그녀의 집에서 영업하는 1인기업에서 블레이크 프리드먼 에이전시Blake Friedmann agency라는 합명회사(영화 대본 에이전트 줄리언과 함께 설립)로 발전했는데, 지금은 오피스 빌딩의 꼭대기 층을 차지하고 열 명의 직원을 두고 있다. 캐롤은 자신이 대리하는 저자들을 돌보는 시간과 '사업의 사업을 돌보는' 시간을 쪼개야 하며, 후자 일은 대부분 **"인적자원, 즉 직원을 돌보는 것"**이라고 말한다(캐롤, 2011년 인터뷰). 캐롤은 에이전시 직원들의 장기 재직 기록을 자랑하면서, "직원들을 무시한다든가 단지 직무분석을 통해서 관리한다면 그들을 장기간 붙들 수 없다"고 말한다(캐롤, 2011년 인터뷰). 블레이크 프리드먼은 작가들에게 대행 서비스를 제공하는 에이전시이기 때문에 인적자원 — 작가의 이익을 대변하는 일을 하는 사람들 — 이 가장 소중한 자산이다. 그래서 캐롤이 이러한 사업 측면에 우선순위를 두는 것은 당연하다.

이와 비슷한 맥락에서 디자인 컨설팅업체인 '버그Berg'의 CEO 매트는 회사 블로그의 '금주의 노트'에 자신의 직무에 관해 정기적으로 기고하면서, 업무 집중도, 즉 자신의 시간과 동료의 시간을 어떻게 관리할 것인지는 어떻게 현금 흐름을 관리하고 리스크를 평가할 것인지에 못지않게 중요한 문제라고 강조한다.

> 저는 세 개의 예산, 즉 집중도, 현금, 리스크를 주시합니다. 셋 다 일정한 방향으로 이끌 필요가 있는 흐름입니다. 집중도란 우리가 스튜디오로서 활동하는 시간은 몇 분인가, 그리고 무정향의 실험적 활동에 소비하는 시간은 몇 분인가 하는 것이고, 현금이란 운영 자금을 늘리는 투자 대 집중도를 높이려고 아낌없이 지출하는 소비 사이에서 어떻게 현금 흐름을 관리할 것인가 하는 것입니다. 그리고 리스크란 일이 지연될 때나 실패할 때도 집중도와 현금 예산에 문제가 없는가 하는 문제입니다(매트, 2010년 인터뷰).

캐롤과 매트 모두 각각 에이전트와 디자이너로서 자신의 창조전문가 일을 계속하고 있다. 그러나 둘 다 창조관리자로서 자신의 역할에도 충실하다. 창조기업은 창의성을 프로젝트뿐 아니라 사업에도 투입할 때 성장과 존속 확률이 높을 것이며, 그 결과에 따라 회사 설립자의 우선순위가 달라지겠지만 점차 프로젝트보다 사업 쪽에 중점을 둘 것이다. 이에 대해 영화 프로듀서 해미시 바버Hamish Barbour는 이렇게 설명한다.

우리는 모든 영화와 다큐멘터리를 직접 제작하는 데 주력했어요. 하지만 이후 우리는 제작하는 것보다 회사를 경영하면서 더 창의성을 발휘할 수 있음을 깨달았지요. 그래서 대감독이 되려는 야심을 포기하고 회사를 설립하기로 결심했습니다(Leadbeater and Oakley, 1999: 27에서 인용).

폴 번스Paul Burns는 진정한 기업가 — 관리자와 대비하여 — 란 '성장기업', 즉 단순히 설립자의 라이프스타일을 뒷받침하는 것을 넘어 확장·성장하는 회사를 설립한 사람이라고 제언한다(Burns, 2011: 19). 특히 그는 **고성장기업**이 국민경제에 기여하는 경제적 가치를 중시한다. 그에 따르면, 전체 중소기업 가운데에서 고성장기업이 수적으로 차지하는 비율은 매우 낮지만, 이들은 대부분의 부와 일자리를 창출하게 된다. 예를 들어 미국 GDP의 50% 정도를 중소기업에서 창출하는데, 그 대부분이 고성장기업을 통해서 이루어진다(Burns, 2011: 7).

그러나 번스는 가끔 기업의 목표는 변하며, 라이프스타일기업이 성장기업이 되기도 한다고 논평한다. 기업을 처음부터 어느 하나로 분류하기는 정말 어렵다. 구글이나 페이스북 같은 고성장 인터넷회사는 설립자의 개인적 관심과 재능에서 발전한 것이다. 동화작가 롤링은 라이프스타일기업(프리랜서 작가)으로 출발했지만, 그녀의 해리 포터 시리즈는 글로벌 현상이 되어 국가적으로 그리고 국제적으로 부와 일자리를 창출했다(Economist, 2009; Kruhly, 2011).

모든 대기업은 애초에 작은 스타트업 기업에서 출발했지만, 실제로 성장기업이 되는 스타트업 기업은 비교적 극소수다. 사실 다수의 창조스타트업 기업이 3년 내에 실패한다. 최근 워커재단Worker Foundation이 낸 보고서에 따르면, 영국에서 창조스타트업 기업의 3년 생존율은 부문에 따라 54%에서 73% 사이에 위치한다(Reidd et al., 2010).

그렇게 살아남은 창조스타트업 가운데 계속 '플랑크톤'에서 '고래'로 변신하는 기업은 거의 없다. 어떤 중간 크기의 짐승으로 변신해 플랑크톤과 고래 사이의 중간 영역을 차지하는 기업도 많지 않다. 그 대신에 성공적인 소기업이 따라가는 가장 표준적인 길은 대기업에 매수되는 것이다. 출판업계를 예로 들면, 1935년 설립된 종이책 출판사 펭귄북스는 **임프린트**로서 누구나 아는 이름을 유지하고 있지만, 사실 1970년에 피어슨에 매수되었다. 출판업계의 통합은 1970년대 이후 대세가 되어 한 회사가 다른 회사에 매수되고 그 회사가 다시 다른 회사에 매수되는 일종의 러시아인형(⁺마트료시카. 속이 비어 있어 그 안에 같은 모양의 인형이 차곡차곡 들어 있다) 효과를 냈다. 많은 사업 부문과 임프린트를 산하에 거느리고 있는 거대 출판그룹 랜덤하우스조차 더 큰 회사인 독일의 미디어재벌 베텔스만이 소유하고 있다. 캐롤의 설명을 보자.

아시다시피 사람들은 랜덤하우스를 미국 기업으로 생각하지만, 실은 독일 기업이에요. …… 미국 출판사의 다수를 독일, 프랑스, 스페인 등이 소유하고 있지요. …… 호더Hodder, 헤드라인Headline, 오리온Orion, 바이덴펠트Weidenfeld, 골란츠Gollancz 등은 프랑스 기업 아셰트Hachette가 소유하고 있습니다. 한 꺼풀 벗기면 그 속에 다른 게 들어 있는 거죠(캐롤, 2011년 인터뷰).

플루가 지적하듯이, 높은 **고정비**와 높은 **리스크/수익 비율**이 이러한 산업집중 현상을 촉진하는 경향이 있는데, 소기업이 대기업과 경쟁하는 것은 어려운 일이며, 대기업에 매수되는 것이 훨씬 더 수익성은 좋고 리스크는 작다(Flew, 2012). 따라서 게임, TV·영화 제작, 광고·마케팅 등의 다른 창조산업 부문에도 러시아인형 구조가 자리 잡고 있다.

그러나 로빈의 '베지테리언 슈즈'와 블레이크 프리드먼 에이전시처럼 창조산업의 소기업들이 그냥 소기업으로 남아 있는 사례도 많다. 두 기업 모두 역사가 30년 이상 된 성공적인 기성 회사다. 그렇지만 두 기업은 모두 실질적으로 직원 없이 출발해 8~10명의 직원을 둘 만큼 확장했는데도 여전히 소기업이며, 캐롤과 로빈 모두 더 이상 성장할 의도가 없다고 말한다.

경제정책은 성장을 경제적 성공의 척도로 삼는 경향이 있기 때문에 경제개발기관으로서는 이러한 태도가 야속할 수 있다(Evans, 2009). 레이드Benjamin Reidd 등은 2010년 보고서에서 '성장의 엔진'으로서 창조산업의 잠재력을 강조한다(Reidd, 2010). 그러나 이 말이 일정 부문에서는 타당하겠지만, 전 부문에 적용할 수 있을지는 의문이다. 에번스는 바르셀로나와 베를린, 런던의 창조산업 통계를 사용해 성장 실적과 잠재력은 출판, 미디어 제작, 소프트웨어 등 창조산업의 일부 ― 소유권의 집중이 특징인 ― 상업 부문에만 실제로 연결될 수 있다고 서술한다(Evans, 2009). 그는 성장 논리를 전 부문에 무차별적으로 적용하는 사고방식에 이의를 제기한다.

정부가 중소기업을 발전시켜 영세기업과 다국적기업 사이의 '중간 공백'(Flew, 2012)을 채우도록 돕자는 취지에서 특정한 성장 부문을 경제정책의 지원 대상으로 지정하더라도 성공하지 못할 것이다. 에번스에 따르면, 다수의 창조산업 정책구상이 오로지 스타트업과 중소기업을 지원하는 데 초점을 맞추었지만 "지원(훈련, 사업 관련 조언 등)을 가장 많이 받은 기업이 가장 빈약한 성장과 개선을 보이는 결과를 낳았다"(Evans, 2009: 1029).

프로젝트 기반 활동의 규범, 라이프스타일사업의 접근방식 등과 같은 요인은 분명히 그러한 성장을 방해하는 것처럼 보일 수 있다. 그러나 로이드Richard D. Lloyd는 예술가의 가치와 현대기업의 가치가 양립할 수 있다는 좀 더 섬세한 주장을 내놓았는데, 그는 "본인이 직접 하는 **보헤미아**bohemia 기풍은 신자유주의적 자본주의의 기업가 강령과 잘 들어맞는다"라고 주장한다(Lloyd, 2010: 245). 로이드는 미디어, 디자인, 광고 등의 부문은 창조 욕구와 생계 사이에서 균형을 유지하려고 애쓰는 예

→ 보헤미아

사회의 예술적 주변부로서 인습적
태도와 도덕률을 배격한다.
1850년 이후 '보헤미아'와 그에
속하는 사람인 '보헤미안'에 관해
여러 가지 서술이 있었지만,
아직까지 정착된 정의는 하나도
없다(Wilson, 2000). 역사상
보헤미안은 주변부의 저항
예술가로 자리매김했는데, 이러한
위치는 대중의 고정관념일 뿐만
아니라 개인이 가지거나 열망하는
정체성이기도 하다. "보헤미안이
도시 무대에 등장하자마자,
흥미진진한 삶을 살면서 인습에
도전한 화려하고 추악한 개인들과
남녀 천재 및 괴짜들에 관한
이야기를 열심히 들어주는
소비자가 함께 나타났다.
보헤미안의 생활방식, 지나침,
승리, 실패, 엄숙하고 진지한
분위기 등 그들의 우여곡절은
퍼포먼스와 자세를 통해 기묘하게
표현되어 항상 좋은 이야깃거리를
제공했다"(Wilson, 2000: 3).
'보헤미아'에 함축된 이러한 의미는
현재까지 지속되어 지금도 여러
다양한 사람·단체·장소가 멋진
주변부 역할을 맡고 있다.
'보헤미아'는 보헤미안들 자신뿐만
아니라 그들을 볼 수 있는 장소도
가리킨다. 사회적 괴짜들의 도시
피난처가 힙스터(hipster: ᵀ대중의
유행보다 자신의 고유한 패션과
문화를 좇는 부류), 커피숍, 멋진
술집, 펑키스타일 가게 등이
들어찬 라이프스타일 보헤미아
(탈공업화된 도시 내에서 예술과
상업을 통한 도시재생의 한
형태)로 변모한 사례가 많다

술학교 졸업생들의 창조재능에 크게 의지한다는 점을 지적한다. 영세기업과 중소기업 구조는 대형 다국적기업보다 이들 창조생산자에게 더욱 탄력적이고 덜 제도화된 근로환경을 제공하면서 그들에게 창작의 자유를 지켰다는 느낌을 준다.

나아가 로이드는 창조산업의 네트워크화한 제작 사슬이 흔히 의미하는 바는, 소기업이 대기업을 위해 일하고 대기업의 고객은 사실상 다국적 복합기업이라는 점이라고 주장한다. 그가 사례로 든 한 중소기업에서는, 임직원들이 모두 창조문화에 속한다는 인식을 가지고 있으며 창조문화를 "기업자본주의가 주는 무력감과 불평등"에 대한 안티테제로 보면서도 동시에 "나이키의 채용 광고를 만드느라 하루 12시간 일하고 있다"(Lloyd, 2010: 246). 따라서 로이드에 따르면, 예술가들이 지닌 라이프스타일의 **불안정성**과 포스트포드주의식 자본주의의 불안정성은 잘 어울린다. 모든 근로자에게 탄력성을 기대하는 기업 세계에서 예술가는 특히 도전을 마다하지 않고 정말 그 도전을 소중한 자유로 여길 수 있다. 로이드의 주장에 따르면, 비록 영세기업과 중소기업이 성장하지 않더라도 이들의 생산성은 대기업에 의해 활용되어 대기업의 성장에 기여한다. 시나 회화 같은 상업성이 덜한 분야도 상업 부문의 창조노동을 위한 비옥한 토양인데, 그 이유는 "대부분의 예술 활동이 받는 보잘것없는 보수 때문에 관내 예술가들이 이러한 다른 노동 정황에 흡수될 수 있다"는 데 있다(Lloyd, 2010: 248). 로이드에 따르면, 이렇게 창조실무자들이 길들여진 불안정성과 장시간의 저임노동으로부터 기업자본주의가 이득을 취할 수 있는 반면 창조실무자들 자신은 비교적 가난한 처지에 머무른다. 그러므로 성장부문의 창조기업은 특히 도시지역의 예술활동 중심지 가까이에 위치하면 그들의 노동력 풀에 의지할 수 있어 이익이 될 것이다(Power, 2003; Heebels and van Aalst, 2010; Scott, 2010).

로이드가 서술한 제작 사슬과 네트워크는 복잡하며 여러 요인에 종속된다. 앞서 언급한 창조산업의 뚜렷한 특징을 활용하는 것과 극복하는 것 중에서 어느 쪽이 더 생산적이냐에 관해서는 정책적인 논의가 계속되고 있다. 우리는 이 문제를 이 장 뒷부분에서 추가로 논의할 것이다.

(Lloyd, 2006). 리처드 플로리다의 '보헤미안 지수(Bohemian Index)'(Florida, 2010a)를 기준으로 할 때, 앞서 말한 경우는 위생 처리된 보헤미아로서 기존의 불결함, 퇴폐성, 위험 등을 안전하게 제거한 것이다.

창조기업의 자금조달

창업(starting up)

앞서 본 대로 로빈과 캐롤 모두 자신의 회사를 설립하는 데 자신의 자본을 사용했다. 창조회사가 은행 대출을 확보하기란 매우 어려운 일이며, 스타트업 기업은 흔히 자신의 돈 또는 가족이나 친구에게서 빌린 돈에 의존한다. 스타트업 기업도 제품이나 서비스, 목표수용자층에 따라 **기업 또는 문화·예술 지원제도**에서 나오는 자금을 신청할 수 있다. **모험자본**(벤처 캐피털)도 이용할 수 있지만, 그것은 기술회사와 같이 고성장 잠재력이 있는 부문에서 더 쉽게 획득하는 경향이 있다. 회사가 무엇 때문에 창업자금이 필요한지는 공급하려는 제품이나 서비스에 따라 다르겠지만, 대체로 창업자금을 낮추고 실패 시의 손실을 최소화하는 데 목표를 둔다.

기업의 유지

다수의 창조기업은 프로젝트 기반이기 때문에 신규 프로젝트마다 자금조달 노력을 거듭한다. TV, 영화, 라디오 등의 창조프로듀서는 발주자나 투자자를 대상으로 피칭한다(이 프로세스에 관해서는 제9장에서 상술한다). 광고 에이전시는 디자인회사와 마찬가지로 고객에게 피칭한다(이 프로세스에 관해서는 제10장에서 상술한다). 작가는 자신의 책, 대본, 기사 등을 팔려고 하고, 블레이크 프리드먼 같은 에이전시는 작가를 대신해서 그런 것을 팔아 수수료를 받으려고 한다. 캐롤은 "작가들이 돈을 벌어야 우리도 돈을 법니다. …… 돈이 늘 초점입니다"라고 말한다(캐롤, 2011년 인터뷰).

그러나 점차 사업 기반이 잡힐수록 충분한 이익을 내서 비상시에 쓰거나 연구·개발, 확장 등의 형태로 재투자할 여유 자금을 마련할 수 있어야 한다. 또한 기업은 전략적 발전 자금을 마련하기 위해 앞서 언급한 출처로부터 자본 투자를 받기도 한다.

계약과 권리

회사에 직원으로 취업할 때에는 고용계약서에 서명하게 된다. 만약 창조기업에서 콘텐츠를 생산하는 직책을 맡게 된다면 고용계약서에 **지적재산권**을 회사에 양도한다는 조항이 들어갈 수도 있다. 이러한 계약서에 서명한 직원이 창조하는 모든 생산물은 회사에 귀속된다. 반면 회사가 프리랜서를 고용할 때에는 프리랜서가 작업하는 프로젝트마다 계약을 체결한다. 예를 들면, 라디오드라마 프로듀서인 케빈이 출연 성우를 캐스팅할 때, 성우의 에이전트가 RTE의 계약 부서와 제작계약을 협상한다. 그러나 기관들은 대개 작가, 배우 등을 위한 표준계약서를 만들어 프로젝트마다 사용한다. 이는 양측에 다 시간을 벌어주지만, 실제로 표준계약서가 만들어지기까지는 장기간의 협상이 필요하다. 캐롤은 저자들을 대리하여 출판사와 2년간의 협상을 거쳐 대표적인 **표준문안** boilerplate 계약서를 만들었다고 말한다. 이와 비슷하게, 2012년 영국의 공영방송사 BBC와 감독들의 직능단체인 영국감독협회Directors UK 는 4년간의 협상을 타결한 뒤, 향후 감독들과 BBC 간 계약의 기초가 될 감독들의 권리 약정을 발표했다(Campbell, 2012).

계약에 관련된 당사자 모두 정확히 어떤 권리가 누구에게 얼마 동안 양도되는지 주의를 기울일 필요가 있으며, 최근 기술이 발달하면서 이 문제를 협상하기가 점차 중요하고 까다롭게 되었다. 결과적으로 계약과 계약협상이 모두 길어졌다. 캐롤은 자신이 처음 출판사에서 권리·계약 책임자로 근무했을 때 저자와의 계약서는 네 쪽이었다고 말한다. 지금은 대표적인 계약서가 스무 쪽이 넘는다. 이 계약서의 상당 부분이 플랫폼에 관한 것으로서, 광범위한 신규 플랫폼을 이용할 수 있게 됨에 따라 그에 대한 권리 양도를 규정하는 것이다.

정의할 것이 아주 많아요. …… 사소한 것까지 세세하게 규정해야 하고 로열티가 서로 다른 계약서 버전이 많지요. 이 세계는 급변하기 때문에, 전자책을 예로 들자면 우리는 2년 단위로 전자책에 대한 로열티를 정합니다. 그리고 재협상 권리를 계약서에 삽입하지요. 세상은 늘 변하니까요(캐롤, 2011년 인터뷰).

2007~2008년에 있었던 미국작가협회의 파업은 100일 동안 지속되어 텔레비전 생산에 중대한 영향을 미쳤는데, 이 파업은 작가들의 계약이 온라인 판매와 대여에 대한 **잔여 지불**residual payments을 인정하지 않는 사실을 둘러싸고 벌어졌다. 작가들은 장차 디지털 배급이 대세가 될 것임을 알고 그 수입의 일부를 자신들의 몫으로 요구한 것이다. 이것은 대본작가들이 뉴미디어 플랫폼을 통한 배급에서 나오는 보수를 받기 위해 벌인 투쟁의 역사에서 가장 최근의 일이었다(Banks, 2010). 미국작가협회는 1965년 처음으로 영화와 텔레비전 시리즈의 TV 재방영으로부터 잔여 지불을 받기 위해 로비를 벌여 성공했다. 그러나 그들은 1980년대와 1990년대에 VHS와 DVD 배급으로부터 공정한 잔여 지불을 받아내는 활동에서는 그다지 성공하지 못했다. 이러한 반성에서 그들은 디지털 배급이 문제되자 좀 더 유리한 합의를 이끌어내려는 결의가 확고했다(Banks, 2010).

현재 콘텐츠 라이선싱이 가능한 플랫폼과 시장의 수가 크게 늘어남으로써 지적재산권이 점차 중요한 자산이 되고 있으며 기업의 조직과 돈벌이 방식도 큰 영향을 받고 있다.

사업모델

만약 회사를 설립하게 되었다면 회사가 어떤 식으로 돌아갈지에 관한 일종의 모델이 머릿속에 들어 있을 것이다. 제품을 팔 것인가, 아니면 서비스를 제공할 것인가? 고객은 누구인가? 다른 기업인가, 아니면 일

→ 기업구조

우리가 제3장에서 본 조직구조를 규율하는 법적 구조에는 여러 가지가 있다. 그 법적 구조에 따라 기업이 조세와 고용에 관해 준수해야 할 규정이 달라진다.

→ 자영업

당신이 자영업자라면 당신은 기업주이며, 다른 사람이나 회사에 고용된 것이 아니라 당신 자신의 고용주다. 1**인기업**은 가장 단순한 형태의 자영업이다. 1인기업이란 오너가 바로 기업임을 의미한다(Stokes, 2002). 사진사, 저널리스트, 배우, 디자이너 등 프리랜서가 혼자 활동하면서 한정된 프로젝트를 위해 고객에게 서비스를 제공할 때, 그 법적 지위는 1인기업이다.

1인기업은 어떠한 등록비도 들지 않고 회계 감사나 공시가 필요 없기 때문에 가장 단순하고 저렴한 창업 방식이다. 1인기업은 조세가 원천 징수되지 않기 때문에 세무서에 등록해 기장하고 매년 조세환급을 신청해야 하지만, 일반적으로 다른 형태의 기업구조보다 문서 업무가 적다. 그러나 1인기업 지위는 당신이 사업상 입는 손실에 대해 개인적으로 무한책임을 진다는 의미로서 최악의 상황에는 사업상의 빚을 해결하기 위해 당신의 집과 같은 비사업용 자산을 매각해야 할지도 모른다. 이는 주식회사의 유한책임 지위와 대비된다.

20세기의 마지막 사반세기와 21세기에 자영업이 증가했으며, 1인영업이 가장 흔한 자영업이었다. 2005년 영국 전체 기업의 73.9% 이상이 1인기업이었다(Burns, 2011).

합명회사는 2인 이상이 공동으로 창업해 이윤을 나누는 또 다른 형태의 자영업이다. 가장 대표적인 합명회사는 두세 명으로 구성되지만, 동업자(파트너)가 스무 명 이상일 수 있으며, 법무법인이나 회계법인의 경우에는 합명회사가 표준 기업구조다. 1인기업과 마찬가지로 합명회사는 설립하기가 아주 간단하며 무한책임을 진다(유한책임 합명회사는 좀 더 최근에 도입된 기업구조 형태다). 창조산업 내 다수의 중소기업과 영세기업이 합명회사 형태로 운영되고 있다. 재능에이전시, 프로덕션 회사, 건축설계회사, 디자이너회사 등 설립자들이 각자 자신의 고객 명단을 가지고 있는 창조기업이 주로 합명회사 형태를 취한다.

자영업은 법적으로 당신이 당신 자신의 보스임을 의미하지만, 실무적으로는 다른 사람을 위해 일하는 경우가 흔하다. 건축가, 전기기술자, 디자이너, 대본작가, 프로듀서, 컨설턴트

반 대중인가? 나아가 특정한 인구집단인가, 아니면 이익공동체인가? 돈은 어떻게 벌 것인가? 고객이 건건이 구입할 것인가, 아니면 정기 구독할 것인가? 소득원은 후원인가, 아니면 광고 공간 제공인가? 이 모든 질문이 사업모델 결정과 관련이 있으며, 그 사업모델에는 가장 중요한 수입창출모델을 비롯해 **기업구조**·조직, 고객과의 관계 등 다른 측면이 포함된다.

얀선Wendy Jansen 등은 사업모델을 가치모델(또는 가치제안)에 입각하여 "동업자, 공급자, 고객 등을 포함한 모든 참여자를 위해 창조되는 가치"로 설명한다(Jansen et al., 2007: 29).

가치는 일방통행 이상의 것을 포함한다. 경영자는 제품이나 서비스를 공급하는 대가로 고객에게서 받는 상호적 가치를 신중히 고려해야 한다. 흔한 상호적 가치의 하나는 분명히 금전이지만, 정보·통신기술의 발달로 기업은 고객으로부터 고객 프로필이나 고객 지식과 같은 여러 종류의 아주 흥미로운 가치를 얻을 수 있다(Jansen et al., 2007: 31).

확실히 이러한 비금전적 가치는 현대 창조산업의 사업모델에서 더욱더 중요해지고 있다.

사업모델에 관해 가장 중요한 점 가운데 하나는 그것이 시간이 흐르면 변할 수도 있다는 것이다. 모든 사업이 성장사업은 아니지만, 모든 사업은 내외부의 압력에 대응해 변화할 필요가 있다. 최근에 나타난 변화의 핵심 분야 중 하나는 앞서 캐롤이 설명한 지적재산권 분야다. 지적재산권 사용

등은 모두 고객의 요구사항을 이행하는 데 자신의 기량과 창의성을 발휘한다. 이런 일을 하면서 그들이 갖는 자율성의 범위는 프로젝트와 고객에 따라 다르고 고객과의 관계도 작용할 것이다.

자영업은 창조생산에서 선택이라기보다 필수인 경우가 많다. 당신이 영화나 연극 제작에서 예컨대 작가, 촬영기사, 배우 등으로 일한다면, 다른 직종의 대안이 없다. 그러나 창조산업의 모든 일자리를 자영업 형태로 맡을 수 있는 것은 아니다. 조세 당국이 정의하는 대로 일정한 기준을 충족할 필요가 있을 것이다. 예를 들면, 영국 정부는 국세청 웹사이트 (www.hmrc.gov.uk/)를 통해 다음과 같은 일반적 지침을 제시하고 있다.

다음의 질문에 모두 '예'라고 대답한다면 대체로 그 근로자는 자영업자임을 의미한다.

- 자신의 비용 부담으로 일할 사람을 고용하거나 조수를 쓸 수 있는가?
- 자신의 돈을 걸고 있는가?
- 대부분의 직원이 보유하는 소도구뿐 아니라 직무 수행에 필요한 주된 장비를 공급하는가?
- 직무수행에 걸리는 시간과 관계없이 고정된 보수에 동의하는가?
- 어떤 일을 언제 어떻게 어디서 할지를 결정할 수 있는가?
- 정기적으로 다수의 서로 다른 사람들을 위해 일하는가?
- 미흡한 일을 스스로 시간과 비용을 부담하여 시정해야 하는가?(HMRC, 2012)

세부사항은 국가별로 다르며, 더 자세한 기준은 관련 조세 당국에 요청하면 얻을 수 있다. 그러나 이러한 일반적 지침으로도 조수, 제작보조 등의 보조적 역할은 법적으로 자영업으로 인정되지 않는다는 것을 분명히 알 수 있다. 이러한 직책의 근로자들은 피고용자 지위만 가질 수 있다. 이는 그들의 소득이 원천과세 대상이며 비용 공제를 받지 못한다는 것을 의미한다.

주식회사는 그 소유자로부터 독립된 법인인데, 이는 1인기업이나 합명회사와 달리 주식회사의 소유자가 회사 채무에 대해 무한책임을 지지 않는다는 것을 의미한다. 그들의 책임은 그들이 소유하는 회사 주식의 가치에 국한되며 그들의 개인 자산으로 확대되지 않는다.

설립자는 회사를 설립할 때 각자가 보유할 회사 **주식**을

에 대한 라이선싱이 필요한 **플랫폼**이 증가하면서 지적재산권의 가치가 상승함으로써 출판, 영화, TV, 게임 등 콘텐츠를 생산해 라이선싱하는 산업을 가리키는 '콘텐츠 산업'이라는 용어를 더욱 빈번히 사용하게 되었다. 의미심장하게도 이 용어는 전통적인 미디어별 산업 구분을 무시하며, 나아가 그 구분이 실제로 또는 미래에 수렴된다는 것을 인정한다.

콘텐츠 창조와 라이선싱에 대한 접근에서 전통적 범위를 뛰어넘어 특정한 가치제안을 발전시킨 회사가 바로 피어슨주식회사Pearson PLC다. 피어슨은 유명한 **임프린트** 출판사인 펭귄(펭귄 그룹의 일부)과 《파이낸셜타임스Financial Times》를 보유하고 있다. 피어슨은 1990년대에 인쇄출판에서 오디오비주얼 미디어 제작과 방송으로 사업 영역을 확장했다. 그러나 21세기 초반에 들어서 피어슨은 교육 사업에 집중하기 위해 이들 지분을 매각했다. 피어슨은 다수의 교과서 임프린트를 소유하고 있을 뿐만 아니라 교육시험·평가 기술회사들도 소유해 교사와 학생들에게 여러 플랫폼에 걸친 교수·학습 자원을 제공한다. 2012년 피어슨의 본사 웹사이트는 교육을 핵심 사업으로 내세우면서 그 홈페이지에 다음과 같이 임무를 천명했다.

피어슨출판사는 학교, 대학 등 각종 교육기관에 인쇄물, 고정된 전자매체, 온라인 기술, 대면 배달을 이용해 광범위한 제품과 서비스를 공급합니다(Pearson, 2012).

결정한다. 주식은 회사의 총자본을 분할하여 발행하는 것이기 때문에 각자의 주식은 흔히 각자가 회사에 투입하는 자본의 양에 의해 결정된다. 그러나 마찬가지로 설립자가 기량이나 인맥과 같은 다른 종류의 가치를 회사에 투입할 수도 있는데, 이는 금전적 가치로 환산해 주식을 결정하는 데 반영된다. 이러한 주식 소유권의 가치를 에쿼티(equity)라고 한다. 대기업뿐 아니라 중소기업도 주식회사 형태를 많이 선택한다. 작은 회사는 주주가 1~2명의 최초 설립자일 수 있다. 회사의 소유자 또는 주주도 회사 경영을 책임지는 이사가 될 수 있다. 그러나 마찬가지로 주주와 이사가 다른 사람일 수도 있다. 주주가 이사를 겸하든 그렇지 않든, 회사는 독립된 법인으로서 이사를 직원으로서 고용한다. 이사는 자영업자 지위를 가질 수 없다.

회사가 성장함에 따라 주식을 투자자에게 매각해 확장 자금을 마련할 수 있다. 투자자가 회사에 투자하는 이유는 이 투자로 보유하게 되는 주식에 따라 회사 이윤의 일부를 받기 때문이다. 이 소득을 배당이라고 한다. 또한 주주 수가 많은 대기업은 상장회사도 될 수 있다. 이는 일반 대중이 그 회사 주식을 대개 증권거래소를 통해 매매할 수 있다는 의미다. 주식회사는 무제한의 손실로부터 보호를 제공하며, 투자자들에게 에쿼티 참여를 제공함으로써 소유권을 확대하고 자금을 조달할 수 있기 때문에 투자와 성장에 유리하다. 그러나 주식회사는 1인기업이나 합명회사 구조보다 설립하는 데 비용과 시간이 더 많이 들고 규제와 정밀조사를 더 많이 받으며 공시 의무도 있다. 따라서 다수의 창조기업이 1인기업이나 합명회사 형태로 운영되는 것은 그 구조가 무한책임을 수반하는데도 사업 목적과 요구에 더 부합하기 때문이다.

따라서 피어슨은 스스로 피어슨출판사Pearson Publishing라고 부르지만 사실 어느 하나의 플랫폼, 미디어 또는 기술로부터 독립하여 **플랫폼을 가리지 않는** 콘텐츠 공급자로서 자사의 위상을 정립하고 있다. 미디어 플랫폼과 기술은 생겼다 사라지지만, 교육에 대한 수요는 그런 것에 의존하지 않는다. 그러나 교육은 잠재적 고성장 분야로서 새로운 미디어 플랫폼과 기술을 통한 기술적 향상과 국제적 확장을 도모할 여지가 많다.

그리하여 피어슨의 사업모델은 지난 20년간 대폭 진화했으며, 디지털 기술이 그 과정에서 상당한 요인으로 작용했다. 실로 디지털 기술은 창조산업 전반에 걸쳐 큰 영향을 미쳤으며, 유튜브, 페이스북, 트위터 등 콘텐츠 자체보다 콘텐츠의 공유 플랫폼을 제공하는 소셜 미디어 회사의 사업모델처럼 새로운 사업모델의 출현을 촉진했다. 이들 회사는 앞에서 얀선 등이 설명한 고객정보의 상호적 가치를 인식하고 이용해, TV와 인쇄매체가 시청자와 독자를 광고주에게 파는 수입모델을 데이터 수집, 데이터 마이닝 및 판매를 훨씬 더 정교하게 수행하는 수입모델로 진화시켰는데, 이러한 새로운 모델에 대해서는 여전히 논란이 많다.

제10장과 제11장에서 논의하겠지만, 디지털 기술도 마찬가지로 창조생산물의 배급을 혁신했는데, 디지털 기술에 힘입어 창조생산자들, 특히 음악가들이 전통적인 발주사와 배급사를 배제하고 직접 고객을 상대로 하는 사업모델을 운용하게 되었다.

그러나 디지털 기술이 새로운 사업모델을 촉진할 뿐 아니라 기존 사업모델의 진화를 촉진하고 나아가 그 진화를 필요하게 만들면서, 모든 기업에서 디지털 기술의 전략적 중요성이 커지고 있다. 예를 들면, 로빈의 사업모델은 항상 우편주문과 소매점 운영을 병행해왔지만, 지금은 온라인 판매와 더불어 우편주문 요소가 사업의 중심을 차지하면서 지난 2년간 사업을 신장시킨 주된 동력이었다. 로빈은 이러한 반갑고도 필요한 발전에 힘입어 고객들의 변화하는 기대를 충족시키고 세계적 경기침체도 이겨냈으며, 특히 해외 진출을 확대해 고객 기반을 줄이기보다 오히려 늘리는 데 성공했다고 말한다.

페스트(PEST): 정치적 · 경제적 · 사회적 · 기술적 요인

물론 기술이 창조기업과 사업모델에 영향을 미치는 유일한 요소는 아니다. 기술은 흔히 기업전략의 일환으로 수행하는 페스트PEST 분석에서 네 가지 검토 요인 가운데 하나다. PEST 분석은 어떻게 정치적(P)·경제적(E)·사회적(S)·기술적(T) 요인이 로컬과 글로벌 차원에서 기업에 영향을 미치는지를 검토한다(Tench and Yeomans, 2009). 이러한 요인은 늘 예측하기 쉬운 것은 아니지만 모두 중요한 검토 대상이다. 로빈의 제화와 소매 사업은 좋은 예다. 그는 1980년대 호황기에 사업을 시작했으며, 활기찬 대학촌의 중심 상가에서 옷가게의 일부 공간을 재임차해 출발했는데, 대학촌이란 본래 창조·미디어 전문가들이 몰려 있는 곳이다. 따라서 경제적·사회적 요인이 모두 그에게 유리하게 작용했다. 심지어 1990년대 초의 경기침체도 긍정적으로 작용해 임차료가 내려가는 바람에 그는 같은 상가에서 할인가격으로 자신만의 점포를 임차할 수 있었다. 유럽에서 아시아로 제조업이 이동하는 세계적 추세도 그에게 호의적으로 작용했는데, 포르투갈 ― 당시 그러한 추세로 고통을 겪은 신발 생산의 중심지 ― 의 신발 공장들이 그를 위해 저렴한 가격으로 신발 제조에 응할 수 있었다. 반면에 지금은 신발 제조 계약의 일부가 아시아에서 포르투갈로 복귀하기 시작함으로써 로빈으로서는 좋은 가격에 신발 주문을 내기가 어려워져 다른 데를 알아보고 있다고 한다.

PEST 요인은 불변이 아니므로 끊임없이 분석할 필요가 있으며, 이에

↪ 재생
도시 지역을 투자, 기반시설(통신, 수송 등), 건축 프로젝트, 신설 기관을 통해 경제적·사회적으로 변모시키는 것을 말한다. 재생이란 핵심 산업이 몰락하거나 타 지역으로 옮겨간 이후 지역경제가 정체된 탈공업화 도시를 개발하는 것이라고 볼 수 있다. 재생은 무언가 도시 전체가 할 일을 찾아 돕는 것이다. 어떻게 하면 그러한 도움이 성과를 거둘 것인가에 관해서는 논란이 있었으며, 정부가 채택한 접근방법도 다양했다 (Pratt, 2007; Evans, 2003, 2009). 창조산업은 때때로 그러한 재생 프로젝트의 추진동력으로 간주되었는데, 예를 들어 BBC의 지역방송국을 글래스고, 샐퍼드 등 지방 중심 도시로 이전하는 식이다. 그러나 재생의 리스크 (흔히 부동산 가치의 상승으로 측정된다)에는 주택난, 상류화 (gentrification: 부유한 전문직이 개선된 지역으로 이주하고, 가난한 사람들은 다른 곳으로 떠나는 현상)의 급진전 등이 포함된다 (Oakley, 2006).

따라 전략도 진화해야 한다(Fitfield, 2008). 게다가 여러 요인을 서로 분리하기도 어렵다. 예를 들면, 정부의 경제정책에는 정치와 경제가 함께 고려된다. 앞서 언급한 대로 정부는 특정 산업 부문을 보조금 지급 등으로 지원하거나 특정 지역 내 기업에 인센티브를 제공할 수도 있다. 이런 일은 창조산업에서 아주 뚜렷하게 나타났는데, 흔히 중앙과 지방 정부는 쇠퇴일로에 있거나 폐기된 제조업 기반을 대체하기 위해 창조 부문에서 새로운 성장이 일어나도록 촉진함으로써 과거의 제조업 도시나 지역을 **재생**시키는 데 중점을 두었다.• 제1장에서 논의한 플로리다의 창조계급 개념은 예리한 비판을 받았음에도 불구하고 많은 정부정책과 재생전략에 큰 영향을 미쳤다. **창조클러스터** 개념도 그러했다. 창조클러스터 개념은 관련 기업이 특정 지역에 몰려들어 그 지역을 특정 산업 부문을 위한 생산·소비 중심지로 변모시키는 경향을 중시한다. 두 개념 모두 널리 비판받았지만(Pratt, 2004, 2008, 2009; Evans, 2009; van Heur, 2009) 여전히 정부의 창조산업정책에서 통용되고 있으며, 그 성공과 실패에 대해서는 둘 다 많은 사례를 찾을 수 있다.

클러스터링과 창조공동체의식

정부정책은 지방·국가·국제 차원에서 부와 일자리 창출을 추동하는 창조산업의 잠재력에 중점을 두는 경향이 있지만, 모든 창조활동이 시장을 지향하는 것은 아니다. 사실 창조실무자들은 창조클러스터가 화폐적 가치를 교환하는 경제와는 다르게 대안적 경제에서 활동하기, 예컨대 공동체 즐기기, 동료 실무자들 간에 영감과 지원 주고받기 등이 가능한 환경임을 소중히 여긴다(Pratt, 2009; van Heur, 2009). 작가 겸 이야기꾼인 레이철은 유·무급 활동을 병행하는 창조실무자다. 그녀는 "활

• 제조업 기반이 저임 국가나 지역으로 이동한 경우가 많으며 한꺼번에 사라진 것은 아니다. 20세기 말 서방의 제조업 활동은 개도국, 특히 아시아로 대거 이동했다.

→ 창조클러스터

창조클러스터 개념은 좀 더 일반적인 기업클러스터 개념을 바탕으로 하여 창조산업에 적용한 것으로서, 미디어클러스터 같은 것을 예로 들 수 있다(Porter, 2005; Karlsson and Picard, 2011). 특정한 관련 산업 부문이 군집하려는 경향이 있다는 사실은 노동력 풀과 공급사슬 완비, 확립된 소비자 기반, 낮은 기업 간(B2B) 거래비용 등의 이점을 제공하는 것으로 보인다. 그뿐 아니라 사회 연결망, 지식의 비공식적 공유 등과 같은 다른 혜택도 똑같이 중요한 이점일 것이다(Pratt, 2004, 2009; van Heur, 2009).

정부 경제정책이 종종 쇠퇴하거나 도심 지역에서 이전한 제조클러스터를 대체하기 위해 창조클러스터를 세우려고 시도했다는 점에서 창조클러스터 방안은 **재생** 구상과 밀접하게 연계되었다. 이러한 접근은 예술가들이 스튜디오로 사용할 수 있는 큰 공간과 낮은 임차료에 이끌려, 일하고 거주하는 장소로서 옛 공업지구로 몰려든 현상을 모방하는 것이다. 뉴욕(Zukin, 1982), 시카고(Lloyd, 2010), 런던(Pratt, 2009)과 같은 도시는 이러한 현상 때문에 플로리다가 정의한 '창조계급'이 주민으로 전입했을 뿐 아니라 갤러리, 식당, 바, 기타 사업투자를 끌어들여 활력을 되찾았다.

그러나 이러한 접근에는 문제가 있다. 먼저 그러한 정책은 성취 목표가 지나치게 야심적이거나 낙관적일 것이 뻔하다. 예를 들면, 영국은 경제성장의 엔진으로서, 그리고 사회재생의 동력으로서 창조클러스터를 추진하는 경향이 있었다. 앞서 인용한 예술인 주도의 재생을 모델로 삼으면, 창조클러스터는 부와 고용뿐 아니라 공동체의 복지와 결속을 창출하는 방안으로 보인다. 그러나 그러한 클러스터가 사실상 높은 수준의 투자와 성장을 달성하는 곳에서 나타난 증거를 보면, 창조계급의 유입은 집세와 부동산 가격을 상승시킴으로써 실제로는 저소득 주민과 기업이 쫓겨 나가는 것, 이른바 **상류화** 과정을 의미한다. 캘리포니아의 실리콘 밸리, 시카고의 위커 파크(Wicker Park), 런던의 혹스턴 등 성공적인 창조클러스터는 사실 경제적·사회적 불평등과 관련이 있는 것으로 보인다. 왜냐하면 그런 클러스터가 부를 창출하지만 그 부를 더 큰 공동체 전체로 확산시키지는 않기 때문이다(Evans, 2009; Pratt, 2009; Lloyd, 2010).

또한 비판자들은 창조클러스터에 초점을 맞춘 정책이 창조기관들을 연결시키는 복잡한 관계와 네트워크를 지나치게 단순화했다고 주장했다. 이러한 정책은 종종 '지어놓으면 들어온다'는 접근방식을 낳았는데, 이는 언제 어디서라도 한

기찬 창조공동체" — 이스트 런던의 해크니Hackney 자치구를 가리키며, 이 자치구 내의 혹스턴 창조클러스터에 관한 상세한 사례연구는 Pratt(2009) 참조 — 에서 10년 이상 살았다면서 그 이점에 대해 다음과 같이 말한다.

거기는 아주 느슨한 공동체지만 그 지역에서 살고 일하는 창조인과 예술인의 넓은 네트워크 중 일부예요. 그 사람들은 사회적으로 제 친구이기도 하지만, 동시에 저는 그들과 함께 일도 하고 협동작업도 하지요. 솔직히 말해서 사회적 일과 직업적 일이 아주 매끄럽게 연결되는데, 친구들과 함께 일하고 일하면서 우정도 깊어지기 때문이에요. 일하는 프로젝트가 많을수록, 만나는 사람이 많을수록 네트워크가 넓어집니다. 만나는 창조인의 스펙트럼이 넓을수록, 만나는 사람이 많을수록 일할 기회가 더 생기고 아이디어도 더 생깁니다. 분명 그걸로 먹고사는 것이지요. …… 주기도 하고 받기도 하면서 말이지요. 그것은 끊임없이 흐르는 교환, 창조적 교환이에요. …… 예술인공동체의 일부가 되는 것의 이점 가운데 하나는 이처럼 서로 재주를 나누고 협동한다는 것이라고 생각해요. 그리고 혼자 일하는 게 아니라면, 바로 거기가 사람들과 어울리고 이벤트를 벌이는 것이 일하는 것보다 더 쉬운 곳이지요. 거기서는 누구나 재미있고 신나는 창조적인 것을 하고 싶어 합니다(레이철, 2011년 인터뷰).

여기서 레이철은 기업클러스터와 관련된 여러 종류의 사회적 네트워크와 비공식적인 지식 이전

지역이 창조클러스터로 개발되면 자동적으로 창조적 개인과 기업으로 채워져 돈을 벌 것이라고 가정한 것이다. 이러한 접근은 한 국가·지역·산업부문의 특징적인 구조, 네트워크, 문화뿐 아니라 그 역사적·지리적 특성도 무시한다(Evans, 2009; Pratt, 2004; van Heur, 2009; Lloyd, 2010). 예를 들면, 이스트 런던(East London)의 혹스턴은 1990년대 음악, 비주얼아트와 뉴미디어 분야의 창조클러스터로 등장했지만, 그 이전에 런던 시 당국으로부터 소외되고 "유해 제조업부터 불법 거래와 매춘에 이르기까지 여러 가지 바람직하지 못한 (사회적·경제적·환경적) 활동"의 온상이었던 역사가 길다 (Pratt, 2009: 1045). 혹스턴은 사회적 박탈의 자리였을 뿐만 아니라 향락 ― "매춘, 음주, 영국의 개봉관 밀집"(Pratt, 2009: 1053) ― 의 중심지였다. 프랫의 주장에 따르면, 규제받지 않는 주변부 활동의 역(閾)공간으로서 혹스턴이 가진 특별한 역사가 20세기 말 혹스턴이 먼저 펑크음악의 중심지로, 나중에는 비주얼아트의 중심지로 변신하는 데 중요하게 작용했다. 또한 그 지역이 예술인들이 살고 일하는 중심지로 개발된 것은 자생적이라기보다 거기로 이전한 사회적 네트워크를 통해 이루어진 것이다(Pratt, 2009: 1055). 특히 왕립미술대학과 골드스미스대학 출신들이 네트워크를 형성해 값싼 공간을 찾고 있었다. 따라서 창조클러스터로서의 혹스턴 개발은 그 특별한 역사 및 위치와 함께 지역 외부의 요인도 결부되었다.

반 외르(Bas van Heur) 또한 동베를린을 음악산업 클러스터로 개발하는 데는 여러 가지 복잡한 요인들이 작용했다고 설명한다(van Heur, 2009). 그의 견해에 따르면, 창조클러스터라는 용어는 창조활동을 순전히 경제적 관점에서 정의하고 규제하려는 시도이지만, 좀 더 복잡한 네트워크가 작동하고 있다는 것을 무시하기 때문에 경제정책의 성공을 위한 토대를 제공하지는 않는다. 요컨대, 대부분의 논객들이 창조클러스터가 경험적으로 관찰할 수 있는 현상이라는 데 동의하지만, 그 생성 요인, 육성 방안, 사회적·경제적 기대편익 등을 둘러싸고는 많은 이견이 있다.

추천 문헌: Charlie Karlsson and Robert G. Picard, *Media Clusters: Spatial Agglomeration and Content Capabilities* (2011); Terry Flew, *The Creative Industries: Culture and Policy*(2012).

을 언급하고 있는데, 이는 **창조클러스터**의 발전에 특히 중요한 것이다. 이러한 종류의 환경은 꼭 이윤을 내거나 공적·사적 자금을 확보하지 않고도 예술프로젝트를 발진시키는 것이 가능함을 의미한다. 처음 예술인들을 이스트 런던으로 끌어들인 것은 집세가 싸고 도심편의시설이 가깝다는 점이었으나 그 후속 주자들이 온 것은 공동체와 관객이 있기 때문이었다. 전시회와 공연을 여는 사람들은 바로 그것을 보러 오는 사람들이기도 하다. 왜냐하면 그들은 창조에 관심이 있는 데다 남들도 자신의 행사에 와주기를 바라기 때문이다. 그리하여 시장터 바깥에서 입장료가 없거나 싼 전시회, 공연 등의 창조활동이 라이브로 펼쳐지는 예술무대가 이어지는 것이다. 여기에는 창조실무자들이 즉각적인 대가를 바라지 않고 시간과 관심을, 때로는 돈을 남에게 그저 주는 **선물경제**gift economy 가 작동하고 있다. 그 대신 서로 책임과 부채의식을 가지는 문화가 확립되어 있어 공동체 구성원들 간의 유대감과 공동체 전체에 대한 그들의 헌신이 강화된다.

레이철의 사례에서, 이러한 공동체 참여는 창조인으로 생활하고 일하는 방식으로서 예술과 상업의 경계를 넘나들며 유급과 무급 활동을 가리지 않지만, 같은 생각을 하고 같은 접근방식을 가진 사람들이 넘치는 창조환경에서 생활하는 것이 필요하다. 레이철은 보헤미아와 상업의 연관성에 관한 로이드(Lloyd, 2010)의 인식에 동조하면서 이들 두 경제의 공존이 불가능하다고 보지 않고, 오히려 그러한 공존이 불가피하고 생산적이라고 본다.

돈이 있는 곳에 예술이 있다는 것, 아시죠? …… 예술과 문화가 상품이라는 생각…… 불가피한 겁니다. 그 점과 관련해 완전히 순수주의자일 수는 없어요. 그래서 우리가 상업적 프로젝트를 할 때는 돈 때문에 작업하는 것이고요. 우리 자신의 프로젝트를 할 때는 아주 순수할 수 있지요. 그리고 그 둘을 갈등 관계로 보기보다 창조인으로서 생활하고 일하는 더 큰 그림의 일부로 보자고요. 그래서 우리는 주로 상업적 작업을 하면서 시간을 보내는데, 이렇게 해서 집세도 내지만 예술 실무 면에서 흥미로운 방향을 찾을 수도 있고, 함께 협동작업을 하고 싶은 사람이나 새로운 아이디어를 주는 사람을 소개받을 수도 있습니다. 우리는 창조적 맥락과 상업적 맥락 사이에서 왔다 갔다 하지만, 중심 생각은 가능한 한 우리 식으로 시도하고 작업하는 것이지요. …… 사실 우리는 흐름, 불확실성과 변화가 큰 지역에서 활동하고 있어요. 그리고 이것은 창조실무의 일부지요. 우리는 솔직히 지나친 편안함을 추구하지는 않습니다. 그래서 각자 나름대로 그 문제에 대처하는 방식을 찾지요. 여러 가지 접근방식이 있고 우리한테 맞는 접근방식을 찾을 필요가 있어요. 그러나 제 생각에 그것은 각자 흐름에 대처하는 문제지, 무슨 균형 같은 것을 강요할 문제는 아닙니다(레이철, 2011년 인터뷰).

레이철에게 이러한 창조클러스터에 참여하는 것은 경제적 혜택과 개인적 창조성취의 기회를 모두 제공하는데, 그 둘이 겹칠 때도 있고 분리될 때도 있다. 그녀는 보수를 받는 상업적 일로 집세도 내고 필요한 것을 사는 한편, 예술인들의 선물경제에 힘입어 덜 상업적인 창조프로젝트를 실현한다. 그녀의 글쓰기 실무는 광범위하다.

저는 소설을 하나 썼고, 지금은 여러 다른 종류의 창작 프로젝트에 참여하고 있어요. 가끔 예술 평론을 쓰는데, 보통은 의뢰를 받아서 씁니다. …… 그리고 마더Mother라는 광고 에이전시에서 현대의 문화 사상에 관해 에세이 시리즈를 집필해달라는 주문을 받았습니다. 그래서 소설가, 평론가로서 활동하고 다른 창작프로젝트를 위해서도 집필하지요. 저는 작가 외에 큐레이터 일도 해요. 문학 축제를 위한 어린이 읽기쓰기 프로그램을 관장하고 있지요.

그래서 '어린이 독서를 위한 이야기꾼과 동화작가 프로그램'을 관장합니다. 그리고 워크숍과 대화형 스토리텔링 게임 등 쌍방향 활동도 관장하는데, 여기에는 어린이들이 참여해요. …… 제 활동의 정점을 이루는 제 자신의 스토리텔링 프로젝트도 있습니다. "스토리를 말하지 마라"라고 부르는 그 프로젝트는 저의 실천적 활동을 망라해서 제 작품을 공연식으로 낭독하는데, 성인 관객을 위해 미술가·음악가들과 협동해 연극처럼 스토리텔링 공간을 만들지요(레이철, 2011년 인터뷰).

레이철은 다음과 같이 지역 내 변화를 관찰했다.

지역이 점점 부유해지고 있지만, 집세가 엄두를 못 낼 정도로 오르고 예술인들이 값싼 스튜디오 공간을 마련하기 힘든 것은 아이러니해요. 이건 특히 런던 올림픽 때문이기도 한데, 어쨌든 이 지역 거주 비용을 올리고 있지요. 그리고 제가 짐작하기에 어떤 예술운동에 발을 들여놓으면 어울리는 사람들이 생겨서 이런 문제를 희석하게 되죠. …… 하지만 냉소적으로 되는 것은 쉽다고 생각해요. 아주 많은 흥미로운 프로젝트가, 공동체프로젝트, 예술프로젝트 등이 이스트 런던에서 발생하고 있어요. 여기는 꽤 신뢰할 수 있고 신나는…… 긍정적인 면과 혜택이 많은 곳이라고 생각해요. 긍정적인 면이 부정적인 면을 능가한다고 말하고 싶네요(레이철, 2011년 인터뷰).

레이철은 아직 **상류화**에 따른 부동산 가격 상승으로 쫓겨날 처지는 아니며, 시장지향적인 창조활동과 그렇지 않은 활동을 사실 상호 건설적인 것으로 보는 것 같다. 이것을 가능하게 만든 것은 그녀가 살고 일하는 특정 창조클러스터다. 그 문화는 여러모로 그녀를 지탱해준다. 창조산업에서 일하는 사람들에게 특정 문화의 중요성에 관해서는 다음 장에서 창조산업의 근로문화를 살펴보면서 좀 더 자세히 고찰할 것이다.

요약

우리는 이 장에서 개인과 단체가 창조활동과 제품으로 돈을 벌고 기업을 세우는 여러 가지 방식을 조사하고, 그런 기업이 활동하는 주요 법적 구조를 검토했다. 우리는 또한 창조기업과 다른 부문 기업 간의 유사성과 차이점을 조사했다. 특히 영세기업 번성, 문화와 상업의 교집합, 창조산업 실무에서 지적재산권의 중요성 등을 검토했다. 우리는 창조기업의 장소가 성공의 관건이라는 점과 창조클러스터를 검토하고, 정치적·경제적·사회적·기술적 요인이 창조기업과 사업모델에 어떤 영향을 미치는지도 조사했다. 우리가 면담한 창조전문직 종사자들은 모두 그들이 활동하는 사업 환경이 지역적·세계적 변화에 종속되어 있으며 창조기업은 이러한 변화에 대응하기 위해 새로운 혁신적 전략을 발전시키고 찾아야 한다는 점을 강조했다. 또한 크고 작은 창조기업은 창조제품을 생산하고 창조서비스를 공급하는 것 외에도 창의적인 방식으로 자신의 사업모델을 개발하고 영업활동을 관리할 필요가 있다.

읽을거리

Burns, Paul. 2011. *Entrepreneurship and Small Business: Start-up, Growth and Maturity*. Basingstoke: Palgrave Macmillan.
소기업과 기업가정신에 관한 생생하고 유익한 입문서.

Caldwell, John Thornton. 2008. *Production Culture: Industrial Reflexivity and Critical Practice in Film and Television*. Durham, NC: Duke University Press.
미국 영화와 TV산업에 초점을 맞추어 매우 유익한 내용을 훌륭하게 조사했다.

영국 지적재산권청(Intellectual Property Office) 웹사이트 (www.ipo.gov.uk).
특허권, 상표권, 저작권 및 디자인과 관련된 이슈에 관해 기업가와 전문직을 위한 좋은 출처.

Karlsson, Charlie and Robert G. Picard. 2011. *Media Clusters: Spatial Agglomeration and Content Capabilities*. Cheltenham: Edward Elgar.
미디어 회사들이 어떻게 왜 군집하는 경향이 있는가를 국제적 범위에서 연구했으며, 국가별 정황과 미디어 시장을 상세히 조사했다.

Lloyd, R. 2010. *Neo-Bohemia, Art and Commerce in the Postindustrial City* (2nd edition).
시카고 웨스트사이드의 음악·비주얼아트 창조클러스터인

위커 파크(Wicker Park)에 관한 사례연구서로서 자세하고 통찰력이 있으며, 창조산업에서 예술과 상업 간의 관계에 대해 일반적으로 타당한 여러 관점으로 서술한다.

Powdthavee, Nick, 2010. *The Happiness Equation: The Surprising Economics of Our Most Valuable Asset*. London: Icon books.
이해하기 쉬운 '행복경제학' 입문서로서 행복경제학이 일상생활에 어떻게 적용되는지 보여준다.

Pratt, Andy C. 2009. "Urban Regeneration: From the Arts 'Feel Good' Factor to the Cultural Economy: A Case Study of Hoxton, London." *Urban Studies*, 46(5-6): 1041~1062.
혹스턴의 최근 역사에 관한 유익하고 비판적인 사례연구서. 런던 교외에 위치한 혹스턴은 현재 예술에서 광고에 이르기까지 일련의 창조산업과 연계되어 있다.

Sandel, Michael J. 2012. *What Money Can't Buy: The Moral Limits of Markets*. New York: Farrar, Straus & Giroux.
우리가 경제적 가치와 구분하여 사물, 장소, 사람, 관계에 대해 부여하는 가치를 설명한다.

5 근로루틴과 근로문화

이제 우리는 관심을 창조성의 사업화에서 창조근로자의 근로루틴과 관행으로 돌린다. 이번 장은 **종업원**들이 경험하는 여러 근로문화 간의 차이점을 검토한다. 종업원은 **프리랜서**와 달리 고용주와 안정된 지속적 관계를 유지한다. 프리랜서는 대개 특정한 프로젝트와 관련하여 단기적으로 일하며 고용주 대신 고객과 관계를 맺는 것이 가장 전형적인 경우다. 물론 종업원과 프리랜서를 동시에 겸하는 것도 가능하다. 예컨대, **포트폴리오 근로자**는 프리랜서로 프로젝트 일을 하면서 단기 또는 파트타임으로 취업한다. 이들은 일자리를 하나만 가지기보다 어떤 일(들)을 다른 프로젝트나 '출연'과 결합시킨 포트폴리오를 보유한다.

생계유지 수단이 직장이든, 프로젝트든, 아니면 그 둘을 혼합한 포트폴리오 근로든 모두 일정한 기량과 활동이 중요하다. 우리는 팀워크의 중요성과 동료 간의 네트워킹을 검토하고 신참에게 중요한 문제인 어떻게 '발을 들여놓을 것인가'를 검토한다. 따라서 우리는 창조산업 문화의 핵심적 측면, 즉 **네트워킹**, 자신을 위한 전문성 **프로필** 만들기, 인턴 근무와 같은 '자유노동free labour' 경험 등에 관해 살펴볼 것이다. 끝으로 우리는 창조산업이 근로자에게 **기회균등**을 제공하는지 여부를 검토하면서 이 문제와 관련된 근로문화의 역할을 살필 것이다.

종업원: 직원, 사내 근로자

우리는 안정적인 '표준 일자리'(Osnowitz, 2010)를 가진 창조산업 종업원들부터 검토한다. 표준 일자리는 고용주와 지속적인 장기계약 관계를 수반하는데, 전 경력을 한 회사나 기관에서 보내는 사람도 있을 수 있다. 표준 일자리를 다르게 표현하면, '직업이 있다'고 할 때의 통상적인 의미, 즉 집과 분리된 특정한 직장으로 일하러 나간다는 것이다.

직장문화

제4장에서 보았듯이 창조기업이 성공하는 데는 위치, 창조클러스터와의 관계, 특정 문화공동체에 대한 참여가 중요할 수 있다. 문화는 또한 각 회사 내에서도 일정한 역할을 하는데, 이는 창조기업이 더 넓은 부문·지역·국가·세계 문화에 참여할 뿐만 아니라 자체적으로 개별적인 직장문화를 수립하기 때문이다. 그러한 문화는 근로자들을 창조산업으로 끌어들이는 데 결정적인 역할을 한다. 그 가장 뚜렷한 예는 창조산업에 따라붙는 화려함과 신남에 대한 평판, 즉 '매력산업'(Frederick, 2003)일 것이다. 쇼 비즈니스의 현란한 세계와 미술가·음악가 등 창조인에게 주어지는 높은 사회적 지위가 강력한 흡인 작용을 한다. 다수의 우수한 졸업생들이 다른 직업에서 더 많은 월급과 더 높은 지위를 누릴 자격을 갖추었음에도 창조 부문에서 커리어를 추구하기 위해 경쟁을 벌인다. 이에 관해 캐롤의 설명을 보자.

요즈음 들어오는 모든 신입들이 학위를 가지고 있어요. 제 밑에서 일하는 모든 사람이, 막내까지도 사실 과잉 스펙을 가지고 있는 것은 이 비즈니스가 화려하다고 사람들이 생각하기 때문이에요. 실제로는 그렇지 않다는 걸 바로 말씀드리지요. 화려한 면이 없진 않지만, 그건 겉보기에 그런 것이고, 평일 근무시간이 9시부터 5시까지가 아니에요. …… 저는 어젯밤 7시에 퇴근했고, 계약매니저는 더 남아서 일했어요. 그것이 일상이에요. 제 생각에 여기 사람들 모두 우리가 작업하는 생산물, 즉 책을 좋아해요. 보수가 많은 것도 아니고요(캐롤, 2011년 인터뷰).

창조산업 전반과 마찬가지로 출판업계에서는 장시간 근무가 규범화되어 있고 근로자가 받는 보수는 대부분 높은 수준이 아니다. 프리랜서 보수가 직원 보수보다 많지만, 이는 프리랜서 일이 연간 52주를 보장하는 것이 아니라 계절적이기 때문이다.

결국 캐롤의 회사에서는 다른 창조 부문 회사와 마찬가지로 보수 수준이 근로자를 만족시키고 동기를 부여하는 것이 아니다. 그 대신에 근로자들은 그들이 직장에서 인지하는 창조적·문화적 편익 때문에 그 자리를 지킨다. 사실 배우, 록 스타, 유명 작가 등 명사가 아니더라도 그들이 사는 세계에 참여하는 사람에게는 그들의 아우라가 조금 옮는 것 같다(Rojek, 2001; Turner, 2004). 비록 당신이 보수가 적고 사회적 지위도 낮은 일을 하더라도, 당신이 속한 산업은 각광받고 화려한 곳으로서 파티, 축제, 시사회 등에 돈을 아낌없이 뿌리며 실제로 일부 사람은 다수 창조활동의 특징인 이른바 '승자독식'에 의해 엄청난 부를 획득한다(Caves, 2000). 언젠가 그런 사람이 되기를 열망하면서 창조산업에 진입하는 사람들이 많다. 개인적으로 그리고 사회적으로 즐기는 것으로 삶을 꾸리는 데 만족하는 사람도 있을 것이다. 캐롤의 지적대로 사람들이 창조산업에서 일하기를 원하는 것은 생산물을 좋아하고 그 창조에 관여하고 싶기 때문이다. 이러한 인식은 TV·음악·잡지 산업 근로자들과의 인터뷰(Hesmondhalgh and Baker, 2010)에서 사실임이 입증되었는데, 그들은 문화적 업무와 관련해 자율과 자유를 즐기는 가운데 불안과 심지어 희생한다는 느낌도 가지고 있다. 이는 즐거움과 책무가 혼재하기 때문인데, 우리는 이 문제를 나중에 창조근로자에게 사교성과 네트워킹이 갖는 역할을 검토할 때 살펴볼 것이다.

우리는 이러한 매력과 위상이 창조산업에서 글로벌문화의 일부라고 말할 수 있다. 그러나 로컬문화 역시 사람들의 근로 경험에 중요하다. 제4장에서 보았듯이 캐롤은 직원들의 만족이 사업의 성공에 긴요하다고 보고 집단의식을 고취하기 위해 사교 행사를 마련하는 데 많은 시간을 할애한다.

우리는 늘 다음번 회사 야유회를 위해 무엇을 할까 아이디어를 짜내고 있어요. …… 한번은 런던아이에 갔었는데, 이 짧은 행사가 전주곡이 되어서 다섯 시간짜리 점심으로 이어졌어요. 서로 절친해진 직원 그룹들이 있는데, 그들끼리 서로 집을 방문해서 저녁도 먹고 놀지요. 저는 그런 게 좋아요. 제 생각에 사람들은 행복한 그룹을 만들어야 해요. 우리 모두 서로에게 기대면서 일하고 있어요(캐롤, 2011년 인터뷰).

신발사업을 경영하는 로빈 또한 직원들에게 동기를 부여하고 그들을 붙잡아두는 데서 직장문화가 하는 역할을 강조한다. 그는 사업상 연례적으로 반복되는 여러 가지 대표 행사들이 어떻게 사교 행사도 되었는지를 설명한다.

연중 내내 이런 일들이 작은 전통처럼 있습니다. …… 소기업에서 일하는 재미의 하나지요. …… 2월에는 공짜 신발, 그리고 여름에는 '사랑의 여름' 행사를 하는데, 여름에 하는 크리스마스 식사 같은 것이지요. 우리가 하는 재고조사는…… 제 생각에 재미있어요. 좀 색다르기도 하고…… 우리 모두 정크푸드를 먹는데, 일종의 즐기는 날인 겁니다(로빈, 2011년 인터뷰).

로빈에게는 자기 회사가 '일하기 좋은 곳'이 되는 것이 중요하다. 그는 직원들이 느끼는 소속감이 작은 기업 규모와 관련이 많다고 믿는다.

이런 규모는 가족입니다. 여기서 일하는 사람이 총 여덟이에요. 모두 파트타이머지요. 크다고 좋은 건 아닙니다. …… 누구든 조직에 있어봤으면 알 테지만…… 가장 가까운 그룹을 만들잖아요. 하지만 그 그룹이 일정 규모 이상으로 커지면 거기서 또 나름대로 구분되지 않나요? …… 이 회사는 아담한 작은 방이에요. 더 크게 만들고 싶지 않아요(로빈, 2011년 인터뷰).

제4장에서 보았듯이 로빈의 회사에서는 일과 생활의 균형이 회사 기풍이며, 장시간 근무는 실제로 일반적이지 않다. 로빈은 주 4일만 근무한다. 사람들이 로빈 회사에서 일하고 싶어 하는 이유 중 하나는 일과 별개로 생활에서 다른 것을 추구할 자유가 주어지기 때문이다.

'좋은 일'과 '나쁜 일'

일자리의 질이라는 개념, 즉 쉽게 말해서 '좋은' 일자리와 '나쁜' 일자리의 차이는 보기만큼 단순하지 않다. 우리는 좋은 일자리를 단순히 소득, 혜택(예컨대 병가 중 급여, 휴가, 연금), 직무상의 학력 요건 등 측정 가능한 요소로 규정하고 싶은 유혹을 받는다. 그러나 상당히 중요하면서도 매우 측정하기 어려운 요소들이 있는데, 관여하는 업무의 다양성, 개인적 주도가 가능한 정도, 실질적인 참여 수준, 개인적·직업적 발전의 기회, 직업 안정성 등이 그렇다(Sengupta, Edwards and Tsai, 2009). 창조근로자는 '멋진 일자리'의 속성인 자율성, 창의성, 신바람을 중시하며, 그런 일자리는 패션모델과 웹 디자이너처럼 서로 아주 다를 수 있다(Neff, Wissinger and Zukin, 2005). 어떤 것이 '좋은 일자리'에 포함되는지는 창조산업에서 상당히 중요한 문제인데, 이는 특히 헤스몬달프와 베이커가 그들의 공저 『창조노동』에서 지적한 대로 창조근로자의 개인적 정체성과 직업적 정체성이 뒤얽혀 있기 때문이다. 그들이 '좋은 일자리' 개념을 논하면서 열거한 여러 핵심 특성은 캐롤과 로빈이 종업원들의 직무 만족에 중요하며 기업문화의 일부라고 꼽은 것들과 일치한다. 여기에는 흥미, 참여, 사회성, 일과 생활의 균형 등이 포함된다.

반대로 '나쁜 일자리'의 특징은 단조로움(같은 과업을 반복해서 함으로써 다양성이 결여됨), 지루함, 고립, 격무 등과 같은 특성이 나타나는 경향이 있다(Hesmondhalgh and Baker, 2011). 그러한 특성은 콘텐츠(즉, 근로자들이 만드는 것이 무엇이냐) 또는 그들이 일하는 구체적 산업 부문에 따라 다를 뿐만 아니라 일을 조직하는 방식에 따라서도 다르다. 캐롤과 로빈이 강조하는 특성은 다르지만, 두 사람 다 무엇이 좋은 일을 구성하는지, 그리고 이를 성취하는 근로문화를 어떻게 발전시킬 것인지에 대해 분명한 견해를 갖고 있다. 그들의 설명은 근로문화에서 공동체 소속감과 경험 공유가 중요하고 개인으로서 존중받는다는 느낌과 성취감이 중요하다는 점을 강조한다.

광고감독인 크리스 또한 자신의 회사에서 구현하고 싶은 문화가 구체적이고 아주 명확하다. 그는 자신과 동업자들에게 "우리는 오직 우리가 원하는 사람들과 일하며 즐겁게 지내고 싶습니다. 우리는 작은 규모를 유지해서 사람들(즉, 감독들)이 모두 일하기를 원합니다"라고 말한다(크리스, 2011년 인터뷰). 크리스는 이를 과거 자신이 계약책임자로 근무했던 대기업과 비교한다. 이 회사는 대기 상태의 대규모 프리랜서 '군단'을 보유하고 있었는데, 그중에는 몇 달 동안 일이 없는 프리랜서도 있었다. 크리스는 자기 회사의 모토가 "심각하게 다루어야 할 것은 업무이지 우리 자신이 아니다"라고 말한다. 공동체의식을 증진하기 위해 크리스와 그의 회사 동업자들은 매일 점심을 사무실로 배달시켜 모두 함께 먹는다. 그는 아홉 시 정각 출근을 요구하지 않는 비격식적 근로문화를 만들고 싶다면서, "모든 이가 무엇을 언제까지 완성해야 하는지 알고 있으며, 그것을 어떻게 할지는 각자의 자율"이라고 말한다(크리스, 2011년 인터뷰).

자율성은 좋은 일자리의 핵심적 특성 가운데 하나다(Hesmondhalgh and Baker, 2011). 이러한 종류의 근로문화는 사람들에게 자유도 더 주고 책임도 더 준다. 이것은 소셜 미디어 사이트에서 주말·휴가 계획이나 짜면서 근무일을 때울 수 있는 그런 종류의 직장을 말하는 것이 아니다. 당신에게 요구되는 것은 매일 일정 시간 사무실에 있는 것이 아니라 특정 브리프를 특정 시간 내에 완성하는 것이다. 따라서 자율성은 일을 덜 한다는 의미라기보다 일을 처리하는 방법상의 융통성을 의미한다.

지금까지 우리가 이야기한 사람들은 모두 소기업 출신으로서 자신이 속한 특정한 소기업 문화를 높이 평가하는 경향이 있는데, 각각의 문화는 뚜렷한 개성이 있지만 소기업이 누리는 특정한 혜택은 서로 공통된다. 그러나 큰 조직도 종업원들 사이에서 개인적·직업적 발전을 도모할 뿐 아니라 문화를 공유하는 공동체의식을 심으려는 노력을 적극적으로 기울인다. BBC 교육방송의 웹 어플리케이션 개발 프로듀서인 이언은 BBC의 직원들을 위한 대화, 워크숍과 행사에 대해 만족한다고 말한다. 그것들은 내부행사로서 통상 발표자를 조직 내에서 특별히 선발하며 다양한 창작기법, 전문가 장비, 프로그램 제작의 여러 측면 등을 포함해 광범위한 주제를 망라한다. 이언은 "2주마다 점심시간 대화에 참석"한다고 말한다. 그는 자신의 소속 팀 밖에서 전문적 지식과 기량을 발전시키고 다른 BBC 직원들을 만나는 기회를 소중히 여긴다. 그는 그런 기회를 이용해 그의 사회적·전문적 지식을 확장하고 조직 내의 인맥을 넓힌다. 마찬가지로 BBC의 임시근무 시스템은 좀 더 지속적인 이점을 제공한다. 이것은 내부적으로 공모하는 임시 파견근무로서 BBC 직원들만 신청할 수 있으며, 조직 내에서 "서로 아이디어 자양분을 공급하고 경력을 개발"(이언, 2011년 인터뷰)하는 데 그 취지가 있다. 이언은 최근 BBC 월드서비스에서 임시근무로 8개월을 보내면서 그들과 웹 프로젝트 업무를 수행했다.

공공과 민간의 큰 조직들은 자체 자원의 일부를 이와 비슷한 활동에 할애하는 경향이 있다. 이러한 활동의 이상적인 모습은 직원의 충성심을 강화하고, 조직 전반에 실무의 모범을 확실하게 전파·정착시키며, 직원들의 전문적 기량을 개발하는 것이다. 근로자가 어떤 조직에 대해 높이 평가하는 것 중의 하나는 조직이 개인·전문성 발전의 여지를 제공한다는 느낌인데, 이는 자신의 분야에서 이루어지는 발전을 따라잡기 위한 것이다(Kotamraju, 2006). 우리가 앞에서 본 '좋은 일'의 속성도 중요하지만, 근로자들이 더 높은 기량과 지식을 얻고 상위 직책으로 승진하기 위해 현재의 위치에서 전진할 수 있다는 것, 혹은 다른 기량을 사용하거나 개발할 수 있는 직책으로 수평 이동할 수 있다는 것도 그들에게는 똑같이 중요할 것이다. 라디오 프로듀서 케빈의 설명에 따르면, 그가 일하는 방송사는 프로듀서들에게 이른바 '내부 안식기'를 주는데, 이 기간에 프로듀서들은 일일 정규 프로그램에 풀타임으로 매달리는 데서 해방되어 평소 열정을 갖고 있는 자신의 고유한 프로그램 아이디어를 발전시킨다. 케빈은 이를 방송사와 개별 프로듀서에게 모두 중요한 관행으로 보는데, 이 관행에 힘입어 프로듀서들이 자신의 창의적인 대표작을 만들고 자신의 경력과 프로필을 발전시키는 데다 조직을 위한 프로그램 제작에 혁신과 새 아이디어를 불어넣기 때문이다.

큰 조직에서는 이러한 종류의 개인·전문성 발전을 흔히 직원 평가의 일환으로 논의하고 계획하며, 그 평가 과정에서 직원은 자신의 성과와 발전을 **라인매니저**line manager와 상의한다. 평가 의도는 직원들이 매니저의 기대에 부응하는 것과 동시에 직원들도 자신의 목표를 성취하는 것을 보장하려는 이중의 목적을 가지고 있다. 평가가 성공적으로 그 두 가지를 모두 달성할지 여부는 개별 매니저의 접근 태도와 전체적인 직장문화에 달려 있는 듯하다. 평가가 주로 직원이 매니저의 기대에 부응하고 있느냐 여부에 중점을 둔다고 느끼는 직원들이 많을 수 있다. 그러나 케빈은 평가가 그 자신의 개인적 발전과 성취를 크게 강조한다고 말한다.

기본적으로 성과를 다각도로 평가하는 공식적 과정이 있습니다만…… 이렇게 작고 오밀조밀한 환경에서 더 적극적인 역할을 하는 것은 매니저와의 대화인데, 그 대화 중에 여러 가지 질문이 들어 있을 겁니다. 지금 하고 있는 일에 만족하는가? 업무와 업무 외적인 생활 사이에 균형을 잘 유지하고 있는가? 일을 더 효율적으로 하기 위해 특정한 훈련을 필요로 하는가? 일이 지루하게 느껴지는가? 새롭게 착수하고 싶은 도전거리가 있는가? 여태 숨겨둔 아이디어가 있는가? 새로운 시리즈에 관해 한 페이지 정도 작성해서 내게 보내주겠는가? 등등……(케빈, 2010년 인터뷰).

케빈은 직원들 개인의 발전이나 전문성 발전에 중점을 두는 것이 그의 직장문화에서 큰 부분임을 분명하게 인식한다.

직원들의 전문성과 경력을 발전시키는 것은 작은 조직보다 큰 조직이 때로 더 쉬울 것이다. 대기업은 훈련과 파견근무를 사내에서 실시하거나 외부에 위탁할 능력이 있지만, 소기업은 그럴 자원이 없다. 대기업은 또한 승진이나 보직변경 기회도 더 많이 준다. 캐롤의 설명을 들어보자.

저는 소기업에는 바꿀 수 없는 보직도 일부 있다는 것을 받아들여야 했어요. 그래서 전임 계약매니저는 3년 만에 그만뒀는데, 저라도 그 정도 기간이었을 거예요. …… 전임 계약매니저는 훨씬 더 큰 에이전시로 가서 판매직을 구할 수 있었지요. 그래도 우리 계약매니저는 그저 계약업무만 하는 자리고 앞으로도 늘 그럴 거예요. 우리 회사는 작아서 그걸 바꿀 수가 없어요(캐롤, 2011년 인터뷰).

그러나 앞서 크리스가 자신의 광고 에이전시에 관해 언급했듯이 대기업보다 소기업이 보직변경에 더 탄력적일 때도 있다. 불변의 규칙은 없지만, 조직문화에서 종업원이 8명인 회사와 800명인 회사 사이에는 분명히 차이가 있다.

기업문화

대부분 조직은 직원들이 자신을 고용하는 조직의 기업 정체성을 이해하고 따르는 것이 중요하다고 보는데, 이는 소외된 직원이 조직의 제품과 서비스를 고객에게 판매하는 데 탁월할 것 같지 않기 때문이다. 소외된 직원은 다른 면에서도 기업에 자신의 모든 것을 바치려는 동기부여가 없을 것이다. 물론 일부 부문에서는 직원들에게 동기를 부여하기 위해 금전적 인센티브를 사용한다. 예를 들면, 판매직 사원은 흔히 커미션을 받고 일한다. 그러나 큰 조직들은 기업전략상 금전적 인센티브 이상의 '직원 참여'를 조직의 생산성과 성공에서 점점 더 중요한 요인으로 보고 있다. 따라서 기업은 직원들이 직무상 하는 일뿐 아니라 그 일의 의미도 정의하고 관리하고자 하며, "태도 면에서 회사 틀 내의 자아실현"을 장려하려고 한다. 달리 말해서, 기업 정체성을 수립하려는 시도가 최고의 성공을 거두려면 회사에서의 근무 경험을 특별한 가치로 가득 채워야 하며, 개인 정체성과 기업 정체성 간의 구분을 무너뜨리든가 적어도 흐리는 데 성공해야 한다. 그렇게 되면 직원은 자신의 개인 정체성이 근무하는 회사를 통해 실현된다고 느낀다.

우리는 이런 것이 앞서 살펴본 여러 기업에서 진행되고 있음을 보았다. 캐롤은 그녀의 종업원들이 가까운 친구이기도 하다는 점을 설명한다. 로빈은 가족 의식을 강조하고 생활의 질 그리고 일과 생활의 균형이 그의 회사를 일하기 좋은 곳으로 만드는 요인임을 역설한다. 크리스는 직장의 핵심 경험으로서 재미와 개인적 자유가 중요함을 강조한다. 자아실현의 경험 또한 이언과 케빈이 개인 및 전문성의 발전을 자기 직무의 일부로서 성취할 수 있는 방법에 관해 설명한 것 속에 들어 있다.

그러나 대기업에서 근무하는 케빈과 이언이 직원 전체를 알 수 없는데도 소기업 직원들과 같은 수준의 집단 정체성을 느낄 수 있을까? 로빈이 사용하는 가족의 비유를 여기에 적용할 수는 없다. 다른 기업 부문에 비해 창조산업에 자동적으로 붙는 내재적 이점, 즉 화려함을 국내외의 대형 조직이 가지고 있더라도 그 전체 직원들 사이에서 강력하고 긍정적인 집단 정체성을 성취하는 것은 복잡한 과업이다. 대기업은 내부적으로 직원들 사이에서 자사의 **브랜드**를 구축함으로써 이 문제에 대처한다. 한 회사의 물질적 환경을 구성하는 여러 요소(위치, 사무실 배치와 장식, 드레스 코드, 회사 로고와 활자체 등)는 이러한 정체성의 표상으로 기능한다. 한 회사의 경영스타일, 근무시간 등 회사문화의 여러 측면도 이러한 브랜드 정체성의 중요한 일부를 구성하는 표상적인 관행이다. 회사는 그러한 전략을 통해 브랜드에 대한 직원들의 태도를 관리하려고 하는데, 이는 브랜드에 대한 고객의 태도를 관리하려는 것과 똑같은 방식이다.

내부적으로 브랜드를 구축하는 것은 회사가 공급하는 제품·서비스와 직원

간의 관계를 긴밀하게 하고 궁극적으로 고객과의 관계도 긴밀하게 한다. 따라서 그것은 직원을 소비자의 입장에 세우는 것이다. 달리 말하면, 그 목적은 궁극적으로 소비자가 경험하기를 바라는 것에 대해 지적 지식뿐 아니라 정서적 투자를 주입하는 데 있다(Julier, 2008: 192).

팀 작업

창조산업 조직들이 집단적 목적과 참여 의식을 조성하고 싶은 이유 가운데 하나는 그러한 의식이 성공적인 팀 작업에 중요하다는 것이다. 화가나 작가 같은 '원조 창조인들'은 개인이거나 작은 팀인 경향이 있지만, 창조산업 산출물은 대부분 큰 팀의 조직적 활동을 요한다. 작업의 목적이 신문이나 영화 제작이든, 광고 캠페인이나 컴퓨터 게임 개발이든, 모두 팀으로 작업이 이루어진다.

창조산업의 큰 조직 내에서는 근로자들이 흔히 좀 더 작은 집단적 정체성, 즉 소속된 부서, 작업 그룹, 팀 등의 정체성과 가장 두터운 일체감을 갖는다. 라디오 프로듀서 케빈은 집단적 목적·정체성과 강력한 신뢰관계는 종종 프로젝트의 성공적 산출에 매우 중요하다고 설명한다.

미디어 조직에서는 마감시한을 최우선으로 지켜야 합니다. 그래서 아주 흔한 일이지만 라이브 쇼 같은 것을 준비한다든지 해서 복잡하게 얽힌 협력이 필요할 때면 책상 너머로 격의 없는 대화가 이루어지죠. 친구 간에 말하는 속도로…… 사람들 하는 일이 너무 빠르게 돌아가기 때문에 평등성이 작업을 끝내는 전제조건 같아요(케빈, 2010년 인터뷰).

이처럼 빠른 속도로 진행되는 집단 작업은 서로의 머릿속 생각까지 아는 팀에 의존한다.

팀은 단박에 어떻게 협동할지를 압니다. …… 팀원들은 '검다'라는 말이 다섯 명에게 각기 다른 다섯 가지를 의미한다는 것을 알아요. 일단 그 문제를 극복하면 사람들은 훨씬 더 수월하게 서로 협력할 수 있고, 서로 최선을 기대합니다. …… 기본적으로 그건 말의 일부가 사람마다 다른 의미로 쓰인다는 겁니다. 그리고 신뢰가 구축된 다음에는 팀이 허물없이 되고 문제 해결도 훨씬 더 빨라지죠. 그들은 두 달 전의 프로그램 초기 실수 같은 것도 집어내서 문제가 더 악화되기 전에 싹을 자릅니다. …… 그러는 가운데 음악과 함께 매주 다른 주제를 탐색하는 정말 우수한 프로그램을 당신이 할 수 있다는 걸 그들은 알게 됩니다. 말하자면 처음에는 생뚱맞은 아이디어처럼 들렸던 것이 반응이 좋은 데다 품도 많이 들지 않아서 일종의 대박 공식의 하나가 되는 것이지요. …… 그리고 또 줄임말도 있는데…… "음악 일 할까요?" 하고 말하는 것은 "음악을 사용해 대화 내용을 설명하면서 인간사에 관한 어떤 주제를 토론하기 위해서 게스트를 모셔올까요?"를 가리킵니다. …… 그러면 팀은 매일 프로그램을 차려내는 스트레스와 요구에 대처하기가 훨씬 더 쉽다는 것을 알게 되지요(케빈, 2010년 인터뷰).

그러나 케빈은 팀에도 협력에 지나치게 안주한다는 단점이 있음을 인정한다.

팀원들이 이미 조리법이 만들어져 있다고 생각하기 때문에, 획기적인 일을 하기에 적합하지 않은 일종의 마비 증세가 팀에 올 수 있어요. …… 하지만 정말 안정기를 두려워해야 합니다. 그런 때에는 모든 것이 잘되고 있다고 생각하면서 일종의 무기력한 혼수상태에 있기 때문이지요. 그리고 어쩌면 진부한 것을 식별해내는 안목을 잃었을 수도 있습니다(케빈, 2010년 인터뷰).

그러나 사람들이 창조적인 리스크를 받아들이기 위해서는 창조적인 팀에서 안정을 느낄 필요가 있다.

라디오 프로듀서는 일종의 계급적 지위를 이용하지 않습니다. 그 대신 사람들을 편하게 하는 데는 선수라는 거죠. …… 그래야 사람들이 남의 시선을 의식하지 않고 소신껏 아이디어를 내는 진정한 집단 두뇌가 만들어집니다

(케빈, 2010년 인터뷰).

TV 드라마 실행프로듀서인 앤은 케빈처럼 제작의 성공과 참여자의 직무 만족을 위한 협동의 중요성을 강조한다.

모든 드라마 뒤에는 팀이 있어요. 절대 한 사람으로 귀결되지 않지요. 그건 아주 협동적인 프로세스예요. 최초 아이디어를 누가 내든, 작가든 실행프로듀서든 감독이든 누구라도 상관없이 항상 매우 협동적인 프로세스지요. 그리고 그것이 프로세스에 참여하는 즐거움의 하나라고 생각해요"(앤, 2011년 인터뷰).

성공적인 팀워크는 캐롤이 말하는 종류의 사교적 행사를 조직하지 않더라도 앞서 '좋은 일'의 한 요소로 논의한 사회성을 만들어낸다. 사람들이 치열하고 도전적인 경험을 공유할 때 강한 유대관계가 형성되며, 이러한 유대관계는 앤이 말하는 협동의 즐거움을 구성하는 중요 요소다. 창조근로자들은 또한 그러한 근무관계가 근무 외적으로 오래 지속되는 우정으로 이어질 수 있다는 사실을 증언한다(Hesmondhalph and Baker, 2011: 152).

프로듀서 케빈과 실행프로듀서 이언은 모두 팀 내에서 관리자 역할을 맡고 있다. 그들의 직무는 제품 자체에 관해 창조적 결정을 내리는 것 외에도 팀 구성원들의 작업 흐름을 조정하는 것이다. 그러나 둘 다 자신의 계급적 위치는 무시하려고 한다. 그들처럼 협동과 컨센서스를 강조하는 것이 창조산업에서 특징적인 관리자 유형이다. 그것은 창조산업에 계급이 없기 때문이 아니라 관리 스타일이 명령과 통제보다 협상 위주이기 때문이다. 스스로 동기를 부여하는 고도로 숙련된 팀 내에서 관리자 역할을 맡은 사람들(프로듀서, 감독, 편집인 등)의 권위는 흔히 창조프로세스를 이해하고 참여하며 "노동프로세스에는 가급적 지장을 덜 주는 행정시스템을 형성"할 수 있는 그들의 능력에 달려 있다(McKinlay and Smith, 2009: 30). 팀 구성원들은 자신의 전문 지식과 기량을 스스로 통제하므로, 그들의 일을 엄격하게 감시하고 규제할 필요는 없다. 관리자가 엄격한 계급적 명령계통을 시행하기보다 팀 구성원들에게 신뢰와 자율성을 부여한다면 더 좋은 팀 성과를 거둘 것이다.

창조산업의 일부 부문에서는 관리자들이 '창조인' 커리어를 통해 현재의 위치에 이르렀다는 사실이 그와 같은 창조프로세스에 대한 참여와 이해에 도움을 준다. 예를 들면, 라디오나 TV에서 제작부서의 선임관리자들은 프로그램 제작 경력을 거쳐 현재의 위치에 이른 경우가 전부는 아니지만 다수다. 그러나 관리자가 자신의 역할을 보는 관점은 피관리자와 늘 완전히 일치하는 것은 아니다. 헤스몬달프와 베이커가 인용하는 TV 장기자랑 쇼의 실행프로듀서 사례를 보면, 그는 제작팀과의 관계를 "민주적 관계라고 설명"하지만 제작팀은 그에 동의하지 않는다 (Hesmondhalph and Baker, 2011: 169). 헤스몬달프와 베이커의 주장에 따르면, 창조산업에서 고도의 자율성을 요하는 일을 하는 근로자들은 관리자와의 관계에서 일정한 정도의 힘은 행사하지만 "그 관계가 매우 불편한" 경향이 있다(Hesmondhalph and Baker, 2011: 31). 또한 그들의 서술에 따르면, 일부 관리자는 자신의 전문가적 활동(문제 해결하기, 조직하기, 조달하기, 고객 관리하기 등)이 집필, 디자인, 작곡 등의 실무만큼이나 창조적이라는 견해를 갖고 있다. 이러한 관리자는 "비교적 자율적인 근무조건을 기반으로 하는 창조인들"에게 주어진 독특한 위상에 대해 유효하게 이의를 제기하는 것으로 나타났다(Hesmondhalph and Baker, 2011: 111). 그럼에도, 현실은 항상 이상을 따라가지 못하는 법이지만, 다수의 관리자와 제작팀의 나머지 팀원들은 관리자의 이상적 역할이 위에서 군림하는 감독자보다는 일을 알고 참여하는 협력자의 역할이라고 보는 경향이 있다.

케빈의 팀과 앤의 팀 모두 상근직과 임시직으로 구성된다. 가령 케빈이 예술 특집프로그램을 작업하고 있다면 팀이 사내 직원들로만 꾸려질 것이다. 그러나 그가 드라마를 제작하고 있다면 팀이 확대되어 작가와 배우 같은 핵심적 역할에 다수의 프리랜서를 포함시킬 것이다. 앤의 핵심 팀은 앤, 프로듀서, 그리고 감독·편집자·프로덕션디자이너·촬영감독과 같은 다른 주요 팀원으로 구성된다. 앤의 프로듀서는 사내 직원이 거나 프리랜서이지만, 나머지 파트 장들은 모두 프리랜서다. 이 신설 팀이 함께 일하려면 신뢰와 이해의 강력한 유대관계를 빠르게 수립할 필요가 있다. 다른 예를 더 들자면, 비디오게임, 극장 연극, 광고 캠페인 등을 제작할 때도 마찬가지다.

팀 작업은 창조산업 문화의 강력한 기풍이기 때문에 창조근로자들은 작업하는 각 프로젝트마다 팀이 성공적으로 일하도록 많은 노력을 기울인다. 든든하고 성공적인 팀의 일원이라고 느끼는 것은 개인적으로, 그리고 전문성 면에서 보상이 따른다. 하지만 그것이 전부가 아니다. 심한 스트레스와 고비용, 시간 제약이 따르는 제작 환경을 감안할 때, 제대로 작동하지 않는 팀은 재정과 창조성 양면에서 비싼 대가를 치른다. 성공적인 팀워크에 필요한 신뢰와 이해를 구축하는 것은 팀원들이 전에 함께 일한 적이 있다면 분명 더 쉬울 것이다. 케빈이 설명했듯이 이전의 관계는 (좋은 관계였다는 전제하에) 빠르고 효과적인 의사소통을 촉진한다. 그러므로 한 프로젝트 팀이 전적으로 이전에 함께 일한 적이 없는 사람들로 구성되는 경우는 예외적이다. 임시 프로젝트 팀을 꾸릴 책임을 진 프로듀서나 프로젝트 매니저는 자신이나 다른 믿을 만한 팀원과 예전에 다른 프로젝트에서 함께 일한 적이 있는 사람들을 모을 것이다. 그처럼 "경험을 공유하는 우정의 네트워크"는 공동체의식을 낳고 문화를 공유하기 때문에 "노동자 스스로 고도로 분화된 노동시장에 대처"하는 것이 가능해진다. 그런 시장 환경에서 창조근로자들은 한 조직 내에 영구적인 팀을 만들기보다는 하나의 임시 팀에서 다른 임시 팀으로 옮겨 다니며 여러 조직을 위해 일하는데, 그때마다 프로젝트의 성공을 확보하기 위해 '빠른 신뢰관계'와 효과적인 팀 작업 모드를 수립할 필요가 있다(Smith and Mckinlay, 2009: 29).

효과적인 팀워크의 중요성을 감안할 때, 의사소통이 무너진다든지 한 팀원이 전력을 다하지 않을 경우에 그 결과는 심각할 수 있다. 예를 들면, 영화 촬영의 긴박한 환경에서 시간 엄수는 생명이며 단 몇 분을 늦어도 해고될 수 있다(주연배우, 감독 등은 예외로서 그들의 지위가 더 큰 재량을 허용한다). 이것은 팀원 한 사람의 실행 미달이 생산성에 영향을 미치기 때문이기도 하지만, 팀 내의 신뢰와 사기를 해쳐서 심각한 갈등의 악순환을 초래할 수도 있기 때문이다.

프리랜서와 포트폴리오 근로자

통상 어느 특정 조직에 소속되지 않는 프리랜서는 어떤가? 그들도 특정 문화에 속한다는 의식이나 집단적 정체성을 가지고 있는가? 당연히 그렇다. 앞서 논의했듯이 프리랜서가 프로젝트에 참여할 때, 팀워크가 그들에게 강한 공동체의식을 줄 수 있다. 프리랜서가 이를 성취하는 다른 길은 창조클러스터와 로컬문화를 통해서다. 창조클러스터는 제4장에서 조사했고, 뒷받침과 자극이 되는 로컬문화는 프리랜서 작가 레이철이 역시 제4장에서 설명했다. 그러나 프리랜서는 사는 장소 외의 다른 요인을 통해서도 특정 공동체에 속한다는 느낌을 받을 수 있다. 노동조합과 협회는 창조근로자들이 집단적 정체성을 가지는 데 중요한 역할을 한다. 이들 단체는 회원들을 대신해서 로비와 협상을 벌일 뿐 아니라 회원들에게 조언과 인맥도 제공한다. 이들 단체는 회원들에게 지원과 정보를 제공하는 시스템 및 이벤트를 운영하고 네트워킹 기회도 제공한다. 창조근로자들은 또한 다른 공식·비공식의 직능단체와 온라인 커뮤니티에도 참여할 수 있다.

창조근로의 리듬

창조근로자들이 자기가 속한 부문 또는 문화와 연계를 유지하는 또 다른 길은 주요 행사에 참석하는 것인데, 페스티벌이나 산업박람회, 전시회 등과 같은 행사는 연중 수시로 열리며 각 부문의 근로 형태를 보여준다.

농업공동체에서 인간생활의 리듬은 계절에 따라 규제받는 경향이 있다. 봄에는 씨를 뿌리고, 여름에는 작물을 돌보며. 가을에는 수확하고, 겨울에는 땅을 정리하며 다가오는 봄을 준비한다. 창조산업의 여러 부문 또한 각각의 고유한 특정 리듬에 따라 일한다. 제3장에서 우리는 생산의 여러 단계별 활동의 리듬을 논의했다. 이러한 리듬은 각 프로젝트에 내재하는 특정한 역동성과 관련된다. 그러나 더 큰 리듬도 작용한다. 부분적으로 이는 계절과 관련이 있는데, 예를 들어 늦봄부터 여름과 초가을까지 영화와 텔레비전 제작의 현지촬영이 집중되는 것은 낮 시간이 가장 길고 날씨도 가장 적합하기 때문이다.

그러나 이를 넘어 1년을 규정하는 각 부문의 주요 행사들이 있다. 거의 모든 부문에서 발견되는 그러한 유형의 행사는 바로 산업박람회와 페스티벌이다. 이들 행사는 특히 네트워킹, 마케팅, 피칭, 제품 매매, 고객 기반 넓히기 등 중요한 비즈니스 활동 기회를 풍부하게 제공한다. 이러한 행사의 전후로 이루어지는 여러 가지 활동은 특정한 리듬과 패턴을 형성한다. 예를 들면, 출판업에서는 도서전이 중심축 역할을 하는데, 매년 열리는 프랑크푸르트도서전에 관한 캐롤의 설명을 들어보자.

우리는 도서전 개막 3일 전에 프랑크푸르트에 도착해요. 그 3일 동안 각 시장별 에이전트를 모두 만나기 때문이죠. 그래야 출판업자들과의 미팅에 잘 대비할 수 있어요. 도서전이 열리는 5일 동안에는 우리 넷의 스케줄이 오전 8시부터 오후 6시까지 꽉 찹니다. 각자 30분마다 미팅이 있어요. …… 우리는 매일 저녁 여러 파티에 참석하고 저녁을 먹고는 또 바에 갑니다. 밤늦게 잠자리에 들고 다음 날 일어나서는 똑같은 일을 다시 반복해요. …… 그렇게 해서 총 8일을 보냅니다. 하지만 그전에 3~4주 동안 해외 출판업자들의 연락이 사무실로 쇄도해요. 모두 경쟁사에 대해 기선을 제압하려고요. …… 그래서 도서전을 준비하는 동안에도 하루 종일 해외 출판업자들과 미팅을 하지요. …… 그리고 귀국해서는 미팅 기록을 정리해야 해요. …… 올해에는 그 분량이 10만 단어 정도 되었어요. 그게 우리 넷이 거기서 미팅한 결과물이에요. 그 모든 것을 처리하려면 아마 내년 봄 런던도서전까지 갈 것 같아요. 그때가 되면 모든 걸 다시 반복하는 거죠(캐롤, 2011년 인터뷰).

영화 배급업자인 로버트는 영화제와 관련해서 비슷한 상황을 이야기한다.

우리의 한 해는 영화제를 중심으로 정해집니다. 영화제는 우리에게 극히 활동적인 시간이고, 그래서 연간 일정이 다 그려집니다. …… 1월에는 중순부터 말까지 선댄스영화제가 있어요. …… 저는 1주일 동안 하루 여섯 편씩 영화를 볼 겁니다. 근사하고 재미도 있어요. 그러나 각각의 영화를 상업적으로 평가해야 해요. 어떤 관객층이 들까? 어떻게 마케팅할까? 대박일까? 그러고 나면 2월에 바로 베를린영화제…… 대형 예산을 투입한 영화들이 시장에 나오고…… 그다음 칸영화제는 연중 초점 행사예요. …… 거기는 실전입니다. 작년에는 한 주 동안 열여덟 건의 거래를 성사시켰어요. …… 그다음이 토론토영화제…… 그리고 마지막으로 아메리칸 필름마켓이 11월에 열립니다(로버트, 2012년 인터뷰).

캐롤과 마찬가지로 로버트의 시간도 각 영화제 전에는 영화제를 준비하는 데 쓰이고, 영화제가 끝나면 성사된 거래를 처리하는 데 쓰인다.

영화제 시장이 열리기 전에 그들은 우리에게 감독 같은 핵심 요소와 함께 대본을 보내 평가하도록 합니다. 그리고 그것이 핫 프로젝트라면 칸영화제 이전에 협상을 시작해서 거기서 거래를 타결하려고 하지요. …… 영화제 이후에는 정리하는 기간인데, 주로 계약 업무예요. …… 그 업무로 한 달 정도 보냅니다만, 지금 우리가 하고 있는 일은 토론토영화제에 출품되어 수상 후보로 조기에 부각될지도 모르는 영화를 많이 보는 겁니다. 우리는 다량의 영화 컷을 스크린하면서 커팅이 필요한지 여부, ADR(⁺자동대사대체)이나 다른 수정을 통해 선명도를 높일 필요가 있는지 여부 등 편집상의 조언을 줍니다. 음악도 큰 관심사지요(로버트, 2012년 인터뷰).

그는 한 영화제가 끝나자마자 다음 영화제를 준비하는데, 이것이 그가 연중 일하는 리듬을 만든다.

이러한 공동의 리듬과 더불어 특히 프리랜서들은 프로젝트가 시작되고 끝나는 주기에 따라 그 중간에 휴지기를 보내면서 각자 나름의 계절적 리듬을 경험한다. 영화와 텔레비전 제작 분야의 프리랜서들은 연중 내내 고용되지는 않는다. 그들의 실제 '취업률' 추정치는 연중 약 50%(Sengupta, Edwards and Tsai, 2009: 42)에서 77%(Skillset, 2011: 28) 사이다. 이것을 잔치와 기근의 순환이라고 표현할 수 있는 것은 작업 흐름이 늘 고르지는 않기 때문인데, 대개는 작업 흐름이 몹시 바쁜 시기들 — 때로 작업 제의가 넘쳐 다 받아들일 수 없는 경우도 있다 — 사이에 프로젝트가 무산되거나 아무런 제의가 들어오지 않는 시기가 끼는 패턴을 따른다. 이러한 계절적 리듬은 자연의 리듬이 농업공동체 문화를 형성하듯이 창조산업의 부문별 문화를 형성한다. 다만 봄의 도래는 제2의 해리포터 출현보다 더 확실하게 예측할 수 있다.

네트워킹

창조산업에서 일하다 보면 자주 비공식 채널, 예컨대 관련 사업을 하는 친구나 지인을 통해 일감을 찾게 된다. 앞서 논의한 대로 대부분의 창조팀은 인맥 네트워크에서 사람을 모은다. 그래서 일감을 찾으려면 다른 사람들의 네트워크에 들어가는 것이 중요하다. 그래야 고객이 무엇을 원하고 필요로 하는지 알며, 도움이 될 만한 사람을 찾아내 접촉하게 된다. 이는 다음에 보겠지만 창조전문인의 스토리에 반복해서 등장한다.

스킬세트Skillset(창조·미디어산업을 위한 부문기술위원회)가 영국 미디어 제작 부문의 노동시장과 고용조건에 관해 광범위하게 조사한 바에 따르면, 신참들로서는 네트워킹이 기성 전문인들만큼 그리 중요하지는 않다고 한다. 신참들에게는 실무 연수, 인턴 근무, 졸업생 공채 등 인맥에 의존하지 않는 공식 '진입로'가 있다. 따라서 "무엇을 아느냐가 아니라 누구를 아느냐가 중요하다"라는 상투어는 부분적으로만 맞는 말이다. 그러나 스킬세트가 지적하듯이 "비공식 채용 방법이 일반적인 때는 개인이 처음 산업에 진입할 때보다 산업 내에서 전직할 때다"(Skillset, 2011). 요컨대, 창조전문인들은 경험이 많을수록 더욱 인맥 네트워크에 의존하는 경향이 있다.

프리랜서에게 필수적인 사회성

커리어 경로가 무엇이든, 어느 정도의 네트워킹은 창조산업에서 커리어를 시작하고 이어가는 데 필수적이다. 우리가 제3장에서 만난 적이 있는 게임작가 주디는 비디오게임의 스토리 편집자로서 한 유럽회사에서 첫 일자리를 얻은 경위를 설명한다. 고객이 영어가 모국어인 사람을 찾아 그녀에게 접근한 것은 그녀가 게임 기자로 일하면서 그들 회사의 게임에 대해 좋게 논평했기 때문이었다. 나중에 그녀가 다른 게임과 관련한 일자리에 지원해 면접을 보게 되었을 때, 그 회사의 창조 담당 이사와 영업 담당 이사는 모두 과거 여러 산업행사에서 만난 적이 있는 사람이었다. 그녀는 당시 면접을 잘 보았지만 돌이켜보면 "그들이 내가 누구인 줄 안다는 것이 이점으로 작용했음"을 느낀다(주디, 2010년 인터뷰).

특정 교육기관에 공부하러 가는 것도 기량 습득과 함께 네트워킹 기회를 제공한다. 유명한 교육기관일수록 **에이전트** 등 업계 인맥이 풍부한데, 그들은 재학생과 졸업생들을 눈여겨본다. 대본작가인 클라이브는 영국 국립영화학교National Film School에 들어가서 자신의 학업을 기반으로 에이전트를 얻었다. 인맥을 만들고 사다리를 올라타는 또 다른 방법은 예컨대 'Shooting People', 'Ideas Tap', 'The Unit List' 등의 자원 공유 웹사이트를 통해 저예산 또는 무예산 프로젝트의 창조 파트에 참여하는 것이다.

게임작가 주버트에 따르면, 네트워킹이 필요한 이유는 **비공식 채용**이 아주 일반적이라는 데 있다. 유급직은 실무자들의 사회 네트워크를 통한 비공식 수단을 통해 채워진다. "어떤 경로를 거쳐 이 업계에 들어왔는지는 중요하지 않아요. 취업, 특히 작가 자리는 광고를 보고 이력서를 제출해서 되는 게 아닙니다. 행사에 가서 사람들에게 맥주를 사고, 담배도 한 개비 빌리세요. 블로그나 트위터도 하세요. 사람들에게 당신의 존재를 알려야 해요"(주버트, 2011년 인터뷰). 런던을 근거지로 하는 영화편집자 샐레인도 그 말에 공명한다. 인터뷰 시점에 그녀는 포스트프로덕션 시설에서 안정된 고용을 누리다가 프리랜서로 전환하는 과도기에 있었다.

전에도 프리랜서로 뛴 적이 있지만 늘 어느 시설에서 풀타임으로 일했어요. 이번에 처음으로 본격 프리랜서가 되는 겁니다. 현재 한 달 동안 일이 없어요. 그래서 실은 많이 두렵습니다. 하지만 영화와 텔레비전이 사실은 아주 좁은 세계이기 때문에 네트워킹하고 다른 보조들을 다 만나는 것이 전부예요. 같은 사람을 만나고 또 만나게 되죠. 그래서 다른 보조들, 다른 편집자들과의 네트워킹이 정말 중요합니다. 그래야 그들이 '아, 일을 진척시켜야겠는데, 지난번 영화에서 그 사람이 정말 잘했으니까 그를 불러야지'라고 생각하든가, 아니면 누군가가 신뢰하는 사람을 부르고 추천하겠지요. 그래서 그런 종류의 관계를 구축하는 것이 정말 중요합니다(샐레인, 2011년 인터뷰).

그러므로 '기반을 잡는' 것은 인맥과 실적을 쌓고 네트워킹과 반복 습관을 이용해 일감을 찾는 문제다. 한 독립 프로듀서는 이렇게 말한다. "우리는 정말로 이미 같이 일해본 사람들과 일하는 게 더 좋습니다. …… 우리의 가장 큰 성공은 추천받은 사람들을 쓴 데서 나왔습니다. 그들은 우리가 아는 사람과 일한 적이 있고, 우리는 그들에 대해 극히 솔직한 추천을 받았다고 확신할 수 있어요"(Holgate and McKay, 2009: 159에서 인용).

네트워킹은 저절로 이루어지는 것이 아니다. 일부 사람들은 개인적 목적이 아니라 직업적 목적에서 전략적인 방식으로 남들을 대한다는 관념에 대해 불편함을 느낀다. 영국 화가들을 대상으로 한 최근 조사에 따르면, "네트워크의 필요성과 효과성에 대한 태도는 복합적이다. 사람들은 네트워킹을 필요하다고 보지만 개인적으로는 불편함을 느낄 수도 있다. 그러나 일부 사람들은 네트워킹을 성공에 이르는 유일한 길로 본다"

(Oakley, Sperry and Pratt, 2008: 33). 이것은 창조산업의 프리랜서에 국한된 이야기가 아니다. 유연한 단기 노동으로 말미암아, "금요일 밤 한잔"(Gregg, 2010)이 사무실 정치와 네트워크 유지 차원에서 근로자들의 효과적인 필수 코스가 되어 다음 일자리를 찾는 데 도움을 준다. 요컨대, 대부분의 창조전문인에게는 그 문제에서 선택의 여지가 거의 없다. 암스테르담의 '웹 근로자들'과 인터뷰한 내용을 매우 유익하게 저술한 로절린드 길은 프로젝트 단위로 일하는 프리랜서들 사이에서 이러한 패턴의 사회성이 강요되고 있다고 지적한다.

뉴미디어 분야의 사람들은 여러 형태의 고용 사이를 빠르게 이동하는데, 가끔 프리랜서로 일하다가 때로 회사에 취직하고, 어떤 때는 자신의 사업을 시작한다. 일부는 이것들을 결합해 각각에 자기 시간을 할애하기도 한다. 이 분야의 비공식적인 성격은 개인의 근무 이력을 이해하는 데 중심이 된다. 이러한 인터뷰에서 언급된 일자리 또는 일감 기회 가운데 단 2%만이 예컨대 공개채용 광고를 보고 지원하는 것과 같은 전통적 수단을 통해 취득되었다. 그 나머지 98%는 스승, 학생, 고객, 친구, 네트워크 등 개인적 인맥을 통해 취득되었다. 이것이 일종의 강요된 사회성으로 이어져 네트워킹을 규범화했으며, 제대로 된 인맥이 없는 사람은 패자가 되었을 것이다(Gill, 2007: 6).

이에 대한 다른 접근방법은 에이전시와 소기업의 경제적 현실이 소수의 장기 일자리만 만들어내고 있다는 것이다. 이들 기업은 고객이 브리프에 기재하는 대로 들어오는 다양한 규모의 프로젝트로 연명한다.

런던 소재의 한 인터랙티브 에이전시에서 실행프로듀서로 근무하는 데이비드는 자신의 스튜디오가 풀타임 직원들과 프로젝트별로 합류하는 프리랜서들의 작은 팀으로 구성되어 있다고 설명한다. "우리는 고정된 숫자의 풀타임 직원들을 핵심으로 하여 필요하면 급하게 팀 규모를 늘렸다가 다시 줄입니다." 그의 스튜디오는 주로 인맥과 개인 추천 같은 비공식적인 방식으로 인력을 충원한다.

충원이 좀 산만합니다. 우리는 일을 아주 잘한 사람을 다시 데려오고 추천을 토대로 사람을 뽑아요. 전에 들어온 적이 있는 사람인가? 우리와 사이좋게 지낼 사람인가? 같이 일하기 편한 사람인가? 우리는 그 사람이 좋은가? 많은 프리랜서들에게 해당하는, 라이프스타일 문제도 있어요. 한동안 프로젝트 일을 열심히 하고 나서는 한 달 정도는 놀고 싶어 하는 사람도 있거든요(데이비드, 2012년 인터뷰).

에이전시의 충원을 감독하는 데이비드가 고용주 입장에서 맞이하는 도전과제는 일감이 들어오면 그것에 맞는 기량과 재능을 가진 사람을 찾는 것이다. 이는 그가 보수와 함께 흥미롭고 도전적인 일감을 제시해서 재능을 끌어들여야 함을 의미한다.

우리가 보기에 사람은 넘쳐납니다. 특히 디지털광고 에이전시에서 근무했던 사람들, 코딩이나 개발 부서에서 일하던 사람들, 페이스북 앱을 작업하던 사람들…… 그런 사람들이 "이런 거 계속하고 싶지 않아, 정말 지겨워"라면서 회사를 그만두고 프리랜서가 되지요. 그러고는 우리 스튜디오 같은 데서 흥미로운 일을 하겠다고 찾아옵니다(데이비드, 2012년 인터뷰).

따라서 프리랜서만 적극적인 네트워킹이 필요한 것은 아니다. 고용주들도 숙련 프리랜서들의 네트워크를 유지해야 하고 신선한 재능을 물색한다는 점에서 똑같은 사회성을 강요받는다. 따라서 고용주들도 인맥 풀을 유지하고 확대하기 위해 프리랜서와 똑같은 네트워크, 이벤트 및 사교 기회를 이용한다.

프로필 작성하기

자신을 하나의 브랜드로 취급하는 '퍼스널 브랜딩personal branding' 관념이 창조실무자들에게는 가식적이고 '거짓'으로 보일 수 있다. 그러나 잠재적 협력자, 프로듀서, 프로젝트 매니저, 잠재적 고용주 등이 당신의 포트폴리오를 쉽게 빨리 찾는 것이 얼마나 중요한지 생각해보라. 이력서에서, 혹은 면접을 볼 때 당신이 했다고 말하는 것이 실제로 당신이 한 것임을 그런 사람들이 어떻게 확인하겠는가? 그들도 우리가 온라인에서 사용하는 도구, 즉 검색엔진, 소셜 네트워킹 사이트, 전문가들을 위한 직업적 네트워킹 사이트 등을 똑같이 사용한다.

퍼스널 브랜딩은 예를 들어 전문인으로서 또는 예술가로서 자신의 정체성을 만들어 전파하는 것을 수반한다. 소셜 미디어 사용자 – 프리랜서에게는 모든 사람을 의미한다 – 는 클래라 시Clara Shih가 『페이스북 시대 The Facebook Era』(2011)에서 주장한 대로 스스로 자신의 퍼스널 브랜드를 판매하는 상인이 되도록 어느 정도 압박을 받는다. 페이스북처럼 아주 흔한 소셜 미디어도 일정 수준의 퍼스널 브랜드 관리를 요구한다. 예를 들면, 우리 대부분은 우리의 페이스북 프로필을 친구들만 볼 수 있도록(그래서 온라인에서 우발적으로 우리를 찾은 낯선 사람이 우리의 친구와 가족들에게만 의미 있는 사진을 수집하지 못하도록) 하지만, 만일 잠재적 고용주가 이것을 본다면 눈살을 찌푸릴 것이다. "채용 매니저와 담당자가 소셜 네트워크 사이트를 통해 후보자에 대해 실사하는 것은 점차 보편화되고 있다(과거에는 구글로만 후보자를 실사했다)"(Shih, 2011: 178).

런던의 한 광고 에이전시에서 디지털미디어 분야의 전문 설계사planner로 근무하는 데릭은 온라인에 노출되는 프로필 작성이 중요하다고 강조한다. 그는 에이전시 입사 면접을 볼 때 면접관들이 이미 온라인에서 그를 찾아보았다는 것을 깨달았는데, 그들은 온라인에 올린 것 외에 추가로 그가 기여할 수 있는 부분에 관심이 있었다. "영국 광고업계에서 일하면 모든 사람과 경쟁하게 된다. 그래서 제일 먼저 눈에 띄는 것이 진짜 도전과제"라고 그는 말한다.

이 계통 사람들은 다들 텀블러Tumblr(+블로그와 SNS를 결합한 플랫폼), 링크드인LinkedIn(+비즈니스 전문 SNS), 트위터, 블로그, 플리커Flickr(+이미지·영상 전문 웹사이트) 등에 자신의 프로필을 올려놓고 모두가 경쟁체제로 들어갑니다. 저라고 별수 있었겠어요? 프로필 작성이 전부예요. 저는 학생

시절 아주 적극적인 블로거였어요. 주변의 무언가를 분석하고 제 생각을 달았죠. 대학교에서 리포트를 쓰는 것은 규칙만 따르면 되기 때문에, 자신의 창조적이고 비판적인 마인드를 갖고 쓰는 게 아니기 때문에 아주 쉽습니다. 저와 학우들은 그렇게 느꼈어요. 우리는 블로그를 쓰면서 아무도 읽지 않더라도 우리 자신의 말을 해야 합니다(데릭, 2012년 인터뷰).

데릭은 온라인 프로필 작성이 블로거나 사진작가나 비주얼 아티스트로 당장 유명해지는 문제가 아니라고 강조하면서, 초보자들은 온라인 프로필을 이용해 자신의 목소리를 찾고, 잠재적 고용주가 응모자를 검색할 때 찾을 수 있는 자료를 모으는 것, 즉 그들이 찾을 것을 올리는 것이 더 중요하다고 부연한다. "제가 면접실에 들어갔을 때, 그들은 이미 구글에서 제 이름을 검색해서 저에 관해 조사했었습니다." 데릭은 재학 중에 대학교 내 블로거들의 공동체를 만들었다.

저는 블로그에 올리는 글을 혼자 다 쓰고 싶지 않았습니다. 대학교 내 전체 공동체가 기고하기를 바랐지요. 저는 누가 가르쳐주지 않았는데도 그렇게 시작했습니다. 독창력이 좀 돋보인 이게 누군가의 눈에 띄어서 제 블로그가 사이트 맵에 올라가게 되었지요. 결국, 블로그를 만드는 것이 다가 아닙니다. 문제는〔무엇이든 당신이 하는 창조 일에 관해〕좀 전략적이어야 한다는 점이에요. 그리고 자신이 어떻게 프로필을 작성하는지에 관해서, 자신이 누군지에 관해서, 즉 자기 자신을 규정하는 일에 관해서도 좀 전략적이어야 합니다(데릭, 2012년 인터뷰).

요컨대, 데릭의 조언은 단순히 "블로그를 하라, 그러면 눈에 띌 것이다"가 아니다. 그의 경험에 비추어보면, 졸업생이 블로그에 이벤트를 정리하고 글을 쓰고 사진과 동영상을 올렸는지 여부보다 무언가 의미 있는 것, 즉 독창력과 독자적인 생각·행동을 보여주는 것이(그리고 그것을 나중에 잠재적 고용주가 보도록 온라인에 올리는 것이) 더 중요하다.

프리랜서 작가 겸 편집자인 데니스는 저널리스트와 작가들에 대해 비슷한 주장을 내놓는다. 그녀는 자신의 온라인 프로필에 주의를 기울이는 것이 매우 중요하다면서 필요시 온라인으로 즉각 접근할 수 있는 작품 포트폴리오를 반드시 작성하라고 말한다. 그녀는 작가들에게 (예컨대, 링크드인 프로필이나 이와 비슷한 전문직들을 위한 서비스를 이용하여) 온라인 한곳에 작품을 올리라고 권고한다. "당신이 면접 등 그들이 당신 작품을 보기를 원하는 상황에 처할 때, 당신은 단 한 번의 링크로 보여줄 수 있습니다. 편집인들은 이전에 글을 쓴 적이 없는 사람은 정말 채용하기 싫어합니다. 그들은 작품 사례, 가능하면 다양한 사례를 보고 싶어 하지요"(데니스, 2012년 인터뷰).

네트워킹 전략

네트워킹이라는 말은 아주 차갑게 들리지만 그저 사람들과 어울리는, 인생을 즐기는 것이에요. 당신이 화가라면 견디기 힘든 사람들과 일하거나 상대할 수는 없겠죠. 당신의 원칙에 충실하고, 자신을 즐기세요. 지겨운 사람들과 지겨운 프로젝트로 보내기에는 인생이 너무 짧잖아요(메리, 화가, 2012년 인터뷰).

작품 포트폴리오 작성은 네트워킹과 나란히 간다. 대화형 미디어에서 컴퓨터게임작가로 일하는 톰 주버트는 네트워킹이 꼭 필요하다. 주버트가 "프로 게임작가 지망생을 위한 열 가지 팁"이라는 제목의 블로그 글에서 제시한 팁 가운데 세 가지가 네트워킹과 관련된다. 첫째로 그는 작가 지망생들에게 신제품을 평가하고 품질보증QA 테스트를 하거나 "인디들과 어울리는" 등 게임 개발과 관련된 무슨 일이든 해서 포트폴리오를 만들라고 조언한다. "아마추어 작업은 착수하기 매우 쉽습니다(예를 들어 소설 쓰는 것과 비교하면 말이죠). 그걸 열심히 하세요. 그러면 그중에서 프로 같은 작품이 하나 나올 거예요. 축하합니다. 당신은 첫 프로 작가 학점을 땄습니다. 이제 네트워킹을 하러 가세요!"(주버트, 2011년 인터뷰).

네트워킹을 하더라도 **전략적으로** 하는 것 - "일할 기회를 극대화하기 위한 접촉 네트워크를 만들어 유지·확대하는 것"(Randle and Culkin, 2009: 111) - 이 중요하다. 영화노동시장을 폭넓게 연구한 헬렌 블레어Helen Blair가 말한 '적극적 네트워킹'이란 일정한 유형의 사교를 자신의 일과 전문성 개발의 핵심적 일부로 간주하여 "일자리 정보를 발굴하려는 목적을 갖고 네트워크 연결을 이용해 일자리 찾는 활동"을 수행하는 것을 의미한다(Blair, 2009: 120). 그러므로 자기 자신의 기법을 개발하는 것은 프로가 되는 데 필수 요소다. 그러한 기법은 부문별·역할별로 다르다. 즉, 네트워킹은 영화감독, 작가, 온라인커뮤니티 매니저, TV 프로듀서 등 직업에 따라 다양하다. 그러나 창조근로자들 대부분은 의식적으로든 무의식적으로든 다음과 같은 전술 가운데 하나를 사용한다.

첫째, 우리는 우리의 삶 속에서 가족, 친구 등을 통해 **이미 네트워크를 가지고 있다**. 오드리는 저널리즘·잡지편집 일과 책·시나리오 쓰는 일을 겸하는 경험 많은 포트폴리오 근로자인데, "재학생이나 졸업생이라면 이미 동료 학생들을 알고 있고 친구들도 있고 친척이나 선생, 강사도 알고 있을 것입니다. 첫걸음은 주변 사람들에게 묻는 것입니다"라고 말한다.

둘째, 자신의 **전문분야를** 조사하는 것이 중요하다. 창조산업의 각 전문분야마다 그 분야의 동향을 담은 업계 간행물(잡지, 블로그 및 관련 일자리 사이트)이 있다. 전문인들이 무엇을 읽고 어떻게 시대를 따라가는지 알아보라. 대화한 다음에는 사람, 기업, 단체, 간행물, 웹사이트 등의 이름을 적고 기록하라. 전문인들은 회사, 단체와 중요 인사의 이름이 머릿속에 많이 들어 있는데, 처음부터 그랬던 것이 아니라 오랫동안 훈련, 경험과 네트워킹을 통해 습득한 것이다.

셋째, 전문적 네트워킹에는 **명함이** 필수다. 스마트폰과 온라인 프로필 세상에서 명함은 거의 불필요하게 보일지 모른다. 그러나 잘 생각해 보면, 예쁘게 디자인된 명함은 당신을 만난 사람이 나중에 당신을 떠올리게 하는 것이다. 베테랑 마케팅전문가인 폴은 자신에게 가장 유용한 네트워킹 수단의 하나는 (정사각형으로) 이상하게 생겨 일반적인 직사각형 명함 꽂이에 잘 들어가지 않는 명함이라고 말한다. "그건 튀어나옵니다. 좀 불편할 겁니다. 그런데 바로 그 점을 노린 것이지요"(Paul, 2011). 프리랜서 저널리스트로 일하는 데니스로서는 취재원 및 언론사 편집인들과 접촉을 유지하는 것이 중요한데, 그녀는 명함을 소지하는 것은 물론이고 받은 명함을 잘 활용하라고 권고한다. 받은 명함을 찾기 쉽게 순서대로 보관하는 것은 자신의 명함을 유용하게 쓸 사람들에게 주는 것만큼이나 중요하다. "네트워킹은 아주 좋은 겁니다. 저널리즘에는 절대적인 관건이지요. 저는 받은 명함이 넘쳐서 롤로덱스Rolodex(명함을 보관하고 꺼내는 용도의 둥근 회전식 스탠드)까지 사야 했어요"(데니스, 2011년 인터뷰).

넷째, 사회적 베풂은 자신의 인맥 네트워크를 키우는 지름길이다. "당신이 아는 사람이 다른 사람에게 이야기하고 그렇게 전달되는 거죠. 그처럼 당신이 누군가에게 친절을 베풀면, 그도 호의로 되갚아줄 겁니다"(데니스, 2011년 인터뷰). 예를 들면, 데니스는 전에 함께 일한 적이 있는 친구가 한 패션잡지에 피칭할 때, 그곳 온라인 편집인의 인적사항을 제공해 그 친구에게 도움을 주었다. "그 친구가 출판계 어딘가에서 일하게 되고 유명한 저널리스트가 된다면, 저에게는 거기에 직접적인 인맥이 생기는 것이고 제 편이 생기는 것입니다"(데니스, 2011년 인터뷰). 같은 맥락에서 오드리는 "남에게 친절하고 베푸세요. 그러면 남들도 화답합니다. 그리고 당신의 인맥이 당신을 항상 염두에 두게 됩니다"라고 말한다(오드리, 2011년 인터뷰). 이것이 바로 맬컴 글래드웰Malcom Gladwell이 그의 저서 『티핑 포인트』(2000)에서 말하는 '이음쇠connector'다.

다섯째, 우리가 인터뷰한 사람들은 사교활동이 중요하다고 빈번히 언급한다. 낯선 사람들로 꽉 찬 방에 들어서면 주눅이 들 수도 있지만, 가능성으로 가득 찬 상황이기도 하다. 일부 흥미로운 대화도 오갈 수 있고, 인맥이 좋고 도움이 되는 사람을 만나 즐거울 수도 있다. 그러나 그것을 미리 알 수는 없는 노릇이다. 나가서 사람들을 만나는 것은 가능성을 스스로 여는 것이다. 행사나 파티에서 무슨 일이 생길지 또는 누구를 만날지 정확히 예측하기는 거의 불가능하다. 어떤 사람과의 우연한 만

→ 온라인 네트워킹

소셜 미디어는 네트워킹에서 핵심적인 역할을 수행한다(Shih, 2011). 예를 들면, 링크드인은 전문직을 위한 소셜 네트워크로서 사람들이 일자리를 옮기거나 새 프로젝트를 시작하는 것을 계속 파악하는 데 매우 유용하다. 트위터 또한 쉽고 개방적인 방식으로서, 최신 정보를 보유하고 남들에게 전문가로서의 모습을 계속 보이는 데 이용된다. 프리랜서 저널리스트인 데니스의 일은 인맥을 쌓고 유지하는 데 달려 있는데, 그녀는 2년 전 함께 일하던 사람들이 지금은 다른 데로 옮긴 사례를 이야기한다.

사람들과 링크드인이나 트위터를 통해 소통하기 때문에 그들의 동향을 잘 압니다. 언제 보직이 바뀌었는지, 언제 사직했는지, 새 편집인이 언제 부임했는지 등을 알지요. 이게 중요한 것은 이미 그만둔 사람에게 메일을 보내서는 안 되기 때문이죠. 사직하고 어디로 직장을 옮기는지 파악하는 것도 꽤 흥미로워요. 누가 ≪믹스매그(Mixmag)≫(⁺영국의 댄스클럽 잡지)를 그만두고 ≪NME≫(⁺영국의 록음악 전문주간지)로 옮기면서 리뷰 편집인에서 편집장으로 승진한다면, 저로서는 갑자기 다른 잡지사에 저를 알고 있는 강력한 인맥이 생기는 겁니다(데니스, 2012년 인터뷰).

남이 직업 생활에 엄청난 결과를 가져오는 경우가 더러 있다. 그러나 이는 순전히 운으로만 되는 것이 아니다. 그것은 귀인을 만날 적시 적소에 자신을 위치시키는 문제다. 달리 말하면, '기회를 이용한 만남chance meetings'과 우연한 만남 사이에는 큰 차이가 있다.

네트워킹의 핵심 요소는 '마음을 터놓고 사람들과 이야기'할 수 있는 능력이다. 음악 산업에서 일하는 한 응답자의 말을 들어보자. "과거에 실직 기간을 끝낸 것은 조바심을 내서가 아니라 제 자신을 팔고 다닌 덕분입니다. 밖으로 나다니며 여러 일도 하고 사람들을 만났지요. 누가 저를 찾아주기를 기다리지 않고요. 하긴 음악이 그런 거죠, 뭐(오클리, 1970년대에 졸업한 남성, Sperry and Pratt, 2008: 35에서 인용).

그뿐 아니라 그러한 만남을 잘 활용하는 것이 중요하다. 특히 프리랜서와 포트폴리오 근로자들은 대면 접촉이 정례적이든 우연이든 그 이후의 관계 구축이 필수적이다.

인턴 근무, 근로 경험, 무급 노동

우리의 인터뷰에서 반복되는 대화 주제는 포트폴리오, 네트워킹 및 경험을 쌓는 것이 모두 병행한다는 점이다. 흔히 사람들이 취업하는 것은 돈 때문이 아니라 그것이 새로운 인맥을 만들고 새로운 기술을 익히며 경험을 쌓을 기회를 제공하기 때문이다(Blair, Culkin and Randle, 2003; Randle and Culkin, 2009). 잡지 저널리스트 겸 편집자로 일하는 오드리는 이를 직설적으로 표현해, "당신이 하는 일은 회사 것이고, 당신의 인맥은 당신 것"이라고 말한다. 달리 말하면, 미디어와 출판사에서의 일부 직무나 역할은 앞으로의 진로 때문에 소중하다.

인턴 근무와 시시한 직책이 바람직한 네트워크로 연결시켜줄 수도 있어요. 자신의 안락한 영역을 벗어나 프리랜서로 일하는 것도 그렇습니다. 저는 웹

업무, 광고문안 작성, 보이스오버voice-overs(⁺화면에 나타나지 않는 해설)
등을 해보았습니다. 다른 데서도 써먹을 수 있는 기량을 고려하세요(오드리,
2011년 인터뷰).

저널리스트인 피터는 경험과 기량뿐만 아니라 사내 문화와 업무 진행
을 익히기 위해 미디어조직에 발을 들여놓는 것에 대해 비슷한 주장을
펼친다.

우리가 어떤 일을 얻어 시작할 수 있다면 그것이 바로 원하던 일인지 여부는
중요치 않습니다. 우리는 사무실 안에 있고 구내식당도 갑니다. 시스템이 어
떻게 돌아가는지 봅니다. 일단 조직 내에 들어가면 사람들이 누구인지 무슨
일을 하는지 파악할 수 있어요. 우리는 내부에 있는 겁니다(피터, 2012년 인
터뷰).

그러나 무임금 또는 저임금이라도 처음 내부로 들어가는 것이 아주
힘들 수 있다. 샐레인은 영화편집을 하기까지 포스트프로덕션에서 무급
또는 저임금으로 일하면서 일련의 시시한 직무를 거쳤다고 설명한다.
20대에 런던으로 이사했기 때문에 시작할 때 인맥이 없었고, 영화학교
도 다니지 않았기 때문에 영화계 친구들의 네트워크도 거의 없었다.

제가 어떻게 시작했냐면, 편집 기량 같은 것을 쌓기 위해 얼마간 자원봉사에
가깝게 일했어요. 불행히도 런던에서 살기에는 턱없이 부족한 돈을 받았지
요. 그래서 소호에 있는 텔레비전방송사에서 이른바 러닝이라는 심부름하는
일을 시작했습니다. 러닝은 영화학교를 나왔어도 모두 ─ 연줄이 좋은 사람
도 포함해서 거의 모두 ─ 가 해야 하는 일이에요. 그럴 필요가 없다고 생각
되는데도, 말을 건네 본 사람은 모두, 연줄이 있는 사람도 그 일을 거쳐야 했
어요. 러닝이 어떤 일이냐면, 사람들에게 물건 갖다 주기, 물건 나르기, 차 만
들기, 점심 준비하기 같은 것들이지요. 그런 일은 좋게 말해서 약간 모멸적
이에요. 최악의 경우는 사람들이 쉴 새 없이 당신한테 소리를 지르고 결코

자기 당신 잘못일 수 없는 일로 당신을 나무라는 것이에요. 러닝은 오래 하고 싶지 않은 일이지요(샐레인, 2011년 인터뷰).

영화제작자와 편집자를 지망하는 샐레인은 2년 만에 무급의 자원봉사를 마치고 유급 러너가 되었으며, 마침내 영화·텔레비전 편집자로서 발판을 마련했다. 그녀는 러너에서 장편영화의 보조편집자로 변신한 것은 열심히 일한 데다 운도 따른 덕분이라고 설명한다.

전에 같이 일한 적이 있던 사람이 제 일터로 와서 불쑥 "이봐, 너 편집자가 되고 싶다고 했지? 내 친구 하나가 훈련생을 찾고 있는데, 그 친구한테 전화해봐"라고 말하는 거예요. 그렇게 해서 이 일자리를 얻었는데, 이건 평소 신뢰하는 사람들과 네트워크를 구축하는 것이 중요하다는 이야기지요. 좋은 러너라면 곧 좋은 보조가 될 겁니다. 왜냐하면 일하는 태도가 중요하지 기량 수준은 문제가 아니니까요(샐레인, 2011년 인터뷰).

샐레인과 다른 인터뷰 대상자들은 모두 창조산업에서 공식 교육보다 경험이 더 높이 평가되는 경향이 있음을 지적한다. 하지만 일정한 학위 수준이 기본적 자격 요건인 경우도 더러 있는데, 특히 고용주가 보통 창조산업 내에서 성공가도의 디딤돌로 간주되는 신참 직책을 채울 때가 그렇다.

러너가 차를 나르고 남의 일정을 관리하는 데는 학위가 필요 없다. 중요한 것은 러닝 일 다음에 무슨 일을 하느냐다. 단순한 보수 외의 다른 혜택을 얻기 위해 어떤 일을 공짜로 해준다는 관념은 창조산업에 고유한 것도 아니고, 신참이나 새로운 커리어를 시작하려는 사람에게 국한된 것도 아니다. 2011년 4월에 온라인 뉴스와 블로그를 제공하는 ≪허핑턴 포스트Huffington Post≫를 상대로 소송이 제기되었는데, 그 사이트에 무보수로 기고한 9000여 명의 작가들이 1억 500만 달러의 손해배상을 청구한 것이다. 이 소송은 ≪허핑턴 포스트≫가 3억 1500만 달러에 아메리카 온라인Ammerica Online에 매각된 후 제기되었는데, 그 매각은 사이트 설립자인 아리아나 허핑턴Ariana Huffington과 그녀의 동업자들에게 상당한 이득을 안겨주었다(Peters, 2011). 그 소송에 대해, ≪슬레이트Slate≫ 편집인인 데이비드 플로츠David Plotz 는 일에 대한 생각이 바뀌고 있다는 증거로 볼 수 있다고 논평했다. "새로운 범주의 일이 생겨났는데, 과거에는 보수를 받고 하던 일을 현재는 장래에 다른 데서 받을 이익을 기대하고 무상으로 하는 경우다"(Bazelon, Dickerson and Plotz, 2011). 결국 작가들이 패소한 이 사건의 쟁점은 온라인 가시성visibility을 정당한 보상의 형태로 인정하느냐의 여부였다. 미국 공정노동표준법의 기본 취지는 "타인의 부에 기여하는 노동은 보상되어야 한다"는 것이다(Frederick, 2003). ≪허핑턴 포스트≫ 사건에서 원고들이 그 원칙을 주장한 사실이 흥미로운데, 피고 측 반대주장은 작가들이 화폐 외의 다른 형태로(가시성, 작가들의 블로그 링크, 개인 브랜드 제고 등으로) 이미 보상받았다는 것이었다.

영국에서는 인턴들이 한 푼도 안 받거나 경비만 받는 것은 최저임금법 위반이라는 이유를 들어 무급 인턴 근무에 대해 반기를 들었다. 영국의 최저임금은 21세 이상의 근로자에게 시간당 6.08파운드다. 2012년 봄 전국학생연맹과 노조단체 유나이트Unite의 후원을 받은 '인턴자각운동Intern Aware'은 졸업생 경력관리 웹사이트인 그래쥬이트 포그Graduate Fog와 더불어 무급 인턴들의 보수 수령을 위해 '정의를 위한 인턴 투쟁Interns Fight for Justice' 캠페인을 개시했다. 그들은 노조의 후원과 법률 자문을 받아 전현직 무급 인턴들이 고용주들을 상대로 고용재판소에 최저임금 반환소송을 제기하도록 지원했다. 그 결과, 2012년 6월 토크백 템즈Talkback Thames(⁺영국의 텔레비전 프로덕션 회사)는 한 프리랜서 스타일리스트의 보조로 3개월간 일한 네 명의 인턴에게 보수를 지급했는데, 그들은 2011년 가을 인기 프로그램 〈더 엑스 팩터The X-Factor〉에서 인턴으로 일한 대가로 최대 3000파운드까지 받아냈다(Greenslade, 2012; de Grunwald, 2012).

앞에서 보았듯이 창조산업의 많은 분야와 직업에 따라붙는 화려함은 돈을 뛰어넘는 매력이 있다. 이 때문에 이 화려한 직업에 대한 접근성에는 심각한 문제가 있는데, "런던에서 자라서 살고 있는 사람들이 (종종 부모의 재정적 지원도 받아) 전국의 대다수 젊은이들보다 더 접근 기회가 많다"(Haddow, 2012). 한 산업의 모든 신참들이 일종의 '도제' 기간을 끝내고 생활이 가능한 임금을 받기까지 장기간 무상으로 또는 아주 저임으로 일해야 하는 상황이라면, 그 산업은 '매력산업'의 본거지인 분주한 도시지역에서 의식주와 교통비용을 감당할 재력이 없는 사람들의 진입을 효과적으로 차단하고 있는 것이다. "신참들이 커리어를 시작할 때 무보수로 일해야 한다는 기대는 저소득층 출신의 근로자들이 직면하는 불리한 점에 추가된다"(Holgate and McKay, 2007: 7).

창조산업 외에도, 이처럼 '공짜 노동', 무급 인턴 및 일련의 경험 쌓기 근무를 요구하는 문화는 은행·기업컨설팅회사·법무법인 등 민간 기업뿐 아니라 정부와 공익 부문에서도 존재해왔다. 이러한 문화는 '인턴자각운동'과 같은 조직적 캠페인 외에도 저널리스트와 정책옹호자들의 비판을 받았다(Malik and Syal, 2011; Perlin, 2011; Heath and Potter, 2011). 활동가 단체들도 그 비판 대열에 동참했는데, 대표적인 예는 런던을 근거지로 주로 예술 부문의 고용 문제를 다루는 '불안정한 근로자 여단Precarious Workers Brigade'과 공적 자금을 받는 문화단체 및 갤러리의 착취 관행에 대해 항의운동을 벌이는 '캐럿워커스 컬렉티브Carrotworkers' Collective'다. 특히 후자는 학생과 신규 예술인 지망생들에게 그들의 권리를 알려주려는 목적으로 매우 익살스러운 삽화들이 실린 『인턴 근무 조사: 예술 분야 공짜 노동 거부하기Surveying Internship: A Counter-Guide to Free Labour in the Arts』(2011)를 발간했다.

기회 균등?

일부 학자는 창조산업 내에 불평등과 여러 형태의 착취가 지속되고 있음을 인정하기를 꺼리는 실무자들이 널리 퍼져 있다고 주장했다. 로절린드 길이 「인생은 피칭이다Life's a Pitch」에서 주장하듯이, 미디어 근로자들 사이의 평등과 불평등은 이른바 "구조적 불평등을 점차 말할 수 없는 구조"에 의해 은폐된다.

이처럼 불평등을 말할 수 없는 구조는 소수인종과 관련해서도 나타난다. 제가 조사한 바로는, 인터뷰 대상자들이 미디어 분야가 오직 실적을 바탕으로 성공을 거두는 "다양하고 평등주의적"인 분야라는 관념에 대해 강한 믿음을 가지고 있는 것이 분명했다. 이로 인해 불평등을 보거나 말하기를 꺼리고 심지어 거부하게 된다(Gill, 2011: 258).

창조산업의 가장 눈에 띄고 화려한 분야에는 모든 직종 가운데서도 백인, 중산층, 남성의 비율이 가장 높다. 짐 프레더릭Jim Frederick이 1990년대 말 미국 잡지출판계의 인종 구성을 설명하면서 적었듯이, "매력산업의 가장 지저분한 비밀 가운데 하나는 핵심 부문에 흑인이 한 명도 없다는 사실이다"(Frederick, 2003). 영국의 상황을 보면, 영화·방송 부문의 공식 훈련기관인 스킬세트가 광범위하게 조사한 결과, 창조 부문 내에 사회적 이동성, 양성 평등, 인종 다양성 면에서 큰 문제가 있다고 지적된다. 특히 전체 노동인구의 9%를 차지하는 흑인, 아시아인 등 소수인종 그룹이 창조산업 취업자의 7%를 차지해 과소 반영되고 있다. 여성의 경우는 더 실망스러운 수치인데, 영국 노동인구의 47%를 차지하는 여성이 창조산업 취업자의 38%를 차지한다(Skillset and CCSkills, 2011: 33). 다른 산업 부문이 여성과 비백인 근로자들에게 더 많은 기회를 제공하는 것으로 보이는데, 이러한 기회에는 유급직 정착, 장기적 커리어 구축, 삶의 변화(예컨대, 자녀 출산)에 대한 적응, 승진에 대한 전망 등이 포함된다(Skillset, 2012: 33~35).

내부 장벽?

영화감독 유사프는 자신의 계급 정체성보다 소수인종 정체성을 공개적으로 내세울 때 사회적으로 더 받아들여지는 것을 느낀다고 말한다.

극빈 환경에서 자란 그는 노동계급이라기보다 하층계급 출신이라고 자신을 규정한다. 그가 느끼기에 이러한 계급 정체성은 사람들이 공개적으로 인정할 수 없는 금기로 남아 있다.

계급이 금기가 되었습니다. 중산층을 열망하는 노동계급은 이제 임금수준이 증가했기 때문에 실제로 자신들이 중산층이라고 생각합니다. …… 그리고 기본적으로 사람들이 입에 올리는 것이 금기시되는 하층계급이 있는데, 그들은 자신이 그 계급에 속한다는 것을 스스로 인정할 수 없습니다. 당신은 사람들과의 대화에서 가끔 나오는 그 문제에 대해 뭐라고 말하겠습니까? 특히 그들이 자신의 가족 정체성을 먼저 이야기하고 당신에게 묻는다면…… 뭐라고 말합니까? 기초수급자라고요? ≪데일리 메일Daily Mail≫이 기초수급자들에게 퍼붓는 독설을 보면서도 그럴 수 있을까요?(유사프, 2012년 인터뷰).

유사프는 이러한 '금기 정체성'이 내부화된 문화적 장벽으로 작용하며 창조산업에서 사람들의 커리어 성취를 막는 요인의 하나라고 본다. 그 첫 번째 이유는 금기 정체성이 문화적 대표성 면에서 거의 소외되어 있다는 것이라고 그는 설명한다. 음악은 소외된 집단의 사람들도 스스로 대표되고 있다고 인식하는 분야이기는 하지만, 다른 미디어, 특히 영화와 텔레비전에서는 그렇지 않다고 유사프는 주장한다.

영화계에는 할 말이 있는 사람들이 많은데, 그들은 현재의 상태에 불만을 느끼고 있습니다. 그래서 그들은 현상 유지의 상징들…… 당신도 아시는 영화계의 아주 창의적인 작품들과 일종의 갈등 관계에 있지요(유사프, 2012년 인터뷰).

따라서 사람들은 우리가 앞에서 논의한 이른바 문지기 장벽에 부딪히고 이를 넘어서기 전에 이러한 내부화된 장벽부터 극복해야 할지 모른다. 유사프는 인도에서 광고사진사로 일하다가 개발 프로젝트를 기록하는 사진사로 일했으며, 이후 영국에 돌아와서는 갤러리와 그림 액자 사업을 시작했다고 말한다. 그러나 그는 영화가 그가 속하지 않는 다른 세계의 것으로 보였기 때문에 영화를 커리어로 고려해본 적이 한 번도 없었다. 그가 처음으로 영화 커리어를 생각해본 것은 한 친구가 기록영화 제작이 창조활동과 정치에 모두 관심이 있는 그에게 잘 맞을 것 같다고 제안했을 때였다. "그렇지만 저는 '그걸 내가 어떻게 하지? 어떻게 그 세계에 입문하지?' 하고 생각했습니다. 성인이 될 때까지 영화계에 진입하는 길이 있으리라고는 생각지도 못했거든요"(유사프, 2012년 인터뷰). 그의 길은 성인 학생으로서 영화 강좌를 수강하는 것이었다. 그는 이 강좌가 영화산업에 뛰어드는 데 중요한 역할을 했다고 말한다.

제 출신 배경에는 영화 문화와 관련된 것이 정말 없습니다. 이제 그 효과는 양면으로 나타납니다. 하나는 교육 측면이고, 다른 하나는 영화산업 진입 경로입니다. …… 영화산업을 제작자 관점에서 이해하면 아는 사람의 도움을 받아 들어가는 길이 보이지요. …… 그건 인맥만으로 될 일이 아닙니다. 말을 얼마나 잘하고 실지로 행동으로 보여줄 수 있는 능력이 있느냐가 관건입니다(유사프, 2012년 인터뷰).

신기술 덕택에 공식적인 미디어 문지기를 거치지 않고도 제작과 배급을 성취하기가 훨씬 더 쉬워졌으며, 유사프는 비메오Vimeo, 유튜브 등과 같은 온라인 동영상 플랫폼에 힘입어 작은 영화제작사가 소셜네트워크사이트를 이용해 과거에는 접근이 불가능했던 관객들까지 도달할 수 있다고 인정한다. 그는 "유튜브가 어떤 면에서는 공정한 경쟁의 장의 만들고 있지만", 대형 프로젝트는 작은 영화제작사 단독으로 성취할 수 없다고 강조하면서, 그 주된 이유로 "대형 프로젝트는 금융이 수반되고 금융을 끌어들이는 것은 영화산업과 영화계의 문화에 대한 이해 및 접근 가능성 − 이해하는 것뿐 아니라 어떻게든 그 속에서 어울리는 것 − 을 의미"한다는 점을 든다.

→ 문화자본

교육, 지식, 그리고 문화적 참조목록에 자신이 있을 정도로 친숙하다는 것은 일종의 부(wealth)다 . 이것은 우리가 공교육과 학위를 통해 그리고 경험, 인맥, 사교적 기량을 통해 투자하는 자산이다. 사실 부르디외는 네 가지 자본, 즉 경제자본(현금, 자산, 신용 등 경제적 자원의 통제), 사회자본(소속된 단체, 지원 네트워크 및 '인맥'에 근거한 자원), 문화자본(지식, 기량 및 교육) 그리고 상징자본(축적된 신망, 명예 따위)을 구분했다. 이 네 가지 자본은 각각 다른 형태의 '투자'를 요한다. 문화자본을 형성하기 위해 교육에 투자하고, 사회자본을 형성하기 위해 네트워킹에 ─ "인맥과 영향력 있는 친구는 커리어 성공에 매우 중요하므로"(Lane, 2000: 152) ─ 투자한다.

이러한 의미에서 계급은 단순히 돈과 관련된 '가진 자'와 '못 가진 자'가 아니다. 그 대신에 계급은 사람·장소·사물의 구별을 복합적으로 나타낸다. 이러한 구별에는 예를 들어 특정한 상점에서 구매할 능력, 일정 유형의 자동차를 굴릴 능력, 일정 구역에 거주할 능력 등과 같이 경제적 구별이 포함된다. 사회적·문화적 구별은 우리가 누구를 알고 누구를 모르느냐와 관련이 있으며, 우리의 지식·교육·기량과도 관련된다. 우리가 사회적·문화적 구별을 항상 의식하면서 하는 것은 아니며, 그러한 구별은 어울리는지 여부에 대한 우리의 느낌 속에 들어 있다. 가끔 우리가 이러한 구별을 의식적으로, 피부로 아는 경우는 어떤 장소에서 "내가 있을 자리가 아니라고 느낄" 때다. 거꾸로 우리는 취미나 활동을 통해 우리 자신을 표현하는 식으로, 라이프스타일을 통해 우리의 사회적 위치를 자리매김한다(Bourdieu, 1985; Holt, 1997; Prieur and Savage, 2011; Savage and Gayo, 2011). 우리가 그러한 사회적·문화적 구별을 어떻게 조정하느냐, 그리고 우리가 어디에 '속하는'지를 어떻게 아느냐를 가리켜 부르디외는 체질(habitus)이라고 불렀다. "때때로 '게임 감각', '실전 감각'으로 표현되는 체질은 사람들이 사회화의 결과 특정한 환경에서 특정한 방식으로 행동하는 경향이 있음을 개념화한다(Blair, 2009: 121). 좀 더 쉽게 말해서 문화자본이 언어와 같은 것이라면, 체질은 그 언어를 말하는 유창함이자 다른 화자들과 어울릴 수 있는 능력이다. 문화자본은 특정한 도구의 사용법을 아는 것과 같이 정황에 따라 상대적 가치를 지닌다. 게임 개발자로 일하는 사람에게는 프로그래밍 언어의 습득이 중요하지만, 방송 커미셔너로 일하는 사람에게는 현대 영화·텔레비전에 관한 폭넓은 지식이 필요할 것이다. 그러나

어울림: 어떻게 '클럽에 가입'할 것인가

여기서 유사프는 기술적·미학적 기량 취득뿐 아니라, 피에르 부르디외Pierre Bourdieu의 저술(Bourdieu, 1990)에서 나온 개념인 이른바 **문화자본**cultural capital에 관해서도 이야기한다. 문화자본은 공식 교육의 문제인 동시에 폭넓은 문화적 '유창함', 즉 높이 평가되고 유명한 일련의 문화적 참조목록과 친숙하고 그에 관해 이야기할 지식을 보유하는 문제다. '올드보이들의 네트워크old boys' network'가 여기서 제기되는 일부 이슈 ─ 예컨대, 네트워크 포함 여부가 어떻게 경제적으로만이 아니라 문화적으로도 작동하는가 ─ 를 예시적으로 설명한다. 원래 영국에서 유래한 이 용어는 이튼Eaton, 말버러Marlborough, 웨스트민스터Westminster 등과 같은 사립 ─ 즉, 수업료를 내는 ─ 학교 (남자)졸업생들의 비공식 네트워크를 가리키는 데 사용되었다. '이튼 출신', '말버러 출신', '웨스트민스터 출신' 등으로 불리는 이들은 함께 대학교(주로 옥스퍼드나 캠브리지)에 진학하고 이후 정계, 정부고위직 및 전문직에 진출했다. 20세기 후반에 들어 이들은 공영(주로 BBC)·민영 미디어기관에서 많은 직책을 차지했다. 고용주가 된 '올드보이들'의 자연스러운 본능은 그들과 같은 사람, 즉 같은 시스템을 거쳐 가치를 공유하고 기꺼이 교제하고 싶은 사람을 고용하는 것이었다.

그러나 이러한 진입 장벽의 영향을 과장하지 않는 것이 중요한데, 그런 장벽이 존재하기는 하지만 절대적인 것도 아니고 극복할 수 없는 것도 아

그러한 자격·지식·기량을 갖추고 있다는 것과 한 개인이 어떻게 그것들을 개인적으로나 직업적으로 실전에 써먹는가는 별개의 문제다. 이것이 바로 체질 개념이, 어떤 이는 플로어에서 춤추지만 다른 어떤 이는 구경만 하거나 아예 문지기에 의해 입장을 제지당하는, 포함과 배제의 사회적 관행을 식별하는 데 아주 유용한 이유다.

추천 문헌: Jeremy Lane, *Pierre Bourdieu: A Critical Introduction* (2000).

니기 때문이다. 홀게이트Jane Holgate와 매케이 Sonia McKay가 오디오비주얼 산업에서 채용과 고용을 막는 제도적 장벽에 관한 연구를 통해 밝혔듯이, 이 분야의 연구는 고용을 확보하는 데 좋은 인맥이 중요함을 끊임없이 지적한다. "비공식 채용 방법은 여전히 산업 내에서 널리 쓰이고 있으며, 올드보이들의 네트워크가 일부에게 이득이 되고 다른 일부에게는 손해가 되게 작용한다는 인식을 강화한다." 그러나 이는 이러한 소수 '올드보이들'을 알지 못하고서는 진입할 길이 없다는 뜻은 아니다. 홀게이트와 매케이가 조사한 바에 따르면, "흑인과 소수인종 근로자들은 백인보다 현재의 일자리를 찾는 데 친구(35% 대 28%)와 입소문(27% 대 18%)을 더 많이 활용했다"(Holgate and McKay, 2007: 6). 반면 영화·TV산업에 관한 최근 연구에 따르면, 흑인과 소수인종 근로자들이 일자리를 찾는 데 사회적 네트워크를 활용하는 것은 맞지만, 이들의 네트워크는 백인 근로자들의 네트워크보다 낮은 수준의 일자리를 제공하는 경향이 있다(Grugulis and Stoyanova, 2012).

차별은 미묘하게 작용하는 것으로 보인다. 조지나 본이 그녀의 저술에서 인용한 BBC의 한 흑인 간부는 1996년 인터뷰에서 1990년대에 기회균등정책의 시행과 더불어 인종·민족·성에 따른 공공연한 차별이 불법화되고 사회적으로도 용납되지 않게 되자, 더 미묘한 다른 형태의 불평등이 스며들었다고 말했다.

BBC에서 올드보이 네트워크의 전통은 그와 똑같이 엘리트주의적인 데다 배타적인 젊은 귀재들의 문화가 되었다. 사람들이 선호하는 어떤 기량을 공유하면 동호회 같은 분위기가 형성된다. 예를 들면, 보고서를 작성할 때 버트(당시 BBC 사장)와 경영고문들이 좋아하는 식으로 중요 사항만 기술하는가, 아니면 읽을 가치가 있는 것을 모두 기술하는가? 평등한 기회의 장에서도 많은 업무가 이러한 측면의 기업문화 위에서 수행되었다. 이는 준거 틀을 공유하여 장황한 설명이 필요 없는 사람들끼리 편안함을 느끼는 방식인데, 문제

→ 연성 기량과 경성 기량

독서와 작문, 커뮤니케이션, 문제해결, 정리정돈, 사람 다루기 등의 기량과 같이 널리 유용한 기량과, 흔히 특정 산업이나 부문과 밀접하게 연계된 좀 더 기술적인 전문 기량 사이에 구별이 이루어질 때가 가끔 있다. 전자의 연성 기량은 직종을 바꿀 때도 갖고 갈 수 있으며 모든 전문분야에서 소중하게 쓰인다. 다양한 유형의 서비스가 연성 기량에 의존한다. 특히 고객을 직접 상대하고 다루는 '감정 노동'이 그러한 서비스인데, 이러한 형태의 노동은 창조산업 내의 다수 직종에 직접 적용된다(Hesmondhalgh and Baker, 2008; Horchschild, 2003). 그러나 흔히 경성 기량이 경제적으로 더 가치가 있다고 보는데, 그것은 경성 기량이 컴퓨터 프로그래밍, 회계, 비행술 등과 같이 구체적 직무나 고용 유형과 직접 관련되기 때문이다. 그러나 이 장에서 보듯이, 창조산업에서 성공과 실패를 가르는 것은 사실 연성 기량인 경우가 많다.

는 그러한 문화적 준거 틀이 실은 그들 자신의 민족성이나 성(젠더)과 관련된 것이라는 점이다(Born, 2004: 207~208).

본의 인터뷰에 응한 이 흑인 간부가 가리키는 아주 흥미로운 대목은 이처럼 미묘한 수준에서 어떻게 계급 구별이 드러나는가, 즉 문서를 보고하는 스타일처럼 아주 부수적인 것이 그 문서를 수용하는 태도에 (또는 도대체 그 문서를 읽거나 하는지 여부) 영향을 미칠 수 있다는 점이다. 또한 교육, 매너, 습관, 취향 등과 같은 문화적·사회적 '중산층 표지'가 방송계에서 인기 있는 대부분의 직종에 상당한 진입 장벽으로 작용한다(Grugulis and Stoyanova, 2012).

유사프는 외관상 작은 문화적 차이가 그런 데서 모자라는 신참들, 특히 체질이 주류의 그것과 다른 신참들에게는 큰 타격을 초래할 수 있다고 말한다. 그 예로서 유사프는 정치가 미묘하게 작용하는 비공식 채용을 드는데, 말하자면 프리랜서와 포트폴리오 근로자들은 평소에 인맥 관리를 확실히 해야 한다는 것이다. 무슨 이유에서든 ─ 대개는 다른 데서 일감을 얻었기 때문에 ─ 일을 거절할 경우, 당신 대신에 그 일을 해줄 수 있는 사람을 당신의 사적 네트워크 속에서 찾아라. 그러면 당신의 인맥은 나중에 더 많은 일감을 당신에게 안겨줄 것이다. 유사프의 말대로 "이는 당신을 해칠 수 있는 잔해를 남기지 않는 것"이다. 그는 이를 파악하는 데 애를 먹는 일부 신참들을 보았다고 말한다.

영화산업에 들어오려는 일부 젊은이들은 건너온 다리를 불태웁니다. …… 사람들은 당신이 골칫덩이라고 생각하면 당신을 쳐다보지도 않는 법이지요 (유사프, 2012년 인터뷰).

동료 직원들에게 "나는 골칫덩이도 아니고 사이좋게 지내기 힘든 사람도 아니"라는 것을 보여주는 행동은 그 자체가 중요한 **연성 기량**soft skill이다. 특히 새롭게 직책이나 기회를 맡은 사람은 첫 인상이 매우 중요하고 작은 위반으로 쉽게 해고될 수 있기 때문에 더욱 그러하다.

신분 문제

그러한 연성 기량, 즉 자산은 시시한 업무라도 자존심을 상하지 않고 담당할 수 있는 충분한 사회적 자신감을 준다. 별다른 특혜를 누리지 않고 주어진 일을 받아들이며 일해온 사람이라면 임시로 시시한 직책을 맡을 때 대체로 자괴감을 느끼지 않을 수 있다. "사람들에게 물건 갖다주기, 물건 나르기, 차 만들기, 점심 준비하기 같은 것들은 좋게 말해서 약간 모멸적이에요. 최악의 경우는 사람들이 쉴 새 없이 당신한테 소리를 지르고 결코 자기 당신 잘못일 수 없는 일로 당신을 나무라는 것이에요."(샐레인, 2011년 인터뷰). 그러나 유사프로서는 이것을 쉽게 받아들이지 못했다. 그는 이미 하층계급 신분의 위치에서 벗어나고 있다고 느꼈기 때문에 보통 러너 위치의 사람에게는 주어지지 않는 수준의 존중을 고집한 것 같다. 유사프의 말에 따르면, 만일 교육이나 가족 배경을 통해 이미 문화자본을 축적했다면 이런 문제가 덜 생길 것이다.

학위를 가지고 있다면 일정 수준의 자신감도 가지고 있을 겁니다. 다른 일을 실제로 할 수 있다는 자신감과 확신을 가지고 있을 거예요. …… 하지만 그런 수준의 자신감, 그런 수준의 성취와 사회적 지위에서 출발하는 게 아니라면 심부름하러 가야지요. 누군가 "가서 저것 좀 가져와"라고 말하고…… 이것은 결국 신분관계로 귀결되기 때문에 아주 복잡한 문제예요. …… 저는 러너는 안 했어요. 딱 한 번 심부름했는데, 잘 받아들여지지 않더라고요. …… 심부름이 싫었어요(유사프, 2012년 인터뷰).

물론 떠돌이 영화제작자인 유사프의 사례가 보여주듯이, 창조산업의 여러 가지 기회불균등은 완전히 개선이 불가능한 것은 아니며 영화 제작, 영화대본 쓰기, 서적 출판, 광고 캠페인 감독 등을 열망하는 모든 사람을 조직적으로 배척하지도 않는다. 인터뷰를 기반으로 광고계 경력직을 조사한 최근의 한 연구에 따르면, '노동계급'이라고 스스로 밝힌 창조인들은 광고업계에 진입하면서 경제적·사회적·문화적 장벽을 극복해야 했다. 그러나 그들이 일단 '안쪽으로' 들어온 후에는 "사회적 계급의 영향이 미미했는데, 그것은 그들이 가진 문화자본의 독특한 가치와 그동안 축적한 사회자본 덕분이었다"(McLeod, O'Donohoe and Townley, 2009).

어느 전문직 부문이든 신참은 여러 가지 방해와 도전에 부딪힐 것임을 명심해야 한다. 창조산업에는 화려한 직종이 확실히 많기 때문에 자신의 운, 재능, 기량을 열심히 시험하는 신참들의 공급이 넘친다. 우리는 산업·근로 문화가 어떻게 근로자 만족과 생산성의 중요한 요인으로 작용하는지를 보았다. 우리가 네트워킹을 조사한 바에 따르면, 산업·근로문화는 사람들이 일을 찾는 데도 긴요하다. 또한 바로 그 문화가 근로자들에게 불만과 정말 심한 고충을 야기할 수도 있다. 행동, 취향, 스타일과 관련한 불문율은 그들이 발전하고 커리어 사다리를 타고 올라가는 능력과 심지어 취업 능력까지 제약할 수 있다. 그럼에도 우리는 그러한 구조적 불평등이 창조산업에 내재함을 인식하는 한편, 그것을 극복할 수 있다는 것도 기억해야 한다.

요약

우리는 이 장에서 창조산업의 근로문화와 근로루틴을 검토했다. 특히 우리는 장기 고용과 단기적인 프리랜서 활동 또는 포트폴리오 근로의 차이점을 살피고 그러한 차이점이 창조노동시장에 있는 실무자들에게 어떻게 나타나는가를 보았다. 창조산업 근로문화의 뚜렷한 특징 가운데 하나는 네트워킹, 즉 신참과 계절 전문직에게 요구되는 직업적 인맥의 구축과 유지다. 끝으로 우리는 창조산업의 근로 세계에 진입하는 데 특별한 문화적·사회적 장벽이 존재하는지 여부를 검토했으며, 특히 민족성과 성, 계급과 관련된 경험에 주목했다.

읽을거리

Ball, Linda, Emma Pollard, Nick Stanley and Joy Oakley. 2010. *Creative Career Stories: Creative Graduates, Creative futures*. London: University of Arts.
최근 예술 분야 졸업생들의 구직시장 경험에 관한 인터뷰. 다음에서 내려받을 수 있다.
www.employment-studies.co.uk/policy/report.php?id= 477.

Carrotworkers Collective. 2011. *Surveying Internship: A Counter Guide to Free Labour In the Arts*. London: Carrotworkers Collective.
예술 분야의 잠재적 인턴을 위한 재치 있고 논쟁적인 '안내서'. 다음에서 내려받을 수 있다.
http://carrotworkers.files.wordpress.com/2009/03/cw_web.pdf.

Gill, Rosalind. 2007. *Technobohemians or the New Cybertariat? New Media Work in Amsterdam a Decade after the Web*. Network Notebooks. Amsterdam: Institute of Network Cultures.
암스테르담 내 '웹 근로자들'과의 인터뷰를 바탕으로 한 비판적 연구서로서 영향력이 있으며 인터뷰 내용을 폭넓게 인용한다. 다음에서 내려받을 수 있다.
http://networkcultures.org/wpmu/portal/publications/network-notebook/technobohemins-or-the-new-cybertariat/

Healy, Ros, Ewa Mazierska and Georgina Gregory. 2008. *Careers in Media and Film: The Essential Guide*. London: Sage.
미디어 프로덕션의 수많은 역할, 책임 및 직무 이름을 이해하는 데 좋은 참고문헌이다.

Hesmondhalph, David and Sarah Baker. 2011. *Creative Labour: Media work in Three Cultural Industries*. London: Routledge.
인터뷰와 참여관찰을 기초로 5~7장에서 젊은 근로자들이 창조노동시장에서 직면하는 어려움을 구체적으로 서술한다.

McKinlay, Alan and Chris Smith, eds. 2009. *Creative Labour: Working in the Creative Industries. Critical Perspective on Work and Employment*. Basingstoke: Palgrave Macmillan.
특히 제7장("I don't Know Where You Learn Them: Skills in Film and TV" by Irena Grugulis and Dimitrinka Stoyanova)을 참조할 것.

Rabin Steve. 2010. *Introduction to Game Development*. Boston, MA: Cengage Learning.
게임산업 전문인들이 게임 개발의 여러 측면을 설계와 작성부터 프로그래밍, 영업, 생산에 이르기까지 소개한다.

Richmond, Siubhan. 2012. *An Expert's Guide to Getting into TV*. e-book. London: Siubhan Richmond.
리치먼드 자신의 경험을 바탕으로 어떻게 TV 업계에 진입할 것인가를 이해하기 쉽게 쓴 전자책이다. 저자의 트위터 피드: @ShuRichmond.

Sharp, Elsa. 2009. *How to Get a Job in Television: Build Your Career from Runner to Series Producer*. London: A&C Black.
TV산업의 역할, 용어 및 표준 관행에 관한 간략한 안내서.

Shih, Clara. 2011. *The Facebook Era: Tapping Online Social Networks to Market, Sell and Innovate*. Boston, MA: Pearson.
이 책은 마케팅에 관한 책이지만, 개인의 커리어, 자기 홍보 및 SNS 사용에 관해 약간의 조언을 포함하고 있다.

제2부

생산과
생산물의 유통

어떻게 아이디어가 창조생산물이 되는가? 어떻게 아이디어가 설계자의 머릿속에서 나와 상점 선반까지 여행하는가, 또는 작가와 프로듀서의 대화에서 비롯되어 전파를 타는가? 어떻게 음악가가 혼자 흥얼거린 멜로디가 누군가의 MP3 플레이어에 다운로드까지 되는가? 어떤 사람·장소·활동이 창조생산물의 생산과 유통에 관여하는가? 그리고 우리가 말하는 '생산물'은 정확히 무엇을 의미하는가? 이것들이 우리가 답하려는 질문의 일부다.

제6장은 창조산업이 만들어내는 유형 생산물과 무형 생산물이 어떤 것인지, 그리고 그 생산물을 어떻게 네 개의 주요 범주, 즉 창조원조품, 창조콘텐츠, 창조경험, 창조서비스로 분류할 수 있는지를 검토한다. 이 각각의 범주는 디자이너 패션, 디즈니랜드, 잡지 ≪바이스≫와 ≪모노클≫, 댄스음악 제작 등의 보기를 통해 설명된다.

이러한 지식을 배경으로 제7장은 생산자 자신의 관점에서, 동물성 자재가 들어가지 않는 신발 설계하기, 카자흐스탄에서 다큐멘터리 제작하기, 디킨슨의 미완성 소설을 텔레비전용으로 개작하기, 음악가들이 어떻게 돈을 버는가 하는 영원한 문제 등을 통해 창조연구와 창조개발, 창조생산의 복잡성을 살펴본다.

끝으로 제8장은 유통, 즉 창조제품과 창조서비스가 어떻게 출시되고 배급되는지를 살펴본다. 창조인들의 아이디어와 솜씨에서 시작하여 대량시장 소비자들이 벌리는 손에 들어가기까지는 긴 여정이다.

6

창조생산자와 생산물

창조산업에서 일하는 사람들이 만드는 (또는 창조하는) 것은 무엇인가? 먼저 우리는 모든 생산노동이 만지고 보고 듣고 맛볼 수 있는 유형적 인 공물을 창조하는 것은 아니라는 점을 기억해야 한다. 디자이너 조너선 샌즈Jonathan Sands는 창조산업의 일이 수반하는 것에 대해 간결한 정의 를 내린다. "하루 일이 끝나면 아침에 도착했을 때 존재하지 않았던 어 떤 것이 있어야 한다"(Wright et al., 2009: 79). 이 새로운 것은 모종의 개 인적 창조표현일 수 있지만, 창조하는 데 오랜 시간이 걸리는 더욱 복합 적이고 협동적인 노력의 형태 — 예컨대 영화나 컴퓨터게임, 제7장에서 검 토한다 — 를 취할 수도 있으며, 아니면 일종의 경험이나 누군가가 수행 하는 창조서비스일 수도 있다.

창조상품과 서비스: 유형과 무형

창조산업이 무엇을 만드는지, 그리고 누가 창조산업에서 일한다고 말할 수 있는지를 정의하고 이해하는 데는 여러 가지 방식이 있다. 이들 분류법은 고정된 것이 아니며, 끊임없이 변화와 발전을 겪고 있는 경제 부문을 더 잘 이해하려는 시도임을 명심하는 것이 중요하다. 새로운 기술, 추세, 유행과 비즈니스가 항상 등장해 창조산업을 애매모호한 연구 대상으로 만든다.

창조산업이라는 큰 우산 아래에 모을 수 있는 창조·문화 활동은 매우 다양하게 존재한다. 이는 각국 정부 또는 정책결정자, 유엔과 같은 국제기구가 감당할 도전과제다. 창조산업의 직종과 생산물이 단순히 부유한 선진국들의 사치가 아니라, 정반대로 제1장에서 이미 보았듯이 전 세계적으로 중요한 경제발전 영역이라는 점을 이해하는 것이 중요하다. 이러한 큰 다양성을 하나의 이유로 삼아, 영국 국립과학기술예술재단 NESTA이 창조산업에서 수행되는 일의 종류에 대해 한 분류법을 제시했다. 우리는 최종생산물(예컨대 영화, 가이드 여행)을 살피는 대신에 창조성을 추구하는 스타일이나 방식에 따라 창조산업을 네 가지, 즉 창조원조품 생산자, 창조콘텐츠 생산자, 창조경험 생산자, 창조서비스 생산자로 나누는 NESTA 분류법을 따른다(NESTA, 2006: 54~55).

창조원조품 생산자

진기하고 독특한 원본을 만들거나 거래하는 사람들이 이 범주에 들어가는데, 대표적인 창조원조품 생산자에는 공예가, 비주얼 아티스트, 디자이너 메이커(예컨대 의류) 등이 포함된다. 창조원조품 생산자의 작업은 사람들이 그것에 창조적·문화적 가치가 있다고 보기 때문에 ─ "그의 작품은 독점적인 진품이다", "이런 작품은 소규모로 단 한 번이나 제한된 횟수로 생산되며, 예술가나 장인이 만든다" ─ 소중하다.

디자이너 패션 컬렉션 만들기

크리스토퍼와 해나는 런던 이스트엔드에 근거지를 두고 작고 독립적인 패션 레이블을 운영한다. 그들은 1년에 두 번(봄/여름과 가을/겨울)의 컬렉션을 생산하는데, 패턴과 디자인은 직접 하고 제조는 외주를 준다. 그들은 '현대 시장의 최상류층'을 겨냥해 여성 의류를 디자인한다.

크리스토퍼는 자신의 회사가 옷을 직접 소매하지 않기 때문에 회사가 만드는 의류를 정확히 누가 사는지 모른다. 그는 자신들의 전형적 고객이, 디자인을 평가해서 독특한 물건에 기꺼이 투자하는 전문직 여성일 것이라고 생각한다. "우리 옷을 사는 여성은 아마 창조산업이나 사무실에서 일하는 사람일 겁니다. 옷 하나 사는 데 조금 저축하면 되겠지요. 그러나 틀림없이 아주 부자는 아닐 겁니다. 어쩌면 그럴지도 모르지만요. 우리의 브랜드 포지셔닝을 가늠하기는 까다로운데, 옷가게에서 우리 옷을 사가고 우리는 직접 소매하지 않기 때문입니다. 우리가 소비자를 만날 일이 없지요. 우리는 구매자가 누군지 일부 피드백을 받는데, 리한나가 몇 점 샀다고 하고, 다른 팝스타와 배우들도 있어요. 그러고는 쭉 내려가서, 블로그나 어디에서 본 특별한 물건을 사기 위해 저축하는 여성들이지요"(Christopher, 2012).

최초의 디자인 아이디어에서 패션 스토어에서 판매되는 완성품에 이르는 과정을 지배하는 것은 패션업계의 계절적인 주기, 즉 가을/겨울이나 봄/여름에 맞는 의상 컬렉션이다. 어느 의미에서 패션 디자이너의 '제품'은 개별 의상이라기보다 컬렉션이다.

크리스토퍼에 따르면, 각 컬렉션은 조사 단계에서 출발하는데, 그것은 다른 창조산업 분야에서는 개발이라고 부르는 활동이다(제7장 참조).

먼저 우리는 이미지를 죽 훑는데, 우리가 좋아하는 것, 느낌이 강하게 오는 것을 훑어요. 그러고는 원단 조사에 들어가는데, 우리한테 맞는 원단 공장을 물색하고 그 밖에 여러 가지 관심품목의 공급처를 찾지요. 그다음은 디자인 단계인데, 컬렉션의 구체적 모습과 룩을 만들기 시작하고 밑그림을 그려요. 계속해서, 만들고 싶은 의상을 더 자세하게 그리지요. 이때 어떤 룩이 서로 어울릴까, 어떻게 일관된 컬렉션을 만들까를 고려해요. 그러고는 샘플 제작에 들어가는데, 새로운 패턴을 만들고 재사용하고 싶은 지난 시즌의 패턴을

변용합니다. 먼저 거친 무명 원단으로 만들어보고 — 이때의 버전을 캘리코
calico라고 부르는데 — 만족스러우면 진짜 원단, 즉 투알toiles로 만들지요.
그러면 첫 샘플이 탄생해서 우리가 가는 방향이 실제로 맞는 것인지 살펴요.
상황에 따라 2차 수정이 필요하지만 대개는 1차로 끝내지요. 그렇게 컬렉션
은 꾸준히 커지고 '패션 위크Fashion Week' 행사를 향해 갑니다(크리스토퍼,
2012년 인터뷰).

가을/겨울 컬렉션은 2월부터 3월 초까지 뉴욕, 런던, 밀라노, 파리의
4대 주요 '패션 위크'에서 전시된다.

우리는 '패션 위크'를 앞두고 사진사를 불러 화보를 촬영하는데요. 이때 우리
가 표현하고 싶은 식으로 룩을 다듬어요. 이후 일반적으로 패션쇼나 발표회
를 하거나 아니면 판매가 이루어지는 무역박람회나 전시실로 바로 가져가지
요. 우리는 발표회를 하고, 곧이어 판매를 시작해요. 옷가게들이 예약하러
와서 물건을 고르고 구매하는데, 저 재킷 5개, 저 점퍼 10개 등으로 수량을
선택해요.

그들은 패션 바이어들이 컬렉션 중에서 개별 구매 품목을 선정한 다
음에 비로소 생산에 들어간다.

판매 시즌이 끝나면 모든 주문을 모아서 제조업자를 찾기 시작해요. 이때 필
요한 물량과 품질 등을 고려해서 스타일별로 맞는 제조업자를 물색하지요.
맞춤형 재킷과 스웨트 셔츠는 서로 다른 제조업자한테 가요. 이건 원단을 주
문해서 제작하는 꽤 긴 과정이에요. 이 과정이 끝나고 제조업자로부터 모든
걸 받으면, 품질 검사와 포장을 거쳐 주문한 가게에 배송합니다.

이는 각 컬렉션마다 생산에 들어가지 않는 부분이 있다는 것을 의미
한다. 크리스토퍼는 이것이 패션업계에만 해당하는 것은 아니라고 지적
하면서 최초의 디자인이 출시되는 비율에 관해 경험법칙을 말한다. "전

체 제품 가운데 6% 정도가 매출의 30~50%를 차지하고, 그다음의 25%가 30%를 차지해요. 이건 제조업 전반에 공통됩니다. 매출액의 2%에 해당하는 컬렉션의 약 30%는 보여주기 위해 보유할 필요가 있지만 주문은 들어오지 않는 물건들이지요."

판매는 3월 말까지만 진행하고, 그 이후에는 주문서를 덮고 원단 주문 등 생산에 들어갑니다. 원단을 확보하는 데 대개 한 달이 걸리고 해서 생산이 진행되는 것은 5월 초부터 6월 말이나 7월 초까지예요. 늘 작업이 지연되고 일이 잘못되는 바람에 제품 선적은 보통 7월 중순경 이루어지지요. 그게 바로 가을/겨울 컬렉션인데, 7월 말과 8월 초에 걸쳐 조금씩 입고됩니다.

한 컬렉션이 전시되고 생산되는 동안 다음 컬렉션이 이미 설계되고 있다. 9월 초에는 봄/여름 컬렉션을 위한 '패션 위크'가 다시 시작된다. 3월 '패션 위크' 직후 인터뷰에 응한 크리스토퍼는 다음과 같이 설명했다. "지금은 긴 시즌이지만, 봄/여름 컬렉션은 짧은 시즌이에요. 10월 중순에는 주문서를 마감하고 11월부터 12월 중순까지 생산하지요. 제조업체는 크리스마스와 새해 휴가 기간에 쉬어요. 그리고 1월 중순에 옷가게로 물건을 내보내지요. 그래서 기간이 무척 짧아요. 그리고 그동안에 새 컬렉션을 시작해서 2월 중에 완성해야 하지요"(크리스토퍼, 2012년 인터뷰).

창조콘텐츠 생산자

여러 가지 미디어를 위한 콘텐츠 생산자를 망라하는 이 범주에는 영화, 방송(TV, 라디오), 출판, 음반, 대화형 미디어(게임, 모바일 앱, 온라인 미디어) 등의 분야에서 일하는 사람들이 포함된다. 창조콘텐츠를 만드는 기업은 지적재산도 창출한다. 보통 이 지적재산은 저작권에 의한 보호를 받으며 대규모로 일반 대중에게 배포된다. 이러한 생산에 따른 수입은 대체로 상당한 초기 투자가 이루어진 후에 판매나 광고, 구독을 통해 들어온다. 창조콘텐츠 생산자는 "수입 발생에 앞서 창조프로젝트를 개발하기 위해 자본을 선행 투자한다. 전형적인 창조콘텐츠 기업에는 영화·텔레비전·연극 프로덕션 회사, 컴퓨터·비디오게임 개발 스튜디오, 음반회사, 서적·잡지 출판사, 패션 디자이너 등이 포함된다"(NESTA, 2006: 54).

창조원초품과 창조콘텐츠는 흔히 힘든 개발 과정을 거치는 새로운 지적재산의 창출과 기존 지적재산의 활용을 모두 수반한다(제7장 참조). 일부 기업은 프로젝트 단위로 작업하며 각각의 경우에 무에서 시작한다(예컨대, TV 프로덕션 회사는 각 프로젝트를 새로운 대본을 가지고 작업한다). 다른 일부 기업은 기존의 작업 성과 위에서 이미 보유하고 있는 지적재산을 활용하는데, 예를 들어 패션 디자이너는 이전의 아이디어와 생산 라인을 고쳐서 새롭게 반복한다.

잡지 출판: 콘텐츠에 승부를 거는 ≪바이스≫와 ≪모노클≫

얼핏 보기에, 잡지 ≪바이스Vice≫와 ≪모노클Monocle≫처럼 미디어 특성이 서로 다른 사례는 찾기 어려워 보인다. ≪바이스≫는 청년·패션 브랜드로서 다소 거친 느낌의 길거리 사진과 DIY do-it-yourself 패션의 미학을 담으면서 주류 매체가 다루는 주제와 보도 스타일을 피하는 저널리스트 기사를 싣는다. 멋진 디자인과 스타일을 자랑하는 ≪모노클≫은 모든 사진을 사내 인력으로 제작하며, 전 세계에 통신원 네트워크를 가지고 국제 비즈니스 종사자들에게 시사 문제(특히 상업, 운송 및 인프라)와 패션·스타일에 관한 최신 정보를 제공한다. 그러나 ≪바이스≫에 나오는 껄렁한 불량아들과 ≪모노클≫에 실리는 단정한 성인들 사이에 놀랍도록 유사성이 있는데, 우리는 두 잡지의 스타일 차이는 제쳐두고 두 브랜드가 모두 콘텐츠 – 둘 다 온라인과 방송 채널을 통해 인쇄물·오디오·비디오를 제공한다 – 에 초점을 맞추는 점을 주목한다.

≪바이스≫와 ≪모노클≫은 콘텐츠와 강력한 브랜드 정체성이 플랫

폼을 가리지 않고 모든 미디어 기업의 요체임을 잘 보여준다. 2007년에 창간된 ≪모노클≫은 사회 통념에 따르면 망했어야 한다. 여러 재질의 종이에 인쇄되고, 작은 노트북 또는 태블릿 컴퓨터보다 더 무거우며 가격이 문고판 서적 수준인 ≪모노클≫은 처음에는 값만 비싼 엉터리로 보였으며 오래가지 못할 것으로 예측되었다(Rushton, 2008; Bell, 2010). ≪모노클≫의 소유주 겸 편집장인 타일러 브륄레Tyler Brûlé는 인쇄 브랜드에 투자함으로써 잡지 출판의 디지털화 흐름에 역행했다. 기사 범위가 글로벌한 ≪모노클≫은 전 세계에 통신원(또는 '지국')을 두고 스타일, 비즈니스, 시사 문제에 초점을 맞춤으로써 ≪GQ≫(⁺미국의 남성 패션 잡지)와 ≪이코노미스트The Economist≫ 사이의 틈새를 차지했다.

≪모노클≫은 편집팀이 잉크와 종이, 심지어 인쇄된 잡지의 냄새에까지(Larocca, 2010) 집착하면서도 사회 통념상의 잡지 내용을 훨씬 뛰어넘는 콘텐츠를 생산한다. ≪모노클≫은 〈모노클 24〉라는 웹기반 라디오 프로그램('모노클 위클리Monocle Weekly' 팟캐스트에서 발전한 것)을 인터뷰, 르포, 음악, 뉴스 – 종종 사내 작가와 편집자가 출연한다 – 등과 함께 웹사이트를 통해 통합적으로 제공한다. 블룸버그Blumberg 네트워크로 송출되는 '모노클 TV'는 한 시간짜리 주간 프로그램으로서 전 세계 통신원들이 잡지 스타일로 보도하는 것이 특색인데, 텔레비전 뉴스 채널이 숨 가쁘게 보도하는 방식과 달리 여유 있게 분석하는 분위기로 전달한다. 브륄레는 '모노클 TV'를 개국하면서 "점잖고 유익하고 좋은 시청이 될 것이며, 좀 더 우아한 텔레비전 시대로 복귀하는 사례가 되기를 희망"한다고 말했다(Larocca, 2010). 잡지 외에도, 전 세계에 산재한 모노클 소매점 – 주로 모노클 지국 사무실 근처에 있다 – 이 잡지 속에서 광고된 액세서리와 디자이너 여행상품을 판매한다. 끝으로 브륄레는 출판, 라디오, 텔레비전, 소매 외에도 브랜딩 및 광고 에이전시 '윙크리에이티브Winkreative'의 회장이자 창조감독인데, 이 회사는 런던, 뉴욕, 도쿄, 취리히, 홍콩에서 모노클과 사무실을 공유한다. "윙크리에이티브는 브륄레가 2002년에 설립한 스위스 지주회사 '윙코프Winkorp'가 전액 출자한 자회사다. 윙코프가 모노클의 지분 70%를 보유하고, 나머지 30%

는 유럽의 다섯 개 부호 가문이 보유하고 있다. 이들 가문은 지금까지 모노클을 멀티플랫폼 글로벌 브랜드로 전환시키려고 모색하는 브륄레에게 환호하고 있다"(Dumenco, 2011).

잡지 ≪바이스≫는 1994년 지방정부로부터 자금을 일부 지원받아 지역사회를 지향하며 '몬트리올의 소리Voice of Montreal'라는 이름으로 탄생했다. 1996년 제호 변경과 소유권 변동이 있은 후, ≪바이스≫는 국제적인 잡지로 성장해 패션 소매업자들을 통해 무료로 배포되었으며, 유행을 민감하게 따르는 젊은이들에게 음악·패션·문화의 추세를 안내하는 기성 잡지가 되었다. 이를 가리켜 ≪옵서버Observer≫는 출판사 프로필에서 "≪바이스≫가 사실상 잡지의 콘텐츠를 정의하고 있다. 삐딱한 생활이 여기 다 있다. 아부 함자Abu Hamza(+이슬람 급진주의 성직자) 같은 사람들과의 인터뷰와 더불어 스케이트 타는 사람들이 특집으로 나온다. 그리고 ≪바이스≫의 단호한 접근방식은 마케팅 업계에서 말하는 이른바 '유행을 선도하는 21~34세 대도시인들'의 상상력을 사로잡았다"라고 소개했다(Wilkinson, 2008). '바이스 UK 미디어 키트Media Kit'의 다소 불손한 표현에 따르면, 인쇄 잡지에 뿌리를 둔 ≪바이스≫는 "출판, 이벤트, 음악, 디지털 텔레비전, 마케팅, 장편영화 등 여러 분야를 포함하는 청년 미디어 회사로서 지구를 옥죄는 규모"로 성장했다(Vice, 2012: 2). ≪바이스≫는 자사의 핵심 전략이 '젊은이들을 겨냥한 독창적 미디어 콘텐츠의 허브'라는 사실을 굳이 숨기지 않는다.

≪바이스≫ 브랜드는 잡지, 비디오, 서적, 음악출판 등 여러 플랫폼에 걸쳐 다양한 콘텐츠를 모아 자체 미디어 자산을 통해 그리고 다른 미디어 브랜드와의 제휴 — 가장 주목할 만한 사례는 CNN에서 바이스가 제작한 시사 문제 다큐멘터리를 위한 전용 코너를 운영하고 있다는 것이다 — 를 통해 배포한다(Carr, 2010). 이처럼 광범위하고 팽창적인 콘텐츠 생산과 더불어 바이스는 '버추Virtue'라는 적절한 이름의 마케팅 에이전시와 새로 설립한 '애드바이스 네트워크AdVice Network'를 운영하는데, 후자는 광고배급 네트워크로서 ≪어니언The Onion≫에서 ≪뉴욕타임스The New York Times≫에 이르기까지 인기 있고 젊은 층을 지향하는 다양한 미디

어 브랜드와 제휴하고 있다(Vice, 2012: 5). 바이스는 자신들이 제공하는 다소 선정적인 콘텐츠와 결합하기를 꺼려하는 좀 더 고루한 후원 기업들을 위해 별도로 후원을 받는 자회사를 창설했는데, '노이지Noisey', '마더보드Motherboard', '크리에이터스 프로젝트The Creators Project' 등이 그런 자회사로서 각각 음악, 기술 및 창조성에 관해 엄선된 콘텐츠를 제공한다.

바이스와 모노클은 미디어 기업으로서 (구독층은 다소 다르지만) 고급 콘텐츠로 이익을 낼 수 있다는 데 승부를 걸고 있다. 21세기 첫 10년 동안 '비아콤Viacom', '뉴스인터내셔널News International' 등과 같은 기성 미디어 회사들이 신생 회사들과 경쟁했는데, 신생 회사 일부는 새로운 온라인 미디어 플랫폼을 지배했다(예컨대, 구글이 유튜브를 소유한다). 기성 회사들은 대응책으로 '마이스페이스MySpace'(뉴스인터내셔널)와 '라스트.fm'(CBS)과 같은 경쟁 플랫폼에 투자했으나 종종 손익이 엇갈리는 결과를 낳았다. '바이스 미디어Vice Media'의 공동설립자이자 CEO인 셰인 스미스Shane Smith는 이렇게 말한다. "모두 가진 돈을 플랫폼에 다 썼지만 그 속을 채우는 데는 한푼도 쓰지 않았습니다. 그래서 우리는 '궁극에 가서는 시장이 포화상태가 될 것이고, 그러면 모두 콘텐츠를 필요로 할 것'이라고 말했지요"(Bercovici, 2012). 바이스와 모노클은 둘 다 콘텐츠를 중시하는 전략을 가지고 투자자들을 모집하는 데 성공했다. 모노클은 앞서 본 대로 '윙코프'를 통해 투자자를 모집했고, '바이스 미디어 그룹Vice Media Group'은 인도와 중국 같은 신흥시장으로의 팽창주의적인 진출을 위해 투자를 모으면서 특히 대형 광고업체인 WPP와 미디어 종합금융회사인 '레인그룹The Raine Group'을 투자 대열에 합류시켰다(Bercovici, 2012). 이들 두 미디어 그룹은 콘텐츠 발주 모델을 친숙한 잡지에서 취하여 여러 미디어 플랫폼에 적용할 수 있도록 수정했다. 그러한 모델에는 편집 감독, 외부 당사자(프리랜서, **독립** 프로덕션 회사 등)가 만드는 콘텐츠 발주, 품질 관리·편집, 유명 채널을 통한 배급 등이 포함된다.

창조경험 공급자

경험을 창조하는 사람들로는 공연예술가(배우, 댄서, 음악가 등)를 비롯해 박물관, 미술관, 도서관, 음악당 등 특별한 경험을 제공하는 공간에서 일하는 사람들과 관광업 및 문화유산 관련 업종에 종사하는 사람들이 포함된다. 이들은 모두 관객과 고객에게 경험을 제공한다.

디즈니랜드: 그 자체가 TV 쇼인 장소

역사적으로 '창조경험 공급자'라는 사상은 상당 부분이 월트 디즈니와 디즈니랜드 ─ "그 자체가 TV 쇼인 장소" ─ 덕분이다(Marling, 1996). 디즈니는 놀이공원 ─ 애초에 예정된 이름은 '디즈니랜디아Disneylandia' ─의 건설 자금을 확보하려고 애쓰다가 결국 ABC 네트워크와 거래를 타결했다. 주 1회 방영되는 TV 시리즈를 ABC 네트워크에 제공하는 대신 놀이공원 건설 완공을 위한 투자와 대출 보증을 받기로 한 것이다.

주 1회 방영되는 시리즈인 〈디즈니랜드〉는 1954년 10월에 첫 방송되었다. 수요일 밤 7시 30분 어린이 시간에 방영된 그 프로그램은 석 달 만에 톱 텐에 들었다. 〈디즈니랜드〉 시청은 가족행사가 되어 숙제가 미뤄지고 TV 앞에서 먹을 수 있는 식품의 판매가 치솟았다. 월트 디즈니는 "내 공원이 완성되면 수백만 명의 사람들에게 알릴 길은 바로 이것, TV라는 걸 알았다"라며 인정했다. 그래서 그 프로그램의 포맷은 매주 시청자들을 공원의 주요 테마로 안내했다. 어느 수요일에는 판타지랜드Fantasyland가 주제가 되어 만화영화 클립으로 콘텐츠를 구성했다. 어드벤처랜드Adventureland가 방영되는 저녁에는 자연 다큐멘터리용으로 찍은 **푸티지**footage를 재사용했다(Marling, 1996).

1955년 개장한 디즈니랜드 공원은 개장식이 TV로 생중계되었다. 디즈니가 TV 프로그램과 공원을 하나의 이름으로 통일하기로 한 결정은

→ 스포일러 주의!

실험삼아 이것을 한번 해보라. 당신의 친구가 학수고대하던 스릴러 영화가 개봉했다. 그 친구가 영화관에 가기 전에 당신이 먼저 그 영화를 보라. 관람 후에 친구에게 전화해서 영화 줄거리의 모든 반전과 꼬임, 특히 엔딩을 자세하게 이야기해보라. 그리고 영화가 얼마나 재미있었는지도 꼭 이야기하라. 이런 일이 있은 다음에도 여전히 사이가 좋다면, 그 친구는 틀림없이 당신이 영화를 '망쳤다(spoiled)'고, 즉 당신이 그토록 자세하게 비밀을 내뱉지 않았더라면 영화관에서 즐겼을 놀람, 기대와 기쁨을 즐기지 못했노라고 말할 것이다. 영화는 경험상품이며, 관객들은 대체로 영화를 보기 전에는 구체적 내용을 모른다. 우리는 영화의 장르, 출연 스타들, 관계자(예컨대, 감독이나 작가)에 대한 평판, 이와 비슷한 다른 영화는 어떤 것이 있는지 ("이건 〈다이하드〉와 〈밤비〉를 섞은 영화야"), 영화평은 어떤지 등에 관해서는 알아도 되지만, 모든 세부 내용을 알고 싶어 하지는 않는다.

대단한 영향력을 발휘해 "디즈니가 '총체적 판촉total merchandising'이라고 부른 '모든 것을 아우르는 소비자 환경'을 만들었다. 디즈니 로고가 새겨지고 베이비 붐 가족을 겨냥한 제품들은 광고와 오락이 한데 얽힌 거대한 상업 네트워크를 형성할 것이었다. 이러한 네트워크 속에서 각각의 디즈니 제품이 (만화영화 〈백설공주〉부터 디즈니랜드의 놀이기구 마터호른Matterhorne에 이르기까지) 모든 디즈니 제품을 홍보했다"(Anderson, 2000: 4).

해리 포터 영화와 '해리 포터 스튜디오 투어'로 세트장을 방문하는 경험 사이에 명쾌한 구분이 없듯이, 창조콘텐츠와 창조경험 사이에는 명쾌한 구분이 없다. 결국 이러한 생산물은 '경험상품experience goods'이다(Caves, 2000). 말하자면 사용자는 창조생산물의 경험에 대해 그것이 영화 구경이든, 게임하기든, 놀이공원 방문이든 간에 대가를 지급하는 것이다.

창조서비스 공급자

서비스는 특히 광고, 건축설계, 그래픽 디자인, 홍보, 판촉, 제작시설 등의 분야에서 창조산업의 중요한 일부다. 창조서비스 공급자는 "자신의 시간과 지적재산을 다른 기업과 조직에 바침으로써 생활비를 번다"(NESTA, 2006: 54). 마케팅 에이전시, 광고 에이전시, 건축설계 사무소, 디자인 에이전시, 인터랙티브 에이전시 등과 같은 다수의 에이전시는 크든 작든 창조서비스 공급자다.

건축가, 소프트웨어 메이커, 그래픽 디자이너가 창조적이라는 것은 쉽게 이해되지만, 광고 에이전시와 미디어 에이전시를 이 범주에 포함시키는 데는 아마 멈칫하는 사람이 있을 것이다. 그러나 미디어 에이전시와 광고 에이전시, 즉 일반적으로 줄여서 **마케팅**을 창조산업과 무관한 요소로 보기는커녕 그 중요한 일부라고 보는 강력한 주장이 있다. 여러 가지 기능을 담당하는 창조서비스 공급자들은 창조콘텐츠를 일반 소비자가 볼 수 있도록 만든다. 즉, 생산물을 일반 대중에게 가져다준다.

지난 20년간 기술적·사회적·문화적 변화가 복합적으로 작용하여 문화콘텐츠는 평가절하되었으며, 가공되지 않은 상징상품을 소비자들에게 의미 있고 소중한 경험으로 전환시키는 서비스와 시스템이 더욱 강조되었다. 그 결과, 창조성이 문화생산 및 문화배급의 경영과 밀접하게 연결되었다(Bilton and Deuze, 2011: 34).

가공되지 않은 상징상품을 소비자들에게 의미 있는 경험으로 전환시키는 중요한 방법 가운데 하나는 **브랜딩**이다. 하나의 브랜드는 창조생산물이 지닌 유형적·무형적인 특성들의 혼합이 어떻게 실제로 작용하는지를 잘 보여주는 본보기다. 브랜드는 의미를 전달하고 정서적 연상을 일으키는 상징상품인데, 그러한 의미와 정서적 연상은 제품, 로고, 브랜드의 시각적 실체, 개별 광고 등과 같은 브랜드의 물리적 표시에 내재하는 것은 아니다. '브랜드 가치'와 같이 중요하지만 추상적인 요소는 브랜딩을 통해 물질적 형태로 변환된다(Moor, 2008).

음악 출시

음악가나 밴드가 음반 판매와 라이브 공연 관객을 확대하려고 시도할 때 매니저, 음반회사 및 기타 창조전문인들이 등장한다. 프리랜서인 사이먼은 신곡, 사운드, 공연 등 음악가들의 기예 개발을 도와주는 A&R (아티스트와 레퍼토리) 매니저 일을 한다.

사이먼에게 실제로 그가 만드는 것이 무엇인지, 그리고 어떤 점에서 그가 **창조실무자** 자격이 있는지 물었을 때, 그는 자신이 음악을 만드는, 창조과정에 참여하는 사람이라고 답했다. 그러나 그가 지원하는 음악가들이 실제로 어떻게 생계를 꾸리는지 그가 설명하기 시작하자 갑자기 그림이 더 복잡해진다. 그는 음반 판매를 주된 수입원으로 보지 않으며 "돈을 벌어주는 여러 가지" 사이에 일종의 평준화가 일어났다고 말한다.

CD나 다운로드로 음악을 판매하는 물리적 생산물은 기대소득의 작은 부분입니다. 그건 라이브 공연, 캐릭터상품 판매, 협찬, 특정한 팬 경험 등 돈을 벌 수 있는 다른 부분보다 작을 겁니다. 가치를 창조해서 이용하는 여러 방식이 있다는 의미지요. 음악 한 곡을 출시하는 것은 일련의 일 가운데 하나로, DJ 노릇을 해서 돈을 벌거나 다른 방식으로 그걸 이용할 수도 있습니다. 예를 들면, 많은 도시 아티스트들이 믹스 테이프(＋원곡에 무단으로 리믹스를 한 테이프)를 공짜로 뿌리고서는 티셔츠를 팔아 돈을 버는 것과 같지요. 음악이 바로 슈퍼마켓에서 쓰는 상업용어로 미끼상품이 되는 겁니다(사이먼, 2011년 인터뷰).

사이먼은 예전에 레코드회사에 취업해 2007년에 그만두었는데, 회사가 과거 발매분과 함께 매각되자 거의 모든 직원이 해고되었다. 인터뷰 당시 그는 프리랜서로서 음악가들과 일하면서도 자기 시간의 약 반을 교육 일에 쓰는 등 포트폴리오 근로자였다.

사이먼의 커리어 경로는 인터넷 등장 이후 사람들의 일상생활에서 음악의 중요성이 변화한 데서 오는 음악산업의 장기적 동향을 보여주는 흥미로운 본보기다. 이와 관련해 레이숀Andrew Leyshon 등이 주장한 바에 따르면, "음악산업이 직면한 문제는 하룻밤 사이에 갑자기 생기거나 온라인상의 디지털 파일 교환에 대응하여 나타난 것이 아니라, 음악의 사회 내 역할을 변화시키고 다수 소비자들 사이에서 음악의 직접성과 중요성을 격하시킨 광범위한 문화세력에 대응하여 장기적으로 축적된 것이다"(Leyshon et al. 2005). 그들의 주장에 따르면, 그 주된 이유는 레코드음악recorded music이 그 자체의 가치는 점차 떨어지고 있지만, 그 대신 다른 것과 관련해서 여러모로, 즉 광고, 영화, TV, 비디오게임 등의 사운드트랙처럼 다른 오락의 일부 배경으로 소비되는 면에서 그 가치가 점차 오르고 있기 때문이다(Leyshon et al., 2005: 181~183). 달리 말하자면, 소수의 미디어와 기술이 젊은이들의 관심과 가처분소득을 놓고 경쟁하던 시절에 음악이 차지했던 중심적 위상과는 달리, 이제 물리적으로 배급되는 다른 형태의 미디어를 게임이 압도하는 상황에서 음악은 더 이상 젊은이들의 문화적 중심무대가 아니다(Arthur, 2009). 음악 매니저인 멜컴 매켄지Malcolm McKenzie는 디지털 환경에서 "음악은 소유하는 것이 아니라 사용하는 것"이라고 주장한다(Smith, 2008: 91). 따라서 사이먼이 음악가들을 돕는 자신의 일에 관해 설명한 것을 달리 유추하면, 종래 음악가들이 음반과 라이브 공연의 고객을 확대하기 위해 의존했던 여러 가지 창조서비스(프로모션, 광고, 뮤직비디오, 라디오 전파 타기 등)는 여전히 중요하지만, 지금은 이들 서비스의 목적이 음악을 CD나 디지털 다운로드 형태의 단위별로 판매하는 것이 아니라 그것을 다른 오락 내에 삽입해 거기에서 소득을 뽑아내는 데 있다.

단순 창조상품부터 복합 창조상품까지

리처드 케이브스Richard Caves는 최종생산물을 만드는 데 얼마나 많은 (그리고 복합적인) 계약이 포함되느냐에 따라 단순 창조상품과 복합 창조상품을 구별한다. 창조원조품 작업은 단순 창조상품의 가장 간단한 예를 제공한다. 그림 그리기, 작곡하기, 스토리 쓰기 등은 개인이나 작은 팀의 단순한 활동으로서 계약에 필요한 준비도 단순하다. 그러나 이것은 이야기의 시작일 뿐이다.

> 모든 유형의 아티스트가 종사하는 창조 과정과 과업은 '따분한'(또는 '평범한') 파트너 — 아마 다른 아티스트도 포함하여 — 와의 협업을 통해서만 완성된다. 화가는 화상을, 소설가는 출판업자를 필요로 한다. 영화는 다수의 배우, 감독, 대본작가, 촬영기사, 미술총감독, 분장전문가, 기타 자신을 약간은 아티스트라고 생각하는 많은 사람들을(그렇게까지 생각하지 않는 트럭운전사나 경리와 함께) 필요로 한다. 이러한 협업은 거래와 계약에 의지하는데, 아마도 세밀하게 이루어질 그런 거래와 계약은 '악수'만큼이나 각양각색일 것이다(Caves, 2000: 1).

단순성과 복합성은 창조생산물을 만드는 데 수반되는 협업과 조정의 특징이다. 가상의 예를 들자면, 록 밴드 '퍼스 스내처스(Purse Snatchers)'가 어느 날 저녁 연습실에 모여 함께 작곡을 한다. 그들은 하나의 밴드로서 노래를 만든 다음 각자 나름대로 최종 곡에 기여했기 때문에 저작권을 균등하게 나눈다. 그리고 그들이 그 노래를 라이브로 공연하고 음반으로 발매한 후에, 눈썰매타기 액션 게임의 배경음악으로 그 노래를 쓰고 싶어 하는 대형 컴퓨터게임회사가 그들에게 접근한다. 그들의 노래는 이제 '선더슬로프(Thunderslopes)'라는 복합 창조상품의 한 구성요소가 되었다. 선더슬로프는 작가, 그래픽 디자이너, 소프트웨어 엔지니어, 배우, 동영상 캡처 기술자, 감독, 프로젝트 매니저 등 여러 명으로 구성된 큰 팀이 작업한 결과물이다. 이렇게 정의되는 복합 창조상품은 "창조적이고 단조로운 투입요소를 가진 복합적인 팀을 필요로 하는 활동" 때문에 존재할 수 있다 (Caves, 2000). 큰 팀을 조정해야 하고, 프로젝트의 성공 여부가 불확실하며(게임에 대한 평판이 어떨지, 얼마나 많이 팔릴지 아무도 모른다), 데드라인에 맞추어 시간을 조정하는 복잡한 문제가 생길 때(선더슬로프를 크리스마스 쇼핑 시즌에 맞추어 제때 출시해야 하기 때문에) 복합성이 밖으로 드러난다.

관련 계약의 관점에서 볼 때, 단순 창조상품은 가장 단순한 환경에서 이루어지는 창조활동으로서 "한 아티스트가 그의 창조 작품을 홍보하고 배급하는 한 단순기업과 거래한다"(Caves, 2000). 그러나 이는 아주 빠르게 복잡해진다. 영화대본은 단순하지만, 완성작의 여러 요소에서 일하는 대규모 전문가 팀과 수백만 파운드의 예산이 소요되는 장편영화는 조심스럽게 말해도 복합적이다. 장편영화는 또한 창조산업에서 보편적인 프로젝트 단위 작업의 좋은 예다. 복합 창조상품은 다수의 인력 팀뿐 아니라 수렴하는 다수의 프로젝트를 수반하는 제작 사슬의 최종생산물이다(Mayer, Banks and Caldwell, 2009). 복합 창조상품에 참여하는 각 팀은 종합 프로젝트 내에서 구체적인 목표를 가지고 있으며, 대체로 종합 프로젝트는 분리된 하위 프로젝트들로 구성된다.

복합 창조상품 조립하기: 보조 영화편집자

런던을 근거지로 하는 보조 영화편집자 샐레인은 2011년 여름 한 장편영화에서 작업한 그녀의 경험에 관해 인터뷰에 응했다. 그녀는 자신의 일이 프로젝트 단위로 이루어짐을 다음과 같이 강조했다. "대부분의 편집자들이 프리랜서 형태로 일하기 때문에 저도 이 영화만을 위해 채용되었습니다. 그래서 엄밀히 말해서 저는 이 영화에 자금을 대는 회사를 위해 일하지만, 이 영화가 끝날 때까지만 고용된 겁니다. 그 후에는 다른 일을 찾아야 합니다." 조정된 제작 스케줄과 데드라인에 맞추어 모든 인력이 일을 진행하는 동안 업무 강도는 매우 높다.

우리 편집자들은 처음부터, 촬영 첫날부터 바로 이 영화에 매달리고 있습니다. 그때부터 매일 **데일리**daily, 즉 **러시**rush를 받는데, 이는 하루 촬영한 전부예요. 현상한 다음 날 러시를 받아 보조편집자가 죽 훑으면서 각 장면의 테이크별로 분리합니다. 거기에다 음향을 싱크해서 영상과 일치시킵니다. 음향이 별도로 녹음되기 때문이지요. 그리고 편집자를 위해 그 모든 것을 정리해야 합니다. 편집자가 러시를 한꺼번에 보도록 말이지요. 그러고도 편집자는 신1, 신2를 볼 수 있도록, 그리고 그런 모든 테이크를 아비드Avid(편집 시스템)에서 볼 수 있도록 자료가 준비되어 있기를 원해요. 그러면 그가 죽 훑고서 마음에 드는 것을 골라 신을 조립하기 시작합니다(샐레인, 2011년 인터뷰).

샐레인이 작업한 영화는 60일간 촬영했다. 촬영이 끝날 무렵 편집자는 전체 영화의 러프 컷rough cut을 완성했다.

감독과 프로듀서는, 촬영할 필요가 있는 것은 죄다 찍었고 물건이 되고 있다는 걸 확인하기 위해 러프 컷을 봅니다. 이후 편집자와 감독이 매일 앉아서 테이크를 교체하면서 신을 하나하나 검토합니다. 우리 보조편집자로서는 영상을 엄청 수정하는 게 일이지요. 모든 대화의 싱크 상태를 확인하고, 임시 음악을 덧붙여 애초 각 장면에서 구상한 음향이 어떤 방식이었는지 작곡자가 듣고 무언가를 작곡하도록 합니다. 그다음에는 임시 시각효과인데, 같은 식입니다. VFX(시각효과) 담당자가 임시 음향효과에 맞춰 구상했던 것을 볼 수 있도록 합니다. 모든 걸 하나하나 벗겨내서 각각의 전문가가 잘 처리하게 하지요. 그러고 나서 우리는 그것을 조립합니다(샐레인, 2011년 인터뷰).

샐레인의 설명대로 편집팀이 하는 일은 분리된 여러 팀의 작업이 완성된 영화 속에서 빈틈없이 결합되도록 확인하는 것인데, 보는 사람은 어디서 미처리 푸티지가 끝나고 어디서 시각효과가 시작되는지 모르며 발소리를 화면의 배우가 아니라 교외의 음향무대에서 댄서가 낸 것이라는 사실도 모른다. 이것이 바로 영화 제작 과정의 최종 단계에서 편집팀이 매우 고생하는 이유다.

우리는 조금이라도 바뀐 게 있는지 음향까지 계속해서 모니터하고 있습니다. 예를 들면, 오늘 아침에는 반복된 프레임이 일부 있었어요. 솔직히 그 사람이 어떻게 그런 실수를 했는지 모르지만, 그가 잘못한 것이지요. 우리는 수정과 함께 죽 훑으면서 모든 것이 정확히 예정된 대로임을 확인했습니다.

그래야 혼란이 생기지 않지요(샐레인, 2011년 인터뷰).

전통적으로 영화음악은 장편영화에 투입되는 주요 창조요소 가운데 마지막으로 투입된다. 일부 영화에서는 음악감독이 감독·편집자들과 협조해서 작곡가·음악가를 섭외하고, 음악을 찾아내서 영화에 사용하기 위해 라이선싱을 한다. 이렇게 해서 프로젝트의 음악산업적 측면이 영화산업적 측면과 연결된다(Lewandowski, 2010). 샐레인이 인터뷰에 응한 때는 영화음악의 마무리 작업을 하던 주간이었다.

지금 우리에게는 영화음악을 만든 작곡가가 있지만, 영화음악 외에 잡동사니들도 있지요. 영화에 팝송 같은 것들이 나올 겁니다. 그런 모든 것을 깨끗하게 처리해야 해요. 엔드 크레디트 부분에서 누가 노래를 부를 예정이라면, 그의 노래가 나오도록 확실히 해야 합니다. 엔드 크레디트 부분이 모두 정확하게 나오도록, 그리고 당사자에게 제대로 전달되도록 확실히 해야 합니다. 이런 일을 하는 겁니다(샐레인, 2011년 인터뷰).

요약

이 장은 사람들이 창조상품·서비스를 생산할 때 하는 여러 종류의 일을 설명하면서 다음 장에서 할 개발·생산에 관한 이야기를 준비한다. 우리는 창조생산물의 유형에 관해 상품이나 서비스가 어떤 것인지 묻지 않고 그것이 어떻게 만들어지는지를 묻는 유용한 분류체계를 차용한다. 따라서 창조원조품, 창조콘텐츠, 창조경험, 창조서비스는 최종 결과물이 무엇이냐가 아니라, 거기에 수반되고 투입되는 노동의 종류에 따라 구분된다. 이러한 분류법에 힘입어 우리는 리처드 케이브스가 명명한 단순 창조상품과 복합 창조상품의 차이까지 조사했다. 그 둘의 구별이 간단하지 않은 것은 거의 모든 창조상품이 일단 작가의 키보드나 밴드의 연습실을 떠나면 고객까지 도달하는 여정에서 굉장히 복잡해지기 때문이다. 우리는 이러한 복합성이 실무에서 어떻게 작용하는지 조사하는 과정에서 주로 패션 디자이너인 크리스토퍼, A&R 매니저인 사이먼, 보조 영화편집자인 샐레인의 경험에 의지했으며, 그들의 경험은 이러한 복합성이 근로생활에 미치는 영향을 예시적으로 보여주었다.

읽 을 거 리

Bilton, Chris and Mark Deuze, eds. 2011. *Managing Media Work*. London: Sage.
경영과 창조생산자의 업무에 관한 유익한 논문집.

Lash, Scott and Celia Lury. 2007. *Global Culture Industry: The Meditation of Things*. Cambridge: Polity Press.
일정 문화적 대상물(나이키 신발, 토이 스토리, 세계 축구, 개념예술)을 관찰하고 그것이 어떻게 국경을 넘어 이동하는지 살핀다.

McRobbie, Angela. 1998. *British Fashion Design: Rag Trade or Image Industry?* London: Routledge.
영국 패션산업에 관한 획기적 연구서.

Passman, Donald S. 1994. *All You Need to Know About the Music Business*. New York: Simon & Schuster.
오랫동안 밴드를 관리하고 음악가들이 음반회사에 의해 갈취당하지 않도록 돕는 일을 한 음악 매니저가 자신의 커리어에서 나오는 팁과 스토리를 제공한다.

Smith, Stuart James. 2008. *How to Make It in Music: Written by Musicians for Musicians*. London: Dennis Publishing.
여러 가지 일을 하는 음악가, 매니저 및 음악전문인들과의 짧은 인터뷰를 실은 얇은 책.

7 연구·개발과 생산

연구·개발

연구·개발R&D은 아이디어를 생산물로 전환하는 과정에서 결정적인 단계로서 보통 생산단계보다 훨씬 더 많은 시간이 걸리는데, 이는 아이디어를 가다듬고 협력자를 찾는 데 많은 시간과 노력이 들기 때문이다. 이 과정을 실무에서 이해하기 위해 우리는 네 가지 사례연구를 통해 연구·개발을 살펴본다. 그 네 가지란 신발 디자인, 다큐멘터리 영화 제작, 미완성인 디킨스Charles Dickens 소설의 TV 개작, 한 편의 댄스음악 창작이다. 각 사례에서 결과물은 아주 다르지만, 연구·개발 과정이 나중에 생산단계에서 발생하는 일의 기초라는 점은 같다.

사례연구: 신발 제작 — 일본에서 영국으로 다시 포르투갈로 그리고 반복

베지테리언 슈즈 회사의 사장인 로빈은 새로운 신발을 개발하는 데 수개월에서 수년까지 걸린다고 말한다. 신발을 디자인하고 소매하는 로빈의 회사는 완제품을 최종적으로 보유하기 전에 원단을 물색해야 하고 그 원단을 신발로 만드는 공장을 찾아야 한다. 그리고 완제품은 자사 매장과 온라인, 전화, 우편 주문 등을 통해 고객에게 판매한다.

첫 단계는 디자인을 결정하는 것이다. 때때로 첫 단계에서 로빈이 직접 그린 스케치를 신발 제조업체에 가져가기도 하지만, 신발 제조업체들이 자사 제품을 전시하는 신발 전시회에 그가 직접 참석해서 현행 디자인의 변경을 요청하기도 한다. 그러나 이것은 과정의 시작일 뿐이며, 그다음에 온갖 예기치 않은 우여곡절이 발생할 수 있다. 로빈의 설명을 들어보자.

우리가 자체 신발공장을 가지고 있다고 생각하는 사람들도 일부 있습니다. 우리는 신발공장이 없어요. 우리는 공장을 찾아가…… 그들이 **샘플**을 만듭니다. 우리가 휴일이면 그들도 휴일이지요. 그들이 잘못된 원단을 쓰면…… 제품도 잘못되고요. 그들이 물건(즉, 디자인이나 **시방서**)을 분실하면 우리가 다시 보내야 합니다. 우리가 다른 일을 하느라 바쁠 때는 한 달 동안 잊어버렸다가 부랴부랴 보내기도 합니다. 그들이 보내오는 샘플을 수정하고 싶을 때는 다시 돌려보내고…… 그들은 우리가 요청한 대로 수정하지만 요청하지 않은 것을 수정하기도 하지요(로빈, 2011년 인터뷰).

로빈의 신발은 공장의 생산라인에서 제조되지만, 그 과정은 로빈이 원하는 것을 말하면 생산라인이 그것을 생산하는 식으로 단순하지는 않다. 개발 과정은 시행착오와 사람들 간의 협상 과정으로서 각 당사자들은 협력사의 요구와 역량을 이해하려고 한다. 로빈의 경우, 신발을 생산하기 위해 제조업체와 협력하는 것은 즉각적이고 임시적인 거래가 아니다. 그것은 장기적인 관계 증진과 투자를 요한다.

최근 우리는 폴란드에서 신발을 만들었는데, 처음에 그들은 그렇게 탁월하지는 않았으나 착한 가격을 제시했어요. …… 정말 좋은 신발이 나오기까지 우리는 약 1년 동안 그들과 협력했습니다. 그러나 그동안 우리는 관계를 구축했고 제대로 된 신발을 만들었지요. 지금은 그들이 만든 신발을 수백 켤레

팝니다. 따라서 그처럼 관계와 신뢰를 구축하는 것이 중요합니다(로빈, 2011년 인터뷰).

로빈이 지적하듯이 이러한 신뢰는 상호적일 필요가 있다. "그들이 당신에게 파는 만큼 당신도 그들에게 물건을 팔고 있습니다. 그러니까…… 당신은 믿을 만한가요? 돈을 제대로 지급할 건가요?"

로빈의 경험은 창조산업에서 보편적이다. 사람들은 한 제품과 관련된 협력을 위해 시간과 돈, 그 밖의 자원을 투자할 때, 단지 제품의 품질뿐 아니라 협력사의 품질도 확신하고 싶어 한다.

그러나 잠재적 협력사 간의 협상은 각 당사자가 시장에서 차지하는 위치의 상대적 강약에도 의존한다. 로빈은 다수의 신발을 신발 제조의 역사가 깊은 포르투갈에서 만든다. 로빈이 회사를 시작한 직후는 많은 포르투갈 공장들이 아시아 공장에 일을 뺏겨 문을 닫은 상황이었으며, 이 때문에 그는 남아 있는 포르투갈 공장들과 유리한 거래를 더 쉽게 교섭할 수 있었다고 회상한다.

그들이 요구하는 **최소 물량**은 200켤레였는데, 100켤레는 안 되냐고 물었습니다. 그리고 그들은 일감이 필요했기 때문에 받아들였지요. 지금은 그들과 수천 켤레를 거래합니다. …… 우리가 그런 관계를 구축하는 데는 시간이 걸렸고, 그게 우리의 본모습이라는 걸 그들도 알지요(로빈, 2011년 인터뷰).

최근에는 포르투갈에서 가격이 더 내려갔으며, 사업이 아시아에서 포르투갈로 복귀하기 시작했다. 로빈은 공장의 생산 서비스를 놓고 다른 더 큰 고객들과 경쟁을 벌이게 되자 자신의 공급망을 유지하기 위해 기존의 강력한 신뢰관계에 의지했다. 그는 자신의 사업에서 그들이 결정적이라는 것을 알기 때문에 그러한 관계를 유지하려고 애쓴다.

신발 디자인이 생산에 들어갈 때, 완성된 신발을 만들기 위해 원단을 잘라 조각을 낸다. 로빈은 이 과정을 빵을 칼로 자르는 것에 비유한다. 이러한 칼에 해당하는 것을 패턴이라고 부르는데, 새로운 디자인이 있

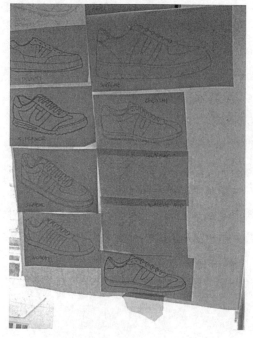

그림 7.1 간략한 신발 스케치.
자료: 베지테리언 슈즈 제공, 로저먼드 데이비스 촬영.

으면 베지테리언 슈즈 회사가 샘플 생산용 패턴을 처음부터 새로 제작하는 데 드는 비용을 부담해야 한다. 그들이 그러한 새로운 디자인으로 계속 가고자 한다면, 원단과 제조뿐 아니라 패턴 비용까지 충당하고도 충분한 이윤을 남길 만큼 신발을 많이 팔 수 있을지 확신이 있어야 한다. 그러나 그들이 제조업체가 가진 현행 패턴 목록 중에서 디자인을 선택한다면 새 패턴을 구입할 필요가 없을 것이다. 로빈의 설명에 따르면, 공장의 기존 패턴을 활용하여 디자인을 맞추는 것은 고급 브랜드에서부터 틈새 브랜드에 이르기까지 신발 산업의 표준관행이다. 가끔 특정 브랜드가 고유 패턴 제작비를 공장에 주기도 하는데, 그런 패턴은 남들이 이용할 수 없을 것이다. 그러나 대개 패턴은 일반적이어서 복수의 브랜드에 의해 사용되며, 이는 개발과 생산 비용을 낮춘다.

로빈은 제조업체와만 관계를 발전·유지해야 하는 것이 아니라 신발 원단 공급회사와도 좋은 관계를 수립해야 한다. 사실, 베지테리언 슈즈의 **고유한 장점**USP 을 구성하는 것은 신발에 들어가는 특별한 통기성 비非가죽 원단이다. 로빈에게 최근에 생긴 문제는 원단 공급업체의 소유주가 바뀌어 오랫동안 쌓아올린 관계를 갑자기 처음부터 다시 설정해야 한다는 것이다. "아주 좋은 기업인이 운영하던 우리의 원단 제조업체 하나가 이메일에 답장도 하지 않는 사람에게 넘어갔어요." 그 회사의 더딘 반응 때문에 원단 공급에 차질이 발생할 우려가 있었고, 이는 나머지 생산 사슬을 정지시키고 궁극적으로 점포 선반이 비는 결과로 이어질 수 있었다. 이를 피하기 위해 로빈은 일단 자신의 주문이 받아들여지면 재고가 바닥나지 않도록 과거에 비해 훨씬 더 많은 물량을 주문했다. 이는 현금 흐름에 부정적인 영향을 미쳤고 회사를 잠시 초과인출 상태로 만들었지만, 그는 그것이 생산라인의 순조로운 가동을 확보하는 동시에 관계를 재구축하기 위해 필요한 전략이라고 느꼈다. "우리가 중요한 고객이라는 것을 보여주고, 약간의 할인도 받고, 우리 이메일에 답장할 가치가 있다는 것을 보여주려고요"(로빈, 2011년 인터뷰).

로빈의 회사는 아시아와 유럽을 비롯한 전 세계에서 최고의 공급업체로부터 최고의 신발 원단을 확보하는 데 시간과 에너지를 쏟아붓는다. 최근에는 훨씬 더 확실한 공급을 확보하기 위해 미가공 상태의 원단을 영국으로 들여와 영국에서 가공한다. "그걸 우리 자신의 원단으로 바꿉니다. 끝내주는 거죠. 그리고 우리는 물량을 조절할 수 있기 때문에 일부 원단을 우리가 좋아하는 색상으로 가공합니다. 엄청난 물량의 기초원단을 보유하고 있기 때문에 가능한 일이지요"(로빈, 2011년 인터뷰).

새로운 신발 디자인을 개발하는 과정은 영업활동을 확실히 장악하는 동시에 타사와 협업관계를 육성해서 의지하는 것이 중요함을 잘 보여준다. 성공은 그 둘 사이의 균형을 유지하는 데 달려 있다.

사례연구: 해외 다큐멘터리

신발과 같은 패션 품목과는 별개로 텔레비전 프로그램과 같은 덜 유형적인 생산물은 어떤가? 프로그램 아이디어부터 송출에 이르는 여정은 신발 디자인·생산과 공통점이 있는가? 카자흐스탄 내 핵폭탄 실험의 후유증에 관한 다큐멘터리인 〈재앙의 묵시록After the Apocalypse〉(2012)을 공동제작하고 감독한 앤터니에게, 그 과정은 훨씬 더 힘들었으며 두 배나 길었다.

프로젝트 아이디어는 그 다큐멘터리의 원제작자에게서 나왔다. 그녀는 앤터니가 러시아어에 유창하고 구소련에서 영화를 만든 경험이 있기 때문에 그를 프로젝트에 합류시켰다. 그 제작자는 영국 행정부의 국제개발부에서 자금을 지원하는 '월드뷰 방송미디어 지원제도WorldView Broadcast Media Scheme'를 통해 약간의 **종잣돈**을 마련하여, 앤터니가 카자흐스탄 세미팔라틴스크로 출장 가는 비용을 댔다. 애초의 계획은 현

↪ **커미셔너와 컨트롤러**
한 채널 또는 특정 분야의
프로그래밍을 맡은 TV 커미셔너
또는 컨트롤러는 그 채널 또는 그
시간대를 위해 어떤 프로그램을
만들지 결정하고 그 제작에
회사자금을 대는 것을 책임진
사람이다. TV 발주와 제작에 관한
상세 논의는 제9장을 참조할 것.

↪ **셰필드 미트마켓과 기타 영화제**
셰필드 미트마켓은 셰필드
다큐멘터리 영화제의 일부다.
제5장에서 보았듯이, 박람회와
축제 같은 산업행사는
창조산업에서 중요한 역할을 한다.
중심적 시장 역할을 하는
영화제에서 제작자, 금융업자와
판매·배급사 대표자들이 모여
콘텐츠를 매매하고 자금·개발
문제를 협상한다(영화 자금조달에
관한 상세 논의는 제10장 참조).
대개 이러한 비즈니스는
비공식적으로 이루어지지만, 이런
활동을 위한 구체적 시간과 장소를
조직하는 영화제가 여럿 있다. 그
범위는 완성작을 거래하는
시장에서부터 피칭 행사에
이르기까지 다양하다. 예를 들면,
거대한 필름마켓이 열리는
칸(Cannes)에서는 수백 개의
판매회사가 영화 판촉 부스를
설치하며, 셰필드 미트마켓에서는
제작자와 커미셔너 사이에 '스피드
데이트' 식의 15분짜리 미팅이
이틀간 열린다. 장편 다큐멘터리
〈서칭 포 슈가맨(Searching for
Sugar Man)〉(말릭 벤젤룰 감독,
2012)은 2012년 셰필드
다큐멘터리 영화제에 출품되어

지를 **정찰**하고 약간의 예비 촬영을 해서 그 **푸티지**를 제작 자금을 마련하는 데 활용하는 것이었다. 그러나 앤터니는 현지에 도착한 후 그가 받은 브리프가 현실과 상당히 일치하지 않는다는 것을 알았다. 영화의 **가제**는 '방사능 도시'였는데, 이는 방사능 피해가 심한 카자흐스탄의 한 도시에 관한 이야기라는 것을 뜻했다. 그러나 앤터니는 도시 자체에서는 방사능 증거를 거의 찾을 수 없었으며 그들이 준 정보가 그리 정확하지 않았다고 말한다.

장래에 알아둘 교훈 같은 것으로, 위키피디아를 검색하고 다른 사람이 준 정보를 믿으면 이렇게 될 뿐이고…… 현지에 가보면 현실과 일치하지 않는 건데…… 그냥 넘어갈 수가 없는 게, 사정이 아주 딴판이라는 것이 문제였습니다. 무엇인가를 건지려고 거기에 갔지만, 이건 다른 스토리라는 것을 알았지요(앤터니, 2012년 인터뷰).

앤터니는 그 지역이 안고 있는 진짜 문제가 핵실험을 근처에 사는 주민들을 대피시키지 않은 채 도시 외곽의 스텝지대(⁺러시아와 아시아의 중위도 부근에 위치한 초원지대)에서 실시했다는 사실임을 알아냈다. 앤터니는 그 주민들을 '인간 실험대상'이라고 부른다. 핵실험이 방사능에 노출된 사람들에게서 태어난 자녀들에게 선천성 장애를 야기했으며 현재까지도 선천성 장애를 일으키고 있었다. 이제 일부 의사들은 선천성 장애를 가지고 태어난 사람들이 자녀를 갖지 못하도록 막기 위해 논란이 많은 정책을 제안했다. 그는 일부 피해 가족과 의사, 과학자와의 인터뷰를 촬영했고, 이 필름을 잠재적 **커미셔너**에게 보여주기 위해 편집했다.

저는 이 푸티지를 **셰필드 미트마켓**Sheffield MeetMarket에 가져갔습니다. 기본적으로 거기는 방송사 관계자들로 꽉 차는 곳이지요. 마치 스피드 데이트처럼 그들은 테이블을 돌아다니며 마음에 드는 제안이 있는지 찾아봅니다. …… 그러나 아무도 관심을 기울이지 않았고…… 그들은 이것이 역사물인지 아니면 시사물인지 결정할 수 없었어요. …… 그들은 모든 것을 종류별 박스

2013년 오스카상을 수상했는데, 처음 이 영화에 자금조달이 이루어진 곳이 바로 미트마켓이었다(Sparke, 2012: 20). 앤터니가 추가로 언급하는 '브릿닥 이니셔티브(BritDoc Initiative)', '굿 피치(Good Pitch)' 등의 행사는 영국, 미국, 캐나다, 남아프리카공화국, 네덜란드 등 여러 나라에서 국제적으로 개최되었다(웹사이트: http://sheffdocfest.com/view/meetmarket).

→ 포맷

근년 들어 TV에서 사실보도 포맷과 드라마 포맷의 중요성이 모두 증가했다. 프로그램의 해외 판매는 연예와 리얼리티 장르가 주종을 이루며 상당 부분이 포맷 단위로 이루어지는데, 세계로 수출되기 전에 네덜란드에서 첫 방영된 엔데몰(Endemol: ⁺네덜란드의 프로덕션 회사) 포맷 ⟨빅 브러더(Big Brother)⟩가 아마 가장 유명할 것이다. 앤터니가 증언하듯이, 여러 다큐멘터리 제작사가 우려하는 것은 리얼리티 TV 포맷이 조사·관찰 다큐멘터리 등 다른 유형의 사실보도 프로그래밍에 부정적인 영향을 미쳤다는 점이다. 포맷에 중점을 두는 것은 방송 다큐멘터리계에서 콘텐츠가 시청자들에게 더욱 쉽게 인식되고 어필할 수 있도록 그것을 브랜딩하고 라벨을 붙이는 경향이 확산되는 현상의 일환이며, 그렇기 때문에, 앤터니가 불평하듯이, '모든 것을 종류별 박스에 집어넣는' 경향이 생긴다. 방송사가

에 집어넣으려고 하지요. 그런데 때때로 그런 박스에 들어가지 않는 삶의 영역도 있어요. …… 모두가 그토록 원하는, 이야기의 기승전결이란 게 도대체 뭔가요? 이것은 다큐멘터리가 항상 안고 있는 문제지요. …… **포맷**이 있거나 이벤트성 프로그램이 아니라면 무언가 **스토리** 자체가 있어야 한다는 거죠. …… 내 작품에는 그런 중요한 특성이 없었어요. …… 처음에 저는 이것이 대재앙 이후의 삶을 그린 초상화, 그저 한 묶음의 소품이라고 생각했습니다. 그리고 그걸로 충분하다고 생각했지만 그렇지 않았어요(앤터니, 2012년 인터뷰).

세필드에서 모든 방송사 관계자들이 그 프로젝트를 지나쳤고, 앤터니와 제작자는 크게 낙담했다.

그래서 우리는 1년 동안 그 필름을 그냥 깔고 앉아 있었어요. 그렇게 3년이 지나갔다고 생각됩니다. …… 이 프로그램이 갈 데가 없었어요. …… 그래서 그 시점에서 우리는 프로젝트를 포기하려고 했습니다. 돈 없이도 이 것을 계속할 수 있다면 좋겠지만(앤터니, 2012년 인터뷰).

그러나 이후 '굿 피치Good Pitch'라는 다른 자금 시장에서 그 다큐멘터리가 선정되었다. '굿 피치'를 조직하는 '브릿 닥 재단Brit Doc foundation'은 채널4와 다른 스폰서들이 자금을 대는 지원 단체. '굿 피치'는 영화사와 방송사 외에도 이슈를 탐사하는 다큐멘터리 프로젝트에 관심이 있을 만한 비정부기구NGO 같은 단체들도 한데 모았다.

앤터니는 필름을 재편집해서 한 번 더 피칭을 했다. 그의 진술에 따르면, 그 프로젝트에 관심을 보인 비정부기구는 하나도 없었으나, 과거 그 프로젝트를 기각한 적이 있는 채널4의 TV 다큐멘터리 시간대 ⟨트루 스토리즈True Stories⟩의 담당 커미셔너가 그 행사에 참석했다. 그녀는 재편집된 버전을 보고 새로운 피치도 들었는데, 스토리 중심의 그 피치는 한 주인공의 임신 경험에 초점을 맞추었다. 이번에는 ⟨트루 스토리즈⟩가 그 프로젝트를 발주했다. 그 프로젝트가 드디어 제작에 들어갈 수 있

다큐멘터리 콘텐츠를 브랜딩하고 시청자들의 '시청 예약'을 유도하는 다른 방법은 시간대를 이용하는 것인데, 앤터니의 다큐멘터리를 마침내 발주한 〈트루 스토리즈〉 시간대가 그런 예다. 2012년 채널4의 사실보도 프로그래밍 책임자인 랠프 리(Ralph Lee)는 다큐멘터리 시간대가 "프로그램에 공통적으로 결여될 수 있는 고품격을 두루 확보하는 방법"이라고 설명한다(Khalsa, 2012: 24). 바람직한 것이지만, 일회성 다큐멘터리는 고정 시간대를 확실하게 인식한 애청자와의 관계에서 혜택을 보는데, 이는 그런 프로그램이 새로 시청자를 발굴할 필요가 없다는 것을 의미한다. 물론 앤터니의 증언대로 그 이면에는 제작사가 그 시간대의 정체성에 맞추어, 발주편집인이 규정하는 대로 영화를 만들어야 한다는 정황이 있다.

↳ **사내 제작**
사내 제작은 하나의 회사가 자체 자원을 사용해 프로젝트를 개발·제작·배급하고 자금조달까지 하는 것이다. 이것은 포스트포드주의의 외주 모델보다는 첫 장에서 보았던 포드주의의 생산 모델에 더 가깝다. 그러나 그렇다고 제작에 관여한 사람들이 모두 그 회사의 정규직이라는 의미는 아니다. 사내 생산물이 텔레비전 제작이든 아니면 신문이든 프리랜서들도 참여한다. 텔레비전 드라마 제작의 경우, 개발의 핵심 인사가 사내

게 된 것은 개발 기간을 오래 끈 다음이었으며 그 기간에 이미 제작자와 감독은 상당한 자원을 투입했다.

사례연구: 디킨스의 미스터리 풀기 — 미·영 공동제작

채널4는 송출만 하는 방송사로서 자체적으로 콘텐츠를 생산하지 않는다. 그러나 일부 방송사는 **독립** 프로듀서에게 제작을 발주하고 콘텐츠를 매입할 뿐 아니라 프로그램을 **사내 제작**하기도 한다.

사내에서 프로그램을 개발하고 제작할 때에도 피칭과 발주 과정을 거치는데, 다만 앤터니가 경험한 것보다 더 비공식적일 뿐이다. BBC에서 각각 드라마의 사내 **실행프로듀서**와 프로듀서로 일하는 앤과 리사의 설명을 들어보자.

개발 단계는 프로듀서가 '이 책을 하면 괜찮을까? 작가를 찾아서 이 책을 하는 게 어떠냐고 물어봐야지'라고 생각하는 순간부터 모든 것을 포함할 수 있습니다. …… 애를 태우던 어떤 아이디어든…… 작가가 와서 이 주제가 마음에 들어 쓰고 싶다고 말하든가…… 아니면 프로듀서가 나가서 에이전트와 이야기해보든가 하면…… 그것이 개발의 첫 단계지요. …… 밖으로 나가 그 생각을 좀 더 다듬기 위해 누군가로부터 좋다는 말을 들을 필요가 있습니다. 그것은 우리가 집단적으로 유지하는 **슬레이트**slate의 일부로서 모든 채널이 다 그렇게 하지요. …… 그래서 예를 들어 저는 창작 감독에게 **피칭**합니다. 그리고 그가 관심이 있으면 그것을 다시 부서장과 드라마 커미셔너에게 가져가겠지요. 그들이 관심을 보인 아이디어는 걸러져서 다시 저한테 내려옵니다. …… 그러면 우리는 **트리트먼트**treatment 작성을 요청할 겁니다(리사, 프로듀서, 2011년 인터뷰).

리사는 프로듀서로서 프로젝트 제작을 실행할 뿐 아니라 개발하기도 한다. 하지만 실행프로듀서와 **대본편집자**script editor가 아마 프로젝트 개발에 가장 중심적인 역할을 할 것이다.

정규직이라고 하더라도 제작팀을 거의 다 프리랜서와 임시직으로 채운다. 더욱이 이후에 다룰 〈에드윈 드루드의 비밀〉에는 또 다른 방송사와 배급회사가 프로젝트 자금을 공동출자했다(TV 발주와 제작에 관한 상세 논의는 제9장 참조).

제가 열심히 개발 중인 프로젝트가 10개에 이르는데, 초기 아이디어부터 트리트먼트, 대본에 이르기까지 다양한 단계에 있는 프로젝트들이지요. …… 대본은 우리가 만족스러울 때까지 고치고 또 고치면서 몇 차례 손질합니다. …… 각 프로젝트마다 회임기간이 다 다릅니다. 얼마나 걸릴지 알 수 없어요. 때때로 어떤 것은 아주 빠르게 발주되어 제작에 들어갑니다. 때때로 어떤 것은 발주되었어도 작가가 그들이 그걸로 뭘 하려는 건지 파악하고 올바로 이해하는 데 상당한 시간이 걸립니다. 혹은 그들이 다른 일을 하려고 제쳐두기도 하지요. …… 쇼가 상당히 오랫동안 개발 단계에 있다가 갑자기 제작이 결정된 사례가 많이 있습니다. 그래서 쇼마다 임신기간이 다 다릅니다.

〈에드윈 드루드의 비밀The Mystery of Edwin Drood〉(찰스 디킨스의 미완성 소설을 개작한 것)은 작가인 그윈이 오래전부터 가지고 있던 아이디어였는데…… 그녀는 찰스 디킨스의 마지막 작품 『에드윈 드루드의 비밀』을 완성하겠다는 좋은 아이디어를 저한테 가져왔어요. 제가 아는 것이라고는 그 작품이 디킨스가 쓰기 시작한 마지막 책이고 그것을 완성하기 전에 디킨스가 죽었다는 사실이 전부였어요. 물론 저는 즉시 구미가 당겼지요. …… 우리는 그걸 개발 슬레이트에 올려놓고 한동안 뭉개고 있었는데, 그녀나 저나 다른 일을 하느라고 바빴어요. 그러다가 디킨스 탄생 200주년이 다가오면서 저는 이미 BBC1에서 〈위대한 유산Great Expectations〉을 제작하고 있었는데, 그걸 BBC2에서 하면 완벽한 동반 프로그램이 될 것 같았어요. …… 먼저 그윈과 대화한 후 그녀에게 대본을 재고나 삼고까지 만들라고 시켰습니다. 우리는 그 대본을 드라마 커미셔너에게 보냈는데, 그가 마음에 든다면서 BBC2에서 하는 게 좋겠다고 했어요(앤, 실행프로듀서, 2011년 인터뷰).

그 프로젝트는 채널에서 발주를 받았으나 재정적으로 **그린라이트**green light를 받은 것은 아니었어요. BBC에는 두 종류의 그린라이트가 있어요. 하나는 발주에 대한 그린라이트고, 다른 하나는 재정적인 그린라이트인데, 제대로 프로젝트를 추진하려면 둘 다 필요합니다. 일반적으로 하나를 받으면 다른 것도 따라오지요. 그것은 보통 문제가 안 되는데, 첫 번째 그린라이트를 받

그림 7.2 〈에드윈 드루드의 비밀〉
(대본)

자료: BBC(2011), 작가 귀네스 휴스(Gwyneth Hughes).

MURDER REPRISE: Edwin, falling to the ground.

Jasper's body sways, and his voice echoes in the empty vaulted space.

           JASPER (CONT'D)
    No!

                              CUT TO:

2 / 05   EXT. CATHEDRAL — DAY 5   2 / 05

Revd Crisparkle and Durdles approach the cathedral door.

           DURDLES
    Lost some lead from the roof too,
    sir. and the hands of the clock is
    all bent and twisted.

          REVD CRISPARKLE
    Dear me. What a night. We must pray
    no lives were lost.

They are almost floored by Jasper, running from the cathedral, in such distress he can barely see them.

          REVD CRISPARKLE (CONT'D)
    Jasper? Jasper!

Jasper turns a tear-stained face to them.

           JASPER
    My bright boy is gone.

았는데 두 번째를 못 받는 것은 드물기 때문이죠. 그러나 제작 자금을 확보하는 데는 몇 가지 요건을 충족해야 하기 때문에 그런 일이 있을 수는 있어요. BBC 자금이 있고 **공동제작** 자금이 있는데, 둘 다 필요하지요(리사, 2011년 인터뷰).

이 사례에서는 제작에 BBC2의 자금이 투입되었을 뿐 아니라 BBC월드와이드와 미국의 공영방송사 WGBH도 일부 자금을 댔다.

WGBH는 우리의 시대극 대부분에서 우리의 파트너입니다. …… 우리 드라마가 그들에게 잘 맞지요. 우리는 그들과 밀접한 협업관계에 있습니다. …… WGBH가 우리의 시대극을 방영하는 시간대의 명칭은 〈마스터피스Masterpiece〉인데, 그 책임자가 우리 부서의 책임자인 드라마 커미셔너에게 다음

드라마는 뭐냐고, 뭘 개발하고 있느냐고 묻지요. 그러면 그녀가 그들에게 잘 들어맞을 것 같은 드라마를 따로 표시해둡니다. …… 이 과정 내내 그녀는 저와 상의합니다. …… 그녀는 대본을 읽고 저는 캐스팅에 관해 그녀에게 계속 보고합니다. 그녀가 컷을 보는 것은 확실해요(앤, 2011년 인터뷰).

신발 제조와 마찬가지로 텔레비전 드라마 공동제작의 경우에도 관계가 중요함은 분명하다. 베지테리언 슈즈가 공급 및 제조업자들과 관계를 구축했듯이 BBC 드라마 부서도 작가 및 제작 파트너들 그리고 사내 스태프 사이에 검증된 관계를 유지하고 있으며, 그런 관계를 통해 신뢰가 쌓였다. 소통 채널이 확립되어 있고 과거의 협업 실적이 있다면 개발 과정이 더 수월하게 진행된다.

그렇다고 신참들이 진입할 여지가 없다는 의미는 아니다. BBC에는 재능 있는 신인 작가를 장려·지원하고 작품을 맡기기 위해 '작가실The Writer's Room'이라는 전담 조직이 있다. 작가실은 또한 다른 분야의 새 재주꾼을 지원하는 제도도 운영하고 있는데, 이는 다른 텔레비전 채널도 하는 일이다(이 장 말미의 '읽을거리' 참조). 그러나 앤터니가 말했듯이, 작가든 프로듀서든 신참들이 실적을 쌓고 확립된 관계를 구축할 때까지는 아이디어를 내서 발주를 받으려면 더 열심히 일하는 수밖에 없다.

사례연구: 로컬과 글로벌 − 댄스음악

우리가 제6장에서 만난 사이먼은 27년간 음악산업에 종사했다. 그는 DJ로 일하고 음반 가게에서 일하다가 메이저 음악사를 위해 댄스음악 전문 A&R(아티스트와 레퍼토리) 매니저가 되었으며 지금은 독립 레이블을 운영하는 프리랜서다. 그 사이에 그는 음악산업의 많은 변화를 목격했다.

레코드판과 CD를 통한 유형적 생산물로서의 음악이 사업이 되고 그 주변의 사업도 성장한 시기가 분명히 있었습니다. 이후 한동안 음악은 사람들에게 투자 대상으로 보였고, 믿을 수 없을 정도로 수익률이 치솟는 잠재력을 가진 것이었지요. …… 제 생각에 지금 음악산업이 안고 있는 문제는 끝없는 성장은 없다는 사실을 받아들이는 것인데, 실제로 수익률이 떨어지고 있습니다(사이먼, 2011년 인터뷰).

디지털 기술은 극적으로 매개변수를 변화시키고 음악사업의 수입을 감소시켰다. 사이먼의 말을 들어보자.

음악으로 돈을 버는 회사들이 아직도 세상에 있습니다. 과거의 사업모델이 일부 형태로 존재하지요. 대부분의 회사가 디지털 형태로 판매하는 음악의 1%만 유형물로 판매합니다. 그러나 그 근저에는 상당히 다른 것, 즉 생산물의 P2P peer-to-peer 공유와 사람들의 가치관념 변화를 의미하는 추세와 사이클이 있습니다.

이는 실제로 개발되고 생산되는 것이 무엇인지를 사이먼 나름대로 이해하는 방식이 있음을 의미한다.

그것도 여전히 음악입니다. 지금 우리가 보는 다른 시각이란 더 이상 음악을 돈벌이의 주된 원천으로, 다른 것은 보조적인 것으로 보는 것이 아니라, 이제 돈을 버는 여러 가지 수단의 위계질서가 평준화되었다고 보는 것입니다. 음악을 CD나 다운로드로 판매하는 물리적 생산물은 우리가 기대하는 소득의 작은 일부로…… 라이브 공연, 캐릭터상품 판매, 협찬, 특정한 팬 경험 등 돈을 벌 수 있는 다른 부분에 비해 작을 겁니다. 우리는 더 이상 생산물을 통제하고 보유해서 판매하지 않습니다. 이는 가치를 창조해서 이용하는 여러 방식이 있다는 의미지요(사이먼, 2011년 인터뷰).

여기서 사이먼이 가장 강조하는 관계는 이러한 생산물의 잠재적 고객들과의 사이에서 발전시키는 관계다.

우리는 여전히 음악을 창조해 팬들에게 접근하려고 하지만, 이는 직접적인 방식으로 그렇게 해서 수시로 현금화할 수 있는 관계를 수립하려는 것이지요. 여기서 문제는 액트acts를 개발해야 하기 때문에 곧바로 현금화할 수 없다는 점입니다. 그리고 너무 일찍 팬과의 관계를 현금화하려고 하면 소통이 되지 않을 때가 많습니다(사이먼, 2011년 인터뷰).

사이먼이 일하는 맥락에서 볼 때, 개발이란 음악 자체뿐 아니라 액트와 고객과의 관계를 개발하는 것을 의미한다. 이에 따라 마케팅과 배급이 개발과 생산의 일부가 되는데, 더 상세한 것은 다음 장에서 살펴볼 것이다. 마케팅, 배급과 개발, 생산 간의 관계는 일직선상의 과정이 아니라 끊임없이 순환하는 고리 모양이다. 이것이 가능한 부분적인 이유는 음악 생산의 장벽이 과거에 비해 훨씬 낮아졌다는 데 있다.

생산

넓게 보아 무엇인가가 생산에 들어가면 아이디어, 개요 작성 및 계획과 같은 연구·개발 단계에서 그런 계획을 행동과 물건으로 전환하는 데 시간, 노동, 자원을 투입하는 단계로 이동한다. 앞으로 보겠지만 이러한 구별이 분명한 것은 아니며 때때로 개발과 생산이 거의 동시에 이루어지지만, 창조제품이나 창조서비스가 만들어지고 인도되는 시점을 파악하는 데는 그러한 구별이 유용하다.

침실 스튜디오

디지털 기술은 사람들이 음악을 얻고 듣는 방식뿐 아니라 음악을 만드는 방식도 바꾸었다. 사이먼이 지적하듯이 요즘은 노트북컴퓨터 한 대가 스튜디오 몫을 해내며, 음악가 지망생이 음악을 만들고 녹음하기가 아주 쉽다.

침실 기술bedroom technology이라는 생산수단과 얼핏 쉬워 보이는 배급수단을 가지고 있는 우리는 바로 내일 인터넷에 무언가 올릴 수 있습니다. 아주 쉽게, 아주 빠르게, 아주 좋은 것을 창조할 수 있어요. …… 반면, 예전에는 그런 창조에 장애물이 많았습니다. …… 제 생각에 실질적인 일 때문에 그런 장애물이 생기는 경우, 즉 아티스트가 일정 시점에 고비를 맞는 경우를 의미하는 학습곡선learning curve도 더러 있었습니다. 그래서 기술이 창조를 변화시켰다고 생각합니다. 기술은 사람들이 음악을 창조하는 방식을 바꾸고, 음악에 관한 사고방식을 바꾸고, 음악을 작곡하고 만드는 방식을 바꾸었지요. …… 저는 그것이 좋다 나쁘다 말하는 게 아니라 그저 다르다는 걸 말하는 겁니다(사이먼, 2011년 인터뷰).

사이먼의 주장은 음악이 그의 표현대로 훨씬 더 빠르게 생산되고 소비되면서, 콘텐츠가 풍부해지는 결과가 나타나며, 각 개인의 경력 자체는 과거에 비해 덜 중요해지고 음악가와 고객 간의 전반적 관계가 정말 중요해지고 있다는 것이다. 개발과 생산의 전 과정뿐 아니라 배급도 단축되고 즉각적이 되었다.

그리고 예전에는 유통을 지키는 문지기가 있었다는 점에서 기술이 유통에도 엄청난 영향을 미친 것이 분명합니다. 이제 문지기는 적지만, 어떻게 주목을 받느냐가 문제입니다. 그래서 세상이 민주화되고 더 개방되었다지만, 그것은 주목을 끌려고 경쟁하는 목소리가 너무나 많아졌다는 것을 의미하기도 합니다(사이먼, 2011년 인터뷰).

사이먼이 표현하는 생산과 유통의 모델은 음악 부문에서 가장 뚜렷하지만, 점차 창조산업 전반에 공통적으로 나타나고 있다.

프로토타입에서 생산물로

좀 더 전통적인 개발과 생산 패러다임에서는 이른바 **프로토타입**

prototype(생산물 샘플, 대본, 시제품 등)이 충분한 개발과 검증을 거치고 자금까지 확보되어야 마침내 프로젝트가 생산에 들어갈 수 있다. 가다가 쉬곤 하는 개발 과정에 견주어 생산 리듬은 아주 다르다. 생산은 훨씬 더 가속화되고 집약적인 단계로서 개발보다 훨씬 더 짧은 시간 내에 완료된다.

마침내 제대로 되었다 싶으면 샘플이 도착한 날 바로 주문을 냅니다. 그것은 말이 필요 없는 소통 방식이지요. 제가 곧장 주문을 내는 것은 마치 '당신들이 2년 전에 이걸 했으면, 나는 2년 전에 주문을 냈을 것'이라는 식입니다. …… 이는 또한 주문을 빨리 넬수록 팔려는 신발을 빨리 확보한다는 뜻이기도 합니다. 보통 2~3개월이 신발 제조에 걸리는 시간이지요(로빈, 2011년 인터뷰).

저는 매일 근무 상태의 연속이에요. 제작 관련 결정이 앉아서 나오는 게 아닙니다. 그리고 어떻게 하면 예산 범위를 넘지 않을까, 어떻게 하면 스케줄을 지킬까, 어떻게 하면 이야기 줄거리를 유지할까 등 그 모든 것에 관해 매일 즉각적인 의사결정을 내릴 때면 힘이 들지요. …… 또 다른 쇼도 개발하고 있고…… 포스트프로덕션 단계에 있다면, 편하게 다음 개발 문제를 생각합니다만(리사, 2011년 인터뷰).

드라마〈에드윈 드루드의 비밀〉의 실제 촬영은 5주간 지속되었다. 그러나 영화와 텔레비전 제작 스케줄에는 개발 후, 제작 전에 다른 중요한 단계가 포함되는데, 바로 **프리프로덕션**pre-production이 그것이다. 프리프로덕션은 프로젝트가 그린라이트를 받은 후, 스케줄을 작성하고 촬영장소를 확보하며 출연진과 제작진을 고용하는 단계다. 요컨대, 그것은 모든 실현 가능성과 물류 계획을 점검하고, 대규모 자금과 기타 자원을 제작을 실행하는 데 배정할 때다.〈에드윈 드루드의 비밀〉은 촬영 전 6주간 프리프로덕션을 진행했다. 이 기간에 엄청나게 많은 것을 성취해야 했다.

프리프로덕션: 기획과 조직화

실행프로듀서가 이미 팀에 합류시킨 감독과 제가 두 개의 대본을 놓고 머리를 맞댄 끝에 더 수정해야 한다는 것을 알았으나, 이것이 우리가 하고 싶은 작업의 기본 골격이라는 데 상당한 확신을 가졌습니다. …… 우리는 제작부장들 가운데 제1진을 선임했지요. 이런 환경에서 맨 먼저 선임할 사람은 로케이션과 설계design 담당일 겁니다. 왜냐하면 그들이 여러분을 위해 여러분의 세계를 창조해야 하니까요(리사, 2011년 인터뷰).

리사와 감독은 성당 이야기의 중심 세팅으로 사용할 실내 촬영장소를 이미 결정했는데, 리사는 그 장소를 '**히어로** 로케이션'이라고 부른다. 사실, 드라마에 등장하는 성당은 여러 다른 로케이션으로 구성되어 있는데, 각 로케이션은 성당 외부, 주된 실내 공간, 지하, 회랑 등과 같은 성당 내 각 구역으로 사용된다. 이것들은 모두 하나의 로케이션으로 보이도록 편집된다. 때때로 로케이션의 실현 가능성이 스토리와 대본에 상당한 영향을 미칠 수 있다. 예를 들면 〈에드윈 드루드의 비밀〉에서 로케이션 매니저가 또 다른 주요 촬영장소로 물색한 곳은 당시 스토리에서 중요한 세팅인 둑(작은 댐 같은 수리시설)이었다. 그러나 대본 개발과 예산 책정 과정이 계속되면서 이를 재고할 필요가 생겼다. 작가가 성당과 둑 사이에서 벌어지는 사건 구성을 전개하기가 힘들었을 뿐 아니라 둑 세팅에 큰 예산이 소요될 것이 분명했던 것이다. 성당 외부는 디킨스와 연고가 있는 도시인 로체스터에서 촬영되었는데, 런던에서 가까운 그 도시는 런던에 근거한 제작진이 통근할 수 있는 거리였다. 그러나 근처에 마땅한 둑 로케이션이 없었다. 다른 가능한 로케이션은 이동 거리가 늘어나 시간이 더 걸리고 숙박비가 소요될 것이 뻔했다.

우리는 그렇게 되면 숙박이 불가피해져서 예산상에 큰 부담이 되기 때문에 우리가 가진 예산으로 추진하기는 사실상 매우 힘들다는 것을 알았습니다. 그래서 우리는 그런 식으로 일할 형편이 안 된다는 것을 깨닫기 시작했어요.

…… 결국, 우리는 이 프로젝트를 할 수 있는 유일한 길은 스토리텔링의 주요 요소에서 물을 제외하는 것이라고 결론지었습니다. …… 일부 대목에서 물이 필요했지만, 에피소드 1, 에피소드 2를 물로 시작해서 물로 끝낼 수는 없었습니다. 이 방안이 제작을 살린 것이지요. 완벽히 살린 겁니다(리사, 2011년 인터뷰).

리사가 프로듀서로서 수행하는 주된 임무는 세 가지다. "작가로부터 가능한 한 최고의 대본을 뽑아내는 것이 우리 일이지요. 최고의 대본과 그린라이트를 받은 다음에는 최고의 팀을 구성하는 것도 우리 책임입니다. …… 그리고 마지막으로 그들이 가능한 한 최고의 작업을 하도록 여건을 조성하는 것이 프로듀서가 할 일입니다."

리사는 이러한 목표를 달성하기 위해 작가, 감독, 캐스팅 감독, 실행 프로듀서 및 **라인프로듀서**line producer와 긴밀하게 협조하면서 예산 소요, 대본 개발, 출연진 섭외, 기타 물류 지원을 처리할 필요가 있다. 이런 모든 일은 둑 로케이션 사례에서 보았듯이 서로 영향을 미친다. 대본의 수정으로 로케이션 변경이 필요하고 예산도 달라질 수 있다. 스케줄은 시간과 돈을 최대한 절약하도록 출연진 예약, 로케이션 근접성 등 실행 가능성을 중심으로 작성해야 한다. 따라서 촬영을 준비하는 일은 복잡하고 세밀하게 조직해야 하는 도전과제다.

2차로 선임할 제작부장급으로는 카메라감독(촬영감독), 편집자, 녹음기사, 의상 담당, 분장사 등이 있다. 첫 단계는 감독과 프로듀서가 과거 업무실적을 토대로 프로젝트에 적합하다고 생각하는 사람들의 명단을 작성하는 것이다. 이러한 직책은 신문이나 다른 매체를 통해 공모하지 않는다. 후보자나 그 에이전트를 직접 접촉해 미팅에 초청한다. 명단에 오른 후보자는 대본을 읽고 그들의 생각을 감독 및 프로듀서와 나눈다. "우리는 무언가 찾는데…… 기존에 우리가 착안하지 못한 느낌 같은 것을 찾는데…… 우리는 그들이 우리가 출발점을 어떻게 구상하고 있는지 이해하는 동시에 그들 자신의 생각도 보태기를 바랍니다"(리사, 2011년 인터뷰).

9일차 종료, 2011년 9월 7일 — 전체 쪽수: 4 7/8						
10일차 — 2011년 9월 8일 목요일 (08:00~18:00) SR-0623 SS-1932 이용 불가 — 마이너 캐넌 로드 로체스터						
1/4	1일차	외부	성당 재스퍼가 조용한 구시가지를 지나 성당으로 서둘러 간다	드루드 문	2/8쪽	1
1/17	2일차	외부	성당-묘지 더들스가 데퓨티와 점심을 같이 먹는다	묘지	7/8쪽	10, 100
1/55	4일차	외부	성당 두 사람 사이에 심각한 이야기가 있다	장례식장	2/8쪽	1, 2, 3
1/62	5일차	외부	성당-묘지 퍼퍼 공주가 드루드에게 위험하다고 경고한다	묘지	1 5/8쪽	3, 13, 100
2/12A	5일차	외부	성당-묘지 데퓨티가 지저분한 묘지를 뒤진다	묘지	1/8쪽	100
2/13B	5일차	외부	성당-묘지 데퓨티가 반지를 찾는다	묘지	1/8쪽	100
2/16A	5일차	외부	성당-묘지 데퓨티가 더들스에게 반지를 건넨다	묘지/장례식장	3/8쪽	2, 5, 9, 10, 100
2/28	7일차	외부	성당-묘지 몇 달 뒤. 데퓨티와 더들스가 성가대를 따라 흥얼거린다	묘지	7/8쪽	10, 100
2/5	5일차	외부	성당 재스퍼가 성당에서 도망친다	성문	3/8쪽	1, 4, 10,
타이틀	0 일차	외부	성당 타이틀. 성당의 스테디캠 촬영	성당	1/8쪽	
2/45	8일차	외부	성당 설립자. 이제 성당이 불길하게 보인다	성당	1/8쪽	
10일차 종료, 2011년 9월 8일 — 총 쪽수: 5 1/8						

그림 7.3 〈에드윈 드루드의 비밀〉(스케줄)
자료: BBC(2011).

이들 제작부장들은 각자 프로젝트에서 함께 일할 자신의 팀을 충원한다. 또 다른 중요한 제작진 구성원은 제1조감독assistant director — 제2·

제3조감독도 있다 — 이다. 제1조감독은 촬영 스케줄을 작성하며, 프로그램이 제작에 들어간 후에는 세트를 준비하고 제작이 스케줄대로 진행되도록 관리한다.

스케줄은 대본에 상세하게 나와 있는 신과 로케이션을 토대로 작성한다. 그러나 리사가 설명하듯이 대본 편집과 수정은 이 단계에서도 계속 이루어진다.

> 촬영대본은 거의 항상 조금 늦어요. …… 그렇지만 촬영대본을 입수하기 전에는 정상 스케줄을 정말 잡을 수가 없습니다. 그리고 정상 스케줄을 잡기 전에는 배우들을 정상적으로 캐스팅할 수가 없어요. 언제 그들이 필요할지 모르니까요. …… 5주 촬영에서 이상적인 경우는 최대한 탄력성 있게 스케줄을 잡아서 5주 내내 출연진 전부를 예약하는 것이겠지요. 그건 도저히 불가능합니다. 비용도 엄청 들고…… 스케줄과 배우들 예약을 맞추는 것은 가로세로 낱말 맞추기 퍼즐 같습니다(리사, 2011년 인터뷰).

그래서 캐스팅은 프리프로덕션 단계에서 일찌감치 이루어졌지만, 배우들의 최종 예약은 스케줄이 확정될 때까지 기다려야 했다. 배우들이 확정되자 분장과 의상이 촬영 2주 전에 현안으로 등장했다.

> 그들은 일단 우리 일 제의가 들어오면, 룩의 관점에서 일을 생각해서 의견을 우리한테 개진합니다. 그러나 실제의 배우들이 그들 앞에 앉을 때까지 그들이 실제로 할 수 있는 것이 없어요. 그래서 준비하는 마지막 몇 주 동안에는 모든 배우들을 최대한 확실하게 예약해야 한다는 부담이 항상 있습니다. 그래야 의상과 분장을 담당할 사람을 확보하니까요(리사, 2011년 인터뷰).

제작: 계획을 실행하기

일단 드라마가 제작에 들어가면, 리사는 라인프로듀서와 제1조감독의 협조를 받아 예산과 스케줄을 계속 관리한다. 스케줄대로 예산 범위

내에서 진행하기 위해 수정하고 재고할 때가 많으며, 필요하면 신scene 을 줄이기도 한다.

촬영 2주차가 거의 끝날 무렵 우리는 이틀 동안 일정이 좀 빡빡하다는 것을 깨달았습니다. 우리는 하루 평균 대본 다섯 쪽을 촬영하려고 했지요. …… 현대극에서는 빨리 할 수 있지만, 시대극에서는 머리 손질, 분장 고치기, 의상 교체 등에 시간이 더 걸립니다. 하루 다섯 쪽을 찍고 있는데, 출연진이 정말 좋고…… 제작진도 놀라울 정도로 빠르고 빈틈이 없어요. …… 당신도 며칠만 현장에 있으면 바로 시작할 수 있고, 일을 좀 거들 수 있습니다. 아시다시피 다들 오늘 그 신을 다 못 했지만 여기서 내일 하면 된다는 식입니다. 그러나 우리가 여러 군데 로케이션을 돌다 보면, 내일까지만 여기 머무를 수 있는 경우와 같이 일종의 힘든 데드라인이 생깁니다. 그래서 계속해서 신을 축소하는 상황을 피하기 위해 저는 2주차에 다시 대본을 살펴보고 '이 모든 것을 남은 촬영기간에 성취하려면 실제로 어떤 조치가 가능한가'라고 묻고 싶었습니다. 우리의 경우, 2주차에 그런 변경을 결정하고 그 결과를 반영해서 수정된 대본을 배포하면 모두가 성취 가능한 일을 작업하고 있다는 것을 알게 되지요. 왜냐하면 모두가 싫어하고 내 자신부터 싫어하는 것이, 신이 너무 많고 일도 너무 많아서 '아, 이거 다 못 하겠다'라고 느끼는 **콜 시트**call sheet를 매일 들여다보는 것이기 때문입니다. 아무도 그런 걸 원치 않아요. …… 그래서 저는 정말, 정말로 그런 것을 피하려고 합니다(리사, 2011년 인터뷰).

촬영이 진행되는 기간에 **러시/데일리**rush/daily가 실행프로듀서인 앤에게 전달된다. 그녀가 그것들을 보고 감독과 프로듀서에게 의견을 건넨다. 물론 감독과 프로듀서도 매일 그것들을 본다. 러시/데일리는 편집자에게도 전달되는데, 촬영을 시작할 때부터 채용된 그는 **푸티지**를 편집해 첫 **조립**assembly을 수행한다.

포스트프로덕션: 모든 것을 종합하기

촬영이 끝나면 포스트프로덕션이 시작되어 편집실에서 감독과 편집자가 함께 검토하면서 **파인 컷**fine cut 을 만든다. 〈에드윈 드루드의 비밀〉의 경우, 프로듀서와 편집자가 각 에피소드마다 파인 컷을 만드는데 3주가 걸렸다. 3주 후 에피소드 1에 **록**lock 이 걸리고, 다음 단계의 포스트프로덕션, 즉 **트랙 레잉**track laying 과 **화면조정**picture grading 으로 넘어갔다.

그러나 한 에피소드에 록을 걸기 전에 여러 사람이 보고 승인할 필요가 있다.

특히 이런 팀이 일하는 대체적인 방식은 감독이 (편집자와 함께) 먼저 10일간 작업한 후 저를 불러 "이건 나 혼자서 할 수 있는 데까지 해본 것"이라고 말하는 식입니다. 그래서 지금은 우리 둘이 같이 보고 **간부들**에게 보여주어도 좋다고 아주 흡족하게 여길 때까지 같이 작업합니다. 그것을 본 간부들은 자기들 생각을 말하고 갖가지 참견을 합니다. 그러다 보면 모두가 만족해야 하는 것은 아니라고 하게 되는데, 그건 거의 불가능하니까요. 그러나 모두가 알 수 있는 오류는 최대한 시정하려고 합니다. …… 편집자, 감독, 프로듀서, 실행프로듀서와 작가, 부서장, 드라마 커미셔너 순으로 보지요. 그리고 모두가 의견을 냅니다. 3주차가 끝날 무렵 우리는 현재 상태에 만족하고 록을 걸기로 결론을 내렸습니다(리사, 2011년 인터뷰).

우리는 스스로 창조와 관련한 질문을 합니다. 어떻게 하면 이 쇼를 최고로 만들까? 서로 관련된 신들을 어떻게 배치할까? 저 특정한 배우와 저 특정한 대목의 대본으로부터 최고의 뉘앙스와 최고의 공감을 뽑아내기 위해 어떻게 연기를 편집할까? …… 이것이 이른바 쇼의 픽처 록 picture lock 으로, 이때부터 그림이 동결되어 우리는 트랙 레잉을 시작하고, **사운드 스포팅**sound spotting 을 시작하며 화면조정도…… 우리가 가진 한정된 시간을 기준으로 일을 결정하고 추진할 필요가 있습니다.

저는 화면조정을 검토합니다. …… 그것이 쇼와 조화되는지 보려고…… 음악도 감상해봅니다. …… 그리고 최종 합성판final mix 을 훑어보는데, 이것은 사운드, 추가 대화 녹음, 각종 효과 등 모든 것을 한데 합성한 것이지요. …… 일단 최종 합성이 완료되면 쇼가 준비된 겁니다(앤, 2011년 인터뷰).

돌발사태 대비: 〈재앙의 묵시록〉 완성하기

앞에서 본 앤터니의 다큐멘터리 프로젝트는 드라마 제작에 비해 개발과 제작에 속한 여러 단계 간의 구별이 뚜렷하지 않았다. 이는 부분적으로 앞서 사이먼이 음악 생산에 관해 이야기했듯이, 다큐멘터리용 '맛보기' 푸티지를 촬영하고 편집하는 데 상당한 자원이 필요하기는 하지만, 그래도 감독과 프로듀서가 그 자원을 자체적으로 조달할 가능성이 시대극보다 훨씬 더 컸기 때문이다. 또 다른 부분적인 이유는 앤터니가 독립적인 새 감독·프로듀서 팀의 일원이었던 관계로 그의 프로젝트가 서면 트리트먼트만을 토대로 발주받을 가능성이 훨씬 더 작았기 때문이다. 특히 다큐멘터리는 커미셔너가 실제 푸티지를 봐야 그 제작팀이 프로그램을 인도할 방안과 기량을 가지고 있음을 확신하게 된다. 그러므로 앤터니의 프로젝트가 발주를 받아 공식적으로 제작에 들어갔을 때는 이미 일부 중요 부분이 촬영된 상태였다. 그럼에도 그는 그가 프로듀서와 함께 들인 비용을 텔레비전 발주에서 받은 돈으로 충분히 회수할지에 대해 회의적으로 보고 있다.

그래서 우리가 이미 지출한 것을 생각하면…… 우리의 시간을 포함하면…… 그건 전적으로 시간을 어떻게 돈으로 환산하느냐에 달려 있지만, 우리는 우리의 돈과 모든 것을 투입했습니다. 그래서 이 돈 4만 파운드는 과거와 현재, 미래에 대해 받은 겁니다. 아시다시피 많은 돈은 아니지요(앤터니, 2012년 인터뷰).

이는 독립 프로듀서들이 흔히 처하는 상황인데, 특히 그들이 이처럼

해외 프로젝트를 하는 업계 신참일 때에는 더욱 그렇다. 앤터니의 말을
들어보자.

비슷한 경험을 겪는 영화제작자들이 무지 많습니다. 모두 경쟁자지요. ……
이런 종류의 열정 프로젝트가 돈이 될 거라고 생각하기 쉬운데 그렇지 않습
니다. 우리는 실질적으로 공짜로 일해야 하고…… 시장은 정형화된 걸 요구
하고…… 얼마나 힘든지 모르는 사람들이 많아요. …… 그러나 무언가 믿는
게 있다면 달리 선택의 여지가 없을 때가 더러 있다고 생각합니다. …… 궁
극적으로 돈이 되는 제작이 많아요. 그러나 감독의 관점에서 볼 때 그런 것
은 지속적이지 않습니다. 텔레비전에 나오는 사람들이 모두 TV에 못 나가는
작품들을 한 아름씩 안고 있지요. 그게 문제입니다(앤터니, 2012년 인터뷰).

앤터니의 말에 따르면, 방송사가 그와 프로듀서에게 발주 조건으로서
명시한 것 중 하나는 경험 있는 다큐멘터리 제작자를 실행프로듀서로
제작에 참여시켜 프로젝트를 감독하게 하는 것이었다. 이 때문에 꽤 많
은 예산이 들었지만 그들이 업계에서 아주 신참이었기 때문에 이해할
만한 요구사항이었다. 앤터니가 다시 카자흐스탄으로 가서 다큐멘터리
의 중심 부분 — 방사능 피해자인데도 임신한 한 여성의 이야기로서, 아기가
선천성 장애를 안고 태어날 것이라고 우려하는 의사는 그녀의 임신에 반대했다
— 을 촬영할 돈이 지급되었다. 그러나 아기가 태어나기 전에 돈이 떨어
졌다. 어쩔 수 없이 앤터니는 영국으로 돌아왔고, 그 직후 파트너였던
프로듀서의 프로덕션 회사가 파산했다.

앤터니는 자기가 최초의 아이디어를 낸 것은 아니지만 감독으로서 프
로젝트에 깊이 관여했고 이 시점에서 실패하는 것을 차마 눈뜨고 볼 수
없었다고 설명한다. 그러나 그 프로듀서는 계속할 형편이 아니었으며
영화에 대한 **권리**를 가진 것은 프로덕션 회사였다. 결국 앤터니는 이리
저리 돈을 모아 프로덕션 회사의 파산관재인으로부터 영화에 대한 권리
를 매입했다. 그는 다시 카자흐스탄으로 가서 영화의 마지막 푸티지를
찍었다. 그러나 제작 과정이 끝나자 실행프로듀서와 편집자가 받을 돈

이 문제였는데, 이제는 감독 겸 공동 프로듀서가 된 앤터니가 그 문제를 해결해야 했다. 그가 택한 해법은 이윤에 대한 지분을 그들에게 주는 것이었다.

제 몫을 줄여야 했어요. 그리고 물론 실제 배급은 배급사를 통해 이루어지고 있어서 그들이 배급 수입의 40%를 가져갑니다. 그래서 제가 기초 권리를 보유하고 있지만, 저는 그 돈의 30~40%를 가질 뿐입니다. 그러니까 모든 권리를 보유하고 있지만, 거기서 나오는 이윤 가운데 일정 몫을 준 것이지요. …… 이윤을 이러한 여러 사람한테 나눠준 겁니다(앤터니, 2012년 인터뷰).

우리는 이러한 배급 과정에 관해 다음 장에서 좀 더 자세하게 살필 것이다. 제작이 끝나고 앤터니는 결과에 대해, 그리고 그것을 만든 경험에 대해 매우 만족해했지만, 그런 경험을 다시 하는 것에 대해서는 매우 조심스러워한다.

대부분의 사람들이 평생 보지 못할 것을 저는 보았어요. …… 핵폭탄이 터진 자리에 생긴 크레이터에서 말을 타고, 떠들썩한 목동들과 보드카를 마신 것 등을 평생 잊지 못할 겁니다. …… 그래서 아름다운 추억을 얻었지만, 그 대가를 비싸게 치렀습니다(앤터니, 2012년 인터뷰).

금융 애널리스트 출신인 앤터니가 다큐멘터리를 제작하기 위해 금융계를 떠난 것은 다르게 살아보고 싶었기 때문이다.

금융계에서 일하는 사람들은 자신이 자본주의 체제의 엘리트라는 걸 알잖아요. 글로벌 나무의 꼭대기에 있다는 걸…… 그리고 엘리트이기는 하지만 아주 멍청한 데다…… 여자, 고급 나이트클럽, 쓸데없는 물건 같은 것에 돈을 낭비한다는 것도 깨닫지요. …… 저는 단지 돈을 버는 것 이상의 인생을 살고 싶다고 느꼈습니다.

그러나 그 역시 영화제작자로서 하나의 기업가임을, 그리고 미디어 제작으로 생계를 꾸리기 위해서는 수익성을 추구할 필요가 있다는 것을 잘 알고 있다.

프리랜서 영화제작자가 되려면 먼저 사업가여야 합니다. 작품을 출시하려면…… 돈이 있는 데로 가야지요. …… 문제는 이것이 실질적으로 창업과 같다는 것입니다. 영화를 만드는 것은 다른 부문에서 다른 사업을 시작하는 것과 같아요. …… 각각의 영화는 기업가정신으로 운영되는 작은 회사 같습니다. 그래서 영화를 만드는 것은 피자가게나 커피숍을 여는 것과 같지 않아요. 〈재앙의 묵시록〉을 커피숍과 비교할 수는 없지요. …… 저는 방사능에 관한 영화를 만드는 데 전문가입니다만, 그거 아세요? 세계에서 그런 핵실험 장소는 하나밖에 없습니다. 그래서 이제 그건 잊어버리고 전혀 다른 무엇을 해야지요. …… 이것은 흥미롭기도 하지만, 악몽 같은 것이기도 합니다. 왜냐하면 또 다른 무엇의 전문가가 되어야 하니까요(앤터니, 2012년 인터뷰).

사이먼처럼 앤터니도 방송사와의 관계보다 잠재 고객과 직접적인 관계를 개발하는 것이 더 추구하고 싶은 모델일지 모르겠다고 생각하기 시작했다. 그는 현재 **크라우드펀딩**crowdfunding을 통해 자금을 조달할 계획인 프로젝트를 몇 개 개발하고 있다(이러한 접근법에 관해서는 이 책 말미에서 상세하게 살필 것이다).

만약에 일단 잠재 고객을 모으면, 고객에게 대가를 부담할 용의가 있는지 물어보세요. 제가 현재 이 방식을 시도하고 있는데요. …… 이제 방송사는 상황을 좌우지하는 당사자가 아닙니다. 고객이 왕이죠. …… 가치제안을 내놓는다고 말하면서 고객을 찾는 것이 관건이에요. …… 이것은 우리에게 시장개척자가 되기를 요구합니다(앤터니, 2012년 인터뷰).

요약

우리는 여러 유형의 창조생산물의 개발과 생산을 검토했기에 각 프로젝트가 그 부문에 고유한 특성을 가지고 있음을 알 수 있다. 그러나 각 사례의 관련 과정 사이에 다수의 유사점도 있음을 알 수 있다. 여러 부문의 창조생산자들은 아이디어를 창조생산물로 변모시키는 것을 대단한 열정, 신중한 계산, 끈기와 인내가 혼합된 과정으로 묘사한다.

그들은 잘못되기도 하는 여러 가지 일에 대해 설명하면서 그들의 활동이 사막 같은 환경에서 이루어진다는 사실을 강조한다. 그런 환경에서는 큰일이건 작은 일이건 당연한 것은 아무것도 없다. 행운과 불운이 항상 작용하지만, 때로 계획을 촉박하게 변경해야 하기 때문에 빠른 판단과 풍부한 지략은 성공에 필수적인 기량이다. 그러므로 창조생산물을 만들고 고객을 찾으려면 관계를 증진하고 유지하며 신뢰와 공유된 역사를 쌓아 의존하는 것이 중요함을 창조인들이 강조하는 것도 당연하다.

읽을거리

BBC 작가실 (The Writer's Room): www.bbc.co.uk/writersroom/

Bernard, Sheila Curran. 2007. *Documentary Storytelling: Making Stronger and More Dramatic Nonfiction Films*. Oxford: Elsevier.
다큐멘터리 영화 제작의 스토리 개발과 설계에 유용한 안내서.

Cury, Ivan. 2006 *Directing and Producing for Television: A Format Approach*. Oxford: Elsevier.
텔레비전 제작과 관련된 사항과 인물을 개관한 책.

Katz, Steven Douglas. 1991. *Film Directing Shot by Shot: Visualizing form Concept to Screen*. Michael Wiese Productions.
극영화 감독들을 위해 영상작업, 제작 설계와 세트 제작을 상세하게 안내한 책. 여러 가지 극적인 효과를 내기 위해 신을 촬영하고 조정할 수 있는 다수의 방법을 탐구하는 워크숍 요소를 포함하고 있다.

Kerrrigan, Finola, 2009 *Film Marketing*. Oxford: Elsevier/Butterworth-Heinemann.
무예산 단편영화에서부터 대형예산 장편영화에 이르기까지 영화 마케팅 방법에 관한 간결한 안내서.

Mayer, Vicki, Miranda J. Banks and John Thornton Caldwell, 2009. *Production Studies: Cultural Studies of Media Industries*. New York: Routledge.
할리우드와 미국 TV산업을 중심으로 미디어 제작을 연구한 논문집.

Passman, Donald S. 1994. *All You Need to Know about the Music Business*. New York: Simon and Schuster.
베테랑 음악 매니저가 업계의 술수를 정리한 책.

Stradling, Linda. 2010. *Production Management for TV and Film: The Professional's Guide*. London: A&C Black.
TV나 영화 제작의 경영과 관련해 실생활의 사례를 들어 단계적으로 안내한 책.

8 창조생산물의 마케팅과 배급

우리는 창조노동과 창조산업을 생각할 때 먼저 무언가를 창조하는 활동에 초점을 맞추는 경향이 있다. 물론 새로운 것을 만드는 것이 첫 단계다. 그러나 제품을 생산하고 나면 거기에 들어간 투자를 회수하기 위해 그것을 팔아야 한다. 서비스, 이벤트, 경험 등도 마찬가지이며, 요컨대 수입이나 기타 혜택을 창출하는 것이면 무엇이든 그렇다. 어떻게 사람들이 영화를 보게 하고, 책을 읽게 하고, 게임을 즐기게 할 것인가? 어떻게 전시회 관람객을 유치할 것인가?

유통

권력과 이익이 있는 핵심부는 문화생산이 아니라 문화배급이다(Garnham, 1990: 161).

창조노동이 수반하는 것(제1장 참조), 즉 진기성 창조, 지적재산권 창출, 고객과의 상호작용이라는 기초 개념을 상기해보자. 그렇다면 유통이란 어떤 새로운 것이 창조된 다음 그것을 즐기고 이야기하거나 사용할 고객을 찾을 때 발생하는 것이다.

마케팅, 홍보, 배급은 두 가지 이유에서 창조인에게 중요하다. 첫째, 창조인들이 창조노동의 결과가 결실을 맺은 다음에 그것을 어디로 보낼 것인지 이해하는 것이 중요하다. 둘째, 마케팅과 광고업은 창조산업의 상당 부분을 차지한다. 즉, 직간접적으로 다수의 창조인을 고용하고 엄청난 양의 창조생산물을 산출한다(이에 관한 상세한 내용은 제10장을 참조할 것). 따라서 이 장의 목적은 무엇을 창조하는 것과 바깥의 넓은 세상에서 그 창조물에 관해 인식하고 즐기고 이야기하는 등 뭔가를 하는 고객들 사이의 공간에서 무엇이 성패를 가르는가를 파악하는 데 있다. 유통은 창조생산물의 마케팅과 홍보, 배포를 포함한다(Hesmondhalph, 2007: 28). 이 장에서 우리는 유통이 단지 문화생산물의 창조에 이어지는 별도의 단계 ─ 문화생산물을 구상해서 만드는 재미가 비즈니스의 진지함에 자리를 내주게 되는 단계 ─ 일 뿐만 아니라, 그 자체가 마케팅과 광고업에 속하는 창조 작업을 포함하여 창조노동의 한 형태이기도 하다고 간주한다.

앞 장에서 본 영화프로듀서 리사는 자신의 일이 작품의 시작부터 배급까지 전체 여정을 포괄한다고 본다. 그녀의 말을 들어보자. "프로듀서의 일은 작품이라는 아기를 끝까지 돌보는 대부나 대모가 되는 것입니다. 그래서 포기할 수가 없어요. 누군가 전반적인 책임을 져야 하고…… 작품이 방영되도록 누군가 사랑을 베풀어야 합니다. …… 보통은 실행프로듀서와 제가 그것을 분담합니다"(리사, 2011년 인터뷰). 이와 비슷하게, 거의 20년 동안 여러 음반회사에서 A&R 매니저로 일해온 사이먼은 지신의 역할이 새로운 인재를 발굴해서 시장에 내놓는 것이라고 본다. "A&R 매니저가 하는 역할에는 두 가지가 있는데, 먼저 인재를 발굴하는 것입니다. 그들이 직접 곡을 만들든, 다른 사람들과 공동으로 작곡·제작을 하든 불문합니다. 둘째로 그 창작물에 대한 비전을 수립해, 근무하는 회사가 추가적인 마케팅·배급 계획을 세우게 하는 것입니다"(사이먼, 2011년 인터뷰).

↳ 긴 꼬리
이것은 온라인 소매업자가 판매할
수 있는 제품의 범위가
(이론적으로) 거의 무한대라는
것을 비유적으로 표현한 것이다
(Anderson, 2006, 2009). 현실의
상점은 벽으로 둘러싸인 공간
내에서만 물건을 수용할 수 있다.
하지만 아마존(Amazon)은
편리한 웹 점포를 저렴한 창고,
정교한 데이터베이스, 효율적인
재고관리 시스템과 성공적으로
결합시켜 엄청난 범위의 제품을
택배로 판매한다. 음악, 영화, TV
쇼 등 디지털 형태의 제품인
경우에는 애플의 아이튠즈 스토어
와 같은 온라인 판매사가 과거
수십 년 동안의 음악이 녹음된
거대한 백 카탈로그(back
catalogue)를 이용할 수 있다.
디지털 사본은 보관하고 전송하기
쉬우며, 가끔 옛날 음악이 다시
히트할 때도 있다(Weeds, 2012).

대중시장 모델

일반적으로 생산 비용은 매우 높지만, 원본의 재생산과 그 출시에 들어가는 비용은 비교적 저렴하다. 따라서 게임, 영화, 음악 등은 소수의 '큰' 제품에 투자한 다음에 최대한 많이 재생산해서 판매하는 것이 정형화되었는데, 이것이 바로 콘텐츠를 생산하는 창조산업에서 작동하는 대중시장mass-market 모델이다. 디자인에도 이 모델이 작동한다. 물론 장신구나 핸드백과 같은 물리적 가공품의 대량생산은 영화나 음반 사본의 대량 복제와 전혀 다르다. 업계 용어로 '스케일'이 다른 것이다. 역으로, 디자이너들은 독특한 소량 제품의 명성과 고급스러움을 활용할 수 있는데, 이는 미디어 부문에는 잘 들어맞지 않는 방식이다. 이렇게 고급스러운 명품은 태생적으로 희소하다. 그러나 영화, 음악, 게임 등은 '한정판'이나 '특별판'이라는 이름으로 인위적으로 복제하여 대중시장에 내놓을 수 있다.

대량생산과 병행하는 것은 대중 마케팅에 대한 거액의 지출이다. 그러나 다른 모델도 진화하고 있는데, 디지털 생산·재생산은 생산비가 낮아 소규모 배급으로도 돈을 벌 수 있다. 인터넷을 통한 배급과 마케팅은 또한 판매가 한꺼번에 발생하기보다 조금씩 장기적으로 발생할 수 있음을 의미한다. 이는 본질적으로 장기간에 걸친 다품목 소량 판매로서, 가급적 단기간에 소수의 품목을 대량으로 판매하는 전통적 대중시장 방식과 다르다. 잡지 ≪와이어드Wired≫의 편집인인 크리스 앤더슨Chris Anderson은 온라인 소매의 이러한 특성에 '긴 꼬리the long tail'라는 이름을 붙였다(Anderson, 2006).

마케팅과 배급의 경로

모든 창조제품이나 창조서비스에는 제각기 특정한 배급·마케팅 경로가 있다. 예를 들면, 라디오 방송은 여전히 음악가들이 주목과 인정을 받는

데 매우 중요한 매체로서, 그들의 라이브공연 티켓, CD 또는 음악 파일을 구입하거나 소셜 미디어를 통해 그들의 유튜브 동영상을 친구들과 공유할 고객을 이어준다. 그러나 각 생산물의 배급 방식은, 소비자에게 도달하고 투자를 회수하며 가능하면 이윤도 내기 위해 어떤 경로를 이용하느냐에 달려 있다.

앞 장에서 살핀 다큐멘터리의 경우는 텔레비전 방송을 위해 발주되었지만, 이것이 그 영화의 유일한 배급 경로는 아니다. 그것은 또한 다큐멘터리 영화제에 출품되었으며, 생의학적 문제의식을 불러일으키기 때문에 제작자들이 웰컴신탁재단Welcome Trust으로부터 극장 상영을 위한 자금지원을 받았다. 그 지원 방식은 웰컴신탁재단이 짧은 며칠 동안 그 영화가 상영될 때마다 전 좌석을 구입하고, 그런 뒤에 극장은 입장료 수입금을 그 신탁재단에 돌려주는 식이다. 이렇게 해서 웰컴신탁재단은 투자액을 일부 회수하지만, 극장 상영을 위한 그러한 자금지원은 직접적인 재정 수익을 위한 투자가 아니라 일종의 협찬으로서 재단 인지도를 높이기 위한 것이다.

다큐멘터리 영화제에 출품된 영화는 업계 내에서 인지도가 올라간다. 제작자, 커미셔너, 금융업자 등 업계의 핵심 인사들이 영화제에 참석하므로, 영화제 출품은 영화 자체를 위해서뿐만 아니라 감독으로서 앤터니의 장래 커리어를 위해서도 중요한 일이다. 한편 앤터니의 설명대로, 극장에서 상영되는 영화만이 언론의 논평 대상이 된다는 점에서 극장 상영 또한 그 영화의 마케팅에 중요한 역할을 한다.

≪선데이 타임스Sunday Times≫가 그 영화평을 실은 유일한 이유는 그것이 공식적인 영화 상영이었기 때문입니다. 극장에서 상영되지 않았다면 ≪엠파이어Empire≫와 ≪토털 필름Total Film≫에서 절대로 영화평을 싣지 않았을 겁니다. 텔레비전에서만 방영되었다면 평론 대상이 안 되었겠지요. 궁극적으로 우리는 실제로 우리 영화를 본 사람보다 우리 영화에 관해 이야기하는 사람들이 훨씬 더 많으면 좋겠어요. 사실 이 영화는 여기저기 평이 실렸고, 저는 지금까지 세 번 라디오에 출연했습니다(앤터니, 2012).

→ 4P

마케팅이란 네 개의 핵심 요소, 즉
생산물(product), 장소(place),
가격(price), 홍보(promotion)의
결합이라고 요약할 수 있다
(Russell, 2010). 이러한 관점에서
마케팅은 항상 다음 네 가지
기본적 질문을 던진다고 말할 수
있다. 무엇을 파는가? 어디에서
입수할 수 있는가? 가격은
얼마인가? 어떻게 잠재 고객들에게
알릴 것인가?

→ 캠페인

상호 공통된 목표나 결과를 위해
집중적으로 기울이는 조직적
활동을 말한다. 이 용어가 유래한
군대에서는 특정한 목적을
달성하기 위한 작전을 의미하지만,
일반적으로는 목표 지향적이고
조직화된 일련의 행동방침을
가리킨다. 마케팅은 보통 그
대상에 따라 캠페인을 중심으로
기간과 범위가 정해진다. 마케팅
캘린더는 연중 순환주기를 따르는
계절성이 있다. 예를 들면,
크리스마스 쇼핑 시즌, 봄/여름과
가을/겨울 패션 시즌, 개학 시즌
등과 같이 연중 중요한 특정
기간에 맞추어 캠페인을 벌이기
한참 전에 창조 작업, 미디어 기획,
미디어 광고 매입이 이루어진다
(Baines, 2008; Fill, 2011).
따라서 마케팅 캠페인은 흔히
지역적으로 한정되며, 축제,
명절에 선물하기, 종교적 전통
등과 같은 각 시장의 문화적
특수성을 고려한다.

이러한 미디어 보도는 그 다큐멘터리에 대한 인식과 관심을 증폭시켜 해외 평판을 제고하고, 감독과 제작회사의 명성도 덩달아 높여줄 것이다. 따라서 이러한 배급 경로는 그 영화에 큰돈을 벌어주지는 않지만, (웰컴신탁재단과 같은 협찬사뿐 아니라) 제작사와 작품을 위해 마케팅 기능을 한다. 그러한 배급 경로에 따라 높아진 평판은 그 영화의 해외(텔레비전) 판매에 긍정적으로 공헌할 것이다. 이러한 해외 판매는 수익의 40%를 가져가는 판매회사가 담당한다.

마케팅이란 무엇인가

마케팅은 (제품, 서비스 등에 대한) 수요를 자극하는 작용을 한다. 마케팅의 가장 기본적인 정의는 본질적으로 상업 생산물의 소비자, 사용자, 고객 사이에 기존에 없던 욕구를 자극하는 데 기여하는 모든 활동이다. 마케팅은 흔히 생산물의 가격을 어떻게 매길 것인가, 어떻게 홍보할 것인가, 어디에 어떻게 배급할 것인가 등과 같은 거래의 문제로 간주된다.

앞 장에서 살펴본 〈에드윈 드루드의 비밀〉의 홍보를 담당한 것은 BBC의 마케팅 전담 부서였다. 그 부서는 실행프로듀서 앤과 프로듀서 리사와 협력하여 촬영 기간에 배우들의 인터뷰와 화보 촬영을 주선했고, 이후 그 자료를 활용해 프로그램을 소개하는 잡지 등 미디어를 상대로 독자들에게 홍보 **캠페인**을 벌였다. 그 부서는 기자들과 접촉해 작가 등 핵심 제작진과의 인터뷰를 주선하는 등 미디어 취재도 관리한다.

마케팅은 또한 관계를 구축하는 문제이기도 하다. 예를 들어 특정 브랜드에 대한 고객의 신뢰 또는 특정 생산물에 대한 고객의 충성심을 획득·유지하는 것이다. 이러한 이유에서 일부 마케팅 학자는 마케팅을 구성하는 '다섯 번째 P'가 **사람**people이라고 주장한다(Moore and Pareek, 2010). 예를 들면, A&R 매니저 사이먼은 음악의 창작과 유통이 서로 밀접하게 연관된 활동이라고 본다. 즉, 음악이란 궁극적으로 수입을 가져오는 관련 공연과 상품으로부터 쉽게 분리할 수 없다는 것이다. 그에게 유통은 단순히 음악을 만들어 그 사본을 배급하는 것 이상을 말한다. 유통을 위해서는 장기간에 걸친 지속적인 작업을 통해 아티스트의 명성을 구축해야 하고, 라디오 방송국, 음악 TV, 라이브 행사의 출연자를 선정하는 이벤트기획사 등 중요한 유통 경로에 인맥을 구축해놓아야 한다.

대중음악 분야에서는 사이먼의 지적대로 홍보와 마케팅을 위한 소통활동을 점차 그 분야의 전문가들 대신에 창조실무자 자신이나 함께 일하는 사람들이 수행하는 추세다. 이는 또한 대기업과 다른, 중소기업이나 영세기업의 조직구조 현실이기도 하다. 예컨대, 〈재앙의 묵시록〉의 방영시간은 채널4가 알아서 정하겠지만, 앤터니(제7장 참조)는 그 영화의 공동제작자이자 감독으로서 텔레비전 방송과 별개로 마케팅을 직접 수행한다. 달리 말하면, 예산을 거의 들이지 않고 온라인 도구, 소셜 미디어, 자기 자신의 직업적·개인적 접촉 네트워크 등을 이용해 직접 하는 DIY 마케팅은 이제 창조실무의 일상적 요소다.

사례연구: 직접 하는 마케팅

런던 소재 미디어 에이전시의 조사부장인 제러미는 불과 수년 전만 해도 마케팅과 홍보 분야 – 이 둘은 서로 다르다 – 의 전문가들에게 맡겨졌던 일들이 이제는 상당 부분 노트북컴퓨터와 광대역 인터넷 연결만 있으면 누구나 할 수 있다고 강조한다.

요즈음 마케팅은 과거에 비해 직접 하는 비즈니스가 되었습니다. 예를 들어 설명하자면, 누군가 1992년에 작은 여행사를 차려 판촉활동을 하려는 상황이라고 가정합시다. 동원할 수 있는 유일한 수단은 신문에 광고를 내는 것이고, 이때 할인도 받고 협상력도 나은 미디어 에이전시가 필요할 겁니다. 그렇지 않으면 직접 보도자료를 작성하고 자기 회사에 관한 기사를 쓸 기자를 섭외할 겁니다. 그런데 이것은 비교적 전문적인 일입니다. 이런 종류의 일을 전문으로 하는 회사에서 전화를 걸면 관심을 끌기가 훨씬 쉽겠지요. 1992년에는 구글이 없었고, 유료 조사업체가 없었으며, 인터넷도 없어서 직접 광고

하는 것을 받아들이는 사람은 사실상 없었으니까요. 그뿐 아니라 소셜 미디어가 나오기 전이어서 기자 같은 사람은 고사하고 최종 사용자와 실제로 연결하기도 상당히 힘들었습니다. 1992년에는 전자우편 주소를 가진 사람이 없었지만, 지금은 많은 신문들이 기사 말미에 전자우편 주소를 인쇄해 기자와 직접 접촉할 수 있습니다. 그래서 자기 회사가 하는 일과 관련한 기사를 어떤 기자가 썼다면, 그 기자와 쉽게 접촉해서 "사실 우리 회사가 이걸 하는데, 관심이 있느냐"라고 물어볼 겁니다(제러미, 2010년 인터뷰).

제러미는 마이스페이스, 페이스북, 트위터 등과 같은 온라인 소셜 미디어로 인해 전문직들이 하는 홍보와 마케팅이 진취적인 개인들이 직접 하는 일로 전환되는 일대 변혁이 일어났다고 본다. "이러한 이유에서 사람들이 홍보와 광고 같은 것을 직접 하기가 과거에 비해 훨씬 더 쉽습니다. 요즈음 파티, 아트 쇼, 밴드 초청 등을 조직할 때 ― 대학생들이 많이 하는 것들이지요 ― 많은 사람이 마케팅에 대한 인식 없이 사실상 마케팅을 하는 셈이며, 아니면 적어도 마케팅을 고려하기는 할 겁니다."

생산물 팔기: 소매와 시장 교란

세상에서 가장 단순한 배급 형태는 길거리 시장일 것이다. 아침에 가판대와 상품을 들고 나가 진열하면 낮에 사람들이 지나가면서 좋아하는 것을 사고, 저녁에는 모두 집으로 간다. 시장 가판대는 흔히 진취적인 젊은 창조인들이 자신의 물건 구입자를 찾을 때 첫 번째로 이용하는 판매 경로다. 장신구, 액세서리, 의류 등을 직접 만들어 파는 사람들을 길거리 시장 어디에서나 볼 수 있다. 우리가 바로 앞 장에서 본 로빈은 처음 창업할 때 친구 옷가게의 일부 공간을 재임차해 자신이 만든 신발을 팔다가 나중에 번화한 쇼핑가의 전용 점포로 이전했다.

쇼핑은 실용적 필요인 동시에 경험이다. 중세 시장에서 19세기 백화점에 이르기까지 공공장소에서의 상품 거래는 즐거움과 흥분을 제공했

→ 시장 교란

하위 시장에 진입한 저가 제품이나 서비스가 갑자기 '고급 시장'에 진출해 기존의 경쟁 상대 또는 비즈니스 방식을 몰아내는 과정을 일컫는다. 클레이턴 크리스텐슨 (Clayton Christensen)이 그의 저서 『혁신기업의 딜레마(The Innovator's Dilemma)』 (1997)에서 도입한 이 용어는 기업 경영에서 빠르게 유행하더니 곧 논객과 기자가 즐겨 쓰게 되었다. 예컨대, 기술 뉴스 사이트 '테크런치(TechCrunch)'는 샌프란시스코, 뉴욕, 베이징 등 여러 주요 도시에서 신기술 스타트업들을 위한 포럼으로서 '디스럽트(Disrupt: 교란)'라는 정기 행사를 열었다. 일부 학자는 "인터넷 시대에 교란은 질병이 아니라 특징"이라고 주장했다 (Nauhgton, 2012). 어원 면에서 업계의 '교란' 개념은 다소 재미없게도 제철소와 중공업에 대한 분석에서 유래한다. 기성 회사를 종종 업계에서 퇴출시키는 신기술이 처음부터 꼭 더 낫거나 첨단인 것은 아니며, 오히려 더 못한 기술인 경우도 있다. 예컨대, 유압식 굴착기는 1960년대에 처음 도입되었을 때는 힘이 약해 더 강력한 증기 삽의 적수가 되지 못했으나, 결국 증기 삽을 대체했다. 저가 기술이 교란으로 이어진 오늘날 사례로는 전통적 카메라를 대체한 휴대폰 카메라를 들 수 있다. 휴대폰 카메라는 모든 성능 면에서 열등한데도 편리하고 값싸며 휴대하기 쉽다 (MacFarquhar, 2012).

다. 우리는 구체적인 무엇이 꼭 필요해서가 아니라 일종의 사회적 오락인 기분전환을 위해서도 쇼핑을 간다. 마이클 밀러Michael B. Miller는 1914년까지 세계 최대의 백화점이었던 파리의 봉 마르셰Bon Marché에 관해 상품의 진열 자체가 장관이었다고 기술한다.

일부는 오페라, 일부는 극장, 일부는 박물관인 봉 마르셰는 구경하러 오는 사람들을 실망시키지 않았다. 상품 위에 쌓인 상품은 그 자체가 볼거리였다. 입구 통로의 할인 매대에 사람들이 몰려들었고 건물 안으로는 훨씬 더 많은 군중을 끌어들임으로써 안팎에서 벌어지는 광경이 온갖 감흥을 자아냈다 (Miller, 1994: 168).

봉 마르셰가 쇼핑을 일종의 화려한 대중오락으로서 정립했지만, 그것은 시작에 불과했다. 디즈니랜드처럼 제한된 공간 내의 '테마 오락'이 탄생하면서 소매, 오락 및 공공장소가 백화점보다 훨씬 더 큰 규모로 결합했다(Davis, 2001). 디즈니랜드의 개장과 거의 같은 시기에 몰mall의 탄생은 소매 환경을 점포 공간에서 동네 내지 도시 공간으로 확대했다. 쇼핑과 다른 구경거리들을 혼합해 모든 것을 포괄하는 환경이 만들어진 것이다. 이처럼 브랜드를 붙인 테마 환경은 쇼핑구역, 쇼핑센터 및 개별 점포에서 재현되어 당당히 관광과 오락 명소가 되었다(Vanderbilt, 1997; Moor, 2003; Couldry and McCarthy, 2004).

소매의 위기: 탈중개화

오락으로서의 쇼핑이 지닌 사회적 뿌리는 깊지만, 모든 것이 물리적 형태의 점포에 적합한 것은 아니다. 과거 창조생산물의 생산자와 소비자 사이에서 가장 가시적이고 직접적인 중개 역할을 했던 소매업자들이 지금은 흔히 탈중개화disintermediaton라고 부르는 현상으로 위기에 처해 있다. 탈중개화란 과거에는 가치 사슬에서 중요한 연결고리였던 것이 이제는 불필요해지거나 쉽게 우회됨으로써 그 고리가 제거되는 현상이다. 예를 들면 책방, 레코드 가게 등 유형 매체 판매상들이 아마존이나 애플의 아이튠즈 스토어 같은 온라인 소매업자들의 '긴 꼬리'와 경쟁하고 있는데, 이 온라인 소매업자들은 택배나 다운로드를 통해서 훨씬 더 많은 품목을 판매하고 있다.

이런 현상이 발생하는 속도를 볼 수 있는 사례가 바로 홈 비디오 대여업의 진화다. 2010년 9월 '블록버스터 비디오Blockbuster Video'가 파산을 신청했을 때 동네 비디오 대여점의 운명이 마감되었다. 1980년대 초에 비디오카세트레코더VCR가 대중화되었을 때, 소비자들은 집에서 영화를 보기 위해 비디오테이프를 모두 사고 싶어 하지는 않았다. 따라서 가까운 이웃에 동네 비디오 대여점이 있으면 대단히 편리했다. VHS 테이프는 비교적 부피가 크고 부서지기 쉬운 물건이어서 우편배달도 쉽지 않았다. 이렇게 발전한 비디오 가게로 인해 소비자들이 영화를 유형적 물건으로 인식하는 큰 변화가 있었다. VCR의 발명과 더불어 영화가 유형적인 소비재가 된 것인데, 그 이전에 영화는 영화관에서만 볼 수 있는 일시적 경험이었다(Greenberg, 2008). 역사적으로 말하면, 이것은 영화와 텔레비전을 소비자들에게 연결시키는 방식에 중대한 변화가 발생한 것이다.

30년이 지나 '블록버스터' 같은 대여점은 거의 완전히 자취를 감추었다. 그 대신에 소비자들은 물리적 우편배달이나 광대역 인터넷(스트리밍 또는 다운로드)을 통한 전자적 수단에 의해 DVD를 대여할 수 있다. 우편 주문 DVD 대여는 봉투에 넣어 우송하기에 충분히 가볍고 단단한 DVD를 사용함으로써, 그리고 ― 대여 업체로서는 상당한 수익이 될 수 있는 ― 연체료에 대한 두려움을 없앰으로써 동네 비디오 가게가 하던 낡은 사업모델을 교란시켰다. 러브필름Lovefilm, 넷플릭스Netflix 등과 같은 회사는 영화를 하룻밤 동안 또는 정해진 며칠간 대여하는 것이 아니라 'DVD 큐(대기행렬)'를 온라인으로 제공하는데, 고객은 배달받고 싶은 영화 목록을 차례로 작성하기만 하면 된다. 하나의 DVD가 반납되면 다음 것이 발송된다. 게다가 경제 저널리스트 제임스 서로위키James Surowiecki가 '블록버스터'의 파산에 관한 기사에서 썼듯이, 넷플릭스 같은 온라인 서비스는 '블록버스터' 체인의 직원들이 대응할 수 없었던 새로운 수준의 서비스를 창출했다.

소비자들은 별다른 대안이 없어서 그 체인의 한정된 물량, 과도한 연체료(블록버스터는 연체료로 연간 약 5억 달러를 거두었다), 볼 만한 영화에 대한 친절한 안내의 부재 등을 참아야 했던 시절이 있었다. 그러나 넷플릭스가 등장하자 분명히 소비자들이 엄청나게 다양한 목록에서 골라 원하는 시간만큼 보유할 수 있게 되었고, 넷플릭스의 추천 시스템 덕분에 사실상 안내 서비스를 받을 수 있게 되었다(컴퓨터 알고리즘이 실제 점포보다 더 나은 개인 맞춤형 참여 경험을 고객에게 제공할 수 있다는 큰 아이러니를 넷플릭스와 아마존 같은 데서 실증했다)(Surowiecki, 2010).

서로위키의 말대로, 일부 남아 있는 오프라인 비디오 대여점들은 전문가 서비스, 즉 영화를 훑어보며 이야기하고 발견하는 대면 경험을 제공함으로써 존속한다. 그들은 카탈로그의 폭이나 추천을 위한 검색엔진의 기억용량 면에서 온라인 대여 서비스와 경쟁할 수 없기 때문에 깊이를 통해 차별화한다. 즉 공포영화, 만화영화, 공상과학영화 등 특수한 틈새시장을 파고든다.

그러나 디지털 기술이 항상 소매상들에게 불리한 것은 아니다. 디지털 기술은 로빈의 베지테리언 슈즈 사업에 매우 긍정적인 영향을 미쳤는데, 예를 들어 로빈은 디지털 기술에 힘입어 늘 회사 소매점의 곁다리 업무로 끼던 기존의 우편주문 부문을 크게 확장할 수 있었다. 온라인 주문 덕분에 그의 사업은 새로운 소매점을 열지 않고도 지속적 성장세를 유지했다. 그는 독특한 틈새 제품을 단순히 공급하는 것이 아니라 직접 디자인하고 제조하기 때문에, 자신의 가게에 들르는 사람들에게 의존하지 않으며 오히려 디지털 기술을 이용해 제품 판로를 전 세계로 확장할 수 있다.

책, 영화, 음악, 게임 등을 파는 오프라인 소매점이 직면하는 문제는 본질적으로 사람들이 온라인에서 종종 더 싸게 살 수 있는 물건을 오프라인 가게에서 사도록 어떻게 설득할 것인가다. 이러한 현실에 대응하여 일부 소매상은 문제를 뒤집어서 어떻게 변화가에 위치한 이점을 소매에 활용할 것인가를 궁리했다. 독립 서점과 작은 체인점들은 소매 경험에 중점을 둠으로써 대형 체인점 및 아마존 같은 온라인 소매업자와 경쟁하는 데 성공했다. 예를 들면, 종래 생존을 위협받았던 소매상들은 물건을 주의 깊게 선정하고, 상품에 관해 잘 아는 직원을 고용하며, 동네 분위기에 적합한 제품을 판매함으로써 가게를 성공적으로 재단장해 고객들이 주로 그 가게에서의 경험 자체를 즐기고 싶어서 들르는 명소로 만들었다.

일부 소매상은 동네에 적합한 제품을 공급하고(온라인 경쟁사의 대형 카탈로그와 경쟁하지 않고) 제품(책, 음악, 비디오게임 등 무엇이든)에 관해 잘 알고 이해하는 직원을 둠으로써 자신들의 제품을 둘러싼 사회적 경험을 창출하여 번성한다. 예컨대, 게임을 취급하는 소매상은 대형 상점이나 온라인 소매업자와 가격으로 경쟁하기보다 자신의 매장 공간을 활용해 게이머들이 모이는 사회적 명소로 만들 수 있다. 그들의 독특한 판매 전략은 게임기가 있는 간이매점에서 게임하고 싶어서, 신종 게임을 찾아서, 그리고 신종 게임을 수집하고 싶어서 가게에 들르는 "고객을 기쁘게 하는 것"이다(Hammond, 2003: 81). 비디오게임 기자 케이스 스튜어트Keith Stuart의 말을 들어보자. "우리는 사회적 동물이다. 밖으로 나가고 싶고, 나누고 싶고, 서로 만나고 싶어 한다. 게임 가게가 그 일부가 될 수 있을 것이다. 게임 가게에서 그러한 사회적 경험을 두루 즐길 수 있다면 말이다"(Krotoski, 2012에서 재인용).

탈중개화 이후, 중개인 재도입

탈중개화 현상만이 가치 사슬에서 발생할 수 있는 교란적 변화는 아니다. 중개인 재도입reintermediation, 즉 확립된 현행 가치 사슬의 외부로부터 새로운 중개인을 도입하는 것이 마찬가지로 큰 격변을 야기할 수 있다. 제임스 서로위키는 넷플릭스 – 당시 이 회사의 사업모델은 DVD를 우편으로 우송하는 것이었다 — 의 도전처럼 비디오 대여업에 대한 가장 중요한 도전은 대여업계 내의 기존 경쟁자로부터 오는 것이 아니라 애플, 아마존, 구글처럼 모든 전자매체의 판매와 대여를 자신들의 온라인 플랫폼 속에 통합할 좋은 위치에 있는 기술회사들로부터 온다고 지적한다(Surowiecki, 2010). 그러므로 출판사, 방송사, 음반사 등 기존의 문화상품 문지기들은 영화, 음악, TV, 라디오 등을 고객에게 전달하는 방식을 둘러싸고 소프트웨어 회사(구글), 컴퓨터 제조업체(애플), 휴대전화 사업자, 인터넷서비스 공급자 등과 힘겨루기를 해왔다.

이 문제는 콘텐츠 생산자들이 직면하는 가장 까다로운 업계 현안의 하나로 등장하면서 특히 중요해졌다. 매트 메이슨Matt Mason이 그의 저서 『해적의 딜레마The Pirate's Dilemma』에서 언급했듯이 배급 문제는 전 세계 창조산업의 사활이 걸린 근본적인 문제다.

> 우리의 재산이 비용도 들이지 않고, 우리가 알지 못하는 사이에, 여전히 우리에게 소유권이 있으면서도 무한정 재생산되고 전 세계에 즉각적으로 배급될 수 있다면, 우리는 그 재산을 어떻게 보호할 수 있는가? 우리는 정신적 노동을 수행하는 작품에 대해 어떻게 보상받을 것인가? 그리고 보상받을 수 없다면 무엇으로 그러한 작품의 계속적인 창조와 배급을 확보할 것인가?(Mason, 2008: 10).

메이슨은 여기서 창조생산물의 유통과 관련해, 그리고 사실상 모든 지적재산권과 관련해 두 가지 아주 중요한 사업적 문제를 제기한다. 첫째, 무엇보다 지적·창조적 작업에 대해 어떻게 보상받을 것인가? 둘째, 어떻게 그러한 작업을 미래에도 지속 가능하게 만들 것인가? 달리 말하면, 이것은 창조근로자들에 대한 보상 문제일 뿐만 아니라 우리 모두가 스토리, 음향, 영상, 음악 등 문화적 공유재산에 접근할 수 있는지 여부의 문제다. 로런스 레식Lawrence Lessig은 저작권, 지적재산권, 디지털 기술에 관한 자신의 영향력 있는 저서 『자유문화Free Culture』(2006)에서 그러한 문화적 공유재산을 우리 상상력의 자양분이라고 표현했다.

인쇄물, 음악, 영화, 텔레비전 등과 같은 전통적 미디어 포맷이 디지털 형태로 생산·배급되면서 콘텐츠생산 산업은 사람들이 그 생산물을 공짜로 복사하고 배급하는 것을 직접적으로 가능케 하는 기술을 사용하게 되었다. 이러한 무단 복제와 배급을 간단히 비유적으로 표현해서 '온라인 해적 행위'라고도 부른다. 그 과정을 보면, 회사와 개인이 때로 엄청난 비용을 들여 새로운 것을 생산해서 배급하자마자, 컴퓨터를 가지고 있고 인터넷에 접속할 수 있으며 무료로 다운로드하는 약간의 기술적 요령을 가진 사람이면 누구나 그 콘텐츠를 복사해 이용할 수 있다. 달리 말하면, 돈을 들인 콘텐츠 생산자가 그것을 공짜로 이용하기를 고집하는 사람들과 어떻게 경쟁할 것인가가 문제다.

'공짜'와 경쟁하기

초창기 록음악의 위대한 비평가인 고故 레스터 뱅스Lester Bangs는 지금까지 나온 모든 앨범으로 지하실을 채우는 것이 꿈이라고 말한 적이 있다. 이 것은 많은 음악 팬들이 공유하는 환상이며, 영화광들도 마찬가지 환상을 품고 있다. 우리 모두가 과거에 얻기 어려웠던 많은 것을 인터넷 덕분에 이용할 수 있음을 안다. 하지만 최근에 나타난 조짐을 보면, 훨씬 더 유혹적이고 거의 낙원 같은 가능성, 즉 거의 모든 것을 이용할 수 있는 가능성이 보이는데, 이는 뱅스가 기침약을 내려놓고 벌떡 일어나게 만들었을 것이다. 머지않아 우리는 모두 레스터 뱅스의 지하실을 우리 주머니 속에 넣고 다닐 것이다. 그리고 영화의 경우에도 우리가 그와 비슷하게 할 수 있으리라는 것은 단지 시간문제다(Wyman, 2011a).

영국에서 음악 비즈니스를 거의 30년 동안 경험한 사이먼은 디지털 시대에 모든 콘텐츠생산 산업(영화, TV, 음악 등)의 핵심 이슈는 어떻게 콘텐츠 가치를 유지할 수 있는가라고 주장한다. 그것이 불가능하다면, 소비자를 설득해 콘텐츠에 대한 대가를 지불하도록 다른 가치를 어떻게 결합시킬 것이냐가 도전 과제다.

콘텐츠를 만드는 사람은 누구나, 가치를 추가하든지 아니면 대응하든지 해서 그것을 보호할 방법을 강구합니다. 온라인 해적 행위는 콘텐츠 산업이 직면한 일련의 이슈 가운데 일부일 뿐이지요. 1990년대에 레코드회사들이 옛날 곡들을 CD로 재발매하기 시작하여 엄청난 붐이 일어났습니다. 음악산업은 저작권산업으로서 자신의 새로운 정체성을 발견했지요. 음악산업은 다수의 지적재산권, 즉 **저작권**이 붙은 음악작품들을 소유했는데, 이것이 매우 유리한 조건으로 작용했습니다. 1990년대에 그들은 이미 레코드판에 있는 것을 모조리 CD로 만들어 소비자들에게 다시 팔 수 있었습니다. 지금은 레코드회사들이 저작권에 대한 옹호 논리로서 자사 소속 아티스트의 약 5%가 돈을 벌어주지 못하는 나머지 90%를 먹여 살린다고 주장할 겁니다. 따라서 그러한 카탈로그를 이용할 수 있어야 새로운 아티스트를 발굴하는 데 투자할 여력이 생기는 겁니다(사이먼, 2011년 인터뷰).

다운로드를 통한 디지털 방식의 음악 배급이 부딪친 최대 과제는 처음에 음반회사들과 **라이선스** 계약을 협상하는 일이었다. 디지털 음악 다운로드를 위한 대규모 배급 플랫폼으로서 첫 성공은 2001년 소송을 통해 파일공유 서비스 냅스터Napster(+인터넷을 통한 음악 공유 소프트웨어)를 성공적으로 차단한 5대 음반회사에서 나온 것이 아니라 한 기술회사에서 나왔다. 월터 아이작슨Walter Isaacson은 자신이 쓴 애플 CEO 스티브 잡스에 관한 전기에서, 잡스가 주저하는 음반회사들을 설득해 그들이 보유한 음악 카탈로그를 아이튠즈 뮤직 스토어iTunes Music Sore(2003년 4월 28일 개업)를 통해 판매할 수 있도록 그들과 직접 라이선스 협상을 벌이는 데 기울인 개인적 노력을 상술하고 있다(Isaacson, 2011). 사이먼이 2000년대 초에 런던에 소재한 음반회사에서 일한 경험으로 보아 음악산업이 디지털 배급과 타협하면서 부딪친 문제는, 합법적인 다운로드에 대한 소비자들의 요구가 있었는데도 CD가 훨씬 더 수익성이 컸기 때문에 CD에서 벗어날 인센티브가 전혀 없었다는 점이다.

음반회사들은 CD로 엄청난 돈을 벌고 있었기 때문에, 가격만 충분히 저렴하다면 다운로드한 음악에 대해 대가를 지불할 용의가 있는 소비자들을 끌어들일 방도를 찾을 수 없었습니다. 이것은 지불에 관한 문제, 접근 용이성에 관한 문제였습니다. 그들 음반회사는 아주 오랫동안 음악에 대한 접근을 어렵게 만들어놓았기 때문에 기회를 놓친 것입니다. 그들 대신 한 컴퓨터회사가 들어와서 세계 최대의 다운로딩 서비스를 공급하게 되었는데, 이는 음반회사들이 자체적으로 할 수 있었던 것이지요(사이먼, 2011년 인터뷰).

돌이켜보면, 아이튠즈가 음악산업을 전체적으로 변모시키면서 애플이 녹음된 음악 배급에 일대 혁신을 일으킨 것은 분명해 보이는데, 이는 스티브 잡스 사후의 추모 기사들에서도 많이 언급된 내용이다(Markoff, 2011). 그러나 스티브 노퍼Steve Knopper가 저서 『자멸 욕구Appetite for Self-Destruction』에서 주장했듯이 음악산업이 잡스와 협상하기를 주저한 것은 많은 실수 중의 하나일 뿐이며, 대부분 그런 실수는 인터넷 기반 배급보다 과거 음악산업이 껴안았던 디지털 기술, 즉 CD와 더 관련이 있다. 노퍼의 주장에 따르면, 1980년대와 1990년대 CD의 성공으로 음악산업이 지속 불가능하게 비대해지면서 결국에는 인건비, 간접경비 등 여러 가지 지출을 감당할 수 없게 되었다. 그는 저서에서 "탈CD 붐에서 어떻게 지출이 큰 기업이 돈을 벌었는가"에 관해 재미나고 소름 끼칠 정도로 상세히 설명하고 있다(Knopper, 2009).

물질적 사본 형태의 음악을 고가로 판매하는 데 입각한 산업은 복사하기 쉽고 온라인으로 배급되는 세계에 적응하는 데 어려움을 겪기 마련이었다. 애플, 아마존, 구글 등 기술회사는 합법적인 음악 배급의 역학관계를 바꾸었으며, 비트토렌트BitTorrent, 라임와이어LimeWire 등의 기술에 힘입어 '해적'들의 P2P peer-to-peer 파일공유가 가능해졌고, 소비자들은 습관과 기대를 바꾸었다. 이 모든 것으로 말미암아 옛 음악산업 모델은 존속이 불가능해졌다.

2006년 세계 4위의 음반회사인 EMI가 10대들을 런던의 본사로 초청해 그들이 음악을 듣는 습관을 최고경영자들에게 이야기하도록 했다. 토론이 끝나고 EMI 경영진은 그들의 의견에 사의를 표하며 테이블 위에 쌓인 CD 무더기를 마음껏 가져가라고 말했다. 그러나 CD가 공짜인데도 이를 가져가는 이들이 없었다. "그 순간 우리는 게임이 완전히 끝났음을 깨달았다"라고 당시 참석자는 말했다(Economist, 2008).

그 결과는 통폐합이었다. 재정난에 빠진 회사는 현용 아티스트와 음반 목록 외에 백 카탈로그back catalogue(+저작권을 보유하고 있어 재발매할 수 있는 음반) 덕분에 형편이 더 나은 회사에 매각되었다. 2007년 사이먼은 소속사가 문을 닫고 매각되자 A&R 매니저 일자리를 잃었다. 스티브 잡스의 협상 상대였던 5대 음반회사는 2004년에 '4대'가 되었고, 2011년 당시 재정난에 빠진 EMI가 유니버설 Universal 에 매각되자 그 숫자는 '3대'로 줄었다.

문화비평가 빌 와이먼Bill Wyman은 비싸게 생산되어 저작권이 붙은 콘텐츠의 불법적인 공짜 배급과 경쟁하는 현대 음악·영화산업에서 문제의 중심에 자리하고 있는 것이 접근access 이라고 주장한다. 문제는 가격이라기보다 사용자를 위한 접근성과 편리성이라는 것이다. 콘텐츠 산업은 바로 이 점에서 뒤처졌으며, "원하는 영화나 TV 쇼를 가장 쉽고 편리하게 보는 길은 바로 불법으로 얻는 것이다"(Wyman, 2011b). 집집마다 광대역 인터넷이 보급되어 데이터전송 속도가 더 빨라지면서 그러한 편리성이 규모와 결합하는 방식은 거의 재난 수준이다. 이와 관련해 와이먼은 저작권이 있는 자료들에 대한 거대한 아카이브archive 의 공유를 가능케 한 유명 '사이버저장소cyberlocker' 웹사이트를 적발·폐쇄한 사건에 관해 글을 썼다.

얼마 전까지만 해도 업계는 아이들이 냅스터로 3메가바이트의 MP3를 옮기는 것이 속상했다. 오늘날에는 TV 드라마 〈하우스House〉의 일곱 시즌이 담긴 35기가바이트짜리 압축 파일도 흔히 본다(이것은 용량이 1만 배나 더 크다). 한편, 법 집행 측면에서 관리들이 계속해서 소수의 운 나쁜 파일공유자들과 기타 손쉬운 목표를 단속하고 있으나, 문제를 줄이기는 고사하고 문제의 증가 속도에 아무런 영향을 미치지 못한다(Wyman, 2012).

P2P 파일공유에 대한 기업의 대응을 조사한 데스 프리드먼Des Freedman은 기성 음악업계가 상반된 두 방향으로 대응을 추진하고 있다고 주장한다. 한편에서는 소송을 통해 파일공유를 '절도'라고 표현하면서 그 영향을 축소하려 들고, 다른 한편에서는 "배급 비용을 줄이고 음반회사와 소비자 간의 좀 더 직접적인 관계를 모색하기 위해 인터넷을 이용하려고 노력하고 있다"라는 것이다(Freedman, 2003: 173). 그러나 그것은 음악업계의 비즈니스 모델을 20세기 말의 모델에서 벗어나 재창조할 필요성을 촉진할 것이다.

사례연구: 디지털 시장에서 음악 만들기

매트 메이슨은 그의 저서 『해적의 딜레마』에서, 그토록 엄청난 규모의 디지털 재생산과 배급이 용이하다는 사실이 콘텐츠생산 기업들이 스스로를 장기적으로 지속 가능하게 할 변화의 방안을 다시 생각하도록 강요하고 있다고 주장한다(Mason, 2008). 창의성과 창조상품 생산이 보상받을 수 있는 새로운 길은 무엇인가?

인터넷을 끄고, 모두가 광대역 인터넷 가입을 취소하며, 다시 옛날로 돌아가 영화, 음악, 게임 등 저작권이 붙은 자료를 물질적 포맷으로 배급하는 것도 하나의 선택 방안일 것이다. 가능할 것 같지 않은가? 가능하지 않다면, 콘텐츠 생산자들은 창조생산물을 만드는 아티스트들에게 보상하되 이제 디지털 형태로 이루어지는 복사와 배급이 값싸고(공짜는 아니다) 빠르다는 사실을 감안한 현실적 대안을 찾아야 한다. 음악가를 예로 들어 아티스트들이 어떻게 시장에 발을 들여놓는지 보자. 그들은 그 시장에서 녹음된 음악의 사본(물질적이든 디지털이든) 판매만으로 생계를 유지하는 것을 더 이상 현실적으로 기대할 수 없다. 그들의 열정은 음악이지만, 그들의 생계는 그들의 노래와 앨범을 구입하고 라이브 공연을 구경하며 티셔츠 등을 사는 고객들이 있어야 유지된다. 어떻게 그런 고객을 확보하는가? 사이먼은 일단 만들어진 노래와 앨범이 갈 수 있는 길은 많다고 말한다.

우선, 녹음된 것을 음반회사에 가져갈 수 있습니다. 장르가 팝이라면, 독립 음반회사나 아티스트가 독자적으로 출시할 수 있는 일은 정말 아니지요. 싱글 앨범을 팝 시장에 띄우는 데는 100만 파운드가 드는데, 사실 메이저 음반회사 말고는 그 정도 돈을 들이기가 어렵지요. 하지만 장르가 팝 계열이 아니라면 음악을 곧장 홍보할 수 있는 길이 여럿 있습니다. 음악을 라디오와 소셜 미디어를 통해 세상에 내놓는 것을 말하는데요. 부연하자면, 지방 라디오와 같이 아주 국지적인 수준에서 그렇게 할 수도 있고, 전문분야에 특화된 라디오를 이용할 수도 있습니다. 예를 들면, 덥스텝(⁺일렉트로닉 음악의 한 장르)을 연주한다면 그것을 방송할 린스FM(⁺영국의 라디오 방송국)을 찾는 식입니다. 덥스텝곡을 가지고 있다면 그것을 틀어줄 언더그라운드 DJ를 제대로 찾아야 하는데, 이때 그들에게 화이트 레이블white label(⁺음반회사와 판권 계약을 체결하지 않은 곡) 음반을 줄 필요는 없고, MP3를 통해 보내면 됩니다. 그런 DJ와 연결하려면 자신이 구축한 네트워크를 이용하든가 홍보회사에 약간의 돈을 주고 그들이 가진 네트워크를 이용할 수 있습니다. 이렇게 해서 MP3로 곡을 받은 DJ는 클럽과 적당한 언더그라운드 방송국에서 그걸 틀겠지요. 그런 방송국 가운데 일부는 해적 방송이고, 일부는 린스FM(해적방송이었지만 지금은 합법적인 라디오 방송국)처럼 허가받은 곳일 겁니다. 동시에 우리는 음악에 영상(예컨대, 로고)을 추가함으로써 소속 아티스트를 육성합니다. 분명히 유튜브에 올릴 동영상을 싸게 제작할 수 있을 겁니다. 이제 청취자는 유튜브를 통해 배급된 많은 음악을 곧장 즐깁니다. 하지만 영국의 최대 웹사이트 중 하나는 주로 어번뮤직urban music(⁺록, 펑크 록, 힙합, 소울 등이 혼합된 퓨전 음악)을 내보내는 SBTV인데, SBTV는 이 특수한 음악 장르에 10대들 사이에서 히트한 수많은 곡을 보유하고 있습니다(사이먼, 2011년 인터뷰).

여기서 큰 문제는 이러한 과정을 거치는 수천 개의 곡이 있다는 사실이다. 당신의 곡은 얼마나 특별한가? 사이먼은 우선 좋은 곡이어서 특별해야 한다고, 즉 다른 경쟁 곡보다 나은 것이어야 한다고 약간 농담조로 말한다. 이와 별개로 아티스트들이 라이브 공연을 통해 평판을 쌓는 것이 중요하다. 대부분의 음반이 마술처럼 곧바로 인기를 얻지는 못한다. 좋은 음악을 만든다는 평판을 쌓는 데는 시간이 걸린다. "아직 커리어를 더 쌓아야 합니다. 당신이 한 곡을 만들어 출시했어도 당신의 기대에 따라 성공 여부가 달라질 겁니다. 덥스텝 아티스트로서 당신은 5000회의 다운로드를 기록하는 것, 평판을 높이는 것, DJ들이 더 많이 틀어주는 것 등을 바랄 수 있겠지요"(Simon, 2011). 달리 말하면, 성공의 기준으로 중요한 것은 음악 장르에 따라, 그리고 음악가와 고객의 문화적 맥락에 따라 다르다.

프리랜서로서 여러 음악가와 투어 및 음반 활동을 병행한 기타리스트 조는 자신의 음악 고객을 확보하는 일에서 성공의 기준이 무엇이냐는 이 질문에 대해 다른 해석을 내놓는다. 그에게는 라이브 공연, 물건 팔기, 라이선싱이 연주가로서 생계를 유지하는 데 좀 더 안정적인 소득원이다. 조가 브라질 출신의 밴드들과 함께한 연주와 투어 경험에 관해 한 말을 들어보자.

그 브라질 사람들은 음반을 그저 자신들을 홍보하는 하나의 수단으로 여겨요. 자신들의 음악을 온라인에 공짜로 올려서 기본적으로 최대한 많은 사람들에게 알리죠. 그러고는 미친 듯이 출연 예약과 공연을 시작합니다. 작년에 바르셀로나에서 만난 한 브라질 밴드는 포르투갈과 스페인, 프랑스를 투어하고 있었는데, 공연한 노래는 모두 이미 온라인으로 배포한 것이었죠(조, 2010년 인터뷰).

조의 말대로 이 특정 밴드의 경우에 '성공'의 의미는 해외 라이브 공연과 투어로 생계를 유지하는 것이다.

이러한 대중적 프로필을 갖고 있다는 의미는 관심과 인정이 지극히 중요하다는 점이다. 한 음악가가 독자적 브랜드를 구축하는 데는 많은 노력이 필요하다. 인정받기 위해, 그리고 출연을 위해 치열하게 경쟁하는 DJ들에게 특히 이러한 브랜드 구축은 중요하다. 사이먼은 디지털 녹음기술을 저렴하게 이용할 수 있게 되면서 DJ들 간의 이해관계가 더 커졌다고 지적한다.

과거에는 DJ는 DJ면 되고 프로듀서는 프로듀서만 하면 되었지요. 요즘에는 대부분의 DJ가 프로듀서를 겸합니다. 마치 자신의 음악을 해야 DJ 일을 얻는다는 식입니다. 물론 과거에도 그렇게 하는 사람들은 항상 있었지만, 지금은 DJ가 자신의 음악을 만들지 않는 경우가 아주 드물지요. 예전에는 DJ가 DJ 일만 잘하면 되고, 다른 사람들이 음악을 만들었습니다. 지금은 돈벌이가 되는 DJ 출연 기회를 얻으려면 세간의 이목을 끄는 자신의 곡을 만들어야 한다는 식입니다(사이먼, 2011년 인터뷰).

무엇이 달라졌는지 사이먼의 이야기를 들어보자.

음악 작품이 최종 결과가 아닙니다. 녹음한 것을 출시하는 게 돈벌이가 되지는 않지요. 그 대신에 그것은 일련의 사슬 가운데 하나로서, 그렇게 해서 돈벌이가 되는 DJ 일을 하거나 아니면 다른 방식으로 그걸 이용할 수 있다는 걸 의미할지도 모릅니다. 예를 들면, 많은 도시 아티스트들이 믹스 테이프를 공짜로 나누어주고는 티셔츠를 팔아 돈을 벌었습니다. 그것은 음악이 상업적인 슈퍼마켓 용어로 미끼상품이 된 셈이지요(사이먼, 2011년 인터뷰).

CD로 큰돈을 벌던 시절이 지나고 10년 사이에 음반은 고수익상품에서 미끼상품으로 바뀌었다.

사이먼은 음악가들이 틈새시장을 찾아 헌신적인 팬 그룹과 튼튼한 관계를 수립하는 비즈니스가 있음을 시사하고 있다. 인디 음악가 조너선 쿨턴Jonathan Coulton은 주로 괴짜들에게 어필하는 록 스타다. 컴퓨터 프로그래머를 그만둔 그는 단칸방에 사는 사람들 사이의 사랑에 관한 재미나고 외우기 쉬운 노래를 작곡하는 일에 착수했다. 그는 음반회사 없이도 순회공연 외에 자신의 노래와 물건을 온라인으로 팔고 자신의 음악을 라이선싱해서 연간 약 50만 달러를 번다(Planet Money, 2011). 케빈 켈리Kevin Kelly는 쿨턴을 '1000명의 진정한 팬'을 가진 본보기로 보면서, **'긴 꼬리'**(Anderson, 2006)가 아마존, 넷플릭스, 아이튠즈 등 소매웹사이트에 좋은 것이고, 결과적으로 더 싸게 구입하는 수십억 소비자들에게도 좋은 것이라고 주장한다. 그러나 '긴 꼬리'는 콘텐츠창조자들에게는 긍정과 부정이 혼합된 효과를 낸다. 켈리는 "그 방정식은 개별아티스트, 프로듀서, 발명가, 제작자 등을 간과하고 있다. 긴 꼬리는 창조자들의 판매고를 크게 늘리지도 않으면서 엄청난 경쟁과 끊임없는 가격 인하 압력을 유발한다. 이 문제에 대한 하나의 해법은 1000명의 진정한 팬을 찾는 것"이라고 말한다.

> 아티스트, 음악가, 사진작가, 공예가, 공연인, 만화영화제작자, 디자이너, 비디오제작자, 저술가 등 창조자들, 다른 말로 예술작품을 생산하는 사람이라면 누구나 생계를 유지하는 데 1000명의 진정한 팬을 확보하면 된다. ……진정한 팬이란 당신이 생산하는 것이라면 무엇이든 모두 구입하는 사람으로 정의된다. 그들은 당신이 노래하는 것을 보러 200마일을 달려간다. 그들은 이미 일반판 앨범을 소장하고 있더라도 재발매된 초호화 특별판 세트를 주저 없이 구매한다. 그들은 구글 얼럿Google Alert([+새로운 콘텐츠를 알려주는 구글의 서비스)을 이용해 당신의 이름을 검색한다. 그들은 이베이를 즐겨 찾기에 올려두고 당신의 절판된 음반이 경매에 나오기를 기다린다. 그들은 당신의 오프닝 행사에 온다. 그들은 당신이 사인한 당신의 제품을 가지고 있다. 그들은 티셔츠, 머그잔, 모자 등을 구입한다. 그들은 당신이 다음 작품을 발매할 때까지 기다리지 못한다. 그들이 진정한 팬이다(Kelly, 2008).

달리 말해서 창조생산물의 배급과 마케팅이 여러모로 대중시장 모델에서 상호작용하는 관계로 바뀌고 있는데, 이러한 관계에서 작은 틈새시장의 팬들은 일반적인 대중고객보다 더 적극적인 역할을 하며 특권을 누리는 대가를 기꺼이 지불한다. 우리는 나중에 다른 관점에서 이 문제를 보면서 마케팅·광고 캠페인과 관련하여 재검토하고, 어떻게 디지털 미디어 환경이 지속적인 커뮤니케이션과 상호작용을 고무하는지도 살펴볼 것이다(제10장 참조).

요약

영화제작자 대부분은 자신의 영화를 만들고 완성하는 즐거움과 고통으로써 영화제작을 정의하곤 합니다. 실제로는 그 영화의 생애는 이제 막 시작된 것이지요. 영화를 보는 사람이 없다면 아무리 당신이 걸작을 만드느라 어려움을 겪었더라도 아무도 개의치 않습니다. 한 영화의 진정한 생애는 자립할 수 있는지 보기 위해 그 영화를 필름통에 담아 세상에 내보낸 이후에 시작됩니다(첸, 영화 배급업자; Badal, 2007: 53에서 인용).

유통 자체가 일종의 창조노동이라는 것이 이 장에서 본 요점이다. 창조산업에서 일하는 여러 사람이 창조생산물을 유통하는 데 수반되는 일자리와 역할을 가지고 있다. 우리는 이 장에서 영화, 텔레비전, 음악, 서적, 게임 등이 어떻게 유통될 수 있는지에 대해 모든 가능성을 포함하는 설명을 시도하지는 않았다. 그 대신에 우리는 한 영화의 개발과 제작이 완료된 후에, 또는 한 노래의 작곡과 녹음이 완료된 후에 오래 지속되는 일, 즉 유통의 근본적 과정을 조명하려고 시도했다.

읽을거리

Badal, Sharon. 2007. *Swimming Upstream: A Lifesaving Guide to Short Film Distribution*. Oxford: Focal Press.
단편영화제작자를 위해 영화제부터 TV와 영화관 배급에 이르기까지 실무적 조언을 제공한다.

Fill, Chris. 2009. *Marketing Communication: Interactivity, Communities and Content* (5th edition). Harlow: FT/Prentice Hall.
마케팅 커뮤니케이션에 관한 폭넓은 입문서.

Greenberg, Joshua M. 2008 *From BetaMax to Blockbuster: Video stores and the Invention of Movies on Video*. Cambridge, MA: MIT Press.
비디오 대여가 하나의 배급기술과 사업으로서 어떻게 소비자와 영화 간의 관계를 변화시켰는지에 관련한 역사를 흥미롭게 조명한다.

Hackley, Chris. 2009. *Marketing: A Critical Introduction*. London: Sage.
마케팅·광고 에이전시 내부의 현장 감각에다 비판적 시각을 곁들여 마케팅 개념과 실무를 개관한다.

Moore, Karl and Niketh Pareek. 2010. *Marketing: The Basics* (2nd edition). London: Routledge.
마케팅 원리가 생소한 독자들을 위한 간결한 마케팅 입문서.

제3부

창 조 경 제

이제 우리는 자금조달 모델로 관심을 돌려 특정 유형의 기관, 생산물 및 부문별로 어떻게 자금조달이 이루어지는지를 살펴볼 것이다. 제9장은 콘텐츠를 창조하고 배급하는 대형 미디어기관에 초점을 맞추며 방송과 출판이 사례연구 대상이다. 제3장에서 본 바와 같이 대형 방송사와 기타 콘텐츠 제작사들은 1980년대까지 수직적으로 통합되는 추세였다. 1980년대에 여러 나라에서 수직적 해체로 이들 기관이 '간소화'되면서 수직적 통합을 유지한 발주와 배급을 제외하고 제작의 일부 또는 전부를 아웃소싱했다. 이에 따라 제9장에서 우리는 콘텐츠 제작자와 커미셔너 간의 관계에 초점을 맞춘다. 한 인터뷰 대상자는 커미셔너가 하는 일이 "배고픈 기구를 먹여 살리는 것"이라고 표현했다. 사내 직원들뿐 아니라 독립 프로덕션 회사나 개인 프로듀서들이 콘텐츠를 생산한다. 우리는, 이러한 일을 배분하며 모든 '콘텐츠 산업'에 공통되는 표준 실무인 발주 과정을 조사할 것이다.

이러한 대형 미디어기관에서 나아가 우리는 제10장에서 콘텐츠와 서비스에 관해 좀 더 넓은 시각을 취한다. 우리는 창조 에이전시들이 무슨 일을 하는지, 그들이 어떻게 고객과 연결되는지, 고객주도 비즈니스관계가 어떻게 제9장에서 논의한 발주 구조와 다른지 살펴볼 것이다. 우리는 또한 공적 자금조달을 비롯한 여러 가지 자금조달 모델, 영화 자금조달의 복합성, 그리고 디지털 기술과 온라인 소셜 미디어에 힘입어 새롭게 등장한 셀프펀딩 및 크라우드펀딩을 검토할 것이다. 이러한 자금조달 모델은 독립 아티스트와 제작자들의 사업에 대한 옛날 형태의 후원, 협찬 및 자기자금조달을 상기시킨다. 마지막으로 제11장에서 우리는 변화의 역할을 검토함으로써 이 책을 마무리할 것인데, 특히 문화와 상업 간의 관계 변화, 창조산업에서 업무와 사적 환경 간의 관계, 사업 모델과 구조가 장기적으로 어떻게 변하는지 등을 검토할 것이다.

9 기관 발주와 자금조달 구조

방송사에서 출판사에 이르기까지 미디어기관이 새로운 프로그램, 영상, 스토리 등을 어떻게 구하는지가 이 장에서 논의할 주된 문제다. 미디어 시장의 급변하는 기술 환경이 미디어 배급과 콘텐츠 제작 분야에 새로운 강자(예컨대 구글, 애플 등)를 배출했으며, 이에 따라 기존 미디어기관들은 사업모델과 작업 관행을 수정해야 했다. 우리는 텔레비전과 잡지 출판의 사례연구를 통해 그들의 사업모델이 어떻게 진화했는지를, 특히 브랜드 정체성의 중요성과 관련시켜 살펴본다. 그 점에 비추어 우리는 그러한 변화가 콘텐츠 발주에 미친 함의를 검토한다.

TV 부문의 사업모델

현대의 텔레비전 부문은 **공영방송과 상업방송** 모두 다양한 사업모델을 특징으로 한다. 텔레비전 서비스는 보통 **무료방송**free-to-air, 페이퍼뷰 pay-per-view(+시청한 프로그램에 대해서만 요금을 지불하는 방식) 또는 가입 방식으로 운영된다. 무료 텔레비전 서비스는 광고, 공적 자금지원(예컨

→ 공영방송과 상업방송

공영방송은 뉴스, 연예, 시사, 교육 프로그램 등을 통해 대중을 위한 자원이 되는 데 우선순위를 둔다. 이와 대조적으로 상업방송의 목적은 광고 판매와 협찬을 통해 방송사의 이윤을 극대화하는 것이다. 대부분의 유럽 국가에서 공영방송은 일정한 형태의 국가재정지원을 받는다. 영국의 경우, BBC는 수신료를 받는 대신 국내 채널에서는 광고를 내보내지 못한다. 그러나 BBC가 영국의 유일한 공영방송은 아니며, 주요 방송사들(ITV, Channel 4, Five, BSkyB)이 모두 방송 허가의 조건으로서 공익서비스를 다루고 있다. 자금조달 모델은 다양하다 (예컨대, 유럽의 공영방송은 광고를 특징으로 한다)(Downey, 2007). 공영방송사와 상업방송사는 정신 면에서 차이가 있는데, 보도·교육·오락의 공공서비스 정신은 영리사업의 경영과 근본적으로 다르다(Born, 2004). 다수의 견해에 따르면, 교육은 공영방송의 핵심 기능인 동시에 비용 절감 과제의 대상이다(Grummel, 2009; House of Lords, 2009). 더 일반적으로 말해서, 각국 정부가 지난 수십 년 동안 공영방송사의 예산 긴축을 추진함에 따라〔예를 들면 1990년대 BBC의 군살 빼기(Born, 2004)〕일부 학자는 공영방송 모델이 유럽 전역에서 재창조되고 있다고 주장했다(Bardoel and d'Haenens, 2008). 디지털 환경에서 공영출판(Public Service Publishing)이 전통적 방송뿐

대, 정부보조금이나 TV 수신료), 기부, 협찬 등을 통해 수입을 창출한다. BBC와 같은 초기의 방송 사업체들은 전국 시청자를 겨냥한 무료 모델을 기반으로 하여 설립되었다. 그러나 20세기 말과 21세기 초에 케이블, 위성, 디지털 등 새로운 통신기술이 발전함과 동시에 (가입이나 페이퍼뷰 같은) 새로운 수입 창출 모델이 등장하고 해외 진출도 증가했다. 지역에 따라 기관을 운영하는 모델이 달라질 수 있다. 예를 들면, TV 시청권자들이 BBC에 수신료를 내는 영국에서는 BBC 텔레비전 채널을 무료로 시청할 수 있지만, 세계 여타 지역에서는 케이블과 위성에 가입해야 이들 채널에 접근할 수 있다.

텔레비전 회사는 콘텐츠를 모두 자체적으로 제작하고 배급할 수 있다. 이러한 접근법을 취하는 사례는 수직적으로 통합된 대형 국영방송사부터 소규모 지방·전문 텔레비전방송사에 이르기까지 볼 수 있다. 그러나 국제적인 멀티플랫폼 미디어 환경에서는 콘텐츠와 플랫폼을 더 이상 하나로 묶을 수 없으며, 이 때문에 많은 텔레비전 회사들이 제작, 배급과 방송 활동을 더욱 분명히 구분하게 되었다. 그들이 채택할 수 있는 제작·배급 모델도 여러 가지가 있다. 그 스펙트럼의 한쪽 끝에는 완전한 수직적 통합이 있고, 다른 한쪽 끝에는 예컨대 비제작방송 모델이 있는데, 후자는 독립제작사와 타 방송사에서 만든 콘텐츠를 방송하고 사내에서는 콘텐츠를 제작하지 않는 운영 방식이다.

일부 비제작방송형 TV회사는 독립제작사에 오리지널 프로그램의 제작을 발주하기도 하고 기존 콘텐츠(이미 만들어진 프로그램)를 방송할 권리를 취득하기도 한다. 영국의 채널4가 이러한 접근법을 택한 사례다. 반면, 다수의 케이블 채널을 포함한 다른 TV회사들이나 훌루Hulu와 같은 신생 온라인 플랫폼의 프로그램 편성은 주로 또는 전적으로 기존 콘텐츠를 획득해서 구성된다. 이러한 콘텐츠는 타 방송사나 독립제작사로부터 획득할 수 있다.

혼합형 모델을 운영하는 다수의 다른 TV회사들은 사내에서 콘텐츠를 제작할 뿐만 아니라 독립제작사에 오리지널 콘텐츠를 발주하거나 기존 콘텐츠를 방송할 권리를 취득한다. **텔레비전 네트워크**와 제휴한 각

아니라 온라인의 쌍방향 미디어와 서비스까지 포괄하는, 더욱 적절한 개념이라는 주장이 제기되었다. 그 예로 디지털 영국(Digital Britain) 의 목표를 참조해볼 수 있다 (DCMS, 2009).

추천 문헌: Georgina Born, *Uncertain Vision*(2004); Peter Lunt and Sonia Livingstone, *Media regulation*(2012).

텔레비전 방송국은 그 네트워크에서 공급하는 프로그램, 그 지방에서 제작된 프로그램, 그리고 기존 프로그램 — 미국에서는 **신디케이티드** 콘텐츠syndicated content라고 한다 — 을 각각 일부씩 방영한다. 특정 기관 내부에서 제작·배급·방송을 담당하는 각 부서의 운영에는 고도의 자율성이 부여된다. 예를 들면, 한 방송회사의 제작부서는 다른 텔레비전 네트워크에 방영될 프로그램 제작을 발주받을 수 있다. 또한 텔레비전 회사는 사내 제작 프로그램을 자체 방영을 넘어 배급하려고 한다. 이러한 경우 배급 담당 부서는 특정 프로그램의 판권을 전 세계 여러 지역에 매각할 것이다.

텔레비전 서비스의 해외 공급은 콘텐츠의 국제 판매와 획득을 넘어 확대되고 있다. 앞에서 보았듯이 일국의 방송서비스는 해외 고객들도 이용할 수 있으며, 처음부터 해외 서비스를 위해 다수의 방송 벤처기업이 설립된다. 위성방송사 스카이Sky가 그 예다. 알자지라Al-Jazeera는 또 다른 뚜렷한 예로서 카타르의 재정지원으로 설립된 아랍어 방송 네트워크다. 알자지라는 카타르 정부의 재정지원을 받았지만 아랍어 사용권 전체의 시청을 겨냥했으며, 빠르게 영향력을 확대하고 뉴스거리를 제공함으로써 국제적인 시청자들과 명성을 확보했다. 2006년 알자지라는 대외 진출을 더욱 확대하기 위해 뉴스 웹사이트와 더불어 영어 채널을 신설했다.

방송사들이 콘텐츠의 제작과 획득에 대해 국제적으로 접근하는 태도는 공동제작, 특히 다큐멘터리와 연속극의 공동제작에서, 그리고 대본이 있거나 없는 포맷의 해외 판매에서도 분명히 드러난다. 이와 관련한 내용은 이후에 좀 더 자세하게 검토한다.

텔레비전 서비스의 해외 진출과 더불어 현재 가동되고 있는 텔레비전 채널, 플랫폼, 사업모델이 넘쳐난다는 사실은 텔레비전 프로그램을 감독·제작하거나 대본을 쓰려는 누구에게나 발주를 받을 잠재적 기회가 상당히 열려 있음을 의미한다. 그러나 이처럼 많은 기회는 그 편차와 복잡성을 가늠할 수 없을 정도다. 이 문제를 충분히 이해하기 위해 우리는 제7장의 텔레비전 제작에 관한 사례연구로 돌아가 이를 발주 과정의 몇 가지 측면을 파헤치는 출발점으로 삼는다. 특히 우리는 독립 프로듀서와 프리랜서 작가들이 콘텐츠를 피칭하고 발주받는 과정에 중점을 둘 것이다. 그 이유는 다수의 창조생산자들이 이러한 입장에 처할 것이며, 이때가 가장 헤쳐나가기 힘든 상황이라는 데 있다.

TV 프로그램 발주

우리는 제7장에서 각각 연속극의 사내 프로듀서와 실행프로듀서인 리사와 앤으로부터, 그리고 한 다큐멘터리의 독립 프로듀서이자 감독인 앤터니로부터 설명을 들었다. 앤터니는 약간의 우여곡절 끝에 한 TV 다큐멘터리 시간대를 위한 발주를 확보했다. 이 발주를 확보하기 위해 앤터니는 그 시간대 담당 커미셔너에게 자신의 아이디어를 피칭했다. 사내 제작의 경우, BBC 실행프로듀서인 앤은 자신의 프로젝트에 **그린라이트**가 켜지도록 드라마 컨트롤러Drama Controller의 승인을 받는 것이 필요했다.

그러나 BBC 드라마의 발주 과정은 사내에서만 배타적으로 진행되는 과정이 아니다. 타 방송사에서도 공통되는 부분이지만, BBC가 사내 대본작가를 고용하지 않기 때문에 프리랜서 작가에게 드라마 대본을 발주해야 한다. BBC는 또한 채널4가 앤터니의 다큐멘터리 프로그램을 발주했듯이 적어도 콘텐츠의 25%를 독립 프로듀서들에게 발주한다. 사실 BBC는 2012년에 프로그램 편성의 거의 50%를 독립 프로듀서들에게 발주했다(Kanter, 2012).

독립 작가와 프로듀서가 자신의 텔레비전 아이디어를 제작으로 옮기려면 사내 제작과 똑같이 발주의 위계 절차를 밟아서 프로젝트에 그린라이트가 들어와야 한다. 그러나 그들이 발주 위계에 접근하는 포인트는 앞으로 검토할 여러 요인에 따라 다를 수 있다.

TV 작가와 프로듀서는 어떻게 발주받는가

지상파, 케이블, 위성, 온라인 등을 불문하고 오리지널 콘텐츠를 발주하는 모든 텔레비전 회사에는 이 발주 업무를 처리하는 간부직이 있다. 그러나 이들 발주 담당 간부가 활동하는 정확한 구조는 회사마다 그 규모와 경영 전략·우선순위에 따라 천차만별이다. 또한 미디어기관은 대개 경영진 교체의 결과로 아주 규칙적인 구조조정을 겪는다. 따라서 발주 구조가 꼭 그대로인 경우가 드물다. 2012년에 우리의 사례연구 대상인 BBC 드라마는 콘텐츠 부서인 BBC 비전Vision부에 속했다. 사실 BBC 비전부 내에는 드라마 콘텐츠에 대한 감독 업무를 맡은 간부들이 다수 있었다. 이들 중에서 채널 컨트롤러가 특정 채널의 모든 프로그램 편성에 대한 전반적인 감독을 담당했다. 게다가 다른 간부들도 여럿 있었는데, 그들 모두 드라마에 대해 특정한 책임을 진 사람들이었다. 그들을 열거하면, 드라마 제작국장, 드라마 발주 컨트롤러, 시리즈와 연속극 컨트롤러, 드라마 제작을 담당하는 선임 실행프로듀서, 극장 상영용 단편 드라마에 자금을 대는 BBC 영화국장, 그리고 드라마와 기타 장르(코미디 등)의 사내 제작을 감독하는 수석 창조관creative officer이다.

채널과 장르를 담당하는 이들 간부는 분명히 업무(브리프)가 중복되었기 때문에 콘텐츠 발주와 스케줄 조율에서 협력을 필요로 했다. BBC의 **발주 지침**에 따르면, "프로그램 발주를 받으려면 채널 요건과 장르 요건을 모두 충족해야 한다"(BBC, 2012a). 그러나 독립 프로듀서나 작가에게 걸려오는 첫 전화의 발신자는 사실 이들 간부가 아니다. 그 대신 독립 프로듀서들은 발주 위계에서 더 낮은 발주 전담 편집자들을 상대하는데, 이들이 독립 콘텐츠를 발주하는 업무를 담당한다. 대본 작성 시점에는 독립 드라마를 담당하는 두 명의 발주편집자가 있다. 지역별 프로그래밍(사내 제작이든 독립 제작이든 런던 밖에서 제작되는 콘텐츠)을 담당하는 별도의 발주편집자들도 있는데, BBC는 지역별 프로그래밍에 따른 발주·제작 쿼터를 준수해야 한다. 이 발주편집자들이 프로젝트 슬레이트를 개발하지만, 이에 대해 발주 위계를 따라 상부의 승인, 즉 드라마 컨트롤러의 재가를 받으며, 드라마 컨트롤러는 다시 채널 컨트롤러에게 보고한다.

BBC는 공적 자금으로 운영되는 기관이기 때문에 그 구조와 활동에 관한 정보 – 모든 임원의 보수와 경비지출을 포함한다 – 를 공표한다. 모든 텔레비전 회사가 이러한 수준의 투명성을 준수하지는 않지만, BBC의 발주 지침처럼 대개 발주 구조와 우선순위에 관한 정보는 공개한다(BBC, 2012a).

그러나 실제에서 작가와 프로듀서들은 텔레비전 발주를 받기 위해 적어도 초기 단계에서는 비공식적인 경로를 밟는 경향이 강하다. 그들은 자신의 아이디어를 공식적으로 제출하기 전에 사적으로 상의하려고 한다. 그들은 텔레비전 회사 내에 이미 구축한 인맥이 있다면 그 인맥부터 시작한다. 이 인맥이 꼭 발주편집자일 필요는 없다. 특히 작가는 사내의 **대본책임자(대본편집자**로도 불린다), 프로듀서, 실행프로듀서 등과 관계를 구축해놓았을 수도 있는데, 이들이 프로젝트를 물어다 줄 것이다. 대본책임자, 프로듀서와 실행프로듀서는 위계의 상위에 있는 발주책임자가 건네준 프로젝트를 추진하지만, 직접 발견하거나 시작한 프로젝트를 자신들의 슬레이트에 포함시켜 개발할 재량권도 가지고 있다. 그들은 그런 프로젝트에도 그린라이트가 커지도록 상부의 명확한 승인을 받고자 한다. 프리랜서 프로듀서와 프로덕션 회사 역시 발주편집자뿐 아니라 실행프로듀서와의 관계를 발전시킨다. 그러므로 궁극적인 승인은 조직의 정점에 집중되지만, 인디펜던트가 텔레비전 회사에 아이디어를 피칭하고 함께 프로젝트를 개발하기 위해 접촉할 진입 지점은 여럿 존재한다.

사례연구: BBC의 드라마 발주

대부분의 방송사가 채택하고 있는 콘텐츠 발주의 하향식 구조는 지나치게 중앙집중화되어 있고 리스크를 회피하며 너무 관료적이라는 등 여러 가지 결함 때문에 비판을 받았다. 앞에서 본 컨트롤러 주도 구조가 프로듀서 주도 구조를 대체했는데, 이 프로듀서 주도 구조는 규제완화 이전에 BBC가 콘텐츠를 주로 사내에서 제작하던 시절에 존재했다 (Born, 2004). 2006년 인터뷰에 응한 한 독립 프로듀서는 발주편집자들이 "권력을 누리고 의사결정을 내리며 글로벌한 그림을 그리는 데 관심이 있는데, 그런 것은 정말 창의성과는 관련이 없다"라고 불평했다 (Hesmondhalph and Baker, 2011: 110). 2009년 드라마 작가와 프로듀서들도 발주 "시스템의 실패"를 말하면서, 이는 "내용보다 브랜드를 중시"하는 경영 구조 탓이라고 불평했다(Rushton, 2009b). 그러나 BBC의 드라마 발주 컨트롤러 벤 스티븐슨Ben Stephenson은 "글로벌한 그림을 그리는" 관행이 성공적인 발주에 긴요하다고 반박했다. 그는 업계 잡지 ≪브로드캐스트Broadcast≫와의 인터뷰에서 다음과 같이 말했다.

분명 이 문제로 난상토론을 할 수는 없습니다. 그럴 수 있다고 말한다면 솔직하지 못한 겁니다. 우리 일은 단지 최고의 프로그램을 선정하는 문제와 관련된 것이 아니라, 같이 해야 할 것을 개관하는 것이기도 합니다(Rushton, 2009a에서 인용).

캐서린 러시턴Katherine Rushton에 따르면, 2009년 스티븐슨은 약 2400만 파운드의 예산을 책임지고 있었다. 장르와 채널을 모두 고려하여 BBC 드라마의 전반적인 방향을 결정하는 것이 드라마 컨트롤러의 직무다. 그는 드라마 발주편집자들이 그에게 가져온 프로젝트(사내 제작과 독립 제작 모두)를 그의 전반적 전략과 관련지어 검토한다. 물론 우선순위는 시간이 흐르면서 변한다. 이는 스티븐슨이 ≪브로드캐스트≫와 한 2009년 인터뷰와 2010년 인터뷰를 보면 분명하다. 보도에 따르면, 2009년 4월 스티븐슨은 범죄드라마가 2010년의 우선순위에 들어 있다고 말했다. 그러나 2010년 1월에는 이제 범죄드라마에서 벗어나고 싶다고 말했다(Rushton, 2010). 그의 새로운 '쇼핑 리스트'는 장르를 가리지 않고 특정한 채널에 대한 특정한 우선순위에 중점을 둔다. 그의 요구사항을 보자.

추가 ······

- BBC1: 상업방송사가 만들지 않을 것을 포함하여, 메인스트림을 재편하는 오후 9시 쇼
- BBC2: 오후 9시에 방영될 '중독성 있고 지적인' 연속극(6부까지)
- 세계적인 인재를 유치할 수 있는 단편영화들
- BBC3: 〈빙 휴먼Being Human〉 후속 ― 젊은 시청자들을 위해 작가의 '독특한 상상력'을 최대한 활용하는 쇼
- BBC4: '잃어버린 클래식'의 각색을 포함해 광범위한 예술과 역사

삭제 ······

- BBC1: 토요일 오후 7시대 시리즈. 자리가 이미 〈멀린Merlin〉과 〈닥터 후 Doctor Who〉로 꽉 참
- BBC2: 일요일 오후 8시대 시리즈. "우리는 오후 9시에 돈을 투자할 것임" (Rushton, 2010)

이 '쇼핑 리스트'는 채널 정체성을 명시하지 않을 뿐 꽤 분명히 드러내고 있다. BBC1은 메인스트림 채널로 규정되지만 공영방송에 걸맞은 규모와 포부를 지닌 혁신적인 프로그램으로 차별화된다. BBC2는 다소 실험적이고 세련된 채널로 보인다. BBC3는 젊은 층을 겨냥하며, BBC4는 문화·예술에 중점을 둔다.

2012년에 들어서도 이러한 정체성은 일관성을 유지한다. BBC1이 자사 웹사이트에 올린 발주 지침 전반의 핵심은 "우리 모두가 참여하고 싶은 큰 경험"이었다(BBC, 2012b). 드라마 발주 브리프는 여전히 "폭넓은 시청자들에게 다양성과 개성을 반복해서 제공하는 시리즈와 연속극"을 요구했으며, 특별히 "서로 다른 배경을 가진 영국 사람들의 삶을 조명하는 스토리텔링"을 요구하기도 했다(BBC, 2012b). 반면, BBC2를 대표하는 어구는 "대담한 창의성을 본질로 하는 정신"이었다. 커미셔너들은 "시청자들이 기대하는 지성, 세련미와 독창성을 보여주는 대본", 특히 "영국과 전 세계의 삶을 아주 현대적으로 묘사하는 좋은 글"을 계속 요

구했다(BBC, 2012c).

　분명히 "새로운 것의 시도를 결코 두려워하지 않는" BBC3는 새로운 인재를 양성하는 채널로 규정되어 "BBC1과 BBC2를 위한 실험실" 역할을 했다(BBC, 2012d). BBC3는 주로 코미디와 오락에 치중했지만, 드라마 아이디어도 요구하여 "목표 시청자들의 삶과 열망을 반영하는 스토리뿐 아니라 신선한 하이콘셉트high-concept($^+$무관해 보이는 것들을 결합해 새로운 개념을 창조한다는 의미) 아이디어"를 추구했다(BBC, 2012b).

　BBC는 텔레비전 수상기를 보유한 모든 사람이 내는 수신료로 재원을 조달하기 때문에 각각의 산하 채널들이 광범위한 시청자들의 요구를 충족하고 있음을 보여줄 필요가 있다. BBC의 종합적인 브랜드 정체성은 틈새시장과 정반대된다(뒤에 나오는 HBO의 사례와 비교해보라). BBC가 하나의 기관으로서 전 채널에 걸쳐 고취하려는 핵심 브랜드 가치는 탁월성, 포괄성 및 다양성이다. 스티븐슨은 "최고의 작가와 감독들이 최고의 역량을 발휘할 수 있는 힘이 BBC의 중심에 자리하고 있으며, 우리가 모든 수신료 납부자들에게 어필하는 폭넓은 다양성을 제공하지 않는다면 우리가 업계 정상에 있다는 것을 느끼기 어려울 것"이라고 말했다 (Rushton, 2009a).

브랜드 정체성

　멀티채널 텔레비전 환경에서 브랜드 정체성의 중요성은 점차 커졌다. 실행프로듀서나 발주편집자는 작가나 프로듀서가 가져온 아이디어를 개인적으로 좋아하더라도 특정 채널·장르·시간대의 컨트롤러들이 설정한 우선순위를 준수해야 한다. 텔레비전 회사들은 회사와 회사가 운영하는 개별 채널을 위해 특정한 브랜드 정체성을 고취하려고 하며, 누가 아이디어를 가져오면 자신들의 브랜드에 잘 맞는 것인지 살펴볼 것이다. 우리는 한 채널이 방영하는 프로그램의 콘텐츠를 보면, 그리고 그 채널의 자체 홍보물에 들어 있는 정보와 업계 소식지에 보도된 것을 계속 추적하면 그 채널의 특별한 정체성을 엿볼 수 있다. 그러나 브랜드 정체성은 정태적인 것이 아니라 진화하며 아주 극적으로 변할 수도 있다. 예를 들면, 미국의 케이블 채널인 HBO는 1970년대에 주로 스포츠와 영화를 방송하는 채널로 출발했으나, 1980년대에 자신의 채널 정체성을 다른 케이블 서비스와 차별화하는 방편으로서 오리지널 프로그램을 편성하기 시작했다. 1990년대에 HBO는 〈소프라노스The Sopranos〉(1999~2007), 〈식스 핏 언더Six Feet Under〉(2001~2005), 〈섹스 앤 더 시티Sex and the City〉(1998~2004) 등 고급 드라마로 명성을 얻어 명품 브랜드가 되었다. 무료 TV 네트워크가 준수해야 하는 제약 — 욕설, 섹스, 폭력 등에 대한 제약 — 에서 자유로운 HBO는 성인 지향의 콘텐츠로 주로 지불 능력이 있는 부유한 식자층을 겨냥했다. 당시 HBO의 브랜드 구호는 "이건 TV가 아니다. HBO다"였는데, 이는 HBO가 제공하는 종류의 콘텐츠를 다른 데서는 볼 수 없음을 시사했다. 이렇게 HBO가 고급 품질의 프로그램을 편성한 것이 높은 가입비를 정당화했다(C. Johnson, 2012: 30).

작가와 프로듀서들이 회사·채널 정체성이 어떻게 진화하는지, 또는 그들이 메우고자 하는 간극이 무엇인지 안다면, 거기서 생기는 기회를 이용할 수 있다. 최근의 예를 보면, 위성방송사 스카이가 자사의 오리지널 프로그램 편성을 상당히 확대하면서 프로그램 제작예산을 50% 늘려 추가분을 코미디, 예술과 드라마에 투입했다. 스카이의 이러한 조치를 유발한 것은 HBO와 비슷한 목적, 즉 상류층 고객에게 어필하는 정체성과 브랜드를 강화하려는 목적이었다. 기존에 갖고 있던 스포츠와 영화 분야의 강점을 통해 포화점에 이른 스카이가 고객 기반을 계속 확대하기 위해서는 새로운 전략이 필요했던 것이다.

스카이 엔터테인먼트Sky Entertainment — 드라마, 코미디, 예술 프로그램 등을 포함 — 의 발주국장인 스튜어트 머피Stuart Murphy는 스카이의 전략이 애초의 "더 적게, 더 크게, 더 좋게"에서 "더 크게, 더 좋게, 더 사랑받게"로 진화했다고 규정했다(Campbell, 2012b: 25).

스카이의 품질 공세는 2011년 코미디부터 시작되었다. 스카이는 여러 편의 새로운 코미디를 발주해 종래 지상파 방송사들의 콘텐츠에 전속되었던 인재를 유치하는 데 성공했다. 이러한 스카이의 움직임으로 말미암아 타 방송사들이 스카이에 **시장점유율**을 뺏기지 않으려는 노력의 일환으로 코미디를 대거 발주하는 사태가 촉발되었다(Parker, 2011: 1). 이때가 바로 작가와 프로듀서들이 코미디 아이디어를 피칭할 기회였는데, 그것은 TV 채널들이 그러한 콘텐츠를 적극 발굴해 공급을 확대하고 있었기 때문이다.

진입 경로 찾기

제5장에서 네트워킹을 설명하면서 보았듯이, 텔레비전 발주를 추구하는 작가나 프로듀서라면 분명히 각 방송사의 발주 절차에 관련된 사람들이 누구인지 알 필요가 있다. 그 방송사에서 발행하는 정보지와 업계 소식지를 읽고 업계 행사에 참석해, 그들의 신상과 그들이 무엇을 찾고 있는지를 파악해야 한다. 발주 관련 인사들에 관한 숙제를 마쳤으면 다음으로 누구에게 아이디어를 피칭하는 것이 가장 좋을까를 결정해야 한다. 이는 당신이 발주 절차상의 특정인을 알 뿐만 아니라 어느 텔레비전 회사와 채널이 당신이 지닌 프로그램 아이디어의 스타일과 장르에 가장 관심을 보일지, 그리고 그들이 현재 어디에 우선순위를 두고 있는지를 안다는 의미다.

또한 당신의 작품과 얼굴을 발주 담당 간부들에게 알릴 방법을 찾아야 한다. 한 인디펜던트 회사가 발주 구조 내에 구축한 기존 인맥이 없다면 그들은 영화제 같은 업계 행사에서 네트워킹을 추진하여 그런 인맥을 만들려고 할 것이다. 대면 소통은 발주를 성취하는 데 필수로 간주된다. 이는 '냉정하게' 대본만 제출한 사람이 드라마를 수주한 적이 없다는 말이 아니다. 그러나 그런 경로는 성공 확률이 낮을 것으로 보인다.

게다가 제7장에서 TV 프로듀서 리사의 인터뷰에서 보았듯이, 발주에 관여하는 사람들은 프로젝트가 들어오기만을 기다리지 않고 적극적으로 그것을 찾아 나선다. 그들은 작가를 찾기 위해 에이전트를 접촉하고 무대 공연을 보며 책을 읽는 등 다양한 경로를 탐색한다. 그들은 또한 프로그램 아이디어를 가지고 이미 알고 있는 작가와 프로듀서에게 접근하기도 한다.

새로운 인재

새로운 인재들에게는 아마도 특별한 진입 경로가 있을 것이다. BBC에서는 신인 작가들과 의뢰되지 않은 대본은 모두 BBC 작가실로 안내된다. 또한 BBC 작가실은 신인 작가들을 위해 공모전과 경쟁적인 훈련제도를 운영하며, 타 방송사와 기관이 주최하는 공모전과 훈련을 게시한다. 텔레비전 회사들은 신인 감독과 프로듀서들을 위한 제도도 운영한다.

계속되는 드라마와 돌아오는 드라마

계속되는 드라마continuing drama 와 텔레비전으로 장기 방영되는 **돌아오는 드라마**returning drama 는 큰 무리의 작가들에게 의지한다. 여기에는 작가팀이 공동으로 작업하는 형태, 개별 작가들이 특정 에피소드를 집필하는 형태, 또는 이 둘을 혼합한 형태가 있다. 이러한 시리즈 가운데 하나를 발주받고자 하는 작가(또는 그 에이전트)는 시리즈 편집자/프로듀서 ― 미국에서는 **쇼 러너**showrunner ― 를 직접 접촉하면 된다.

상부상조하는 인디펜던트

작가, 감독, 프로듀서 등은 서로의 활동을 주시할 필요도 있는데, 이는 작가나 감독이 독립 프로듀서를 통해 텔레비전 발주를 받거나 그 반대인 경우도 있기 때문이다. 마찬가지로 프리랜서 프로듀서는 프로덕션 회사를 위한 제작도 맡는다. 프로듀서는 또한 작가나 감독, 또는 그들의 에이전트와 관계를 발전시킬 필요가 있다. 그 과정은 방송사와의 관계와 비슷하다. 특히 작가와 회사 사이에 기존 관계가 있다면 작가가 자신의 아이디어를 회사에 **피칭**하고 **트리트먼트**나 대본을 보내거나, 아니면 회사가 직접 또는 작가의 에이전트를 통해 작가를 섭외할 것이다. 감독은 자신의 **쇼 릴**을 제작회사에 보내거나, 아니면 회사가 에이전트를 통해 감독을 섭외할 것이다. 작가가 자신의 아이디어에 관심이 있는 프리랜서 프로듀서를 발견하고 그 프로듀서가 직접 또는 독립 프로덕션 회사를 통해 방송사의 발주를 추진할 수도 있다.

국제적 차원

독립 제작은 국제적 활동이기 때문에 독립 프로듀서들은 점차 국제적인 발주·판매·공동제작 협정을 추구한다. 포맷(대본이 있는 것과 없는 것 모두)의 국제적 판매가 최근의 가장 큰 추세였다. 이스라엘은 최근 드라마 포맷을 해외로 판매하는 데 큰 성공을 거두었는데, 〈인 트리트먼트In Treatment〉(2008~2011)와 〈홈랜드Homeland〉(2012)는 이스라엘 드라마가 미국에서 리메이크된 유명한 사례다. 최근에 미국 드라마 〈더 킬링The Killing〉(2011~2012)도 덴마크 드라마를 리메이크한 것이었고, 스웨덴의 범죄소설 시리즈를 각색한 〈월랜더Wallander〉(2008~)는 영국에서 인기를 끌었다. 국제시장에서 가장 활발하게 거래되고 있는 것은 사실적 포맷이다. 2012년 시네플릭스 프로덕션스Cineflix Productions의 데이비드 클라크David Clarke는 싱가포르, 터키와 뉴질랜드로부터 수입한 사실적 포맷이 자사가 보유한 현행 **슬레이트**의 전부라고 밝혔다(Clarke, 2012: 15). 영국의 리얼리티 쇼 〈네 이웃을 사랑하라Love Thy Neighbour〉는 영국에서 흥행에 실패했는데도 최근 영국 프로덕션 회사가 그에 대한 권리를 스페인 프로덕션 회사에 매각했다(Rosser, 2011: 13).

제작사와 방송사는 점차 국제적 잠재력이 있는 포맷의 관점에서 생각하게 되었는데, 이는 그들의 본부가 호주, 미국, 유럽 등 세계 어디에 있든 마찬가지다. 포맷과 더불어 완성된 프로그램의 국제적 판매도 제작

→ 슈퍼인디들(super-indies)과 국제 텔레비전 시장

텔레비전 시장의 국제화가 가속되면서 유럽에 독립제작사의 통합 바람이 불어 이른바 '슈퍼인디들'이 탄생했다. 즉, 여러 지역(유럽, 호주, 미국, 인도 등)에 걸친 상호 합병이나 인수를 통해 대형 독립 프로덕션 회사들이 탄생한 것이다. 이러한 통합회사로는 엔데몰(Endemol: 네덜란드), 올스리미디어(All3Media: 영국), 프리맨틀 미디어(Fremantle Media: 런던에 본사가 있지만 독일 미디어복합기업 베텔스만이 소유) 등이 있다. 이 회사들은 그저 영국의 독립 프로덕션 부문에 대한 잠재적 위협으로 보였다. 이들이 과거 할리우드 영화사들이 그랬던 것처럼 몇몇 회사로 통폐합되어 시장에서 지나친 영향력을 휘두를 것이라는, 심지어 작은 신생 기업들의 진입을 봉쇄할 것이라는 우려가 있었다(Kirkegaard, 2004). 이러한 우려에는 여러 가지 이유가 있었지만, 여기서는 세 가지만 들기로 한다. 첫째, **포맷**이 국제 TV시장에서 거래되는 중요한 자산으로 부상했는데, 이러한 추세가 프로덕션 회사의 다양화보다 통합을 부추기는 것으로 보였다(Kirkegaard, 2004; Chalaby, 2011). 둘째, 일부 프로덕션 회사가 영국의 주요 방송사에 대한 영향력을 크게 키웠다. 예를 들면, 엔데몰이 제작한 〈빅 브러더〉가 채널4의 가장 성공적인 쇼가 되고, 방송사는 광고 매출의 상당 부분을 그 쇼에 의존하게 되었다. 아마 가장 중요할 셋째 이유는, 2003년 법 개정으로 독립제작사들이 방송사를 위해 만든 프로그램의 소유권을 갖게 되면서 이제 귀중한 지적재산권을 자산으로 축적할 수 있게 되었다는 것이다. 독립제작사들은 이러한 자산을 바탕으로 투자자 유치, 사업 확장, 대형 프로젝트 착수 등을 추진하고 국제경쟁력을 키웠다(Chalaby, 2011). 그러나 미디어 규제기관 오프컴이 영국의 독립 제작 부문에 관해 조사한 2006년 보고서에 따르면, 일부 프로덕션 회사를 그 규모 때문에 '슈퍼인디들'이라고 부를 수는 있지만 그들이 영국 시장을 다 잠식하고 있지는 않았다(Ofcom, 2006). 글로벌 시장에서 국제적 통합 추세를 역전시키는 것은 분명히 가능할 것 같지 않다. 그러나 최근에 업계 소식지 《브로드캐스트》가 독립 프로덕션에 관해 조사한 바에 따르면, 다수의 '진정한 인디들', 즉 대그룹이 소유하지 않은 프로덕션 회사들도 국제무역을 통해 상당한 매출을 올리고 있다(Broadcast, 2012).

사와 배급사들이 이용할 필요가 있는 소득원이다. 국제 텔레비전 시장은 항상 새로운 디지털 채널이 등장하면서 확대되고 있다. 이러한 신생 채널이 꼭 오리지널 프로그램을 자체적으로 발주하고 제작할 형편이 되는 것은 아니다. 그래서 그들은 기존 콘텐츠를 구입할 필요가 있다.

방송사와 프로덕션 회사는 영구적인 협력 관계를 형성할 뿐 아니라 프로젝트별로 다른 방송사나 프로덕션 회사와 공동제작에 들어가기도 한다. 제7장에서 보았듯이 미국의 공영방송사 WGBH는 BBC 드라마 〈에드윈 드루드의 비밀〉(2012) 제작에 공동으로 자금을 댔으며 BBC 시대극의 단골 공동제작 파트너다. 그러나 흔히 방송사보다는 독립제작사가 공동제작 자금을 확보한다. 고급 TV 드라마는 거액의 자금이 들며 한 방송사가 단독으로 자금을 대는 경우가 드물다. 그러한 드라마를 위해 자금을 조달하는 과정은 장편영화를 만드는 방식과 흡사한데, 장편영화의 경우에는 다음 장에서 보겠지만 다양한 자금원을 모아 하나의 패키지로 만든다.

콘텐츠를 담는 새 플랫폼

콘텐츠 제작사와 배급사로서는 새로운 VOD video-on-demand 플랫폼의 등장으로 발주 환경이 더 넓어졌다. 훌루와 넷플릭스 같은 VOD 공급사들 덕분에 배급사들은 이미 기존의 콘텐츠를 팔 수 있는 출구를 찾았다. 최근 들어 넷플릭스는 온라인 비디오 포털 유튜브가 그랬던 것처럼 오리지널 콘텐츠 발주로 진출해 방송사들과 좀 더 직접적인 경쟁에 돌입했다. 이것은 독립제작사와 작가들이 이용할 수 있는 새로운 기회다. 진입 경로는 다양하고 다소 직접적이지만, 한 가지 분명한 사실은 제작사와 작가들이 다른 콘텐츠 플랫폼과 시장에도 주의를 기울여야 하며, 발주를 얻기 위해서는 적극적인 네트워킹이 필요하다는 점이다.

잡지 출판 사업과 발주

여기서 우리는 잡지의 발주 과정을 구체적으로 살펴볼 것인데, 그 목적은 오리지널 콘텐츠 생산자, 즉 작가(때로 편집자)의 관점에서 그 과정이 어떤 것인지, 그리고 그것이 어떻게 잡지 출판의 사업모델과 합치되는지를 파악하는 데 있다.

대형 잡지출판사는 마감시한이 임시적으로 설정된 단기 프로젝트와 '산업적' 생산구조를 결합시켜 운영하는 조직이다(Ekinsmyth, 2002). 한편에는 작가와 사진작가부터 편집인, 교열 담당자, 디자이너까지 잡지가 예정대로 나오도록 만들 책임이 있는 정규직원들로 '사내' 조직이 구성되어 있고, 다른 한편에는 판매와 마케팅을 담당하는 조직이 있다. 여기에는 기획과 제작, 발행이 반복되는 과정이 수반되며, 이러한 순환 계획은 편집 캘린더에 수개월 앞서 표시된다. 월간지는 정례적인 기사(예컨대 리뷰, 권고, 의견, '주요 행사' 등으로 흔히 사내 작가들이 작성한다), 일회성 특집(즉, 긴 스토리나 인터뷰), 사진, 광고 등으로 빈자리를 채워 완성한다. 편집 캘린더의 많은 공간이 프리랜서 작가와 사진작가들의 작품으로 채워진다.

직무 명칭과 임무는 잡지와 출판사에 따라 다르다는 점을 (특히 어느 편집자에게 스토리를 피칭할 것인지 조사하는 프리랜서들은) 주의해야 한다. 예를 들면, '사내'에서 근무하는 정규직원의 비율은 잡지사마다 다르다. 편집부원 모두가 정규직은 아닌데, 부편집인deputy editor이나 발주편집인이 '직원'인 경우도 있고 (아래 인터뷰에 등장하는 데니스처럼) 프리랜서인 경우도 있다.

잡지 산업에서 콩데 나스트Condé Nast, 내셔널 매거진 컴퍼니National Magazine Company: NatMags, 바우어 미디어Bauer Media, 이맵Emap, 헤이마켓Haymarket 등과 같은 그룹은 다수의 잡지를 소유하고 있으며, 각 잡지는 그룹과의 관계에서 독립적으로 경영된다. 그룹 위계구조의 꼭대기에는 (광고와 마케팅 담당 임원들을 관리하는) 광고·마케팅 매니저와 더불어 (각 잡지의 편집인들을 관리하는) 발행인이 있다. 흔히 이들 그룹은 일정 형태의 발행, 예를 들어 B2Bbusiness-to-business 간행물, 전문직과 전문가들을 겨냥한 업계 간행물, 소비자 간행물 등에 특화하여 패션, 라이프스타일, 연예, 자동차 운행, 기술 등 토픽에 따라 각 간행물을 차별화한다.

잡지 편집인은 각 호를 제때 예산에 맞춰 생산할 책임이 있다. 발행인은 각 호의 분량, 기사 대 광고 비율(예컨대, 기사 60%와 광고 40%), 예산을 결정하는데, 특히 예산은 광고 판매와 지난 호의 수입을 기초로 결정한다. 편집인은 브리프와 예산을 보고 해당 호의 인쇄 부수를 결정하며, 이를 기초로 콘텐츠, 즉 궁극적으로 독자들이 각 호에서 볼 내용을 계획한다. 편집인이 이끄는 편집팀은 보통 편집인보editorial assistant, 미술 감독, 부편집인들로 구성되는데, 발주편집인이라고도 하는 부편집인들이 잡지의 각 섹션을 담당한다(McKay, 2000). 부편집인은 작가, 사진작가, 조사원 등에게 작업을 발주해 자택에서 일하거나 일당을 받고 잡지사에 출근하도록 한다. 발주는 각 호 예산에 의해 엄격한 제약을 받는다. 부편집인은 프리랜서와 보수를 협상하고, 각 호의 담당 부분에 할당된 예산 범위 내에서 알맞은 분량의 기사 자료를 구매할 책임이 있다.

잡지에는 모든 것이 최종 인쇄 마감시한에 맞춰 진행되는 일정한 제작 주기가 있는데, 일정한 시간에 기사가 작성·편집·수정되고 배치된다. 이것이 기자와 부편집인에게 마감시한이 그토록 중요하고 신성하기까지 한 이유다. 원고를 모아 편집과 교열을 거쳐 (독자가 지면으로 볼 레이아웃으로) 조판한다. 이것은 인쇄 마감시한 전에 이루어져야 하며, 그때가 되면 해당 호가 준비되어 인쇄와 배포를 위해 내보내야 한다.

우리가 여기서 개관한 것은 잡지 발행의 일반적 모델, 즉 '표준' 업무 방식에 가까운 것으로서 모든 출판사에 적용되지는 않으며, 특히 인쇄와 배포의 기술적·경제적 필요성에 따른 현행 형태는 그리 오래가지 않을 것이다. 그러나 발행인으로부터 편집인을 거쳐 작가, 사진작가, 교열기자와 디자이너에 이르기까지 반+산업적 위계구조에서 일하는 사내 직원들을 그렇게 결합하는 방식은, 블로그와 웹사이트에서 인쇄물, 비디오, 오디오에 이르기까지 여러 가지 미디어 플랫폼에 걸쳐 콘텐츠생산의 모델이 될 수 있다. 이를 더 구체적으로 설명하기 위해 우리는 한 젊은 프리랜서 작가의 경험을 통해 어떻게 전통적 잡지 발행의 전통적 발주 과정이 종이인쇄가 더 이상 업무의 중심을 차지하지 않는 요즘까지 존속하는지 검토할 것이다.

사례연구: 어떻게 프리랜서 작가가 온라인과 인쇄물에 자신의 글을 싣는가

프리랜서 기자 겸 잡지 편집인으로서 런던에서 활동하는 데니스는 게재 과정이 어떤 스토리나 특집기사에 관한 아이디어를 가지고서 어떤 간행물이 이 아이디어에 가장 적합한지를 아는 데서 출발한다고 말한다. "이후 당신은 발주편집인이 누구인지, 또는 당신의 스토리가 들어갈 수 있다고 생각되는 섹션의 편집인이 누구인지 알아낼 필요가 있는데, 이는 간행물에 따라 다릅니다."

일부 간행물은 인쇄된 잡지의 섹션별로 담당 편집인이 있고, 온라인 콘텐츠를 전문으로 담당하는 편집인이 있는 경우도 있다. 일부 간행물은 온라인 콘텐츠와 인쇄 콘텐츠를 구별하지만 그렇지 않은 간행물도 있기 때문에 먼저 조사하는 것이 중요하다. "예를 들어 잡지 ≪타임 아웃Time out≫의 경우, 리뷰 기사를 쓰기 위해 온라인 편집인을 접촉할 필요는 없고 그 섹션을 담당하는 발주편집인에게 말하면 됩니다. 그래서 토픽이 음식, 영화, 음악, 쇼핑 등 무엇이든 간에 그 섹션을 담당하는 발주편집인에게 말해야 합니다." 데니스는 사전조사가 도움이 된다고 강조한다. "가장 중요한 것은 누구에게 요청할지 파악하는 일입니다. 이후 편집인이나 보조편집인에게 전화해서 그 사람이 맞는지 확인하고 그들의 이메일 주소를 받습니다. 그런 다음에 정말 강력한 피치를 작성합니다"(데니스, 2012년 인터뷰).

스토리를 피칭할 때, 독자층이 어떤 사람들인지, 그리고 그 간행물이 일차적으로 누구를 겨냥하는지 파악하는 것이 중요하다. "요즘 온라인이나 오프라인에는 간행물 종류가 수없이 많습니다. 간행물의 스타일과 그 지침에 관해 정말 많이 알아야 하고, 자신의 글이 실제로 거기에 적합한지, 그리고 독자층 수준에 맞는지 알아야 합니다." 게다가 데니스는 "정말 가장 중요한 것은 어떤 실수도 발생하지 않도록 만전을 기하는 것"이라고 말한다. 잘못된 이름·날짜·장소 등과 같은 사실관계 오류가 있으면 피치가 당장 쓰레기통으로 들어갈 것이다. "아주 세세한 부분까지 사실관계를 늘 확인해야 합니다. 그렇게 하지 않으면 서로 시간만 낭비하게 될 겁니다. 한번 찍히면 그들은 아마 당신 글을 들여다보려 하지도 않을 겁니다"(데니스, 2012년 인터뷰).

데니스는 주간지의 스타일 섹션 부편집인으로서 편집 쪽에서도 일했는데, 피치가 어디서 들어오는지 알고 깜짝 놀랐다.

작품을 피칭하려는 사람들 대부분이 사실 프리랜서가 아니란 걸 알았어요. 프리랜서의 경쟁자는 홍보PR 관계자들입니다. 그들은 이미 많은 사실을 알고 있고 많은 정보를 접할 수 있습니다. 당신이 누구와 면담하고 있다면, 그들도 이미 그 경로를 알고 있어요. 그래서 당신이 자신 있게 내놓을 수 있는 게 무엇인지 잘 알아야 하지요. 당신의 피치 속에 들어 있는 갈고리는 절대적으로 예외적인 것이어야 합니다(데니스, 2012년 인터뷰).

저널리즘에서 스토리상의 갈고리는 독자의 관심을 붙잡아둘 흥미롭거나 뜻밖의 사실 또는 반전이다. 모든 종류의 피칭과 마찬가지로, 이러한 갈고리는 발주편집인에게도 먹히며, 사실 출판물 개발을 위해 스토리나 기타 콘텐츠를 발굴하는 일을 하는 누구에게나 먹힌다.

그러나 피칭에서 편집인의 관심을 사로잡는 데 중요한 요소로 스토리

상의 갈고리만 있는 게 아니다. 작가의 신뢰성도 중요하다. 데니스는 편집인들이 과거에 읽고 평가해본 적이 없는 작가의 작품에 대해 자원과 지면을 할애하는 것을 꺼린다고 지적한다. 그러므로 주목을 받기 위해서는 작품 포트폴리오를 만드는 것이 필수다. 데니스는 프리랜서 작가들에게 채택될 것이 확실한 뉴스 스토리가 없다면 일간지에는 아예 피칭하지 말라고 조언한다. "작은 것부터 시작해서 더 큰 것을 향해 자신을 키우는 것이 아마 최선일 것"이라고 그녀는 제안한다.

음악, 패션 등 무엇에 관심이 있다면 블로그부터 시작하세요. 그리고 다른 블로그에 기고하기 시작해서 온라인 잡지에도 기고하세요. 블로그를 방문하는 사람들 수가 특출 나게 많으면, 그런 블로그를 온라인 잡지라고 부르는데, 일반적인 블로그보다 더 높이 평가됩니다. 그렇게 천천히 역량을 키우면서 작품 포트폴리오를 만들기 시작하세요. 모든 작품을 온라인에 올려야 인터뷰에 응할 경우나 당신 작품을 보기 원하는 상황에서 한 번의 연결로 보여줄 수 있습니다. 편집인들은 과거 실적이 없는 사람의 글은 정말 보고 싶어 하지 않습니다. 작품 사례를 가능하면 다양하게 보고 싶어 하지요(데니스, 2012년 인터뷰).

주간지든 월간지든 인쇄물로 발행되는 잡지는 타이밍이 엄청나게 중요한데, 발행 스케줄을 알고 있어야 하고, 몇 달 후에 어떤 종류의 스토리가 필요할지 미래를 내다보아야 한다. "7월에 무슨 일이 예정되어 있다면, 7월이 오기 한참 전에 그 일에 착수할 필요가 있습니다"(데니스, 2012년 인터뷰).

프리랜서 작가인 데니스는 편집인에게 기사를 피칭하기에 앞서 편집 일정을 알고 있어야 한다. 편집 일정은 편집인에 의해 사전에 확정되는데, 주간지의 경우에 단편 기사는 2주, 특집기사는 2개월 미리 작업한다. 데니스는 주간지 ≪타임 아웃≫을 예로 들어 설명한다.

그들은 2주 미리 작업하는데, 이번 주에 나올 잡지에 들어가는 내용은 교열까지 거치려면 한참이 걸리기 때문에 2주 전에 작성되었을 겁니다. 특집기사의 경우, 2개월 전에 ≪타임 아웃≫의 각 호에 들어갈 내용이 완전히 차 있어 사실 여기에 프리랜서가 비집고 들어갈 여지는 없습니다.

이에 비해 월간지는 토픽에 따라 2~6개월 미리 작업한다. 그러나 잡지가 특집만으로 채워지지는 않는다. 패션이나 음악과 같이 사건 전개가 빠른 분야에서는 프리랜서의 단편기사가 비교적 갑자기 실릴 기회가 생긴다.

데니스는 포트폴리오를 만들기 위해 작품을 발표하려는 프리랜서 작가들에게 "음악계와 같이 많은 일이 벌어지는 분야에서 일하는 것이 아마도 가장 좋을 것"이라고 조언한다. 그녀는 '블록 페스티벌Bloc Festival'에 관한 기사를 예로 들었다. 블록 페스티벌은 2012년 7월 런던 플레저 가든스Pleasure Gardens에서 이틀간 열린 전자음악 행사로, 개막일 밤에 심각한 기술적 문제가 발생해 행사가 취소되었다. 며칠 뒤 책임이 있는 프로덕션 회사가 법정관리에 들어갔다(Hancox, 2012; Michaels, 2012). 그 페스티벌이 시작부터 무언가 잘못되고 있다는 첫 뉴스가 입장권 판독기 고장, 과잉수용에 대한 불평과 더불어 관객의 트위터를 통해 퍼져나갔다. 전문가 블로그와 온라인 잡지들이 이 스토리를 잡아서 첫 글을 게재한 것은 첫 트윗이 올라가고 불과 몇 시간 만이었다. 음악 블로그와 온라인 잡지들은 소셜 미디어를 통해 온라인상의 정보 흐름을 잡아서 빨리 발표할 필요가 있다.

사람들은 ≪더 콰이어터스The Quietus≫, ≪팩트 매거진FACT Magazine≫ 등의 음악잡지를 좋아하는데, 이런 잡지는 모두 자신의 기사가 최초가 되도록 경쟁을 벌입니다. 최초의 기사가 되어야 사람들이 보고 가장 많이 트윗을 하지요. 최초의 기사가 되면 페이스북에도 오르고, 다른 것보다 더 많은 댓글과 '좋아요'를 받습니다(데니스, 2012년 인터뷰).

트위터에 업데이트되고 급하게 작성된 최초 보도가 나온 다음에는 사건과 그 여파에 관한 특집기사가 뒤따른다. 데니스로서는 왜 이런 일이 발생했는지, 무엇이 잘못되었는지, 프로덕션 회사가 법정관리에 들어간 페스티벌의 장래는 어떻게 될 것인지 등에 관한 스토리에 관심이 있다. 그녀는 디지털 환경에서 그런 식으로 스토리를 찾는다고 설명한다. "그 것이 요즘 말하는 저널리즘의 성격이지요. 많은 일이 즉각적입니다. 트 위터에서 무언가 보이기 시작하면 바로 사건이 시작되지요. 친구로부터 그 소식을 받고 맞는지 확인해보면, 스토리가 바로 풀립니다."

그러나 뉴스나 시사 문제에 관해 글을 쓴다는 것은 또한 사람들과 대 화하는 문제이기도 하다.

사람들에게 전화해서 뭘 물어보는 것은 전혀 해로울 게 없습니다. 그냥 알아 보겠다는데 잘못될 게 없지요. 그 때문에 당신을 욕할 사람은 없어요. 거의 비밀요원 같은 것이 되는 느낌이에요. 당신은 무슨 일이 벌어지고 있는지 많 은 질문을 던질 수 있지만, 흥미를 느껴야 하고 열정이 있어야 합니다. 그리 고 당신에게 이야기하겠다는 사람을 만났을 때 어떤 성과가 있을지 모를 일 이지요. 그것은 당신이 피칭할 스토리의 출발점이 됩니다. 당신이 누구에게 서 무엇을 들었는지, 그리고 그 스토리가 당신이 게재하려는 발간물에 적합 한지가 당신이 필요로 하는 강력한 피칭의 근간이 될 겁니다(데니스, 2012 년 인터뷰).

데니스는 이스트 런던에 관한 특집기사의 자료를 조사하면서 브릭 레 인Brick Lane에 있는 독립 음반사 '러프 트레이드Rough Trade'의 매니저를 인터뷰했다고 한다. "그 매니저는 제게 많은 정보를 안겨주었는데, 그중 일부는 엠바고를 걸었습니다. 그가 말한 것을 기사화할 수는 없었지요. 하지만 저는 이 정보를 가지고 누군가에게 피칭할 수는 있었습니다. 그 매니저는 러프 트레이드가 '뉴욕 러프 트레이드'를 오픈하면서 사업을 확장하고 있다는 사실과 함께 아주 유명한 두 밴드가 그 회사에 연주하 러 올 계획임을 저한테 이야기해주었지요." 유명한 이야기이지만, 그룹 '라디오헤드Radiohead'가 러프 트레이드에서 콘서트를 연 것은 〈인 레인

보스In Rainbows〉(⁺라디오헤드의 일곱 번째 앨범)가 발표되어 언론의 큰 주목을 받을 때였다. 라디오헤드의 리드싱어인 톰 요크Thom Yorke가 그 '비밀' 공연을 앞두고 거리에서 신문을 나눠주는 장면이 각 언론을 도배했다. 데니스는 그와 비슷한 일이 다시 일어날 가능성에 늘 주의를 기울였다. 그녀는 "그런 약간의 정보가 2~3개월 동안 써먹을 수 있는 기삿거리를 찾는 저널리스트에게는 엄청나게 유용합니다. 모종의 기회가 왔다는 것을 아는 것이 중요하고, 일정을 알고 있다면 그때까지 시간을 현명하게 사용하는 것이 중요합니다"라고 말한다.

데니스는 프리랜서들이 어디에 글을 기고할지 계획을 세울 때, 인쇄되는 지면 이상의 것을 보아야 한다고 주장한다. 잡지사의 웹사이트와 블로그는 인쇄물처럼 편집 일정에 종속되지는 않는다. 예를 들면, 프리랜서들은 실제 잡지에는 실리지 않더라도 ≪타임 아웃≫의 인기 있는 블로그에 좀 더 쉽게 기고할 수 있다. 마찬가지로 ≪바이스≫도 인기 블로그 사이트와 그 밖의 여러 온라인 미디어를 운영하는데, 프리랜서들의 기고문은 인쇄 잡지에 실리는 일이 아주 드물고 대부분 온라인으로 간다. 그들은 자신의 글이 잡지에 실리기까지 온라인 바이스를 통해 포트폴리오를 만든다. 따라서 ≪바이스≫ 등의 잡지 웹사이트는 나중에 걸러져서 인쇄 간행물에 실릴 신인 작가와 새 아이디어의 시험 무대가 된다.

그러나 데니스는 대개 잡지사들이 기존에 협력하던 작가들이 있기 때문에 온라인이든 인쇄물이든 새로운 프리랜서를 채택하기를 주저한다고 경고한다. 여기서 데니스는 영화·TV 제작 부문에서는 익숙한 정서(Holgate and McKay, 2009: 159)를 전한다. "그들은 모르는 사람보다 아는 사람을 쓰려고 합니다. 잡지사와 신문사에서 근무하거나 인턴으로 일한 경험의 가치는 의사결정을 내리는 발주편집인들 및 부편집인들과 알게 되는 기회라는 데 있습니다. 그들이 신뢰하는 프리랜서 명단에 오르려면 그들을 알던가 인턴 근무를 해야 합니다."

커리어를 시작할 때 여러 언론사에서 인턴으로 근무하는 것이 상당히 도움이 됩니다. 인턴은 사무실 안에서 사람들을 만나고 대화하기 때문이지요. 그리고 주변에 자신을 많이 알리세요. 그러면 나중에 피칭할 것이 있을 때 누구에게 할지 명단을 보고 선택할 수 있습니다. 이것이 바로 인맥 구축의 본질이지요. 저는 대학생 시절에 ≪믹스매그Mixmag≫에서 일했지만, 그곳 사람들이 모두 링크드인이나 제 트위터에 올라 있기 때문에 지금까지 그들의 동향을 잘 알고 있습니다. 언제 그들의 보직이 바뀌었는지, 언제 그들이 회사를 그만뒀는지, 언제 편집인이 새로 부임하는지 등을 알지요. 이것이 중요한 까닭은 이미 그만둔 사람에게 이메일을 보내서는 안 되기 때문입니다. 또한 사직하는 사람들이 어디로 직장을 옮기는지 파악하는 것도 상당히 흥미롭습니다. 예를 들면, 누가 ≪믹스매그≫를 그만두고 ≪NME≫로 옮기면서 리뷰 편집인에서 편집장으로 승진한다면, 갑자기 저는 다른 잡지사에 저를 알고 있는 강력한 인맥이 생기는 겁니다(데니스, 2012년 인터뷰).

요약

이 장에서 우리는 어떻게 미디어기관이 발주를 처리하는지, 비즈니스 관점에서 발주 과정이 어떻게 작동하는지, 그리고 실무에서의 경험은 어떤지 보기 위해 TV 제작과 잡지 출판 사례를 집중 검토했다.

읽 을 거 리

Campbell, L. 2012. "The Broadcast Interview, Stuart Murphy, Bringing Sky Down to Earth." *Broadcast*, 6월 29일.
스카이의 브랜드 전략에 관해 유용한 통찰을 제공한다.

Harcup, Tony. 2009. *Journalism : Principles and Practice*. London: Sage.

저널리즘 기법과 실무에 관한 폭넓은 입문서.

Herbert, Joanna. 2011. *Writers & Artists' Yearbook 2012*. New York: Bloomsbury USA.
미디어기관과 출판사들의 발주편집인 등 주요 인명록.

Johnson, C. 2012. *Branding Television*. Abingdon: Routledge.
영·미 텔레비전의 브랜딩 전략에 관한 심층 연구서.

Mckay, Jenny. 2000. *The Magazines Handbook*. London: Routledge.
잡지 산업에 대한 높이 추천할 만한 입문서로서 잡지 비즈니스, 저널리스트의 역할, 업계의 핵심 일자리 등을 소개한다.

Musburger, Robert B. and Gorham Kindem. 2009 *Introduction to Media Production: The Path to Digital Media Production*. Oxford: Focal Press/ Elsevier.
신참과 시즌 전문직 종사자들을 위한 미디어 제작 안내서.

Peterson, Franklynn and Judi Kesselman-Turkel. 2006. *The Magazine Writer's Handbook*(2nd edition). Madison, WI: University of Wisconsin Press.
작가들을 위해 미국 잡지 비즈니스와 프리랜서 활동에 관한 실무를 종합적으로 소개한다.

Quinn, Catherine. 2010. *No Contacts? No Problem! How to Pitch and Sell a Freelance Feature*. London: A&C Black.
스토리 조사, 피치 작성, 그리고 피치를 발주편집인에게 전달하는 방법 등에 관해 단계별로 안내한다.

10

고객과 자금조달

앞에서 우리는 매스미디어의 사업모델을 다루었는데, 이번에는 콘텐츠와 서비스에 착수해 그 재원을 조달하는 다른 방식을 살펴볼 것이다. 먼저 우리는 창조 에이전시들이 어떻게 고객과 연결되는지, 그리고 고객주도의 사업모델이 제9장에서 논의한 발주 구조와 어떻게 다른지 검토할 것이다. 그 사업모델은 서비스 제공, 맞춤 제작, **브리프**에 따른 작업 등을 수반하는 고객과 장인 관계와 더 비슷하다. 그다음에 우리는 **공적 자금지원**의 역할과 여러 가지 기업가적 재정모델을 검토하며, 그 과정에서 여기서 논의하는 자금조달 구조와 제2장에서 논의한 후원 · 기업가정신의 옛 모델 사이에 있는 일부 연속성에도 주목할 것이다.

브리프에 따른 작업: 고객 관계

디지털미디어 환경에서는 모든 비즈니스가 미디어 비즈니스로 이루어진다. 건설회사는 소셜 미디어 매니저가 필요하고, 은행은 웹사이트가 필요하며, 대학교는 모바일 앱을 개발하고 싶을 것이고, 보험회사는 온라인으로 생중계되는 이벤트를 개최할 수 있다. 이것은 전통적인 광고, 마케팅, 행사와 홍보를 – 모두 창조산업의 일부다 – 말하는 것이 아니다. 미디어기관의 배급을 위해 발주를 받아 콘텐츠를 생산하는 것과 창조서비스(예컨대 광고 캠페인)를 요구하는 고객을 위해 브리프에 따라 작업하는 것의 차이는 후자의 경우에 고객 비즈니스의 핵심 생산물을 수반하지 않는다는 점이다. BBC의 핵심 산출물은 TV, 라디오와 기타 미디어의 콘텐츠며 바이스나 모노클 같은 출판사들은 콘텐츠를 발주·배급하지만, 이것이 은행이 에이전시로부터 매입하는 광고 캠페인에는 적용되지 않는다. 전자의 경우에는 대중의 관심이 일차적으로 중요하고, 후자의 경우에는 고객의 요구가 최우선이다.

여러모로 디자이너(예컨대 그래픽 디자이너, 대화형 미디어 디자이너, 실내장식 디자이너, 정원 디자이너 등)와 고객 간의 근로관계는 앞에서 서술한 프로듀서와 커미셔너 간의 관계와 유사하다. 그러나 **브리프**에 따라 작업한다는 대목에서 양자 사이에 중요한 차이가 있다. 디자이너도 역시 아이디어를 낼 수 있지만 고객 브리프에 훨씬 더 충실하게 따르며, 창조과정이 관련 **이정표** 및 **인도물**과 함께 그 브리프에 의해 규정된다 (West, 1993). 이 책에서 인터뷰에 응한 다수의 실무자들, 특히 창조서비스 종사자들이 각 프로젝트를 작업하는 데 브리프가 얼마나 중요한지를 언급하고 있다.

광고와 마케팅: 창조·미디어 에이전시

광고와 마케팅 일은 대부분 여러 종류의 에이전시를 통해 이루어진다. 그들은 제6장에서 보았듯이 여러 창조상품 및 창조서비스를 망라한다. 앞 장에서 우리는 창조원조품과 창조콘텐츠 공급자에 초점을 맞추었지만, 여기서는 창조서비스·창조경험 공급자를 더 면밀하게 살펴본다. 모든 분류체계와 마찬가지로 그런 분류도 에누리해서 받아들여야 하는 것은, 실제 비즈니스 환경이 움직이고 변하는 속도가 너무 빨라서 때로는 그 환경을 단순화하고 이해하려는 서술이 이를 담아내지 못하기 때문이다. 창조산업에서 그런 변화가 매우 빠른 것은 특히 기술발전이 비즈니스의 기초를, 특히 미디어와 고객 간의 관계를 바꾸었기 때문이다(Flew, 2012: 111~132). 콘텐츠의 생산과 배급은 상징상품(또는 '콘텐츠')을 투입해 다양한 경험으로 전환시키는 시스템 내에서 이루어진다. 다음은 빌턴과 듀즈의 미디어경영 입문서에서 인용한 것이다.

> 지난 20년간 기술적·사회적·문화적 변화가 복합적으로 작용하여, 문화콘텐츠는 평가절하되었으며 가공되지 않은 상징상품을 소비자들에게 의미 있고 소중한 경험으로 전환시키는 서비스와 시스템이 더욱 강조되었다. 그 결과 창조성이 문화생산 및 문화배급의 경영과 밀접하게 연결되었다(Bilton and Deuze, 2011: 34).

광고와 마케팅(그리고 홍보)는 아이디어에서 생산을 거쳐 배급까지 고객들에게 창조생산 및 창조서비스를 제공한다. 이들 세 범주는 모두 뭉뚱그려서 크리스 해클리Chris Hackley가 광고 에이전시를 "지식, 즉 광고에 관한 지식과 소비자에 관한 지식, 창조 기예에 관한 지식을 관리하고 파는 조직"이라고 표현한 것에 딱 들어맞는다(Hackely, 2000: 239). 이후에 마케팅·광고 전문인들과의 인터뷰에서 보겠지만, 이 세 요소 ― 그들이 전문가로서 파는 것 ― 는 실무적으로 긴밀하게 얽혀 있다.

마케팅·광고·PR 부문은 상당한 규모의 산업으로, 여러 명의 정규직, 프리랜서, 포트폴리오 근로자를 고용하고 있으며, 특히 **커뮤니케이션 그룹**의 일정한 역할에 의해 상당히 통합되어 있다. 대체로 하나의 커뮤니케이션 그룹이 다수의 작은 브랜드를 소유하고 있는데, 예를 들어 미디어 공간을 사기 위한 미디어 에이전시, 마케팅 캠페인의 콘텐츠를 생산하기 위한 창조 에이전시, PR 에이전시, 특수 유형의 미디어나 활동에 주력하는 전문가 에이전시 등을 소유하고 있다. 커뮤니케이션 그룹은 흔히 이러한 자회사 포트폴리오를 전략적으로 구축하는데, 주로 작은 에이전시들을 매입해 그들이 가진 재능, 전문적 노하우와 경험을 얻는다. 예를 들면, 대형 커뮤니케이션 그룹, 특히 WPP와 퍼블리시스 그룹Publicis Groupe은 "구매 패턴의 중심이 전통적 미디어에서 인터넷, 모바일 앱 등 디지털 포맷으로 이동함에 따라 디지털 자회사를 증강했다"(Pfanner, 2012b). 이러한 기업 인수에 힘입어 대형 그룹은 기존의 산하 에이전시가 상당한 전문 역량을 보유하고 있지 않던 분야에서 수주를 위한 피칭을 할 수 있게 된다.

피칭

에이전시 네트워크를 형성한 커뮤니케이션 그룹의 에이전시든, 독립회사로 운영되는 에이전시든 간에 모두 비슷한 방식으로 고객의 비즈니스를 위해 경쟁한다. 즉, 그들은 모두 고객이 내놓는 브리프에 대응해 일감을 따려고 피칭한다(일부 대형 고객은 선별된 에이전시들에만 피칭을 시키기도 한다).

인터랙티브 에이전시의 실행프로듀서인 데이비드는 자신이 경험한 피칭 과정과 에이전시 내에서의 자신의 역할에 관해 다음과 같이 설명한다.

저는 회사의 첨병으로 전진 배치된 사람입니다. 에이전시나 유명 회사를 다니면서 브리프를 수집해서 그들이 성취하려는 것이 무엇인지 파악합니다. 우리가 기여할 수 있는 것이 무엇인가, 어떻게 하면 이 프로젝트를 딸 수 있는가를 궁리해서 사무실로 돌아와 관계자들과 회의를 합니다. 거기서 우리는 사내에 맡을 팀과 사람이 있는지, 시간이 얼마나 걸릴지, 비용이 얼마나 들지, 아이디어는 무엇인지, 처리 방안은 무엇인지 등을 확인합니다. 이후 그것을 정리해서 제출하고, 수주를 기대합니다(데이비드, 2012년 인터뷰).

마케팅 커뮤니케이션 부문의 경쟁은 치열하다. ≪캠페인Campaign≫, ≪마케팅 위크Marketing Week≫, ≪애드버타이징 에이지Advertising Age≫ 등 업계 소식지들이 매주 보도하는 기사를 보면, 다음 캠페인이나 브랜드 점검을 맡을 새 에이전시를 찾고 있는 대형 고객들과 이 새로운 브리프를 따려고 경쟁적으로 피칭하는 에이전시들에 관한 최신 뉴스들로 가득하다.

창조 에이전시와 미디어 에이전시 간의 흐려진 구별

미디어 에이전시의 전통적인 역할은 고객의 미디어 스케줄을 계획하고 매입해 모니터하는 것이다. 그들은 '도매업자'로서 (TV, 라디오, 간행물, 옥외, 온라인 등의) 미디어 시간과 공간을 대량으로 매입해서 개별 고객(또는 개별 창조 에이전시)이 직접 교섭하는 것보다 유리한 조건으로 고객에게 판매한다. 예를 들면, 미디어 에이전시가 TV 방송사로부터 인기 프로그램의 광고 슬롯을 여러 개 사서 여러 고객에게 팔고, 이때 고객은 그 프로그램이 광고 제품과 어울리는지, 타깃 시청자 및 기타 미디어 기획과 관련한 고려 사항을 검토한다. 이와 달리 창조 에이전시는 보통 고객이 제시하는 브리프나 전략에 맞춰 광고 캠페인을 위한 아이디어와 콘텐츠를 생산하는 데 특화한다. 그러나 이 범주는 아주 느슨하게 정의되고 광범위한 창조서비스를 포함하는데, 실무에서는 그런 창조서비스가 미디어 에이전시들이 하는 작업과 분명하게 구분되지 않는다. 역사적으로 보아 그렇게 구분이 모호한 이유는 광고 에이전시가 본질적으로 미디어 기획·매입 에이전시로 출발한 데 있을 것이다.

미디어 공간 브로커로 출발한 광고 에이전시는 발전하는 미디어산업과 소비재산업의 변화하는 요구뿐 아니라 기업주들의 변화하는 요구를 반영해 조금씩 진화했다. 초기 에이전시들은 대부분 분업이 전혀 이루어지지 않았는데, 선임자라고 불리는 계정책임자account person가 수주해서 회계 처리, 광고 설계, 조사 활동까지 수행하고 미디어 기획·매입 업무도 담당했다(Hackley and Kover, 2007).

시간이 흐르면서 창조 에이전시와 미디어 에이전시가 완전한 전문분야로서 구별되었다. 그러나 우리가 인터뷰한 사람들은 이러한 구별에 거듭 의문을 제기했다. 런던 소재 광고 에이전시의 **계정 플래너**account planner인 데릭은 그가 근무하는 에이전시는 "무엇을 개별 고객에게 인도할 수 있는가에 따라, 즉 인도물의 틀을 어떻게 짜느냐에 따라 디지털 에이전시, 통합 에이전시, 광고 에이전시, 마케팅 에이전시 등으로 정체성을 달리 표현하는 경향이 있다"라고 말한다(데릭, 2012년 인터뷰).

데이비드는 그의 에이전시가 고객들에게 어떻게 정체성을 표현하느냐는 비슷한 질문에 대해, 자신의 팀이 이 문제를 폭넓게 고려하고 있다고 말한다. 에이전시들이 새로운 일감을 따기 위해 경쟁을 벌일 때 그들은 작업, 스타일, 전문성 면에서 타사와는 구별되는 회사로 스스로를 규정하려고 한다. 그러므로 에이전시들의 자기인식이 아주 중요할 때가 많은데, 이는 그들이 잠재 고객과 전문분야 파트너들에게 무슨 일을 어떻게 하는지 설명할 때 강렬한 인상을 주어야 하기 때문이다.

인터뷰에서 데이비드는 그의 회사가 창조 에이전시라기보다 제작소라고 생각하지 않느냐는 질문에 대해 단호하게 아니라고 말한다. "우리는 물건을 만들지만 머리도 쓴답니다. 창조적 생산이라고 말할 수 있어요. 우리는 대화형interactive 창조 에이전시입니다. 이걸 꼭 집어 정의하기는 매우 어렵고, 우리도 스스로 고심하고 있는 문제입니다"(데이비드, 2012년 인터뷰). 데이비드의 말대로 그 구별이 흐려진 것은 부분적으로 에이전시들이 과거 '버티컬verticals'이라고 불렀던 TV, 라디오, 간행물, 기타 형태의 미디어를 더 이상 서로 구분하지 않기 때문이다.

종래에는 TV 에이전시와 디지털 에이전시가 따로 있었습니다. 디지털 에이전시는 모든 것을 설계하고 세우고 만들었어요. 그들은 마이스페이스, GIF 애니메이션, 배너, 페이스북, 마이크로사이트 등의 광고까지 다 해먹으면서 옥외광고물까지 손을 뻗기 시작했지요. 디지털 쪽 사람들이 점점 더 많은 것을 하기 시작했어요. 그리고 TV 에이전시들도 "제기랄, 우리도 그런 게 필요해"라면서 점점 더 많은 것을 하기 시작했습니다. 정말이지 이제는 창조적인 광고 에이전시들과 많은 디지털 에이전시들이 아이디어를 많이 내고 있지만 그것을 실행할 사내 역량이 없어요. …… 사람들이 그다지 TV를 보지 않습니다. 그래서 모두가 예산 나눠먹기고, 도대체 콘텐츠를 어디다 쓸 것이며, 어떻게 사람들과 연결할 것인가, 유튜브는 어떻게 하는가 등 모든 것이 다시 유동적입니다. 그리고 이런 유동적인 상태가 오랫동안 지속될 것 같은 느낌이 듭니다. 그런 여러 공간에서 일하려고 경쟁하는 사람들이 많습니다. 많은 곳에서 많은 일이 일어나고 있지요(데이비드, 2012년 인터뷰).

디지털 에이전시의 역사는 다양한 종류의 에이전시들이 출현하는 데 이바지했던 범주 구분과 전문화가 흐려지고 있음을 보여준다. 디지털 에이전시는 1990년대에 웹이 미디어 소비자시장의 일부가 되었을 때 등장했다. 광대역 인터넷이 미국과 유럽에서 널리 보급되기 시작한 2002년 이전에 그들의 비즈니스 영역은 협소해서 웹사이트 관련 서비스, 배너 광고, 그리고 낮은 대역폭의 인터넷 연결로도 작동되는 단순한 미디어에 한정되었다. 그러다가 유선 광대역 인터넷, 모바일 데이터 연결과 스마트폰이 보편화되고 동영상 등 높은 대역폭의 콘텐츠를 공유하는 소셜 미디어가 대거 사용되면서 디지털 에이전시가 주류가 되었다. 모든 창조적 마케팅·PR 에이전시가 이제는 일정 부분 디지털 에이전시다. 직업훈련기관의 커뮤니티 매니저인 카일리의 설명을 들어보자.

은행, 백화점 등 큰 기업은 일반적으로 디지털 전문가의 정규직 고용이 필요하지 않았습니다. 따라서 이 점증하는 요구에 부응하기 위해 에이전시들이 설립되었지요. …… 출판, 뉴스, 음악 등의 분야에서 디지털화가 수입 감소를 초래했지만, 디지털 영업에 관심을 기울일 필요가 없었던 많은 기업이 이제는 그것을 필수화했다는 점에서 전통적 사업모델이 도전을 받았습니다(카일리, 2009년 인터뷰).

콘텐츠 관리 시스템, 웹 구축 및 퍼블리싱 플랫폼에 특화한 에이전시들이 디지털 부문의 큰손이 되었는데, 이는 "인터넷이 거의 모든 사람을 발행인으로 만들었기" 때문이다(카일리, 2009년 인터뷰).
카일리의 지적처럼 이제는 모든 기업이, 특히 소비자를 상대하는 기업이라면 어느 정도 미디어사업을 한다는 점은 강조할 가치가 있다. 웹사이트, 트위터 피드, 페이스북 페이지 등 여러 가지 형태의 온라인 존재가 지금처럼 일상화되기 전에는, 미디어사업을 하지 않는 기업은 (카탈로그를 돌리거나 자체 매장에 광고를 내거는 기업을 제외하고) 통상 미디어를 소유하지 않았다. 그들은 대부분 방송사나 출판사로부터 쉽게 산정되는 작은 단위로 광고 공간을 구입했다. 게다가 그들은 어떻게 하면 자사가 인터뷰와 호의적인 보도를 넘어 여러 미디어에서 언급될 수 있을까를 고심할 필요가 없었다. 그런 행태는 요즈음 유명 기업들이 소셜 미디어를 통해 소비자들과 소통하려고 노력하는 모습과는 거리가 멀다.

이처럼 지불되는 미디어, 소유되는 미디어, 언급되는 미디어를 구별하는 것은 디지털미디어 환경에서 마케팅에 관한 고찰을 위해 유용하다(Bucher, 2012). 그 까닭은 비교적 단순한 '푸시미디어push-media' 방송 채널이 대화형 웹사이트, 소셜 네트워킹 서비스SNS 등과 같이 인터넷에 상시 접속된 '풀미디어pull-media'에 의해 보충되고 변형되기 때문이다(Masterson and Pickton, 2010: 290). 현재 유명 기업들이 자사의 트위터 계정, 페이스북 페이지 등으로 그러한 풀미디어 공간에 자사의 존재를 확립할 수 있지만, 문제가 더 복잡해진 것은 그들의 소비자들도 똑같은 툴에 접근할 수 있다는 점이다. 예를 들면, 고객들이 식당, 호텔이나 영화관을 나서기도 전에 작성하는 리뷰와 논평이 트위터, 옐프Yelp, 트립어드바이저TripAdivisor, 로튼 토마토Rotten Tomato 등과 같은 서비스에 즉각적으로 실릴 수 있다.

마케팅·광고 관점에서 볼 때 그에 따른 결과의 하나는 종래 자신의 정체성을 '창조' 에이전시나 '미디어' 에이전시라고 밝히던 에이전시들이 이제는 같은 브리프를 놓고 서로 경쟁한다는 점이다. 이에 관해 데이비드의 설명을 들어보자.

미디어 에이전시가 미디어를 구체적으로 다루었다고 말하고 싶네요. 그들은 어디에 창조콘텐츠가 있는지를 보고, 그 콘텐츠에 맞는 미디어를 이용했지요. 하지만 요즘은 복잡해졌습니다. 미디어 에이전시는 페이스북과 대화하고, 페이스북은 창조 아이디어를 공급하지요. 그래서 제가 전에 근무했던 창조 에이전시에서 부딪친 문제는 대형 미디어 에이전시들이 똑같은 고객을 놓고 누가 창조 아이디어를 가져갈 것인지 경쟁한다는 사실입니다(데이비드, 2012년 인터뷰).

런던에 소재한 미디어 에이전시에서 조사팀을 감독하는 제스는 창조 에이전시와 미디어 에이전시 사이에 차이가 있다고 설명한다. 사람들은 여전히 TV를 보고 라디오를 들으며 신문을 읽는다. 역사가 오래된 방송 미디어가 새로운 온라인 플랫폼에 대응해, 그리고 스마트폰의 기능을 이용하는 모바일 미디어의 인기에 대응해 변하고 있지만, 그들이 곧 사라지는 것은 아니다. 그러나 제스도 디지털 환경에서 창조 에이전시와 미디어 에이전시 간의 구별이 흐려지고 있다는 점에는 동의한다.

창조 에이전시는 광고를 만드는 사람들이고, 미디어 에이전시는 그 광고가 갈 곳을 계획하는 사람들이지요. 역사적으로 그 둘은 1990년대 이후, 그러니까 제가 살아온 날만큼 분리되었어요. 지금은 디지털 때문에, 디지털이 어떻게 시작되었든, 누가 먼저 시작했든 간에 그 분리의 기준이 흐려지고 있습니다. 예를 들면, 플랫폼이 어떻게 작동하고 사용자가 어떻게 플랫폼과 상호작용하는지를 이해하는 데서 창조 에이전시와 미디어 에이전시는 방식을 달리할 수 있어요. 우리는 창조콘텐츠를 어떻게 펼쳐야 할지, 그리고 그 플랫폼에 어떤 콘텐츠를 실을지 꼭 창조 에이전시보다 나은 아이디어를 낼 수 있습니다. 뛰어난 독창적 아이디어를 생산하는 창조 에이전시는 우리와 반대로 생각할 겁니다. …… 우리 모두가 작은 방 안에 있었을 때는 교전규칙을 이해했기 때문에 함께 일하기가 아주 쉬웠어요. 지금은 무엇이 먼저냐, 누가 선두 에이전시냐, 목적이 무엇이냐 등 우리 방 안에 있는 것을 놓고 고객과 힘겨루기가 심합니다. 그리고 우리 편에서 볼 때, 창조 에이전시가 그 때문에 위협을 받는다고 느낍니다. 역사적으로 창조 에이전시가 선두였고, 아이디어가 먼저였으니까요(제스, 2010년 인터뷰).

그러나 제스는 창조 에이전시나 기타 서비스 공급 에이전시와 마찬가지로 미디어 에이전시도 프로젝트별로 구체적 브리프에 따라 피칭하고 작업한다고 못을 박는다. 예를 들면, 마케팅 캠페인이 TV, 라디오와 기타 미디어를 통해 소비자의 눈과 귀에 들어갈 즈음이면, 그것은 고객과 창조 에이전시와 미디어 에이전시 간의 복잡한 협상의 결과인 것이다.

커뮤니케이션, 캠페인, 인터랙션: 에이전시가 고객에게 파는 것

'미디어 에이전시가 파는 것이 무엇인가'라는 질문에 답하면서 제스는, 미디어 에이전시에서 어떻게 캠페인이 탄생하는지에 관한 이야기로 시작한다.

캠페인 자체는 전적으로 고객에게 의존합니다. 요즈음 흔히 있는 일인데, 고객이 우리한테 와서 "이 정도 물량을 팔아야 하는데, 그러려면 우리는 이렇게 해야 한다는 생각"이라고 말하죠. 그래서 "18~22세 연령층을 대상으로 광고하고 싶다"라든지 "이만큼 자동차를 팔아야" 한다는 식이지요. 그리고 미디어 에이전시와 창조 에이전시가 동시에 계획과 아이디어를 제출하게 하려고 우리가 창조 에이전시와 함께 브리핑을 받는 경우가 아주 흔한데, 두 에이전시가 그 브리핑을 기초로 계획과 아이디어를 짜는 방식은 크게 다를 수 있습니다. 미디어 에이전시는 아마 타깃 소비자를 잡아서 그들의 생활과 그들이 어디에 어떻게 가는지, 그들이 무엇을 하기를 좋아하는지, 그들이 선호 브랜드와 함께 좋아하는 것은 무엇인지, 물건에 대한 그들의 태도는 어떤지 등을 조사할 겁니다. 이 모든 자료를 아이디어와 미디어의 용광로에 투입해서, 텔레비전으로 결과물을 보기 1년 전에 계획을 입안합니다. 일단 계획을 세운 다음에는 미디어를 매입하는 것이 엄청난 부분인데, 크리스마스 캠페인을 벌이려면 아마 3월 중에 예약이 필요할 겁니다(제스, 2010년 인터뷰).

조사부장 제러미는 똑같은 질문에 대해 "서비스의 경우, '우리는 구체적으로 이것을 생산한다거나 공급망은 이것'이라고 말하기 어려울 때가 많다"는 점을 지적한다(제러미, 2010년 인터뷰). 제러미의 팀은 닐슨 Nielson, 포레스터Forrester, 민텔Mintel 등 전문 조사회사에서 나온 자료를 이용해 소비자 조사를 고객 마케팅 전략과 캠페인을 위한 실행 가능한 통찰로 전환한다.

우리가 하는 일은 한 국가의 일인당 GDP에 관한 정보, 한 국가의 광대역 인터넷 가입자 수, 아이폰 판매 대수 등과 같이 무엇이든 필요한 정보를 수집해서 우리의 고객이 가장 효과적으로 그들의 수용자와 소통하도록 돕는 데 그 정보를 사용하는 것이지요. 그래서 예를 들어, 누군가 일본에서 자신의 브랜드와 그 소비자를 위해 스마트폰 앱 서비스를 할 것인지 여부를 살피기에 앞서 일본의 스마트폰 보급률을 볼 겁니다. 또 어떤 국가에서 일정한 종류의 TV 채널을 보는 사람들의 인구통계를 본 다음에야 비로소 그 채널이 그 나라의 그러한 사람들을 겨냥한 타깃 시장에 광고하는 데 적합한 경로인지 여부를 결정할 테지요. 그것이 실질적으로 미디어 에이전시가 일하는 방식입니다. …… 따라서 그것은 소비자가 누구인지, 그리고 고객이 무엇을 하려고 하는지, 혹은 무엇을 해야 하는지를 파악해서 그 둘을 결합시키는 일이지요 (제러미, 2010년 인터뷰).

마케팅과 광고의 경우에 서비스의 범위는 처음과 끝이 있는 기본적인 캠페인부터 출발해 고객과의 장기적인 대화와 관계, 소통에서 그 브랜드의 이익에 봉사하는 무제한적인 전략과 활동으로 확대되었다.

서비스의 초점도 종래의 자족적인 캠페인에서 점차 멀어지고 있다. 한 **커뮤니케이션 그룹**에서 전략적 사고와 조사를 담당하는 제러미는 디지털미디어 환경에서 변화하는 캠페인의 성격에 관해 다음과 같이 평가한다.

오늘날 마케팅·광고 서비스는 캠페인의 측면보다 일종의 커뮤니케이션을 진행하는 측면이 더 큽니다. 소셜 미디어가 등장하면서 우리가 일하는 방식은 특정한 캠페인을 벌이기보다 수용자들과 대화하는 식이 되었지요. 이것

→ 공유 가능한 경험

SNS에서 사용자들이 공유하도록 고안된 이벤트, 공간 또는 인터랙션을 말한다. 이것을 마케팅 책략으로 이용할 때는 흔히 미묘한 형태로 브랜드나 제품과 연계시킨다. 흔히 이것은 단순한 인터랙티브 경험이지만, 그 이면에는 정교한 기술이 숨어 있다. 많은 예 가운데 하나가 스웨덴 에이전시인 '더 펀 시어리 (The Fun Theory)'가 설치한 인터랙티브 프로그램이다(그들이 실제로 올려놓은 작품을 보려면 유튜브에서 "The World's Deepest Bin", "Piano Stairs", "Bottle Bank Arcade" 등을 검색해보라). 일부에서는 온라인 경험을 현실 세계에서 표현하는 창작을 시도한다. 예를 들면, 스톡홀름 중앙역에 설치된 '아리엘 패션 슛(Ariel Fashion Shoot)'은 페이스북 인터페이스를 통해 조종되는 하나의 "라이브 게임 경험(live gaming experience)" 이다("ArielNordics" 유튜브 채널에 동영상이 올라와 있다).

이 진짜로, 우리가 해당 브랜드가 인지되기를 바라는 방식입니다. 그리고 우리가 하는 모든 일이 이런 방식을 반영합니다. 따라서 어떤 면에서는 고객 서비스가 새로운 마케팅이거나 그 일부지요. 왜냐하면 과거에는 순수한 캠페인을 이 날짜에 시작해서 이 날짜에 끝내고, 다시 한숨 돌린 다음에 석 달 후에 다른 것을 하는 식이었으니까요. 하지만 지금은 사람들이 매일 상호작용하고 있고 또 그러기를 바라는 시대입니다. 사람들은 뭘 보내면, 브랜드에 이메일을 보내거나 그 브랜드의 페이스북 페이지든 어디든 글을 남기면, 아시다시피 몇 시간, 아니 몇 분 내에 답변이 오기를 기대합니다(제러미, 2010년 인터뷰).

전통적으로 미디어 에이전시는 캠페인의 효과성을 모니터하고 측정하는데, 부분적으로 이는 고객에게 투자수익ROI을 설명하기 위한 것이며, 본질적으로는 고객의 대표자들에게 그들의 돈으로 얻고 있는 것을 보여주기 위한 것이다(Fill, 2011). 제러미는 상호작용을 강조하면서 이러한 전통적 모니터링 역할이 에이전시가 고객을 위해 이용하는 모든 미디어에 확대 적용되어야 한다고 주장한다. 이와 동시에 이러한 상호작용은 흔히 미디어 플랫폼과 물리적 공간을 새로운 방식으로 결합시키면서 더욱 복잡해졌다. 예를 들면, 일부 에이전시는 공유 가능한 순간, 즉 사람들이 페이스북, 인스타그램, 트위터 따위에 게시된 사진을 볼 때 느끼는 재미있는 경험의 창조에 특화하고 있으며, 또는 브랜드를 연상시킬 소셜 미디어 상호작용이 일어날 수 있는 방식으로(예컨대, 게임에 참여해) 사람들과 소통하고 있다. 때때로 이를 위해서는 공공장소에 정교한 형태의 프로그램을 설치해 이를 접하는 사람들에게 즐거움과 놀라움을 선사할 필요가 있을 것이다. 이런 유형의 작업을 위해 대형 에이전시들은 흔히 작고 전문적인 **부티크 에이전시**boutique agencies에 의지한다.

브리프에 따른 인도

브리프의 형태는 단순한 것부터 복잡한 것까지, 저예산부터 고예산까지, 한 사람이 투입되는 것부터 여러 팀이 투입되는 것까지 다양하다. 실행프로듀서로서 데이비드의 책임은 피칭 단계부터 에이전시가 브리프를 따낸 이후 제작과 인도까지 프로젝트를 이끄는 것이다.

우리가 프로젝트를 따면 제작과 인도에 이르기까지 제가 감독합니다. 그 일은 우리가 어떤 프로젝트를 하고 있는지를 전략적으로 생각하는 창조적 감독이죠. …… 상상할 수 있는 무슨 일이든 다 합니다. 내부 문제를 처리하는 일부터 케이블 정비를 승인하고, 일부 직원을 관리하는 일까지 일이 너무 많아요. 그래도 좋아요. …… 말하자면…… 저도 한동안 프로듀서였습니다. 지금은 실행프로듀서로서 제작하는 작업은 많이 하지 않고 조직하는 일을 더 많이 하지요. 이것은 매우 예민한 일인데, 우리의 대단한 프로듀서들이 온갖 궂은일을 다 하기 때문이지요. 저는 실행프로듀서로서 산출물을 감독하는데, 마지막에 장편영화를 보는 것과 같아요(데이비드, 2012년 인터뷰).

데이비드의 설명대로 브리프를 인도물로 전환시키는 과정은 여러 단계를 거친다. 이러한 단계는 무엇을 인도하느냐, 즉 인도물이 마케팅 캠페인 같은 서비스냐, 아니면 시제품prototype 같은 제품이냐에 따라 달라진다.

제스는 그가 일하는 미디어 에이전시에서 사람들이 하는 역할에는 네 가지 유형이 있다면서 사람들이 피칭, 브리프, 인도와 어떻게 관련되느냐를 기준으로 그것들을 구분한다. 첫째는 고객과 접촉하고 고객 편에서는 사람들이다. 그들은 프로젝트가 예정대로 진행되도록 하는데, 고객과 소통하고, 확실히 입금되도록 하며, 시장과 일거리를 쫓아다니는 등 일반적으로 조직 전체가 일하도록 만든다(제스, 2010년 인터뷰). 둘째는 답변을 요하는 질문에 답을 하는 사업기획팀이다. 우리 광고가 과거에 어떤 성과가 있었는가, 우리에게 바람직한 소비자는 누구인가, 시장에서 우리 자신을 차별화하기 위해 무엇을 해야 하는가 등의 질문에 대해 답하고 처리하는 사람들이다. 셋째는 중간 부분을 맡는 발명팀으로, 개념적 아이디어에 따라 프로세스를 진전시킨다. 이들은 대규모 이벤트

를 벌이는 것과 같은 전술적인 아이디어든, 이런저런 캠페인 아이디어
든 간에 개별 아이디어가 어디에 가장 적합한가를 생각한다. 넷째는 미
디어를 매입하는 실행팀으로, 모든 것이 제자리를 잡고 가격도 최고로
받도록 한다. 제스의 에이전시 내의 분업체제가 광고 에이전시의 그것
과 대충 비슷한 점이 흥미로운데(West, 1993; Hackley, 2003; Hackley
and Kover, 2007), 브리프에서 인도까지의 과정에서 고객을 접촉하는 역
할(**계정 매니저**)은 조사자나 전략가(**계정 플래너**), '아이디어맨'(창조인),
실행(제작)의 역할과 구분된다.

공적 자금지원

정부가 여러 부문에서 창작을 포함한 문화 활동을 지원하고자 자금을
지원하는 국가가 많다. 여기에는 영화와 디지털 매체뿐 아니라 공연·시
각 예술에 대한 보조금이 포함된다. 대개는 정부기금과 함께 그 기금의
신청과 배분을 관리하기 위한 중개기관이 설립되는데, 미국의 국립예술
재단, 영국 예술위원회, 호주 예술위원회 등이 그 예다. 일반적으로 이
러한 기관은 특정 프로젝트에 대해, 그리고 단체의 발전을 위해 자금을
지원한다.

  예술에 관한 우선순위와 정책은 각국 정부마다 다르다. 물론 핵심은
얼마나 많은 기금을 확보하느냐다. 최근의 전 세계적 경기침체에 따라
예술에 대한 공적 자금지원은 줄어들었다. 게다가 각국 정부는 특정 부
문이나 접근법에 대해 우선순위를 매길 것이다. 공적 자금지원을 정당
화하는 전통적인 접근법은 예술이 "인간의 삶을 고양하기 위한…… 사
람들이 더욱 자율적이고 충만한 삶을 영위할 수 있는 능력을 일반적으
로 제고하기 위한 적극적인 공공투자"라고 하는 것이었다(O'Connor,
2009a: 392). 우리는 넓은 의미에서 이러한 접근법을 일종의 후원으로
특징지을 수 있을 것이다. 그러나 우리가 제2장에서 르네상스 회화의
사례를 연구하면서 보았듯이, 예술 후원이 순수하게 이타적으로 추구되

는 경우는 드물며 항상 신분·영향력의 제고와 결부되었다. 국가가 예술 자금을 지원할 때에도, 각국 정부는 그러한 문화적 고양을 통해 국가의 국제적 위상과 지위를 높이려고 한다.

공적 자금지원에 대한 이러한 근거는 사라지지 않았으며, 실로 앞서 언급한 미국·영국·호주의 공적예술자금 지원기관이 모두 채택하는 공식 전략의 핵심이다. 그러나 20세기 후반에 공공정책을 폭넓게 논의하면서, 그러한 근거 대신에 창조생산에서 문화적 요소와 경제적 요소가 상호작용하는 면에 새로 초점을 맞춘 국가가 많아졌다. 여기서 비롯된 핵심적인 정책적 고려 사항 가운데 하나가 **시장의 실패**market failure 문제에 대처하는 것이었다(Garnham, 2005; O'Connor, 2009a; Oakley, 2009a). 제1장에서 논의했듯이, 20세기 말경에는 문화생산을 부를 창조하는 핵심적인 원천이자 새로운 '지식경제'의 동인으로 강조하면서 '창조산업'이라는 용어가 생겨났다.

이에 따라 미국·유럽·호주 등 세계 도처에서 창조생산에 대한 자금지원과 관련된 정부 담론은 점차 공공재에 대한 문화투자가 아니라 투자에 대한 경제적 수익을 기준으로 하게 되었다. 제4장에서 논의했듯이 이러한 전개의 결과로, 정부정책의 초점이 창조생산의 증대에 맞추어졌으며, 예술단체는 점차 그들의 활동에 대해 경제적·사업적 근거를 제시하도록 요구받았다. 한편 그와 동시에, 제4장에서 검토한 대로, 도시재생정책 역시 지역사회 참여와 사회적 통합을 위한 강력한 근거를 제공했다.

사례: 이벤트회사

'이머전시 엑시트 아츠Emergency Exit Arts'는 1980년에 설립된 이벤트 회사로서 각종 이벤트를 주관하는데, 때로 옥외 공공장소에서 거리 공연, 시가행진, 불꽃놀이 등을 포함한 대규모 행사를 주관하며 시각·공연 예술을 동원한다. 이 회사는 잉글랜드예술위원회ACE로부터 매년 공적 자금지원을 받아 활동자금의 일부로 쓴다. 이 회사는 경쟁적 신청을 통해 배분되는 그 자금의 수혜 자격을 갖추기 위해 잉글랜드예술위원회의 5대 10개년 목표를 달성하는 데 어떻게 기여할 것인지 사업계획을 세워서 보여주어야 했다. 5대 목표는 다음과 같다(Arts Council England, 2012).

목표 1: 재능과 예술적 우수성을 창달하고 기념한다. 잉글랜드가 예술적 우수성의 최고 중심지로 간주된다.

목표 2: 더 많은 사람이 예술을 경험하고 예술을 통해 고취된다.

목표 3: 예술이 지속 가능하고 탄력적이며 혁신적이다.

목표 4: 예술 지도층과 인력이 다양하고 고도로 숙련되어 있다.

목표 5: 모든 어린이와 젊은이가 예술의 풍요로움을 경험할 기회를 갖는다.

이러한 목표는 예술이 공익에 필요하다는 지속적인 주장(목표 1, 2, 5)과, 공적 자금지원이 "예술인과 예술인단체가 창조산업에 재능, 기량, 아이디어를 계속 공급"(Arts Council England, 2012)하도록 뒷받침하기 위해 민간의 투자와 기여를 유도하는 지렛대라는 주장을 결합한 것이다. 잉글랜드예술위원회는 그들의 전략문서에서 이러한 지렛대의 역할을 목표 3에서 옹호하는 '지속 가능성'과 '탄력성'의 본보기로 상술하고 있다.

'이머전시 엑시트 아츠'는 어떻게 이러한 목표를 충족하는가? 우리는 이 회사가 대규모 공공행사를 주관한 기존 실적이 우수성과 관객 확보라는 첫 두 목표를 충족하는 증거라고 생각할 수 있다. 지속 가능성이라는 목표 3과 관련해서 보면, 이 회사는 분명히 혼합형 자금조달 모델을 운용하고 있으며, 국가적으로 그리고 국제적으로 다양한 민간과 공공 고객으로부터 발주를 받는다. 이 회사는 결혼식을 설계하고 예술축제행사와 기업의 접대행사를 주관했으며, 지방정부를 위해 불꽃놀이를 공연했다. 이 회사는 또한 지역학교를 포함한 일단의 교육기관과 협력하여 다수의 교육 프로젝트를 수행하는데, 이는 목표 5에 기여하는 것이다. 목표 4와 관련해서는, 이 회사가 다양한 분야에서 다양한 문화적 배경을 가진 예술인들과 다년간 협력한 실적이 있기 때문에 오랜 경험이 다시 유리한 요소로 작용한다.

　이 회사는 혼합형 자금조달 모델을 운용하고 있음에도 활동자금의 상당 부분을 공적 자금지원을 통해 충당한다. 불꽃놀이 공연과 학교 사업은 지방정부의 오락·교육 예산을 통해 접근하는 공적 자금지원의 본보기다. 이 회사는 또한 잉글랜드예술위원회와 기타 정부지원 후원기관으로부터 자금지원을 받아 2012년 런던올림픽대회를 준비하는 행사의 일환으로 예술을 통한 지역사회 참여 프로그램을 주관했다. 이러한 활동은 이 회사의 활동이 지역사회와 공공행사 쪽에 상당한 비중을 두고 있음을 나타낸다. 이러한 중점 사업을 통해 이 회사는 여러 가지 자금지원 체제하에서 사회적 통합과 지역사회 참여를 겨냥한 도시재생 목적의 공적 자금지원을 다년간 받았다.

　실로 지역사회 및 교육 활동에 대한 자금지원은 많은 예술회사들에 중요한 자금 원천이다. 그러므로 그들은 예술정책뿐 아니라 간접적으로 예술에 대한 자금지원을 제공할 다른 분야의 정부정책에서도 그 내용과 우선순위의 변화를 끊임없이 잘 챙겨야 한다. 예를 들면, 앞서 언급한 올림픽 관련 자금지원 외에도 '이머전시 엑시트 아츠'는 정부가 문화활동을 통해 보건의식을 제고하기 위해 재원을 마련한 공공보건구상도 이용했다. 문화활동이 점차 수단으로서 평가받는 자금지원 환경에서 예술회사들은 그 자체로서가 아니라 "다른 경제활동에 투입되는 하나의 요소로서"(Oakley, 2009a: 407), 또는 사회적 통합의 메커니즘으로서 점점 더 창의적이고 실로 기업가적이어야 하며, 이는 민간 자금을 확보할 뿐만 아니라 성공적으로 피칭하여 공적 자금을 지원받기 위해서도 필요하다. 그들은 자금지원 기관별로 자사의 활동을 알리고 발표함으로써 가능한 기회를 포착해서 이용할 수 있어야 한다.

기업가적 접근

우리가 앞서 예술회사들이 공적 자금지원을 확보하는 활동에 대해 기업가적이라고 표현했을 때, 우리는 기업가정신을 창의성, 문제 해결 능력, 시장 틈새를 포착하는 안목과 결부해서 본 것이다. 그러나 이 절에서 기업가적 접근이라는 용어는 좀 더 구체적으로 창의적 생산자가 금전적 리스크의 부담을 일부 또는 전부 떠안고 생산물을 시장에 내놓는 접근 방식을 말한다. 이 모델에서는 창조생산물이 상품으로 취급된다. 그러나 나중에 보겠지만 예술에 대한 공적 자금지원은 예술인들을 좀 더 기업가적으로 만드는 데 목적이 있는데, 이는 프로젝트에 (자신이나 투자자의) 돈을 투자하는 창조생산자들이 기업가들처럼 열정과 필요만큼이나 이윤에 의해서도 동기부여를 받을 수 있다는 의미다. 게다가 이른바 상업적 창조생산도 공적 자금을 끌어올 수 있다. 창조생산의 역사가 그렇듯이 예술을 상업에서 분리하기란 아주 어려운 법이다.

사례연구: 영화 자금조달 — 패키지 꾸리기

흔히 할리우드의 황금시대로 알려진 1930년대와 1940년대에 미국의 영화사들(그리고 세계의 다른 영화사들)은 수직적으로 통합된 조직으로서 대규모 상근 출연진과 제작진에게 보수를 지급했다. 그들은 매년 영화를 대량으로 사내 제작하여 상영관에 배급했는데, 그 상영관도 영화사 소유인 경우가 많았다. 1950년대 이후 이것은 더 이상 현실이 아니었다. 미국 영화사들은 더 이상 장편영화를 사내 제작하지 않고 개발·배급·자금을 담당하지만, 실제 제작 작업을 수행하는 독립 프로덕션 회사들이 앞 장에서 텔레비전과 관련하여 논의한 것과 비슷한 방식으로 영화사에 프로젝트를 피칭한다. 영화는 극장 상영뿐 아니라 DVD, 텔레비전, 그 밖의 극장 외 판매를 통해서도 배급된다.

6대 할리우드 **메이저**가 자금을 대고 배급하는 영화를 흔히 '스튜디오 영화studio film'라고 부른다. 그들의 영화가 국제 필름마켓을 지배하고 있다. 그러나 '영화사'가 영화를 대규모로 제작하고(즉, 발주하고 자금을 대고) 배급하는 회사를 의미한다면, 6대 메이저 이외에 다른 영화사도 있다. 이런 영화사로는 인도, 러시아, 중국 등 세계 각국의 영화제작 중심지에 소재한 회사뿐 아니라 북미의 **미니메이저**mini-major가 있다.

메이저 영화사들은 흔히 프로젝트 자금을 전부 대지만, 공동으로 자금을 조달해 리스크를 분산시키기도 한다. **인디펜던트** 영화제작사들 역시 공동으로 자금을 조달하는 패키지를 꾸리는데, 여기에는 대형 영화사들이 끼지 않는다. 공동 자금조달 패키지는 일단의 투자자들과 여러 유형 및 수준의 투자를 포함한다. 앞으로 보겠지만, 이러한 패키지에서 기이한 점 가운데 하나는 우리가 제작 주기의 마지막에 합류할 것으로 생각하는 배급회사 같은 기관이 실제로는 그 시초에 합류한다는 사실이다. 영화산업과 전혀 무관한 기관이 절세 전략의 일환으로, 또는 캐피털 벤처로서 영화에 투자한다는 사실도 또 다른 기이한 점이다. 몇 가지 사례를 보자.

입도선매

현대 장편영화의 자금을 조달하는 주요 방식 가운데 하나가 입도선매 pre-sales다. 이것은 영화를 만들기 전에 그 영화에 대한 권리를 (세계 각지의 배급사들에 권리를 국제적으로 판매하는) 판매회사나 직접 배급회사에 (사실은 양 경로를 다 이용하여) 판매하는 경우다. 예를 들면, 영국의 영화제작사가 영국 배급사와 해외 판매 에이전시에게 모두 접근하는 경우다. 제작사는 배급사들로부터 **미니멈 개런티**minimum guarantee를 받아 영화제작 자금의 일부로 사용할 수 있다. 큰 프로젝트일 경우, 때로 판매사들도 미니멈 개런티를 제공한다. 다른 경우에는 판매사들이 판매액의 일정 비율을 가져가지만 판매수수료를 미리 요구하지는 않는다. 배급사들은 영화 배급을 통해 선불금액을 회수하고 물론 이익까지 내려고 한다.

최근의 예를 보면, 〈우먼 인 블랙The Woman in Black〉(제임스 왓킨스 감독, 2012)은 미국과 영국에서 활동하는 회사인 익스클루시브 미디어

Exclusive Media와 영국·캐나다·스페인에서 활동하는 배급사인 얼라이언스 필름스Alliance Films가 공동으로 자금을 댔다. 그 영화의 제작사인 해머 필름스Hammer Films는 익스클루시브 미디어 그룹의 일원인데, 이 그룹은 판매와 배급 부문을 통해 영화 개발·제작 자금을 지원할 수 있다. 판매·배급 회사들은 제작 과정이 끝날 때보다는 아주 초기에 합류하는데, 이와 관련해서 로버트(얼라이언스 필름스의 인수·제작 담당 선임 부사장)는 "우리가 완성된 영화를 보고 구입하는 경우는 매우 드뭅니다. 감독이나 주연배우 같은 몇 가지 요소와 함께 대본을 보고 구입하지요. 누가 제작하는지는 항상 알고 있습니다"라고 설명한다(로버트, 2012년 인터뷰).

〈우먼 인 블랙〉의 경우, 얼라이언스 필름스는 영화 예산의 50%를 투자했기 때문에 단순히 배급사인 것만이 아니라 공동제작사로도 참여했다. 얼라이언스 필름스는 또한 영화 〈파라노말 액티비티Paranormal Activity〉의 프로듀서인 미국인 제이슨 블럼Jason Blum의 영화에도 실행제작사 겸 유일한 투자사로 참여한다. 얼라이언스 필름스는 제작사로서 자금을 댄 영화를 소유하여, 신중히 계산되었겠지만 상당한 재정적 리스크를 안고서 큰 몫의 이익을 챙긴다. 로버트는 자신의 회사가 1년에 네 편 가량의 영화에 공동 또는 단독으로 자금을 댄다고 한다. 그들은 그렇게 투자하기에 앞서 세밀한 금융모델을 돌려보고 관리 가능한 리스크 수준을 먼저 결정한다.

그러나 얼라이언스 필름스의 대다수 투자는 영화 예산의 작은 일부, 대체로 7.5~14% 사이를 차지할 뿐이지만, 그것 때문에 자사의 영업 지역, 즉 캐나다·영국·스페인에서 배급할 권리를 얻는다. 이 회사의 자회사인 영국의 모멘텀 픽처스Momentum Pictures와 스페인의 아우룸 Aurum 프로덕션은 자율성을 가지고 있으며 관할 지역 내에서만 영화를 배급할 권리를 매입할 수 있다. 아니면 얼라이언스 필름스가 세 지역에 걸친 권리를 매입할 수도 있다. 예를 들면, 영화 〈킹스 스피치The King's Speech〉는 캐나다와 미국에서 상영되었으나 스페인에서는 상영되지 않았다.

그러나 그 회사가 제작사로 참여하건 배급사로 참여하건 배급 계약의 대부분은 대본을 보고 이루어지며, 완성된 영화를 취득하는 경우는 몇 편에 불과하다. 국제 판매사들의 경우도 마찬가지로 재능 에이전시로부터 처음에 대본을 받는다. 이에 대한 로버트의 설명을 들어보자.

재능 에이전시가 대본을 몇몇 판매사에 건네면, 판매사는 해외 판매 예상액을 추정하여 그 영화가 얼마나 빨리 자금을 조달할 수 있는지 알려줍니다. …… 판매사는 그 영화를 잡기 위해 미니멈 개런티를 지불함으로써 제작 자금으로 쓰이게 하고 나중에 모든 판매액에 대해 일정한 수수료를 가져갑니다(로버트, 2012년 인터뷰).

배급사들도 제작사나 재능 에이전시와 직접 거래하지만 원칙적으로는 판매사가 배급사에 영화를 판다. 이리하여 영화산업에서 판매와 배급이 입도선매를 통해 영화 개발과 제작의 핵심 동력이 되었다.

앞 장의 텔레비전 사례연구에서 보았듯이 영화 부문의 다수 회사가 개발, 자금조달, 제작 외에 배급과 판매까지 영업활동에 포함시키지만, 이런 활동을 분리 운영하여 프로젝트별로 달리 참여하는데, 때로는 모든 단계에 참여하고 때로는 한두 단계만 참여한다. 이들 회사는 처음에 영화 사이클의 한 국면에 중점을 두다가 다른 분야로 참여를 확대한 경우가 흔하다. 예를 들면, 제작사인 해머 프로덕션스Hammer Productions의 설립자는 자사 영화를 배급하기 위해 1930년대에 배급사인 익스클루시브 필름스를 설립했다. 그러나 1930년대 말에 그 제작사는 영업을 중단한 반면, 배급사는 영업을 계속하여 다른 제작사들의 영화를 배급했다. 최초의 관계가 나중에는 역전되었는데, 1940년대에 익스클루시브 필름스가 영화제작 자회사로 해머 필름Hammer Film 프로덕션을 재출범시켰으며, 이 관계는 보다 최근에 형성된 익스클루시브 미디어 그룹을 통해 아직도 유지되고 있다. 할리우드 메이저를 포함하여 많은 미디어 조직이 흔히 회사 합병, 매각 및 인수의 결과로 비슷한 조직개편, 재출범과 재탄생을 겪었다. 이런 현상은 사실상 수직적 통합을 초래하지만, 그 통합의 형태는 초기 할리우드 영화사 시스템에서 작동하던 것에 비해 다소 느슨하다.

텔레비전 회사들도 장편영화에 자금을 댄다. 예를 들면, BBC 필름BBC Films과 필름4 프로덕션Film4 Productions(채널4의 영화제작 부문)은 영국 영화의 중요한 자금원이다. 이들은 영화에 자본을 투입해 단독 또는 공동의 제작사가 된다.

영화에 대한 공적 자금지원

정부가 영화의 개발·제작·**완성**·배급을 지원하기 위해 자금을 지원하는 국가가 많다. 전체 자금을 지원하기도 하며, 예산의 일부만 미리 지원하기도 한다. 이러한 제도의 자금지원 전략은 국가마다 다르다. 새로 등장하는 인재를 지원하는 경우가 흔한데, 예를 들어 런던의 영화제작사들을 저예산으로 지원하는 '마이크로웨이브Microwave'라는 영국의 제도가 있다. 이 제도를 운영하는 지역영화위원회 필름 런던Film London은 최근 플랜B로도 알려진 가수 벤 드루Ben Drew의 장편영화 데뷔작인 〈일 매너스Ill Manors〉(2012)에 자금을 지원했다.

앞서 논의했듯이 일반적으로 공적 자금지원과 관련해, 영화제작에 대한 각국 정부의 지원도 여러 가지 다른 목표를 가지고 있다. 그것은 흔히 한 국가의 문화적 유산과 국제적 위상을 동시에 유지하고 드높이려는 이중의 목적을 가진 것으로 보인다. 예를 들면, 최근 카타르가 설립한 도하영화연구원Doha Film Institute의 목표는 영화 문화·산업 전체를 부양하는 것이다(McNab, 2011). 이 연구원은 오직 국내의 인재에만 중점을 두지는 않고, 중동과 북아프리카에서 만들어지는 일련의 영화 외에 〈블랙 골드Black Gold〉(장 자크 아노 감독, 2011) 같은 국제적으로 이목을 끄는 영화에 투자하는 전략을 취한다. 반면, 덴마크영화연구원Danish Film Institute은 실제로 수익성 있는 덴마크 영화가 거의 없는데도 덴마크 영화에 중점을 두어 덴마크 감독들이 국제적으로 상당한 이목을 끄는 영화를 개발하도록 지원했다. 사실 덴마크 영화는 정부의 지원에 의존하는 경향이 있다(McNab, 2011). 지금은 없어진 영국영화위원회UK Film

Council 같은 다른 기금은 영화제작에 대한 투자를 일종의 정부보조금으로 보기보다 상업적 투자로 취급하면서 자금 회수를 훨씬 더 강조한다.

정부의 영화자금 지원은 또한 좀 더 구체적인 브리프를 제시한다. 캐나다나 벨기에 같은 2개 국어 국가는 각 공용어별로 영화자금 지원을 할당하는 반면, 영국에서는 정부가 국민복권National Lottery을 통해 조성한 영화기금을 런던의 주도권을 줄이기 위해 (국가영화기금과 더불어) 지방의 영화제작을 대상으로 지원한다.

조세제도

정부의 지원은 영화제작에 쓴 돈에 대한 조세 감면이나 환급 같은 메커니즘을 통해 제공될 수도 있는데, 많은 국가에서 이러한 제도를 활용할 수 있다. 해당 국가의 정부는 국제적 영화제작을 유치하고 국내 제작을 지원하기 위한 방편으로 이러한 조세제도를 운용한다.

사모투자

때로 영화자금의 일부 또는 전부를 민간 투자자에게서 조달할 수도 있다. 영화 프로젝트에 따라 투자자의 성격은 투자처를 찾는 모험자본 회사와 **고액순자산보유자**부터 출연진 또는 제작진의 개인적 출연자금(뒤의 사례연구 참조)과 **크라우드펀딩**까지 다양하다. 이러한 자금 경로를 찾는 계기는 다른 자금에 접근할 수 없을 때다. 앞에서 논의한 입도선매 개런티 같은 것이 초짜 영화제작자에게 제공되는 일은 드물다. 초짜들은 일단 영화가 완성되고 나서야 판매·배급회사로부터 자금을 조달할 수 있을 것이다. 마찬가지로, 사모투자도 기존 영화제작자나 투자자들이 택하는 자금 경로가 될 수 있다. 미국인 사업가 스티븐 랠리스Steven Rales는 자신의 프로덕션 회사 '인디언 페인트브러시Indian Paintbrush'를 통해 미국인 웨스 앤더슨Wes Anderson이 감독한 세 편의 영화에 자금을 댔다. 그 영화들의 제목은 듀플래스 브러더스Duplass Brothers에서 만든 〈판타스틱 Mr. 폭스Fantastic Mr. Fox〉, 〈문라이즈 킹덤Moonrise Kingdom〉, 〈제프 후 리브스 앳 홈Jeff, Who Lives at Home〉이다. 최근 중국에서도 투자자들이 영화산업에 큰 관심을 보이고 있다(Kay, 2011). 한 영화의 지분 투자자들은 그 영화가 창출하는 이윤의 한몫을 챙기지만 손실도 부담한다.

대출

대출과 사모투자의 차이는 대출금은 영화의 성공 여부에 관계없이 대출기관에 (보통 이자와 함께) 상환해야 한다는 점이다. 그러나 영화가 대성공을 거두더라도 대출기관은 더 높은 수익을 얻지 못하고, 반면 지분 투자자는 일정 비율의 이윤을 챙긴다. 저예산이나 고예산 영화 모두 채권 발행처럼 차입을 통해서도 재원을 조달할 수 있다. 예를 들면, 초짜 제작자는 친구나 가족들로부터 돈을 빌릴 것이다. 기성 제작자는 영화자금을 대출해주는 미디어 은행이나 기타 기관을 찾는다.

퍼즐 조각 맞추기

영화 〈아버지를 위한 노래This Must Be the Place〉(2011)는 제작자들이 다양한 자금원을 이용하는 방식을 잘 보여주는 사례다. 이 영화는 이탈리아의 유명 감독 파올로 소렌티노Paolo Sorrentino가 감독하고 미국 배우 숀 펜Sean Penn이 은퇴한 록 스타로 출연했으며, 아일랜드와 미국 현지에서 영어로 촬영되었다. 감독과 주연 배우의 화려한 경력이 특별히 그 영화의 고유한 장점USP을 제공했다. 이에 힘입어 이탈리아 프로덕션 회사 '인디고 필름Indigo Film'은 영화자금을 조달하면서 이탈리아 배급사 '메두사 디스트리뷰션Medusa Distribution'으로부터 미니멈 개런티를 확보한 다음 국제적으로 자금원을 물색했다. 그 영화제작자인 카를로타 카를로리Carlotta Carlori의 설명을 들어보자.

영화의 최초 대본은 영국에서 만들어졌지만, 촬영장소를 일부 물색해본 후에 우리는 영국에서 자금을 조달하기에는 그 영화에 영국적 요소가 충분하지 않다는 것을 알았습니다. …… 그래서 파올로가 약간의 조사를 거쳐 아일랜드가 은퇴한 록 스타에 맞는 분위기라는 것을 알아냈지요. 우리는 엘리먼트 픽처스Element Pictures와 접촉했는데, 이 회사가 아일랜드영화위원회 Irish Film Board로부터 자금지원을 확보했고, 조세 감면도 받도록 도와주었습니다(Wiseman, 2012에서 인용).

또한 감독은 미국에서 세금 혜택이 가장 큰 주를 골라 촬영장소를 선정했다. 게다가 자금 패키지에는 이탈리아의 조세 감면, 영화를 국제적으로 입도선매한 판매사 파테Pathé로부터 받은 미니멈 개런티, 유럽의 지원기관인 메디아MEDIA와 유리미지스Eurimages의 자금지원, 한 이탈리아 은행으로부터의 대출 등이 포함되었다. 또한 이 영화에 참여한 한 프랑스인 공동제작자는 프랑스의 방송사 프랑스2France 2를 유치했다(Wiseman, 2012).

이 사례가 보여주듯이 장편영화의 자금조달은 복합적인 활동으로서 대개 복수의 자금원으로 패키지를 꾸리는 것이 필요하다. 문제의 핵심은 대체로 최초의 자금출연을 받아내는 데 있다. 투자자들은 흔히 아직 아무런 승인 도장이 찍히지 않은 프로젝트에 첫 번째로 출연하는 것을 꺼린다. 초짜 영화제작자들이 입도선매보다는 공적 자금지원이나 사모투자를 통해 재원을 마련했다 하더라도 그다음에 직면하는 또 다른 문제는 판로의 확보다. 흔히 배급사와 국제적인 판매사들은 특별히 고유한 장점이나 목표 관객이 눈에 띄지 않는 한, 검증되지 않은 감독이 만든 영화를 떠맡고 싶어 하지 않는다. 다수의 투자자들이 자금 회수를 기대하고 있다는 점에서도 궁극적으로 영화의 최초 제작자가 돈을 벌기는 어려운 노릇이다.

셀프펀딩

많은 창조기업가들이 특히 커리어 초기에는 프로젝트 자금의 전부 또는 대부분을 스스로 조달해 시장에 내놓는다. 이러한 자금조달 모델에는 저렴한 기술들이 핵심적인 요인으로 작용하는데, 그것은 그런 기술들이 제작과 배급 비용을 상당히 낮추었기 때문이다.

사례연구: 장편영화 셀프펀딩

작가 겸 감독인 제이미 스레이브스Jamie Thraves는 이미 두 편의 장편 영화 ─ 한 편은 필름4가 자금을 댄 저예산 영화, 다른 한 편은 유럽과 캐나다가 공동제작한 고예산 영화 ─ 를 감독한 후 저예산 장편영화 〈트리클 주니어Treacle Jr.〉(2011)에 자신의 돈을 투입했다. 첫 번째 영화는 평단에서 호평을 받았지만, 흥행에 성공한 영화는 없었다. 심지어 두 번째 영화는 극장에서 개봉되지도 않아 불발탄으로 간주되었다. 그 결과 제이미는 "다음에 아무리 좋은 대본을 쓰더라도 옳건 그르건 영국에서는 절대로 자금을 조달하고 싶지 않은 심경"에 이르렀다(Johnston, 2011). 그래서 그는 다음 영화는 셀프펀딩을 하기로 결심했다. 사실 제이미의 셀프펀딩은 영화 자금을 조달하기 위해 자신의 주택에 2차 담보를 설정했다는 점에서 극히 개인적인 형태의 차입이었다. 그에게 동기를 부여한 것은 금전적 이익에 대한 기대라기보다 개인적·창조적 성취와 충족 욕구였다. 그는 "제 야망은 모든 사람이 대단한 명작이라고 생각하는 작품을 만들 때까지 계속하는 것입니다. …… 그런 야망이 제 커리어에 다시 활력을 불어넣었고, 이 점에서 성과가 있었습니다. 그러나 제가 이렇게 빈털터리가 된 적은 없었습니다. 현재 빚에 쪼들려 꼼짝 못하는 상태입니다"라고 말했다(Gilby, 2011; Johnston, 2011). 그러나 이 책 앞부분에서 보았듯이, 창조기업가에게 동기를 부여하는 것이 반드시 돈은 아니다. 우리는, 제이미가 재정적 리스크를 안고서 영화를 제작하는 데 자신의 자본을 걸었으며 그 비용을 회수하고 이상적으로는 이윤을 내기 위해 그 영화를 출시했다는 의미에서 그의 접근방식을 기업가적이라고 간주할 수 있다. 그의 영화는 마침내 영국 배급사의 선택을 받아 극장에서 상영되었다.

오디오비주얼 사업으로서 또 다른 셀프펀딩 사례인 온라인 코미디 〈사춘기 흑인소녀의 불운The Misadventures of Awkward Black Girl〉(아이사 래 연출, 2011)은 극장이나 텔레비전 배급을 겨냥하지 않았지만 대신 유튜브에 발표되어 600만 뷰 이상을 기록했다. 제작자들은 돈이 떨어지자 자금조달 모델을 크라우드펀딩으로 바꾸어 5만 6000달러 이상을 모금했다. 제작자들이 필요에 의해서 유튜브라는 경로를 택하는 사례는 흔한데, 이 경우는 분명히 텔레비전 채널들이 '도시 실태' 장르가 아닌 한, 출연진이 대부분 흑인인 쇼를 발주하기를 꺼렸기 때문이다(Adewunmi, 2012). 그러나 온라인 배급 채널을 최후의 수단으로서가 아니라 일부러 선택하는 사례도 있다. 제5장에서 영화감독 유사프가 지적했듯이, 주류 영화와 텔레비전이 사회의 각계각층을 모두 반영하는 것은 아닌데, 이를 현상 유지의 상징으로 볼 수 있으며, 오히려 사람들은 소외감을 느끼고 있다. 이것이 현대 젊은이의 디지털 습관과 결합되면서, 최근의 새로운 세대가 자신을 폭넓게 표현하기 위해 향하게 된 곳이 바로 인터넷이다(Adewunmi, 2012).

실제로 유튜브와 같은 온라인 플랫폼에 최적화된 콘텐츠가 여러 가지 형태로 출현했다. 이러한 콘텐츠는 짧고, 영화나 텔레비전에 비해 온라인 콘텐츠에 (특히 욕설에서) 제한이 없다는 점을 충분히 이용하며, 때로 개인이 직접 생산자로 나설 수 있는 이점을 지닌다는 특징을 가지고 있다. 코미디와 특별한 흥미 위주의 쇼가 특히 돋보인다. 이러한 쇼의 비즈니스 모델은 일정한 규모의 수용자를 확보한 후 호스트 플랫폼과 광고 이익을 나누는 것이다. 아마추어와 세미프로 인터넷 스타들이 이 분야를 개척했다. 그들 중 일부는 주류 미디어의 관심을 끌어 텔레비전으로 진출할 만큼 세간의 주목을 받았다.

더 중요한 것은 웹 배급 자체가 더욱 전문화되어 최근 텔레비전 프로덕션 회사들이 운영하는 일련의 유튜브 채널이 출범했다는 사실이다. 이것은 대안이 주류에 반영되다가 그 속에 포함되는 흔한 현상의 한 예다. 온라인 플랫폼이 완전히 전문화되어 이를 지키는 문지기들이 생길지, 아니면 그냥 주변의 대안 활동에 우호적인 사이트로 남을지는 더 두고 보아야 한다.

크라우드펀딩

후원자나 투자자가 한 사람이나 한 기업일 필요는 없다. 창조적인 프로젝트, 프로토타입과 예술작품까지 온라인에서 자금을 조달하는 형태가 탄생했다. 크라우드펀딩은 일종의 금전적 크라우드소싱으로서, 시장 역할을 하는 웹사이트를 통해 대중에게 아이디어를 피칭한다. 소기업이나 개인은 킥스타터닷컴Kickstarter.com 같은 사이트를 통해 아이디어를 피칭하고 프로젝트에 소액의 선행투자를 요청하면서 그 대가로 최종생산물을 할인된 가격으로 제공하거나 때로는 투자에 참가한 이들에게만 독점적으로 제공할 것을 약속한다.

예를 들면, 음악가 어맨다 파머Amanda Palmer와 화가 몰리 크래배플 Molly Crabapple은 둘 다 킥스타터를 이용해 투어, 음반 취입, 작품활동 자금을 마련했다. 파머는 소속 음반사와 결별한 후 독립하여 온라인 미디어를 통해 팬들과 직접 거래했다. 이 과정에서 그녀는 음악을 만드는 것 이상으로 많은 일을 했다.

확실히 파머의 프로젝트 후원자들은 1달러짜리 디지털 다운로드 1회, 25달러짜리 CD, 50달러짜리 레코드 등 킥스타터가 독점하는 모든 콘텐츠를 선택할 수 있었다. 이런 물건은 음악 기반의 모금운동에 전형적으로 제공되는 보상이다. 그러나 그 스펙트럼의 다른 한쪽 끝에는 1만 달러짜리 '가수와의 개인적 만찬'이 있었는데, 그 중간에 가수가 후원자의 초상화를 그리는 행사였다(두 명의 후원자가 여기에 참가했다)(Franco, 2012).

파머의 사업모델은 단순하다. 그녀는 프로젝트가 완성된 후 다운로드, CD 등 상품이나 서비스를 제공하는 대가로 미리 기부를 받음으로써, 직접 선행투자(스튜디오 임대, 인건비 지급 등)를 할 필요도 없고, 그녀의 음반을 내줄 전속 음반회사도 필요 없다. 이는 파머가 킥스타터에 프로젝트를 새로 올리면서 밝힌 내용이다. 파머는 1993년에 발표된 스티브 앨비니Steve Albini의 유명한 평론인 「음악의 문제The Problem with Music」(Albini, 1997)를 인용하면서 비용과 함께 음반사를 배제하는 이유를 명시하고 있다.

음반을 제작·배급하고 직원과 홍보담당자를 두며, 프로모션을 추진하고 밴드 순회공연을 하는 데는 정말 돈이 든다. 이것은 결코 변하지 않을 것이다. 그러나 지금은 우리가 이런 것들 없이도 팬들에게 직접 다가갈 수 있으므로 예술인들이 주도권을 갖고 남는 것을 지킬 힘이 있다. …… 음반회사들이 아니라, 우리가 말이다(Palmer, 2012).

이것은 과거라면 발행사와 배급사에 의존했을 모든 예술인에게 적용된다. 음악가들은 이러한 관계의 한 예일 뿐이다. 소프트웨어 분야에서 영세한 게임 개발업자들과 스마트폰 앱 개발업자들이 킥스타터, 인디고고IndieGoGo, 로켓허브RocketHub 등과 같은 사이트를 이용해 게임이나 앱을 성공적으로 출시했다. 과거라면 발행사를 통해 출시하거나 위험부담이 있는 셀프펀딩이 필요했을 것이다.

온라인 군중은 자금뿐 아니라 노동의 원천도 될 수 있다. '크라우드소싱'이라는 용어를 만든 사람은 잡지 ≪와이어드≫의 필자인 제프 하우Jeff Howe였는데, 그는 '군중crowd'과 '아웃소싱outsourcing'을 합쳐 "여가 시간을 이용해 콘텐츠를 창조하고 문제를 풀며 기업 R&D도 수행하는 일상인들로 구성된 값싼 노동력 풀"을 표현했다(Howe, 2006). 하우는 아이스톡포토닷컴iStockphoto.com과 같은 예를 들어 이른바 일단의 '군중의 지혜'를 조정·선택해서 돈을 버는 새로운 유형의 온라인 사업을 설명한다(Surowiecki, 2005).

크라우드소싱 기술의 한 용례는 큰 과업을 작은 미세과업으로 쪼개어

군중들에게 위임하는 것이다. 엠터크닷컴Mturk.com, 즉 아마존의 메커니컬 터크Mechanical Turk는 아마 그러한 것 중 가장 유명한 사례일 것인데, 이는 사람들이 웹을 통해 과업을 완성하는 온라인 장터다. 메커니컬 터크는 18세기의 유명한 속임수, 즉 머리에 터번을 두른 체스의 명인이지만 태엽 장치에 의해 움직인다고 하는 목조인간의 이름을 딴 것인데, 나중에 그 내부에 사람을 숨겨놓은 것이 드러났다. 아마존의 메커니컬 터크는 인간들의 존재를 비밀로 하지 않으며, 2006년 출시되었을 때 그 시스템을 '인공의 인공지능'으로 불렀다(Economist, 2006; Mieszkowski, 2006). 근로자에게 부여된 '인간지능과업Human Intelligence Tasks: HITs'은, 작고 단순하지만 컴퓨터에게는 어려운 일들, 예컨대 검색 결과 평가하기, 제품별 해당 카테고리 선택하기, 소리 표기하기 등이다. 그런 과업을 장터에 내놓고 가격을 설정하는 의뢰인은 대개 기업이지만, 사회과학자가 연구 참여자를 모집하는 등 개인과 학술기관도 메커니컬 터크를 이용하고 있다(Berinsky, Huber and Lenz, 2012).

크라우드소싱은 또한 창조 작업에도 응용된다. 예를 들면, 탤런트하우스닷컴Talenthouse.com은 미술·디자인 프로젝트, 패션, 영화·비디오, 음악, 사진 등을 공모하는 콘테스트(즉, '창조에의 초대')를 주최한다. 그 밖에 마케팅과 광고를 위한 전문 사이트로는 주파닷컴Zooppa.com, 크라우드스프링닷컴CrowdSpring.com 등이 있다. 주파닷컴은 창조인이 디자인, 비디오, 대본 등 고객이 요구하는 것을 무엇이든 제출할 수 있는 콘테스트 요강을 게시하고 있는데, 그 고객이 당선작을 선정해 대가를 지불한다. 창조인에게 부정적인 면은 각 콘테스트에서 당선될 확률이 낮다는 사실이지만, 긍정적인 면은 일단 당선되면 돈보다 더 중요한 문화적·사회적 자본이 뒤따른다는 사실이다. 즉, 작품의 판로가 열리고 유명 브랜드와 연결되며 더 큰 에이전시에 의해 발탁될 가능성이 있는 것이다. 예를 들면, 탤런트하우스는 BBH 등 대형 창조 에이전시들과 제휴해 콘테스트 당선자에게 인턴 근무를 부상으로 제공했다(Elliot, 2009). **커뮤니케이션 그룹**들은 추세를 간파하고 전문 크라우드소싱 에이전시들을 인수했는데, 예를 들어 아바스Havas 그룹은 빅터스 앤드 스포일스Victors and Spoils라는 작은 에이전시를 매입해 광고 에이전시 내에 카피라이터와 미술감독으로 팀을 구성하던 종래의 전통적 모델을 사용하지 않고 협업 방식으로 광고 콘셉트를 만들어냈다(Elliot, 2009).

사례연구: 독립 저널리즘을 위한 크라운드펀딩

2012년 3월, '매터Matter'라는 이름의 프로젝트가 크라우드펀딩 사이트인 킥스타터를 통해 한 달 만에 14만 달러를 모금했다. 애초 목표는 개념 입증 시제품을 생산하기 위한 5만 달러였으나, 반응이 모든 사람의 기대를 뛰어넘었다. 설립자들은 e리더와 모바일 앱을 통해 배포되는 간편한 발행 방식을 구상하고 장문 형태의 과학·기술 저널리즘에 특화해 스토리당 0.99달러를 독자에게 청구했다(McAthy, 2012). 이런 스토리들을 분산된 편집팀이 생산하고 통일된 브랜드로 연결시키는 '매터'는 전통적 의미에서 잡지도 아니고 웹사이트에 해당하지도 않는다.

장문의 조사저널리즘은 명예훼손 소송에 대응하는 법적 뒷받침을 필요로 하는 것은 물론이고, 많은 돈과 시간을 소모하며, 노동집약적이다. 매터 팀은 2012년 3월의 킥스타터 펀딩에 힘입어 가을에 세 편의 스토리 출판을 시작했다. 전통적 잡지와 달리 매터는 각 스토리를 분리된 간행물 형태로 출판하는 것을 목표로 하며, 전통적 잡지가 하는 모든 스타일을 배제하고 장문의 특집 형태에 초점을 맞춘다. 이 점에서 매터는 소비자를 최대한 확보하려고 시도하기보다 '적을수록 좋다'는 원칙에 따라 비교적 적은 독자층의 깊은 관심을 끌려고 한다. 매터의 공동설립자이자 편집인인 바비 존슨Bobbie Johnson은 "자료의 공급은 분명히 무한대로 이루어질 수 있으나, 관심의 공급은 무한대가 아닐 것이다. 더 대형화하고 더 많은 스토리를 싣는 것이 반드시 그러한 관심을 끄는 최선책은 아닐 것"이라고 말한다(Johnson, 2012a). 달리 말하면, 매터의 사업모델은 "광역 출판의 시대는 사실상 끝났다. 즉, 적어도 모든 사람을 위해 모든 것을 시도하는 출판업을 이제 시작하는 것은 너무 어렵다"라는 생각을 전제로 한다(Johnson, 2012b). 이미 킥스타터를 통해 2500건의 개인 기고문을 확보한 매터가 앞으로 펼칠 마케팅 전략은, 기사를 구입하기 위해 두고두고 재방문하는 습관을 지닌 독자층을 확장하면서 그들의 스토리를 트위터 같은 소셜 미디어를 통해 전파하고 홍보하는 것이다.

요약

자금조달은 여러 형태가 있는 복합적 과정으로서, 특정 부문별로 일정한 특색을 지닌다. 새로운 기술과 새로운 미디어 플랫폼·형태의 등장과 병행해 새로운 자금조달 모델이 개발되고 있다. 그 결과로 인쇄·방송 미디어 분야에서 셀프펀딩이라는 선택지의 실현 가능성이 과거에 비해 훨씬 더 커졌다.

읽을거리

Fill, Chris. 2009. *Communications: Interactivity, Communities and Content* (5th edition). Harlow: FT/Prentice Hall.
마케팅 커뮤니케이션을 폭넓게 소개하는 입문서로서 특히 마케팅 커뮤니케이션 과정에서 다양한 에이전시들의 기능을 조명한다.

Hackley, Chris. 2003. "Account Planning: Current Agency Perspectives on an Advertising Enigma." *Journal of Advertising*, 43(2): 235~245.
광고기획자 등 업계 전문인들과의 인터뷰에 기초했다. 문헌을 잘 해설하고 광고업계의 직무 역할에 관해 흥미로운 인용을 많이 실었다.

Hackley, Chris and Arthur J. Kover. 2007. "The trouble with Creatives: Negotiating Creative Identity in Advertising Agencies." *Journal of Advertising*, 26(1): 63~78.
광고 에이전시의 '정장 신사들' 사이에서 제멋대로 구는 반항아라는, 창조인에 대한 고정관념을 파헤치고, 광고 업무의 현실이 이런 허구적인 이미지와 어떻게 다른지를 탐구한다.

Jones, Chris, Genevieve Jolliffe and Andrew Zinnes. 2012. *The Guerilla Film Makers Pocketbook: The Ultimate Guide to Digital Film Making*. London: Continuum.
유명한 The Ultimate Guide to Digital Film Maker's Handbook의 최신판이다. 특히 개인의 디지털영화 제작에 관한 사례연구가 훌륭하다(제6장 참조).

West, Douglas. 1993. "Restricted Creativity: Advertising Agency Work Practices in the US, Canada and the UK." *The Journal of Creative Behavior*, 27(3): 200~213.
미국, 캐나다, 영국의 광고업계 실무를 비교한다.

11 변화하는 경제 환경

창조산업은 끊임없이 변화한다. 관객이나 소비자, 고객이 반겨줄 것이라는 보장도 없이 새로운 것을 생산해내기 때문이다. 영화가 개봉되지 않고, 음악은 듣는 사람이 없으며, 광고 캠페인은 흔적도 없이 사라진다. 그러므로 창조산업에서 일한다는 것은 힘들고 도전을 필요로 한다. 한편으로 창조산업은 지성과 재능을 겸비한 멋쟁이들과 신바람 나는 환경에서 일할 기회를 제공하지만, 다른 한편으로는 근로자들에게 새로운 발전과 새로운 기량을 따라잡도록 끊임없는 도전을 요구한다. 사람의 경험과 훈련이 기술적으로 낡고 미학적으로 구식이 될 위험성은 항상 존재한다. 이 마지막 장에서 우리는 이 책의 3대 주제를 변화의 관점에서 살펴본다. 문화와 상업 간의 관계는 어떻게 변하는가? 개인 환경과 근로루틴은 어떻게 변하는가? 그리고 창조산업의 구조와 모델은 장기적으로 어떻게 변하는가?

우리는 이 책 첫머리에서, '창조산업'이라는 범주가 본질적으로 존재하는 것이 아니라 정부나 기업, 기구의 특정한 목적에 이바지하기 위해 만들어진 것임을 지적한 바 있다. 창조산업의 개념은 기술적·문화적 변화로 촉발된 정부정책의 우선순위 변화에 따라 달라진다. 제1장에서 보았듯이 창조산업 개념은 종래의 문화정책과 산업정책을 묶어서 예술을 대중매체 연예와 정보기술 부문 같은 큰 산업과 접목시키려는 시도였다 (Garnham, 2005; Hartley, 2005).

'창조산업'은 새롭게 변화된 환경에서 그 타당성과 의미를 상실할 수 있을 것이다. 1990년대에 창조예술과 산업의 혼합은 예술 분야의 자금조달 방식에 심대한 변화를 의미했다. 직접적으로나 간접적으로 상업화된 분야에서 예술자금을 지출로 보지 않고 투자로 보기 시작했으며 (McRobbie, 2002), 예술자금이 '예술계'를 넘어 혁신, 일자리, 투자를 뒷받침했다. 이렇게 볼 때, 창조산업 관념이 의미하는 바는 예술의 **아방가르드**가 그토록 소중히 간직한 예술과 상업의 구분을 붕괴시키는 것이다 (Bürger, 1984). 그 결과, 순수예술을 포함한 창조산업을 서비스와 제조업 같은 다른 부문에 투입되는 혁신과 창조성의 일반적 원천으로 보기 시작하면, 더 이상 '창조성'과 표현가치를 기준으로 해서는 창조산업을 나머지 경제와 쉽게 구분할 수 없게 된다. 달리 말하면, 우리는 '창조산업 이후' 시대에 있게 된다(Banks and O'Connor, 2009). 따라서 이 책의 용어들을 불변의 것으로 여기면 안 된다. 창조산업 개념은 1990년대 말의 급변하는 사회적·경제적 활동과 관계를 설명하기 위해 고안되었지만, 그 개념 자체가 그러한 변화의 희생물이 될 수 있다. 환경이, 기술이, 현장에서 일하는 사람들의 경험이 궁극적으로 그것을 새로운 용어와 새로운 개념으로 대체할 것이다.

창조성과 상업: 진기성과 리스크의 변화

문화적 변화, 미학적 변화, 기술적 변화, 경제적 변화 등 많은 변화가 있다. 이러한 변화들은 분리하기가 쉽지 않으며, 서로 엉켜서 한꺼번에 온다. 우리가 이 책의 최종 원고를 완성할 즈음에 출판업계는 엄청난 변화를 겪고 있었는데, 이 변화의 부분적 동인은 전자출판의 증가, 편리한 e리더 구입의 용이성, 대중시장 전자책의 상업적 성공 등이다. 이러한 기

→ "아이폰은 실패할 것이다"

첫 아이폰이 출시된 직후의 한 짧은 논평기사는 "애플의 아이폰은 뒤늦은 방어 조치일 뿐이며 실패할 것"이라고 예측했다. 매튜 린 (Mattew Lynn)은 아이폰이 시작부터 사멸할 운명의 제품이라고 선언하면서 그 세 가지 이유를 들었다. 첫째, 애플이 진입한 휴대전화 시장은 노키아, 모토롤라, 소니에릭슨 등 공룡들이 지배하는 이미 포화상태인 곳이다. 둘째, 네트워크 사업자들이 이 새로운 종류의 휴대전화를 거부할 것이다. 셋째, "아이폰은 방어적 제품이다. 그것이 고안된 주목적은 핸드세트에 뮤직 플레이어를 탑재한 휴대전화 제조업체로부터 공격받고 있는 아이팟을 보호하는 것이다. 그러나 방어적 제품은 대개 성공하지 못한다. 소비자는 낡은 것을 재가공한 버전이 아니라 새로운 것에 관심이 있기 때문이다" (Lynn, 2007). 이 기사는 새로운 아이폰이 나올 때마다 트위터에서 우스갯거리로 빠르게 전파된다. 이 기사가 아무리 웃겨도 진기성을 때때로 어떻게 인지하는가를 보여준 교훈적 가치는 아주 크다. 기사 자체는 당시 완벽하게 사리에 맞았다. 경쟁과 네트워크 사업자에 관한 린의 주장은 타당했다. 그러나 몇 년 후에 전개된 사태를 보면 린은 아이폰이 도입한 혁신에서 나올 성공 잠재력을 알지 못했다. 그 혁신은 실제로 주효한 터치스크린, iOS 운영체제, 인터페이스, 앱 운용 능력이다. 이 중 어느 것도 2007년에는 자명하지 않았다.

술적 변화가 출판경제학(즉, 고용기회)과 책 디자인의 미학 — 대부분의 독자가 스마트폰, 태블릿 컴퓨터, 킨들Kindle(+아마존의 전자책 리더), 코보 Kobo(+캐나다 전자책 업체의 리더), 누크Nook(+미국 서점 체인 반스앤노블의 리더) 등 전자책 단말기 화면을 통해 소설을 읽는다면 왜 굳이 종이 인쇄용 디자인이 필요할까? — 에 영향을 미친다. 장기적으로는 문화적 변화도 일어나 책, 잡지, 장문의 언론 등 수세기 동안 이루어진 인쇄물 형태의 커뮤니케이션을 대하는 방식이 달라질 것이다(제2장 참조).

상업적으로 새로운 것을 만드는 것은 내재적으로 리스크가 따르는 일이다. 한편으로 대중은 쉽게 지루함을 느껴 무언가 흥미롭고 다른 것을 보고 듣고 경험하고 싶어 한다. 어떤 것이 먹히고 팔리며 대중을 끌고 인기를 얻게 될지 미리 알기란 세계 최고의 시장조사라도 확실히 말할 수 없다. 이러한 내재적 리스크가 창조산업의 비즈니스에 압력으로 작용하는데, 특히 성공적인 기업은 그 성공을 유지하고 투자 수익을 늘리기 위해 다변화, 규모 확대, 새로운 파트너십 구축, 네트워크 확장 등을 통해 미래의 리스크에 대비한다. 예를 들면, 예술이 보조금을 지원받는 경우에도 리스크가 있는데, 공적 자금의 사용에는 대중의 반대, 용도의 제한, 불경기에 따른 정부의 예산 삭감 등이 따를 수 있다.

기업이 떠안는 리스크는 기업과 이해관계가 있는 모든 사람, 특히 종업원, 프리랜서, 포트폴리오 근로자 등에게 전가되는 경향이 있다. 우리가 이 책에서 자주 인용한 조지나 본의 저서 『불확실한 비전Uncertain Vision』(2004)은 1990년대에 BBC가 사내 제작에서 발주 제작 방식으로 전환하면서 회사의 문화·조직·재정 면에서 나타난 변화를 기록하고 있다. 본의 책을 읽는 방법 가운데 하나는 사람들이 자신의 직업생활 속에서 어떻게 변화에 대처하는지를 고찰하는 것이다. 처음에 정치적 변화로 시작된 것이 BBC와 기타 영국의 공영방송사로 폭포처럼 쏟아져, 독립 프로덕션 회사들에 시장 기회가 엄청나게 늘어났다. 10년 남짓한 기간에 그들은 영국의 미디어 제작에서 강력한 세력으로 부상했는데, 특히 국제적인 **슈퍼인디들**이 완성된 방송 프로그램을 해외시장에 팔면서 동시에 유명 브랜드 포맷을 각국의 언어와 사정에 맞게 각색하도록 라이선싱하여 수출했다. 과거 1980년대에 통합제작 모델이 그랬던 것처럼, 지금으로서는 이들의 기반이 굳건하고 대적할 상대가 없는 듯 보인다. 그러나 이들의 목전에 무엇이 닥칠지는 아무도 모른다.

변화하는 근로루틴과 근로문화

그러나 우리가 인터뷰한 사람들 다수가 현재의 커리어를 쌓은 것은, 변화에 대처하고 새로운 환경에 자신의 재능·기량·경험을 적응시키는 그들의 능력 덕분이다. 이것이 의미하는 바는 대학을 졸업할 때 특정한 지식이나 기량, 훈련을 갖추는 것이 도움이 되기는 하지만, 가장 소중하다고 이구동성으로 말하는 기량은 조사하고 소통하는(서면과 구두로 발표하는) 기초적 '연성 기량', 그리고 새로운 도구, 새로운 아이디어, 새로운 업무 방식을 시도하는 자신감과 관계가 있다는 것이다. 예를 들면, 런던 소호의 대형 프로덕션 회사에서 러너로 일하는 한 영화학과 졸업생은 인디자인, 포토샵, 어도비 브리지, 파이널 컷 7 등을 좀 익히고 대학을 졸업하고 싶어 했지만, 직장에서 필요한 것만 숙달하면 되었다고 말했다. 그도 스스로 놀라워한 점은, 수년간 영화이론을 공부한 것이 광고 제안서 자료를 조사하는 데 바로 도움이 되었을 뿐 아니라 '참고지식의 폭'도 커져서 브리프를 작성하는 감독이나 작가들이 인용하는 영화를 다 이해할 수 있었다는 것이다.

관점을 달리하여 고용주의 입장을 보면, 큰 미디어 에이전시에서 조사팀을 관리하는 제스는 사회과학과 저널리즘을 전공한 것을 큰 자산으로 간주하는데, 그녀가 필요로 하는 조사원들은 사람에 관심이 있어야 하고 마케팅 캠페인을 위한 기초자료를 수집할 때 자신의 편견과 준거틀을 뛰어넘을 수 있어야 하기 때문이다.

저는 사회학, 심리학과 인류학을 공부한 사람들을 채용하는 편인데, 그것은 그들이 사람에 관심을 갖기 때문입니다. 그리고 사람에 대한 관심이 근본적으로 우리가 하는 일이지요. 그러한 관심이 없다면, 세상의 모든 수치와 예쁜 도표가 소용없을 겁니다. 우리는 거기에서 어떤 통찰을 끌어내야 해요. …… 그것이 바로 제가 배경이 다른 사람을 채용하는 이유예요. 그래서 저는, 예를 들면, 진로를 바꾸려는 기자 출신을 채용했습니다. …… 그들은 어떻게 질문하는지와 어떻게 생각해야 하는지를 알고, 자신의 견해를 갖고 있지만 그 견해를 바꾸는 것을 두려워하지 않기 때문이지요(제스, 2010년 인터뷰).

제스는 관리자의 입장에서 말하고 있다. 이 사례에서 훈련된 기자를 마케팅 업무를 위해 채용할 수 있었던 것은 창조산업 내의 다른 사업 영역이 몰락해가는 변화의 부산물이다. 인터뷰 시점에서 제스의 미디어 에이전시는 조사원들이 필요했지만, 신문사들은 직원들을 해고하고 있었다. 최근 조사에 따르면, 현재 "광고나 건축, 저술이 직업 안정성과 경제적 보수가 높은 분야이지만, 공예나 공연예술, 영화·텔레비전, 순수예술 전공자들은 불확실성과 상대적으로 열악한 근로조건에 직면하고 있다"(Comunian, Faggian and Jewell, 2011: 305). 이처럼 고르지 못한 일자리 분포는 졸업생과 신참부터 노련한 전문인까지 창조근로자들이 때로는 부문을 바꿔야 함을 가리킨다. 그들에게는 자신의 기량을 새로운 정황에 적응시키는 능력이 필수적이다.

개인적 환경의 변화

창조근로자들이 언제까지나 20대에 머물지는 않는다. 나이가 들면서 친척관계·자녀·책임이 생기는 등 창조산업 커리어는 직장뿐 아니라 가정에서도 변화를 겪는다. 프리랜서 또는 포트폴리오 근무는, 특히 퇴근시간이 탄력적이라면, 자녀를 둔 사람이 가족에 대한 책임을 다하면서 일을 병행하는 방안이 될 수 있다. 데브러 오스노위츠Debra Osnowitz는 미국의 전문직 프리랜서에 관한 연구서에서 편집과 번역 일을 하면서 프로젝트 매니저 일도 하는 셰리의 사례를 다음과 같이 인용한다.

셰리는 집안일을 하면서 틈틈이 할 수 있는 일감을 얻으려고 생각했다. 그녀는 자녀들이 어릴 동안에 작은 프로젝트 위주로만 일을 맡으면 전문직으로서의 신뢰성을 훼손하지 않을 것이라고 계산했다. 그녀는 완성도를 충족시키기만 하면 전문직으로 살아남을 수 있고 자녀들이 성장함에 따라 점차 더 힘든 프로젝트를 감당할 수 있을 것으로 믿었다(Osnowitz, 2010: 159).

그러나 일부 창조산업 분야의 커리어는 인생의 여러 단계를 거쳐 유지하기가 어렵다. 전 부문의 평균을 보면, 한 명의 프리랜서는 2009년의 전체 근무 가능 시간 가운데 77%(2005년의 83%에서 감소) 정도를 일했다. 평균 69%의 프리랜서가 계약을 맺고 일한다.

프리랜서 근로자들의 평균 계약기간을 보면 1개월이 38%, 1개월 이상에서 3개월 미만이 26%를 차지한다. 단 16%만이 6개월 이상의 계약을 누린다. …… 전체 계약의 55%가 휴일수당 조항을, 23%가 병가 조항을, 6%가 남녀의 출산휴가 조항을 포함한다(Skillset, 2011: 29).

이러한 수치들을 보면, 이 책의 범위를 벗어나는 ― 우리가 커리어를 시작하는 사람들에게 창조산업을 소개하는 데 중점을 두기 때문에 ― 주제에 관해, 특히 지속가능성과 관련한 질문에 관해 많은 조사가 이루어지고 있음을 알 수 있다. 자녀 출산 등으로 삶의 조건이 바뀔 때 창조미디어 근로자들은 그동안 프리랜서로 일하면서 쌓은 훈련과 경험을 어떻게 다른 종류의 일로 전환하는가? 이에 관해 보조 영화편집자인 샐레인의 말을 들어보자.

제가 아는 많은 사람은 자녀가 있습니다. 그들 대부분이…… 아니, 관두죠. 그들 대부분이 배우자가 더 근사한 직장을 가지고 있다고 말하려고 했어요. 그러나 그건 전혀 사실이 아니거든요. 가족이 있고 주택대출을 안고 있을 때 몇 달간 일하지 않고 논다면 큰 압박이지요. 그걸 감당할 수 있다손 치더라도 아이들이 있으면 무슨 일이든 잡아야 한다는 압박을 느끼고, 그래서 일하는 거죠. 솔직히 남들은 어떻게 하는지 모르지만, 특히 자영업자일 경우에는 수지를 맞추는 게 상당히 두려운 일 같습니다. 여자로서 출산할 경우에는 1년이나 6개월 휴가를 내는데, 이건 커리어에 치명적일 수 있어요. 1년이 사라지는 겁니다(샐레인, 2011년 인터뷰).

특히 자녀가 있는 사람들 중에 프로젝트 기반의 프리랜서 활동보다 더 안정성 있는 일을 찾아 '움직이고 있는' 사람들이 상당히 많다. 샐레인에게 영화·TV 제작과 포스트프로덕션 일을 그만둔 사람들에 대해 물었을 때, 그녀는 자신의 커리어 경로에 관해서 다른 대안을 생각하기 싫어했지만, 친구들 일부가 다른 부문으로 일자리를 옮겼으며 그녀 자신도 지금까지 쌓은 기량과 경험을 살릴 다른 길이 있음을 알고 있다고 말했다.

제가 좀 젊기 때문에 — 나이는 어리지 않지만 늦게 시작해서 업계에서는 젊지요 — 떠난 사람들을 알고 있는데, 완전히 그만둔 사람들 말이지요. 한 남자는 지금 은행에서 일하고 있어요. 광고업계로 가는 사람들이 많은데, 같은 미디어 업종이라서 자연스러운 경로지요. 그러나 아까 말했듯이 많은 사람들이 처음부터 큰 흥미를 못 느끼든가 필요한 만큼 오래 버티질 못해서 이 업계를 떠난 겁니다(샐레인, 2011년 인터뷰).

젊은이들이 버틸 수 없는 것은 주로 업계에 발판을 마련하는 동안 빠듯한 생계비로 대도시에서 의식주를 해결해야 하는 도전과 관련 있다.

인턴 근무는 대체로 보수가 없고 러너 일은 최저임금 수준이죠. 영국의 최저임금은 11.70파운드인데, 이것으로는 런던에서 간신히 살 수 있을 뿐이에요. 도움을 주는 사람이 없다면 그 임금으로 오랜 기간 버티라고 하기에는 무리입니다. 그래서 버텨서 원하는 것을 얻든가 업계를 떠나든가, 아니면 제 친구들이 많이 택한 건데, 무엇이든 처음 오는 승진 기회를 잡게 되지요. 스무 살에 런던에서 연간 1만 2000파운드를 버는 사람은 보기 힘듭니다. 그래서 무엇이든 기회가 오면 잡으려고 하지요(샐레인, 2011년 인터뷰).

샐레인은 러너로 버티다 보면 힘들게 일하고 보상은 없다고 느낄 수 있기 때문에 다른 데로 가고 싶은 유혹이 항상 있다고 말한다.

많은 사람들이 결심을 바꾸고 편집자가 되기를 포기했는데, 그 먼 길을 어떻게 갈지 모르기 때문이지요. 정말이지 거기서 참고 버텨야 합니다. 저임으로 일하는 기간이 길수록 점차 버티기가 힘들어집니다. 끝이 보이지 않는다는 느낌이 들 수도 있어요. 러너로 일하면서 '여기서 뭐 하는 거야? 바에서 일하면 돈을 더 벌 수 있는데'라는 생각이 듭니다(샐레인, 2011년 인터뷰).

물론 게임산업에 뛰어드는 젊은이든, 커리어 변경을 모색하는 더 나이 많은 근로자든 미디어산업을 고집하지 않기로 결정한다고 해서 그 영역을 크게 벗어나지는 않는다. 그들은 다른 종류의 업무에서도 소중한 문화자본을 가지고 있으며, 그들의 교육·기량·경험은 창조산업 내 다른 업무에서도 활용된다. 예컨대, 샐레인이 아는 사람 중 일부는 미디어 출신이었지만 마케팅 커뮤니케이션 영역에 정착하는 데 성공했다.

그들은 예약과 프로젝트를 관리하는 분야로 갔는데, 특별한 기량 없이도 일을 배우기 쉽기 때문이지요. 그래서 사람들은 인원이나 시간을 관리하는 것처럼 약간 비슷한 일을 할 수 있는 데로 갑니다. 돈 같은 것을 찾아서 말이지요(샐레인, 2011년 인터뷰).

샐레인은 창조전문인으로서 자신의 정체성에 많은 것을 투자했기 때문에, 그녀가 현 시점에서 커리어의 진로 변경을 생각하는 데 그리 매력을 느끼지 않는 것은 이해할 만하다. 샐레인은 만일 포스트프로덕션 부문을 떠나기로 결정하면 무슨 일을 하겠느냐는 질문에 제대로 답하지 못했다. 누군가에게 지난 5년간 쌓은 경험·기량·인맥을 활용할 대안을 생각해보라는 것은 어려운 질문이다.

아무것도 없어요. 제가 할 수 있는 게 아무것도 없어요. …… 물론 가르치는 것도 있지만, 그것도 연장선에 있는 것이고요. 예를 들면, 편집 같은 일을 땜빵으로 하면서 영화학교에서 가르치는 사람을 알아요. …… 모르겠어요. 이 업계를 떠나면 무얼 할지 모르겠습니다(샐레인, 2011년 인터뷰).

그럼에도 대안을 추구하기로 결심하는 사람들이 많다. 특히 미디어 분야의 직업들은 "커리어 중간에 상당히 빠져나가는" 경향이 오랫동안 있었던 것 같다(Tunstall, 2001: 5). 최근의 통계에 따르면, 영화·텔레비전·라디오 등 영국의 창조미디어산업에서 30대와 40대가 꾸준히 빠져 나가고 있다(Skillset, 2011: 48). 나이가 있는 근로자들, 특히 프리랜서들이 다른 직업을 선택하는 이유는 미디어 제작에서는 흔한, 마감시한에 쫓기는 프로젝트 업무의 상대적 경직성과 일부 관계가 있다.

나이가 있는 근로자들에게는 경험과 오랜 근무 경력만으로 상쇄되지 않는 도전이 추가로 따른다. 첫째, 자신의 기량과 훈련이 낡거나 구식이 될 수 있는 위험이 상존한다. 창조근로는 기술적 기량만큼이나 스타일이 중요하며, 미적 기준의 변화가 기술적 변화만큼이나 영향을 준다(Platman, 2004: 589). 둘째, 자신의 인맥 네트워크가 빠르게 낡은 것이 될 수 있다. 커미셔너들이 정기적으로 교체된다는 것을 감안하면, 끊임없이 네트워크를 갱신하지 않는 한, 편집자와 커미셔너의 시야에서 벗어날 위험이 상존한다. 끝으로, 예를 들어 육아 등 돌봄 책임이나 건강 문제로 근무의 연속성이 끊길 경우에도 앞서 언급한 시야에서 프리랜서가 벗어날 위험이 똑같이 있다.

변화하는 구조와 모델

하나의 매체에 기반을 두고 설립된 기관들, 예를 들면 신문사들은 인쇄 부수 감소에 적응하기 위해 정체성을 재정립하고 사업모델을 재구성하는 노력을 기울였다. 예를 들면, ≪가디언The Guardian≫ 같은 신문은 웹과 인쇄 매체를 분리하지 않은 통합 뉴스룸에서 여전히 종이 일간지를 발행하면서 온라인 매체와 휴대전화로 사업의 중점을 옮기고 있다. 반면, ≪데일리 메일The Daily Mail≫의 메일온라인MailOnline 웹사이트는 일간지와는 다르게 제작·발행하여 큰 성공을 거두었는데, 2011년 11월 ≪뉴욕 타임스≫를 2위로 밀어내고 세계에서 가장 인기 있는 영어 웹사이트가 되었다(Wheeler, 2012). 대중시장 오락·방송 미디어의 오래된 모델이 변하고 있지만 없어진 것은 아니며 곧 사라지지도 않을 것이다. ≪가디언≫과 ≪데일리 메일≫의 예가 보여주듯이, 인쇄에서 디지털로 전환하면서도 옛 골격은 여전히 살아 있다.

기성 미디어 기업의 다른 예를 들자면, 영국의 음악산업을 움직이는 대기업들은 최근에 규모나 수입, 영향력이 줄어들었는데도 여전히 업계를 지배하고 있다(Cluley, 2009). 이러한 맥락에서 우리는 영국의 '**슈퍼인디들**', 즉 영화와 TV 프로덕션 회사들이 직접 제작한 콘텐츠에 대한 소유권, TV 프로그램의 해외시장 수출, 〈더 엑스 팩터〉와 〈아이돌Idols〉 콘테스트 같은 포맷의 해외 판매 등을 통해 성장했음을 앞서 언급한 바 있다(제9장 참조). 그러나 최근에 바이스 미디어 그룹의 팽창에서 볼 수 있듯이, 투자자가 미래의 거대 미디어 기업을 만들 의도로 크로스 플랫폼cross-platform 콘텐츠에 투자하는 데는 상당한 사업적 이유가 있다(Bercovici, 2012). 제10장에서 고찰했듯이 이러한 콘텐츠 투자는 소셜 미디어 등 여러 형태의 공유와 참여를 통해 수용자(그리고 특정 부류의 수용자)를 확보하는 새로운 접근법에 의존한다. 미디어 기업이 구조적 변화를 겪을 가능성, 특히 창조근로자가 직업적으로 마주치는 콘텐츠 발주 수준에서 그러한 변화를 겪을 가능성이 팽배한 것은 분명하다.

사례연구: 앱

스마트폰과 태블릿용 앱 개발은 창조산업에서 가장 활기차고 혁신적인 분야 중 하나다. 이것은 콘솔·컴퓨터용 대규모 소프트웨어 개발이나 게임 개발과 달리 일종의 오두막 산업이지만, 수많은 소기업을 창출했다. 애플의 앱 스토어App Store는 단순한 소프트웨어를 개발자가 사용자에게 직접 파는 장터와 모델을 만들었다(중개자인 애플은 제공된 앱에 대한 대금 결제, 카탈로그 제작, 심사의 대가로 수수료를 챙긴다). 앱 개발자는 좋은 아이디어, 단순한 제품, 간단한 사업모델을 가진 개인일 수 있는데, 개개인부터 작은 스튜디오나 팀에 이르기까지 범위가 넓다. 우리는 애플 앱 스토어와 구글 플레이Google Play가 일종의 크라우드소싱을 대표한다고 말할 수 있는데, 수십만 개의 앱이 구입 가능하지만 그중 일부만이 고객의 시선을 끌고 수입을 창출한다. 이것은 제10장에서 언급된 크라우드소싱에 의한 창조 작업처럼 운영되는데, 말하자면 앱 콘테스트에서 소비자들이 심판을 보는 셈이다. 인상적인 앱이 '최다 다운로드' 리스트에 오르는 추세를 통해 두각을 나타내면 성공을 거둔 것이다. 예를 들면, 마코 아먼트Marco Arment라는 사람이 인스타페이퍼Instapaper라는 앱을 만들어 앱 스토어를 통해 작은 사업으로 발전시켰는데, 이것은 웹페이지를 나중에 휴대전화에서 읽고자 저장하기 위한 앱이다. 2012년 초 인터뷰 당시, 그는 여전히 인스타페이퍼의 유일한 직원이었다(Planet Money, 2012).

앱은 작고 개발 비용이 비교적 저렴하며, 일부는 베스트셀러가 된다. '앵그리 버드Angry Birds'는 플레이어가 돼지들이 지은 요새에서 새총으로 (돼지들이 새알을 훔쳐 분노한) 새를 쏘는 단순한 게임인데, 2011년 스마트폰 사용자들의 스크린을 장악하기에 이르렀다. 애플 앱 스토어는 2008년 7월 10일에 문을 열었다. 3년 후 ≪이코노미스트≫는 이 작은 '한입 크기의 소프트웨어'가 애플과 구글이 스마트폰 시장을 지배하고 노키아와 림RIM 같은 라이벌 기술회사들이 쇠퇴하는 이유가 되었다고 보도했다(Economist, 2011). iOS와 안드로이드에 이용할 수 있는 소프트웨어는 클라우드 앱이나 레이싱 게임 등 다양하고 풍부한데, 이 점이 휴대전화 시장이 두 마리 말이 경주하는 양상으로 귀결된 주된 이유다 (Wingfield and Chen, 2012). 한편, 불과 4년 전 사람들 대부분이 앱이 무엇인지 몰랐을 때, 앵그리 버드를 만든 로비오 엔터테인먼트Rovio Entertainment는 유럽의 기술 스타트업 부문을 이끌어갈 희망으로 간주되었다(Pfanner, 2012a).

앱은 기존의 사업구조가 얼마나 많이, 얼마나 빠르게 변할 수 있는지를 보여주는 예다. 여기서 변한 것은 휴대전화·소프트웨어·게임 부문만이 아니다. 소비자도 스마트폰을 자신의 디지털 생활의 중심으로 간주하게 되었다. 스마트폰은 그들이 이메일, 페이스북 메시지, 트윗, 뉴스를 받는 곳이고 게임을 하는 곳이며, 과거에는 텔레비전, 라디오, 신문이나 데스크톱 컴퓨터를 통해 입수했던 콘텐츠를 소비하는 곳이다. 달리 말하면, 이것은 출판·음악·영화·텔레비전 등 콘텐츠 산업에 중대한 변화다. 잡지 ≪바이스≫와 ≪모노클≫의 사례에서 보았듯이, 콘텐츠는 점차 플랫폼을 가리지 않는 것으로, 즉 소비자가 수중에 갖고 있는 기기가 무엇이든 간에 접근할 수 있는 것으로 보인다. 또한 그런 기기들도 데이터, 콘텐츠, 오락, 뉴스 등을 전달하는 형태가 활자든 비디오든 오디오든 차별하지 않는다.

아직 출현하지 않은 직업

창조산업은 과거에 없던 직무 이름을 규칙적으로 만들어내는데, 예를 들어 '앱 개발자'나 '커뮤니티 관리자' 같은 용어가 갑자기 튀어나와 보편화된다. '소셜 미디어 위크Social Media Week' 또는 '인터넷 위크Internet Week' ─ 둘 다 세계 여러 도시에서 열리는 국제행사다 ─ 같은 업계 행사에 참가해보면 용어나 정황, 전망이 얼마나 빠르게 변하는지 끊임없이 깨닫는다. '소셜 미디어 활용 능력'을 주제로 한 어느 '소셜 미디어 위크' 세션(2012년 2월 런던)에서 채용담당자, 탤런트 매니저, 소셜 미디어 전문가들이 취업을 위해 졸업생들이 갖춰야 할 기량에 관해 토론했다. '구전口傳 에이전시'(다소 새로운 전문 업종)에서 일한다고 자신을 소개한 한 패널리스트는 자신이 졸업생들에게서 찾는 것이 정리정돈, 위임, 우선순위 매기기, 위기관리 등과 같이 기본적인 전문직 기량이라고 말했다. 이 발언에 대해 객석의 한 학생이 이런 종류의 정보는 대학교 커리큘럼에 없다면서 "고용주들이 저한테서 무엇을 바라는지를 어떻게 알아내나요"라고 질문했다. 그가 받은 답변은 일찍 시작하라는 것, 취업에 처음 나서기 2년 전에 역할과 직업경로를 조사하기 시작하라는 것이었지만, 이와 동시에 다른 패널리스트가 이러한 역할과 경로는 항상 변한다는 유용한 조언을 주었다.

역할과 경로라는 두 명제를 간단히 절충하는 비결은 없지만, 알고 있는 것은 도움이 된다. 이 책에서 우리는 창조산업을 관통하는 기초적 사항, 즉 각 창조 부문이 공통으로 가지고 있는 근무 유형, 사회적 접촉, 관련 기량 등에 주목함으로써 독자들이 그 두 명제를 이해하도록 했다. 구전 에이전시 근무가 진기하고 흥미롭게 들리지만, 그 패널리스트가 언급한 핵심 기량은 험담, 수다, 소문 등과는 전혀 관계가 없다. 그가 찾는 사람은 브리프를 작성할 수 있는(그리고 명심할 것은, 위기를 처리할 수 있는) 사람이다. 우리가 창조산업 전체에 공통된다고 설명하는 기량, 활동, 습관, 구조 등에 대해서도 같은 원리가 적용된다. 더 중요한 점은 이것이 아직 출현하지 않은 직업, 앞으로 등장할 사업에도 적용될 것이라는 사실이다. 따라서 이 책의 목적은 독자들에게 이러한 기초적 사항들이 각자가 처한 상황에 어떻게 적용될 것인가를 이해시키는 데, 그리고 그런 상황이 모두 불가피하게 변화할 것이라는 점을 염두에 두고 탐색하도록 도움을 주는 데 있었다.

읽을거리

Arden, Paul. 2003. *It's Not How Good You Are, It's How Good You Want To Be*. London: Phaidon.
저자가 자신의 오랜 광고업계 경험을 바탕으로 사물을 창조적으로 다르게 생각하고 보는 것을 재치 있게 서술한 얇은 책.

Fendley, Alison. 1996. *Saatchi & Saatchi: The Inside Story*. London: Arcade.
1980년대에 런던 광고 에이전시들이 누린 황금시대에 관한 이야기로서, 세계 최대의 광고 에이전시가 과연 어떤 곳인가를 조명했다.

Goldman, William. 2000. *Which Lie Did I Tell?: More Adventures in the Screen Trade*. London: Bloomsbury.
할리우드 영화계에서 저자 자신이 겪은 부침에 관해 아주 재미나게 서술한 평론집.

Knopper, Steve. 2009. *Appetite for Self-Destruction: The Spectacular Crash of the Record Industry in the Digital Age.* New York: Simon & Schuster.
음반업계의 역사와 그것이 기술적 발전과 맺어온 양면적 (외관상 불행한) 관계를 서술했다.

Muir, Gregor. 2009. *Lucky Kunst: The Rise and Fall of Young British Art.* London: Aurum.
젊은 영국 예술가들이 유명해지기 전 그들의 비망록이자 런던의 혹스턴과 쇼어디치 지역이 아직 지저분했을 때의 기록.

Reynolds, Simon. 2011. *Retromania: Pop Culture's Addiction to Its Own Past.* London: Faber.
과거의 영화·음악·텔레비전을 발굴하고 싶어 하는 오늘날의 강박에 관한 평론집. 저자는 그 과정에서 창조산업 생산물의 변화와 진기성의 역할을 보는 재미있고 도발적인 시각을 제공한다.

용어 해설

1인기업(sole proprietor, sole trader) ☞ 106쪽
'기업구조'

30일 신용(30 days credit) 비즈니스에서 청구서의 수령과
지불 사이에는 항상 일정한 시한이 허용된다. 30일은 표준
시한으로서, 흔히 청구서가 발행될 때 신용조건으로
기재된다. 그러나 (프리랜서를 고용하는 대형 미디어 회사와
같은) 일부 채무자 회사는 **채권자**에게 지불하기 전 90일까지
신용조건을 명시하기도 한다.

4P(the four Ps) ☞ 210쪽

ADR(Automated Dialogue Replacement) 자동대사대체,
즉 음질 문제나 대본 수정 때문에 포스트프로덕션 과정에서
대사를 녹음하는 것.

BBC 월드서비스(BBC World Service) BBC가 다양한
언어로 뉴스와 정보를 내보내는 국제방송서비스. 이 서비스는
영국 정부의 목소리가 아니라 독립적이고 공정한 뉴스
출처로서 자체 위상을 정립하는 데 성공했다. 2010년
이전에는 이 서비스가 영국 외무부의 자금으로 운영되었으며,
수신료로 운영되는 BBC의 핵심 서비스와 분리된 활동으로
간주되었다.

BBC 월드와이드(BBC Worldwide) BBC의 상업 부문. 이
부문의 목적은 "전 세계적으로 미디어 콘텐츠와 브랜드를
제작·획득·개발·이용함으로써 BBC의 이윤을 극대화하는
것"이다. BBC 월드와이드는 BBC의 콘텐츠, 예컨대 〈닥터 후
(Dr. Who)〉, 〈플래닛 어스(Planet Earth)〉, 〈탑 기어(Top
Gear)〉 등 유명 시리즈에 대한 상업적 권리를 획득해 다양한
플랫폼(디지털, DVD 등)으로 배급하고 상품화(예컨대,
스티그 피규어)한다. BBC 월드와이드는 또한 '론리 플래닛

(Lonely Planet)' 여행안내서 시리즈 등 다수의 다른
브랜드도 보유하고 있다.

DCMS(Department for Culture, Media and Sport)
영국 문화미디어체육부.

NESTA(National Endowment for Science, Technology
and the Arts) 영국 국립과학기술예술재단.

UNCTAD(United Nations Conference on Trade and
Development) 국제연합무역개발회의.

UNESCO(United Nations Educations, Scientific and
Cultural Organization) 국제연합교육과학문화기구
(유네스코)

가제(假題; working title) 이 용어는 개발·제작 중인
영화나 텔레비전 프로젝트에 붙여진 제목이 잠정적이며 배급
전에 변경될 수 있음을 나타내기 위해 쓰인다. 또한 워킹
타이틀은 아주 잘나가는 영국 영화제작사(⁺Working Title
Films)의 이름이기도 하다. 팀 베번(Tim Bevan)과 세라
래드클리프(Sarah Radclyffe)가 설립한 이 영화사는 〈네
번의 결혼식과 한 번의 장례식(Four Weddings and a
Funeral)〉(1994), 〈빌리 엘리어트(Billy Elliot)〉(2000),
〈쟈니 잉글리쉬(Johnny English)〉(2003), 〈팅커 테일러
솔저 스파이(Tinker, Tailor, Soldier, Spy)〉(2011) 등
성공한 영화를 다수 제작했으며 현재 미디어 복합기업인
NBC 유니버설의 자회사다.

가치(value) ☞ 43쪽

간부들(execs) 실행프로듀서 이상의 간부급에서 제작에

관여하는 모든 사람을 일컫는 구어체 용어.

간접경비(overheads) 특정 제품이나 서비스를 생산·공급하는 비용과 구별하여 기업 경영에 수반되는 경비를 말한다. 이 용어와 간접비(indirect costs)는 가리키는 항목이 거의 같기 때문에 서로 혼용된다. 그러나 간접비가 더 정확한 회계 용어다.

감독(director) 오디오비주얼 제작 시, 감독은 창조프로젝트의 실현을 지휘·집행하기 위해 프로듀서와 협력한다. 특히 감독은 제작의 전·중·후에 걸쳐 배우, 미술총감독, 촬영감독 및 기타 부문별 팀장과 긴밀히 협력한다. 반면에 제작회사를 차린 감독은 그 회사의 경영자이기도 하다.

개발(development) ☞ 78쪽

계몽주의(Enlightenment) 계몽주의는 이성, 과학 및 개인의 자율성을 강조한 지적 운동이었다. 교회 교리, 전통 및 유럽 귀족사회의 고정된 계급 구분에 반기를 든 계몽주의는 오늘날까지 심대한 영향을 끼친 철학·정치 운동이다. 추천 문헌: Peter Gay, *The Enlightenment: An Interpretation: The Science of Freedom*(1996); Lloyd Spencer, *Introducing the Enlightenment: A Graphic Guide*(2010).

계속되는 드라마(continuing drama) 계속해서 이어지는 드라마로서 비누 광고가 많이 붙은 데서 '소프(soap)'라고도 불린다.

계정 매니저(account manager) 광고에서 고객과 에이전시 (계정 플래너와 창조팀) 사이에 접촉과 연락을 주로 담당하는 사람으로서 브리프, 예산 및 적기 인도를 책임지며, 우리가 런던의 한 미디어 에이전시에서 인터뷰한 인사는 '고객 리더십' 담당자라고 표현했다(제스, 2010년 인터뷰). 계정 매니저는 보통 계정 플래너와 긴밀히 협력한다(Hackley, 2003). 찰스 사치(Charles Saatchi)는 자신의 계정 담당자가 "큰 키에 좋은 목소리와 훌륭한 매너를 갖춘 우아한 사람"이기를 요구한 것으로 유명한데, 그 이유는 "그런 사람이 작은 키에 뚱뚱하고 못생긴 데다 욕까지 하는 사람보다 고객

관계가 좋기" 때문이었다(Fendley, 1996: 33).

계정 플래너(account planner) 광고와 마케팅에서 플래너는 창의적인 공식 브리프를 작성하며 이를 실행하기 위해 (고객 접촉과 예산을 다루는) 계정 매니저 및 창조팀과 협력한다. 플래너는 에이전시 내에서 고객의 관점을 대변하는데, 브랜드 포지셔닝(brand positioning), 시장 분석 및 소비자 통찰에 관한 '생자료'를 수집한 다음 참고자료와 아이디어를 취합하여 다시 고객에게 제시할 수 있는 제안서를 작성한다(Grabher, 2002a; McLeod, O'Donohoe and Townley, 2009). 따라서 플래너는 조사 결과와 마케팅 전략, 소비자를 파고들기 위한 혁신적인 아이디어를 종합한다 (Burcher, 2012 참조). 계정 플래너의 역할에 대한 여러 태도와 관련해서는, Hackley(2003)에서 탁월한 연구와 문헌을 발견할 수 있다.

고성장기업(high growth firms) 3년 동안 연간 성장률 평균이 20%가 넘는 기업(OECD, 2007: 82).

고액순자산보유자(high-net-worth individual) 투자할 돈이 있는 부자를 일컫는 비즈니스 용어.

고유한 장점(USP: unique selling point / unique selling proposition) 어떤 제품이나 서비스를 다른 것과 차별화하는 것.

고전적, 고전주의(classical, Classicism) 예술과 미학에서 고전적이란 말은 그리스·로마의 문화·문학·예술과 관련지을 때, 또는 일반적 의미에서 탄생한 이후 오랜 시간에 걸쳐 즐겨 읽히거나 공연·관람된 예술작품을 가리킬 때 쓸 수 있다. 대조적으로 고전주의란 정교한 솜씨의 그리스·로마 모델과 조화·비례의 고전적 규칙으로 회귀하자는 미적 운동이다. 고전주의와 흔히 대비되는 낭만주의는 예술에 대한 규칙 중심의 이성적 접근을 배척하고, 그 대신 감각·감성·야성에 호소한다.

고정비(fixed costs) 생산물 또는 생산된 서비스의 물량에 따라 단위당 비용이 변하지 않는 비용을 말한다. 고정비는 사무실 임차료, 유틸리티 요금 등과 같은 간접비를 포함한다. 리처드 케이브스(Caves, 2000)는 왜 극장이 대량생산의 낮은

한계비용을 누리는 창조산업의 다른 부문에 비해 고정비 비중이 더 높은지를 자세히 설명하고 있다. 예를 들면, 장편영화를 생산하는 데 엄청난 돈이 들지만, 일단 이 영화 '원판(master)'의 생산비가 회수된 후에는 수백, 수천, 또는 수백만 개의 상영본, DVD, 다운로드용 디지털 사본을 만드는 단위비용이 매우 적다. 반면 극장은 백 번째 또는 천 번째 연극 공연을 무대에 올리는 비용(극장 임차료, 배우와 스태프 출연료 등)이 변하지 않으며 첫 공연과 같은 수준이다. 따라서 그 비용은 고정비.

공동제작(co-production)　영화와 텔레비전 드라마 제작은 스태프, 출연자 등 많은 자원의 투입으로 돈이 많이 든다. 이에 따라 다수의 기관이 함께 그 제작 자금을 조달하는 경우가 흔한데, 이것이 바로 공동제작이다. 공동제작이 국제적으로 이루어지는 경우도 흔하며, 이때 자금을 대는 각국의 기관은 자국 내 판매권을 이용해 비용을 회수하고 이윤을 창출할 수 있다.

공영방송과 상업방송(public service broadcasting and commercial broadcasting)　☞ 232쪽

공유 가능한 경험(shareable experience)　☞ 266쪽

공적 자금지원(public funding)　☞ 48쪽

관심경제(attention economy)　☞ 225쪽

권리(rights)　영화 제작과 관련하여 권리는 저작권 (copyright)을 가리킨다. 또한 '권리'라는 용어는 상표, 특허권, 라이선스 등과 같은 다른 지적재산권(IPR)을 가리킬 수 있다.

규모의 경제(economy of scale)　공장 확대, 성능 좋은 기계의 추가 투입 등으로 생산 수준이 높아질수록 비용이 떨어진다. 그 결과, 생산 증가에 비례해 절약이 이루어진다.

규제/규제완화(regulation/deregulation)　☞ 67쪽

그린라이트(green light)　우리가 교통신호를 기다릴 때처럼 생산할 것인지 여부를 기다리고 있다면, 가속 페달을 밟고

생산을 개시할 때는 녹색 신호가 떨어질 때다. 널리 쓰이는 이 용어는 영어에서 동사로 '허가하다'라는 의미로도 쓰인다.

기술(technology)　☞ 44쪽

기업 또는 문화·예술 지원제도(Enterprise or arts and culture schemes)　사업(기업)과 예술을 후원하기 위해 자금을 지원하는 국가가 많다. 창조기업(기관)은 잠재적으로 양쪽에 다 해당할 수 있다. 예컨대, 창조기업은 기업 지원제도로부터 사업자금과 운영비를 조달할 수 있고 문화·예술 지원제도로부터 프로젝트 자금을 조달할 수 있을 것이다. 또한 일부 문화·예술 지원금으로 간접비를 충당할 수 있을 것이다. ☞ 공적 자금지원

기업가(entrepreneur)　☞ 68쪽

긴 꼬리(the long tail)　☞ 208쪽

네트워킹(networking)　자신과 같은 분야에 있는 사람들과의 만남과 연결을 추구하고 활용하는 것을 말한다. 이는 정보 공유, 상부상조, 지지 확보, 일거리 찾기, 새로운 동향 파악 등을 위해 유용하다. 창조산업에서 네트워크를 보유하는 것은 특히 프리랜서와 포트폴리오 근로자에게 큰 자산이다. 전문 단체, 실무자들의 로컬 그룹, 학술회의, 행사(개막식, 시사회 등), 전문가 워크숍·세미나 등이 모두 소중한 네트워킹 기회다. ☞ 145쪽 '온라인 네트워킹'

노동조합(trade unions, 미국에서는 labor unions) 회원들을 대신해서 사용자 측과 단체교섭을 벌이는 노동자 단체를 말한다. 노조는 주로 임금과 고용조건을 협상하는데, 여기에는 연금, 휴일 근무수당, 건강보험 등도 포함된다. 반대로 동업자협회는 특정 산업 내 기업들의 모임으로서 회원사의 공동이익을 대변하며 산업단체 또는 기업협회라고도 한다. 동업자협회는 흔히 회원사에 유리한 입법과 규제 변경을 위해 정치인들에게 로비하고 회원사들을 대표하여 공공정책에 영향을 미치려고 한다.

단체교섭(collective bargaining)　피고용자가 자신들의 이익을 반영하기 위해 노조와 같은 조직체를 통해 사용자와 교섭하는 것.

닷컴과 닷컴 거품(dot-com and dot-com bubble)
☞ 84쪽

대본편집자/대본책임자(script editor/script executive)
작가와 협력해 대본을 개발하는 사람이다. 텔레비전
방송국에서 대본편집자는 경력 사다리를 타고 프로듀서와
실행프로듀서로 승진하는 경우가 흔하다.

돌아오는 드라마(returning drama)   여러 시즌을 반복하는
드라마.

동업자협회(trade association)   ☞ 노동조합

디자인(designs)   ☞ 19쪽

라이선스/라이선싱(licences/licensing)   라이선스는 해당
지적재산권을 소유한 허가자(licensor)와 피허가자(licensee)
간의 계약이다. 허가자는 피허가자에게 무엇을 할 권리, 예를
들어 재생산·제조·광고·판매할 권리를 준다. 라이선스는
다양한 형식을 취하며, 미술작품·디자인·기술·특허에
적용할 수 있다. 라이선스는 일정액이나 로열티(또는 양자의
조합)를 받고 부여할 수 있다. 라이선스는 대개 시간(연·월·
일), 목적 및 용도에 의한 제한을 받는다.
추천 문헌: Richard Caves, *Creative Industries: Contracts
between Art and Commerce*(2000); Lawrence
Smith-Higgins and Miles Rees, *Intellectual Property*
(2007).

라인매니저(line manager)   조직의 계층구조에서 직속
상급자, 또는 한 직원에 대해 직접적 책임을 진 관리자.

라인프로듀서(line producer)   라인프로듀서는 제작
실무에서 프로듀서를 보조하고, 특히 예산을 담당하여 제작이
예산 범위 내에서 진행되도록 관리할 책임이 있다.

러시/데일리(rushes/dailies)   당일 촬영한 푸티지로서
실행프로듀서, 프로듀서 겸 감독, 부장들, 그리고 때로 나머지
스태프가 검토한다.

록/픽처 록(lock/picture lock)   이것은 그림 편집(즉,

촬영한 영상과 동시녹음의 편집)이 완료·확정되어 더 이상
수정할 수 없는 시점이다.

르네상스(Renaissance)   '재탄생'을 의미하는 이 말은 유럽
역사에서 15세기 중엽부터 17세기 중엽에 이르는 기간을
가리키며, 이탈리아의 화가이자 비평가인 조르조 바사리
(Giorgio Vasari)가 그의 저서 『미술가 열전』에서 명명했다.
바사리는 르네상스 예술가들이 고대 그리스·로마 예술에
고취되어 발명·개조 운동을 개시했다고 주장했다. 또한
르네상스 예술은 피렌체 등 이탈리아 도시국가의 부유하고
유력한 상인 가문들이 **후원**했기에 가능했는데, 대표적으로
미켈란젤로와 레오나르도 다빈치 같은 예술가들이 그들의
후원을 받았다. 르네상스라는 이름은 예술에서 나온
것이지만, 그 시대에는 정치적·종교적 변혁, 신기술(예컨대,
조선과 항해술), 유럽인들에게 미지였던 세계의 발견, 그리고
미주대륙 등 '신세계'에서 부를 착취하는 식민지 경영의
시작과 같은 다른 특징도 뚜렷했다(Brotton, 2006 참조).

리스크/수익 비율(risk/return ratio)   위험 수준과 발생
가능한 이익 간의 비례관계를 말한다. 리스크/수익 비율이
낮으면 위험과 예상 이익이 모두 적다. 즉, 판돈이 적은
도박이다. 그러나 리스크/수익 비율이 높은 예는 블록버스터
영화처럼 고수익 가능성에 많은 돈과 시간, 자원을 거는
것이다. 블록버스터 영화가 수천만 달러에 달하는 초기
지출을 회수할 수 있는지 여부는 매표소에 몰리는 관객 수에
달려 있다(Caves, 2000; Flew, 2012).

마케팅(marketing)   영국공인마케팅협회(CIM)는 마케팅을
"고객 요구를 수익적으로 식별·예상하고 만족시키는 경영
과정"으로 정의한다. 미국마케팅협회(AMA)는 "마케팅은
회사조직의 한 기능으로서 고객에게 가치를 창조·소통·
전달하며 회사와 주주들에게 이익이 되도록 고객 관계를
관리하는 일련의 과정"이라고 약간 다르게 정의한다. CIM
(www.cim.co.uk)과 AMA(www.marketingpower.com)
모두 자체 웹사이트에 기술적인 마케팅 용어에 대한 해설과
함께 유용한 참고자료를 올려놓고 있다.
추천 문헌: Edward Russel, *The Fundamentals of
Marketing*(2010); Karl Moore and Niketh Pareek,
Marketing: The Basics(2010). 마케팅에 관한 더 자세한
논의는 제8장과 제9장 참조.

메이저/미니메이저(majors/mini-majors) 할리우드 메이저, 즉 메이저 영화사는 20세기 폭스, 워너브러더스, 파라마운트, 컬럼비아, 유니버설 및 디즈니다. '미니메이저'라는 용어는 흔히 라이온스게이트(Lionsgate)와 같이 규모가 메이저에 필적하는 다른 영화사를 가리킨다.

모험자본(venture capital) 이 용어는 스타트업 회사와 같이 리스크 수준이 높은 프로젝트 또는 창조산업에서 장편영화처럼 거액이 드는 투기적 프로젝트에 투자된 자본을 가리킨다. 투자자들의 환심을 사기 위해, 대개 잠재적 리스크가 크다는 점을 상당한 수익의 가능성도 크다는 것으로 상쇄한다. 디지털 기술과 같은 고성장 분야의 스타트업 회사가 모험자본의 좋은 예다.

무료방송(free-to-air) 적절한 수신 장비만 갖추면 누구나 이용할 수 있는 방송서비스를 말한다. 즉, 무료방송은 페이퍼뷰(pay-per-view) 또는 가입이 필요 없으며 암호화와 같은 다른 수단을 통해 수신을 제한하지도 않는다. 이 용어는 케이블과 인터넷 서비스에 관해서도 사용된다.

문화(culture) ☞ 22쪽

문화자본(cultural capital) ☞ 153쪽

미끼상품(loss leader) 나중에 다른 물건에 더 많이 지출할 고객을 유인하기 위해 원가 이하로 판매하는(또는 공짜로 제공하기도 하는) 제품이나 서비스를 말한다. 비디오게임기 같은 하드웨어는 비디오게임 등 콘텐츠를 구매할 고객을 확보하기 위해 싸게 팔린다. 라이브 행사 입장권을 구입할 팬층을 확보하기 위해 음반을 그냥 줄 수도 있을 것이다.

미니멈 개런티(minimum guarantee) 영화 판매·배급회사가 최종 매출액과 소득에 관계없이 지불하는 최소한도의 보장된 금액으로서 영화의 성공에 따라 추가 지불을 합의할 수도 있다.

발주 지침(commissioning guidelines) 큰 미디어기관은 대부분 발주 지침을 발행했을 것이다. 예를 들면, BBC 발주 지침은 www.bbc.co.uk/commissioning에서 찾아볼 수 있다. 이 발주 지침은 누구와 접촉할 것인가, 현재 특정 채널과 장르에서 어떤 콘텐츠를 찾고 있는가, 어떻게 BBC의 전자 제출 시스템을 통해 제안을 낼 것인가 등에 관한 정보를 제공한다.

보헤미아(Bohemia) ☞ 102쪽

복합기업(conglomerate) 다수의 자회사(여러 가지 다른 사업을 하는 경우도 있음)로 이루어진 대기업을 말하며, 흔히 하나의 기업 '그룹'으로 인식된다. 어느 기업이 성장보다 인수를 통해, 즉 덩치가 작은 기업들을 매수해 그룹의 일원으로 편입하는 팽창정책을 추구할 때 복합기업이 형성된다. 창조산업의 경우, 비아콤(Viacom)이나 타임워너 (Time-Warner)는 영화, 라디오, 음악 등 여러 형태의 미디어에 걸쳐 다양한 회사를 거느리고 있다. 광고업계에서 퍼블리시스(Publicis)와 WPP 그룹은 서로 경쟁하는 고객들 (예컨대, 자동차 제조업체나 음료 회사)을 이해충돌 없이 한 우산 아래 수용하기 위해 다수의 미디어 에이전시와 창조 에이전시를 거느리고 있다.

부티크 에이전시(boutique agencies) 부티크 에이전시는 고객에게 저작권 관리, 창조콘텐츠 개발 및 기타 예술적 서비스와 같은 전문가 또는 틈새 서비스를 제공한다. 흔히 이들은 대안적 아이디어 출처, 문제에 관한 새로운 사고방식, 일정한 스타일이나 접근방법 등을 제시함으로써 더 큰 에이전시와 경쟁한다.

분업(division of labor) ☞ 52쪽

불안정성(precarity) ☞ 33쪽

브랜드, 브랜딩(brand, branding) ☞ 172쪽

브리프(brief) 고객이 맞춤 제품이나 서비스에서 필요로 하는 것을 구체적으로 기술한 것. 브리프가 서비스(예컨대, 마케팅 계획, 조사)에 관한 것이라면, 그 서비스는 맞춤형으로 그 고객이 독점하는 것이다. 브리프에 따라 인도되는 유형적 제품의 경우에는 대개 관련 지적재산권(예컨대, 브랜드 로고)도 함께 고객에게 귀속된다. 보통 브리프를 작성하는 과정은 첫 접촉과 협의로 시작한다. 브리프는 (프로젝트 이정표와 핵심 생산물을 명시하는) 계약의 기초가 되며

승인과 서명이 필요하다. 그 시점부터 브리프가 실행에 옮겨져 예산에 따라 근무 시간과 자원을 투입할 수 있다.

비공식 채용(informal recruitment) ☞ 137쪽

사내(in-house) ☞ 186쪽

사업모델/기업구조(business model/structure) 사업이 가치를 창출하고 돈을 버는 방법을 말한다. 사업모델의 기초는 가치 창출을 주목적으로 하여 유형 제품을 만들거나 서비스를 제공하는 것(또는 둘 다)이다. 모든 사업은 아무리 비공식적으로 생각하고 운영하더라도 수입과 이윤을 낼 어떤 전략이 있기 마련이다. 때로 이 전략은 사업 자체가 말해주는 '이야기'의 형태나 고객에게 제시되는 가치제안의 형태를 취할 수 있다. 창조산업의 맥락에서 이 개념에 관한 좀 더 상세한 논의는 제4장을 보라.
추천 문헌: Colin Barrow, *Starting a Business for Dummies*(2007); John W. Mullins, *Getting to Plan B* (2009); *Havard Business Review on Business Model Innovation*(2010).

사운드 스포팅(sound spotting) 추가적인 음향효과를 삽입하는 것.

산업혁명(Industrial Revolution) ☞ 41쪽

상류화(gentrification) 중산층의 취향과 감성에 맞도록 무엇을 변형하는 것을 말한다. 젠트리(gentry: 젠틀맨과 어원이 같다)는 옛날 귀족사회에서 귀족 바로 아래 계급이었으나, 훗날 산업화 사회와 탈산업화 사회의 중산층에게 적용되는 용어가 되었다. 도시지역에서 (주택지구) 상류화는 돈은 없으나 사회적·문화적 자본이 많은 예술가 등 창작하는 사람들이 이주해오면서 시작되는 경우가 흔하다. 이들이 동네를 '멋지게' 만들고, 상점·카페·식당이 그 뒤를 따르며, 곧 이어 돈 있는 사람들이 들어와 부동산 가격을 올린다. 그 결과, 기존 주민과 예술가들이 쫓겨나 다른 어딘가에서 같은 과정을 시작한다(Zuklin and Braslow, 2011).

상업방송(commercial broadcasting) ☞ 232쪽

상표(trademarks) ☞ 19쪽

샘플(sample) 패션 분야에서 회사가 새로운 디자인을 대량생산하기 전에 시험·평가할 수 있는 새로운 라인의 샘플을 생산하는 것이 일반적 관행이다. 그래서 샘플 세일이 있는 것인데, 때때로 의류 브랜드가 붙기도 하는 샘플 세일은 아주 싸게 살 기회임을 영민한 소비자라면 알고 있다. 또한 다수의 샘플 제품이 결국에는 본격 생산으로 들어가지 않기 때문에 샘플은 대개 독특하다.

생태계(ecology) ☞ 68쪽

선물경제(gift economy) 즉각적인 대가나 지불을 기대하지 않고 상품·서비스를 교환하는 것을 의미한다. 인류학에서는 애초에 이 용어를 선물의 교환으로 공동의 가치를 지탱하고 사회적 유대를 강화한 전통사회에 적용했다. 이 용어의 현대적 용례는 오픈소스(open-source) 소프트웨어, 카피레프트(copyleft), 파일공유, 오픈 액세스(open-access) 출판, 저작물이용허락표시(Creative Commons licensing) 등에서 볼 수 있다.

쇼 러너(show runner) 시리즈의 창작자가 메인 작가와 창조프로듀서의 책임을 모두 맡고 있다면, 그가 쇼를 진행하고 있는 것이며 미국에서는 그를 쇼 러너라고 부른다. 영국에서는 이 용어를 덜 쓴다. 그러나 성공적인 쇼의 경우, 예컨대 〈닥터 후〉의 러셀 데이비스(Russell Davies) 또는 〈프라임 서스펙트(Prime Suspect)〉의 린다 라 플랜티(Lynda La Plante)처럼 시리즈의 창작자 겸 메인 작가가 대개 대본 쓰기뿐만 아니라 제작을 감독하는 데도 관여하며, 실행프로듀서로 크레디트에 오른다. 이러한 스크린 크레디트(screen credit)는 미국의 쇼 러너에게도 부여된다.

쇼 릴(show reel) 화가나 디자이너의 포트폴리오처럼 쇼 릴은 감독, 배우, 영화촬영기사 등의 작품 모음으로서 그들의 실적과 전문가 기량을 입증하고 보여준다. 쇼 릴은 소유자가 DVD나 온라인으로 배포할 수 있으며, 보통 작품의 폭과 질을 모두 강조하는 숏 클립(short clips)으로 구성된다. 신참 감독은 흔히 쇼 릴을 만들기 위해 짧은 영화나 장면을 감독한다. 그러한 제작은 영화촬영기사, 음향녹음기사, 배우 등 다른 관계자에게도 유용한데, 이들도 회사에서 제공하는

쇼 릴 제작 서비스를 이용할 것이다. 배역 감독(casting director), 프로듀서, 에이전트 등 프로젝트의 자금조달과 출연진·스태프 고용에 관여하는 개인과 조직은 통상 당사자의 쇼 릴을 보고 싶어 할 것이다.

수렴(convergence) ☞ 22쪽

수입(revenue) ☞ 이윤

수직적 통합과 수직적 해체(vertical integration and vertical disintegration) ☞ 66쪽

슈퍼인디들(Super-indies) ☞ 244쪽

스타트업(startup) 제품을 개발해 시장에 출시하거나 발판을 마련하는 아주 초기 단계의 작은 기업을 말한다. 이 용어의 사용은 닷컴 시대에 보편화되었는데, 당시 많은 기업가들이 낮은 진입장벽을 이용해 자신의 사업 아이디어를 실행하기 위한 작은 회사를 시작했다. 때때로 스타트업 단계 (startup phase)로 불리는 스타트업은 정착하든가 망하든가 하는 회사 수명의 과도기로 간주된다. 이것이 바로 모험자본가들(venture capitalists: VCs)이 스타트업을 예의 주시하는 이유다. 즉, 스타트업 단계는 투자자가 처음부터 유망한 기업에 참여해, 대박 가능성이 있는 그 소유권 지분에 투자할 시기다.

스토리(story) 커미셔너가 드라마 제작 시에만 좋은 스토리를 찾는 것이 아니다. 다큐멘터리도 주류 극영화와 똑같은 이야기 구조를 따르는 일이 흔하다. 즉, 주인공의 스토리를 이야기하고, 목표 달성을 위해 노력하며, 도중의 문제를 극복해 (대개는) 목표를 달성한 후 모종의 변모 (정서적·신체적·정신적 변모, 이상적으로는 셋 다)를 경험한다는 식이다.
추천 문헌: Bernard, *Documentary Storytelling* (2007).

슬레이트(slate) 한 회사의 개발 또는 제작 슬레이트는 그 회사가 한 시점에서 개발 또는 제작 중인 프로젝트의 목록이며, 슬레이트에 분필로 기록하는 것을 상상하면 된다. 그 비유가 아주 적절한 것은 프로젝트가 수년 동안 제작되지

않고 개발 슬레이트에 머무를 수도 있지만 개발 슬레이트에 쉽게 기록되기도 하고 쉽게 지워지기도 하기 때문이다.

시장 교란(disruption) ☞ 213쪽

시장/장터(market/marketplace) ☞ 46쪽

시장의 실패(market failure) 상품·서비스의 자유시장 (자본주의의 결함 있는 이상)이 효율적으로 작동하지 않는 상황을 묘사하기 위해 자본주의 경제학에서 사용하는 용어. 예를 들면, 자유시장은 한 기업이 시장을 효과적으로 통제하고 신참 기업을 배제하여 자유시장의 근본원리인 경쟁을 질식시키는 상황, 즉 독점을 낳을 수 있다. 흔히 시장의 실패는 정부 개입의 동기 내지 전제조건으로 간주된다.

시장의 평가(market valuation) 한 회사의 가치는 어느 시점의 그 회사 주가에 근거한다. 주가는 투자자들이 당해 기업을 유망한 투자대상으로 생각하는지 여부에 따라 변동하며, 따라서 특히 상장회사에 대한 시장의 평가는 항상 유동적이다. 비교적 사유화된 회사일 때에는 (그 주식이 증시에서 날마다 평가되지 않기 때문에) 평가가 더욱 투기적이며 매매 당사자 간의 복잡한 협상에 달려 있다.
추천 문헌: Peter Antonioni, *Economics for Dummies* (2010).

시장점유율(market share) 국내시장 또는 일정 종류의 상품의 총 판매고 중에서 차지하는 비율. 예를 들면, 시장점유율은 영국이나 유럽 내에서 팔린 전체 휴대전화 가운데 특정 제품(예컨대, X 브랜드 휴대전화)의 판매가 차지하는 비율로 계산할 수 있다. 또한 시장점유율을 분류에 의해 계산할 수도 있는데, 특정 시장에서 팔린 전화 가운데 휴대전화가 차지하는 비율이 그 예다.

신디케이션/신디케이티드 콘텐츠(syndication/syndicated content) 다수의 출구를 통해 동시적으로 또는 연속적으로 공개되는 콘텐츠를 말한다. 예를 들면, 여러 신문에 실리는 특약 칼럼(syndicated column), 다수의 지역 채널에 방송되는 라디오 프로그램이나 텔레비전 쇼 등이다.

신자유주의(Neoliberalism)　☞ 67쪽

실행프로듀서(executive producer)　편집과 재정을 비롯해 제작의 모든 면을 감독하며, 대개 작가·감독·프로듀서를 책임지고 채용한다. 그는 제작의 모든 주요 결정에 관여하지만, 프로듀서가 맡는 일상 작업에는 관여하지 않는다.

아방가르드(avant-garde)　군대 포진에서 전위대를 일컫는 프랑스어로서, 전위대는 앞에서 기동하며 후속 주력군을 위해 지형을 정찰한다. 예술에서는 새로운 것, 과격한 것, 충격적인 것에 특권을 부여하는 미학적 접근이 아방가르드에 해당한다. 이러한 접근은 미술, 문학, 영화, 음악 등에서 전통을 깨며 무언가 새로운 것을 향해 길을 보여준다.

아웃소싱(outsourcing)　사내(in-house)의 반대말. 기업이 어떤 일이나 역할을 아웃소싱할 경우, 그 일을 할 직원을 채용하는 대신 다른 기업이나 프리랜서에게 수수료를 주고 그 일을 위탁함으로써 직원 경비(인건비)를 줄인다. 기업은 대개 '핵심' 기능을 사내에 두면서 고도로 기술적이거나 일상화·표준화된 업무 요소를 아웃소싱한다. 예를 들면, 런던의 출판사는 편집진을 사내에 두면서 모든 교정 작업을 인도로 아웃소싱할 수 있다.

에이전트/에이전시(agents/agencies)　☞ 71쪽

연구·개발(R&D; research and development)　군수산업과 하이테크산업에서 나온 용어로서 비밀리에 새로운 재료나 기술, 공정, 제품을 고안하는 단계를 의미한다.

연성 기량(soft skills)**과 경성 기량**(hard skills)　☞ 155쪽

영세기업(microbusiness)　유럽연합(EU) 집행위원회는 0~9명의 종업원을 가진 기업으로 정의한다.

오프컴(Ofcom: Office of Communications)　영국의 통신·미디어 규제기관.

완성(completion)　독립 영화제작자는 소요자금을 처음부터 전액 조달하기 어렵기 때문에 가끔 리스크를 무릅쓰고 영화 촬영부터 시작해 초벌판(first cut) 또는 일련의 정선된 장면을 제작한 다음, 포스트프로덕션 단계의 완성 자금을 조달하려고 한다.

원자재(commodity)　경제학에서 원자재란 석유, 밀, 커피 등과 같은 것을 통칭한다. 흔히 원자재는 다른 생산물을 만드는 데 원료로 쓰인다. 또한 일반적으로 원자재는 효용이 있는 것으로서 매매가 가능한 모든 것을 가리키기도 한다. 예컨대, 시간(근로자의 노동시간이나 변호사·교수의 유료 상담시간)도 원자재다.

유한책임회사(limited company)　☞ 106쪽 '기업구조'

이윤(profit)　총수입, 즉 기업에 들어온 돈과 기업을 경영하면서 발생한 모든 비용 간의 차액이다. 세금 규제는 매우 복잡하지만, 대체로 납부 세금은 총수입(다른 말로 매출액)이 아니라 이윤을 기초로 계산된다.

이정표(milestones)　문자 그대로 도로를 따라 거리를 표시하는 돌이다. 광고업 등 프로젝트 중심의 산업에서 이정표는 프로젝트 개발의 중요한 단계를 표시하는 이벤트 또는 성취로서 대개 프로젝트의 중요한 요소를 완성하거나 인도하는 경우다.

인도물(deliverables)　브리프에 기재된 결과물을 말한다. 광고와 마케팅의 경우, 인도물 목록은 캠페인이나 프로젝트의 일부로서 완성될 구체적인 미디어물(예컨대, TV 광고물 몇 개, 라디오 광고물 몇 개, 전시 광고물 몇 개 등) 또는 이벤트·활동 명세서가 될 것이다.

인디펜던트(독립)/인디(independent/indie)　창조산업에서 누가 또는 무엇이 인디펜던트인가는 상대적으로 판단된다. 인디펜던트는 기존에 확립된 기구 다음으로 출현해 자신을 그들과 차별화하는 이들이다. 리드비터와 오클리(Leadbeater and Oakley, 1999)는 20세기 말 영국에서 창의적이고 기업가적인 프리랜서와 중소기업들이 등장하는 새로운 물결을 묘사하기 위해 이 용어를 사용했다. 영화계에서 인디는 메이저가 아닌 영화사다. 텔레비전에서 그 경계선은 사내 제작과 독립 제작 사이에 있다. 인디펜던트 출판사·음반사는 대형 복합기업과 차별화된다. 그러나 이른바

인디펜던트 회사가 사실은 대기업의 자회사임이 드러나기도 한다(244쪽 '슈퍼인디들' 참조). 그런 회사가 애초에 인디펜던트로 출발했더라도 여전히 인디펜던트인가? 흔히 미디어 복합기업은 자신이 사들인 인디펜던트 회사에 고도의 자율성을 부여하는데, 그것은 그 회사의 가치가 고유한 독창성에 있음을 알기 때문이다. 그런 회사는 계속 인디펜던트로 불리는 경우가 흔하다. 어떤 스타일과 태도는 재정·조직 면에서 기성의 대형 틀 속에 갇히지 않는 데서 나오는 경향이 있다. 개인이나 회사가 이러한 스타일과 태도를 견지할 경우에는 비록 기술적으로 기성 조직의 일부더라도 계속 인디펜던트로 간주될 수 있을 것이다. 특히 영화와 음악에서 '인디'가 되는 것은 기풍과 예술적 스타일의 문제다.

인적자원(HR: Human Resources) 큰 기업이나 기관에서 인적자원 부서의 역할은 인사행정(채용과 해고)과 직원들의 관리·훈련이다. 그 명칭에는 직원들이 조직의 자산, 즉 조직의 활동을 위한 핵심 '자원'으로 간주된다는 의미가 함축되어 있다.

임시직 전환(casualization) 상근직이나 장기직으로 사람을 채용하는 대신 임시로(일일 계약부터 일정 기간 계약까지) 사람을 채용하는 추세를 말한다.

임프린트(imprint) 특정 독자층을 위한 특정 종류의 도서에 특화한 다수의 작은 임프린트 출판사들을 한 출판사가 소유할 수 있다. 이들은 때로 홀로 서는 독립기업으로 운영되기도 하며, 회사 구조라기보다 브랜드 문제인 경우도 있다.

자본, 자본주의(capital, capitalism) ☞ 48쪽

자영업(self-employment) ☞ 106쪽

잔여 지불(residual payments 또는 residuals) 영화·방송 산업에서 쓰는 용어로, 제작물이 첫 방영된 후 재방영될 때마다 작가와 배우 같은 콘텐츠 창작자에게 지불되는 로열티를 가리킨다. 더 일반적인 용어인 '로열티'는 지적재산권 등 자산의 현재 사용에 대한 지불을 가리킨다. 작가, 음악가, 배우 등 모든 원저작권 소유자는 자신의 오리지널 콘텐츠가 포함된 작품의 재판, 재발매, 재방영 등에 대해 로열티를 받을 잠재적 자격이 있으며, 로열티는 그들이 출판사, 프로듀서 등과 체결할 계약의 한 조항을 구성하게 된다. 따라서 성공적인 창작물(앨범, 책, 영화 등)은 그 창작자에게 상당한 액수의 장기적 소득 흐름을 발생시킬 잠재력이 있다. 그러나 때로 작가, 연기자 등 원저작권자는 계약의 일부로서 로열티 '매절(buy outs)' 조항에 서명하라는, 즉 일시불에 동의해 모든 로열티 지불을 포기하라는 요청을 받기도 한다.

장부(books) 모든 사업은 수입과 지출을 기록할 필요가 있다. 오늘날 그러한 기록은 보통 전자적으로 처리되지만 과거에는 장부에 기재되었으며 그런 실무를 여전히 부기(book-keeping)라고 부른다.

재생(regeneration) ☞ 110쪽

저작권(copyright) ☞ 18쪽

정찰(recce) 'recce'는 프랑스어에서 온 'reconnaissance'를 줄인 말로서, 원래 군사용어이지만 오디오비주얼 산업에서도 널리 쓰인다. 오디오비주얼 제작을 조직하는 것은 그 규모와 복잡성에 비추어 흔히 군사작전을 짜는 것에 비유된다. 정찰은 촬영하기 전에 현장을 방문·점검하는 과정으로서 현장에서 발생할 모든 문제점과 기회요인을 파악해 그 처리 방안을 강구하는 데 목적이 있다.

정책(policy) ☞ 24쪽

제작 사슬(production chain) ☞ 22쪽

조립(assembly) 조립판은 편집자가 취합한 초판으로서, 편집자는 이야기 순서에 따라 장면을 정리하고 각 장면에 들어갈 샷으로 첫 모음집을 만든다.

종잣돈(seed funding) 스타트업 기업이나 프로젝트에 제공된 초기 자금으로서 그 기업이 자립하거나 상당한 자금을 추가로 조달할 수 있는 위치에 이르도록 도움을 준다.

주시하기(Keeping an Eye Out) ☞ 30쪽

주식(shares)   1인 이상이 한 회사를 소유하고 있다면 그 회사의 소유권은 주식으로 분할되어 있다. 각 주주가 소유하는 주식의 수는 회사 소유권의 비율을 나타낸다. 회사의 총자본금을 주식의 수로 나눈 것이 각 주식의 액면가다. 그러나 각 주식의 시장가치는 그보다 높을 수 있다. 투자자는 그 회사가 상승세에 있고 장래에 상당한 배당금을 안겨줄 것으로 생각한다면 액면가보다 높은 가격에 주식을 매입할 것이다.

중세(Middle Ages/Medieval)   유럽 역사에서 AD 475년 로마제국의 몰락부터 1450년경 르네상스까지 약 1000년의 기간. 교회가 신의 뜻에 의해 보위에 오른 왕들을 통해 유럽 전역을 지배했으며 왕들은 비교적 작은 봉건국가를 통치했는데, 봉건국가의 특징은 농노, 귀족 그리고 성직자를 엄격히 구분하는 것이었다.

중소기업(SME)   ☞ 65쪽

지식근로자(knowledge workers)   ☞ 34쪽

지적재산권(intellectual property)   ☞ 18쪽

직원(employee)   이 책에서 우리는 자기를 고용하는 프리랜서와 기업에 의해 고용되는 직원을 구별한다. 기업은 세금, 건강보험, 실업급여 등에 관해 양자의 지위를 달리 취급한다.

직인 길드(trade guilds)   장인(匠人)들의 결사인 직인 길드는 국제적 면모와 함께 오랜 역사를 가지고 있다. 유럽에서 최초의 직인 길드는 대개 여러 직종의 장인들이 좋은 일을 하기 위해 결합한 평신도 단체로서 교회와 연계되어 있었다. 직인 길드는 교회에 봉사했을 뿐만 아니라 병석에 누운 회원과 그 부양가족 돕기, 장례비용 지불, 과부·고아를 위한 자선 제공 등을 통해 어려움에 처한 회원을 지원했다. 직인 길드는 또한 회원들의 일거리 확보, 직업기밀 보호, 영업 보전 등에 주력했다. 중세의 직인 길드는 공동체 내에서 강력한 존재로 등장해 자신들의 영향권 내에서 노동, 생산, 영업을 통제할 수 있었다. 따라서 길드 회원은 보호와 지원을 받았다. 그러나 회원 자격의 취득은 오랜 도제기간을 거쳐야 했다. 도제 자격을 얻는 것도 어려웠으며, 길드의

비회원이 영업하려면 많은 장애물에 부딪혔다.

직접비/간접비(direct/indirect costs)   직접비는 특정 생산물이나 기타 원가대상(프로젝트, 사무실, 활동 등 구체적으로 비용 처리가 필요한 모든 것)에서 직접적으로 기인하는 비용이다. 예를 들면, 특정 신발을 제조하기 위한 원료 비용, 텔레비전 제작 시의 출연료 등이다. 간접비는 원가대상과 분명히 관련은 있지만 추적·계산하기가 쉽지 않은 비용이다. 예를 들면 집세, 유틸리티 요금, 회계·법무 서비스 등이다. 대개 간접비는 다수의 원가대상과 관련이 있으며, 한 원가대상에 대한 간접비는 백분율로 계산할 수 있다.

(예술적·문화적) 창조성과 창조인(creativity & creatives)   ☞ 20쪽

창조클러스터(creative clusters)   ☞ 111쪽

채권자(creditor)   다른 사람이나 기관으로부터 받을 돈이 있는 사람이나 기관.

채무자(debtor)   다른 사람이나 기관에 돈을 빚지고 있는 사람이나 기관.

총부가가치(GVA: gross value added)   새로 생산된 모든 상품과 서비스의 가치에서 그 생산에 투입된 상품과 서비스(중간재)의 가치를 뺀 것을 말한다. 개인과 기업의 경우, 단순히 부가가치라고 하며 모두가 내는 부가가치세(VAT: Value Added Tax)의 대상이다.

총소득, 총수입(gross income)   세금, 국민보험료 등을 공제하기 전의 소득 총액을 말하며, 순소득(net income)은 그러한 공제 이후 소득이다.

최소 물량(minimum)   대량생산과 재생산의 논리는 한 품목을 생산하는 데 일단 자원을 투입했다면 추가로 한 단위 더 생산하는 데 드는 비용은 미미하다는 것이다(Caves, 2003; Hesmondhalgh, 2007). 그러나 각 단위는 똑같은 금액에 판매할 수 있다. 그러므로 전량을 판매할 수 있는 한, 하나의 디자인으로 더 많은 물량을 생산할수록 또는 하나의 원판으로

더 많은 사본을 만들수록 이윤은 커진다. 마찬가지로 제조업자는 고객의 주문을 받을 때, 비용을 회수하고 적정 이윤을 낼 수 있다고 판단하는 최소한의 물량을 명시하려고 한다.
추천 문헌: *James Wood, History of International Broadcasting*, Volume 2(2000).

캠페인(campaign) ☞ 210쪽

커뮤니케이션 그룹(communications groups) 마케팅 업계를 주름잡는 '거대 기업'으로, 서로 독립적으로 활동하는 자회사들을 거느린 우산 조직 또는 지주회사를 말한다. 퍼블리시스(Publicis), 캐러트(Carat), 제니스 옵티미디어 (Zenith Optimedia), WPP 등과 같은 대형 커뮤니케이션 그룹은 비슷한 전문분야에서 서로 경쟁하는 에이전시를 다수 거느리고 있는데, 그것은 그룹 내 에이전시 선택을 통해 같은 시장을 놓고 서로 경쟁하는 고객들을 이해충돌 없이 유치할 수 있기 때문이다. 예를 들면, 한 커뮤니케이션 그룹이 두 에이전시를 통해 두 자동차 제조업체와 거래할 수 있을 것이다.

커미셔너/컨트롤러(commissioner/controller) ☞ 184쪽

컷(cut) 판(版, edit)의 동의어로 흔하게 쓰인다.

코퍼레이션, 대기업(corporation) 현대적 용법에서 코퍼레이션은 큰 회사나 공공기관이다. 역사적으로 이 용어는 라틴어 corpus(몸)에서 유래하는데, (자연인 또는 개인과 구별되는) 법인의 지위가 주어지는 단체를 의미한다.

콘텐츠(content) ☞ 27쪽

콜 시트(call sheet) 콜 시트는 제작실에서 매일 일과 마감시간에 모든 스태프에게 배포한다. 콜 시트에는 다음 날 일정에 관해 중요한 정보가 들어 있는데, 예를 들어 촬영할 장면, 장소, 주요 출연자, 장비, 소품 등과 함께 야외 촬영의 경우에는 길 안내도 포함된다. 촬영이 진행되면서 일정이 바뀔 수 있으므로 스태프는 매일 업데이트된 콜 시트를 받는 것이 중요하다.

크라우드펀딩(crowdfunding) 프로젝트를 추진할 때 방송사, 출판사 등과 같은 중간 기관으로부터 자금을 조달받지 않고 미래의 고객으로부터 직접 지불받아 제작 자금을 조달하는 방식을 말한다. 이 모델은 특히 게임과 같은 디지털 미디어 분야에서 점차 보편화되고 있지만 서적 출판과 같은 분야에서도 적용되고 있다.
추천 문헌: Kickstarter.com; Jeffrey Howe, *Crowdsourcing: Why the Power of the Crowd id Driving the Future of Business*(2008). 추가적인 논의와 사례는 제10장 참조.

클로즈드 숍(closed shop) 사용자는 노조원만 고용하기로 동의하고 모든 피고용자는 해고되지 않으려면 노조의 일원이어야 한다는 노사협정. 1992년 이후 영국에서는 그러한 노사협정이 개인의 결사의 자유를 침해한다는 이유에서 모든 형태의 클로즈드 숍 고용이 불법화되었다.

텔레비전 네트워크(television network) 중앙 조직에서 콘텐츠를 공급받는 텔레비전 방송국들의 네트워크를 말하며, 대개 미국의 네트워크 ABC, NBS, NBC 등과 같이 전국적인 네트워크다. 각 지역방송국은 방송센터로부터 일정 분량의 콘텐츠를 공급받고 나머지 프로그램은 자체 콘텐츠와 신디케이티드 콘텐츠로 채운다.

트랙 레잉(track laying) 프로그램의 최종 사운드트랙을 만들기 위해 여러 가지 오디오 트랙을 생산·편집하여 화면과 결합시키는 과정을 말한다. 화면과 동시 녹음된 대화 외에도 분위기 트랙(예컨대, 배경을 이루는 거리나 시골의 소음), 스팟 이펙트(spot effects: 예컨대, 문을 쾅 닫는 소리, 총성), 음악 등 트랙 레잉의 요소가 될 수 있는 것들이 많다.

트리트먼트(treatment) 드라마나 다큐멘터리 프로젝트를 위해 제안되고 있는 스토리를 서술한 것으로서 분량은 대중없으나 텔레비전 드라마의 경우 보통 10쪽 정도다. 트리트먼트는 대본의 발주 여부를 결정하는 기초로서 개발과 발주 단계에서 널리 사용된다.

특허(patents) ☞ 19쪽

파인 컷(fine cut) 발전된 수정판으로서 최초의 조립판을

검토하는 과정에서 스토리나 연기, 기타 요소를 조율한 결과로 얻어진다.

편집인, 편집자(editor) 저널리즘과 방송에서 편집인은 외부 프로젝트(기사, 프로그램 등)를 발주하고 사내 프로젝트를 승인하며 그 프로젝트의 개발과 집행을 감독하는 사람이다. 신문이나 잡지의 경우, 편집장뿐 아니라 뉴스, 특집 등 섹션별로 편집인이 있다. 마찬가지로 라디오와 텔레비전에도 프로그램 가닥을 엮는 시리즈 편집인뿐 아니라 뉴스, 연예 등 분야별 편집인이 있다. 영화, TV 등에서 편집자는 미가공의 푸티지를 편집해 완성된 프로그램을 만드는 사람을 가리키는 말로도 사용되는데, 이는 창조적이고 기술적인 일로서 매우 중요한 역할이다.

포드주의/포스트포드주의(Fordism/Post-Fordism) ☞ 57쪽

포맷(format) ☞ 185쪽

포트폴리오 근로/포트폴리오 커리어(portfolio working/ portfolio career) ☞ 82쪽

표준문안(boilerplate) 텍스트의 표준화된 부분으로서 흔히 계약서, 제안서 등 중요한 문서의 조항으로 사용된다.

푸티지(footage) 편집되지 않은 시청각 자료를 가리키는 용어이다. 푸티지란 용어는 미사용 필름을 피트 단위로 측정하던 시대에서 유래하나 디지털 자료와 관련해서 계속 사용된다. 물론 디지털 자료를 피트나 미터 단위로 측정할 수는 없지만 말이다.

프로덕션/포스트프로덕션(production/Post-production) ☞ 79쪽

프로덕션 회사(production company) 프로덕션 회사는 오디오 또는 오디오비주얼 재료를 생산하는 회사다. 이들은 광고방송, 라디오 프로그램, 장편영화, 기업체나 지역사회 일 등 특정 분야를 전문으로 한다. 비디오게임 제작회사는 보통 개발사(developer) 또는 스튜디오라고 부른다.

프로듀서(producer) 오디오비주얼 제작에서 프로듀서는 프로젝트를 개시·추진해 완성시키는 사람이다. 여기에는 자금조달, 아이디어 제시 등이 포함될 수 있으며, 편집인·커미셔너·투자자에게 설명하고 연락할 뿐만 아니라 작가·감독·디자이너·편집인 등 창조 인원 및 프로덕션 매니저·회계사·음향기사 등 관리직·기술 인원과 긴밀하게 협력하면서 프로젝트를 창조적·조직적으로 감독하는 일이 당연히 포함된다. 이 책에서 우리는 프로듀서를 더 일반화하여 '창조프로듀서(creative producers)'라는 용어를 사용하는데, 이는 오디오비주얼 프로듀서뿐 아니라 창조적 생산에서 어떤 역량을 발휘하는 사람을 일컫는다.

프로젝트(project) ☞ 64쪽

프로젝트 기반 업무(project-based work) ☞ 65쪽

프로토타입, 원형(prototype) 개발되고 있는 제품의 샘플이나 모델을 말한다. '샘플'은 현대의 패션부문에서 흔히 쓰이는 용어고, '프로토타입'은 제품 설계와 게임산업 같은 부문에서 널리 쓰인다. 외관, 기능성 등 바람직한 제품 속성에 도달하려면 일련의 프로토타입을 제작할 필요가 있다는 것이 일반적인 생각이다.

프리랜서(freelancer) ☞ 63쪽

프리프로덕션(pre-production) ☞ 78쪽

플랫폼(platform) ☞ 21쪽

플랫폼을 가리지 않는(platform-agnostic) 디지털 미디어에서 공유되는 표준, 예컨대 HTML(hyper-text markup language)은 소프트웨어가 운영체제(OS)와 웹 브라우저 같은 플랫폼을 가리지 않고 작동할 수 있게 한다. 이것이 주는 이점은 특정한 시스템, 하드웨어, 지원 소프트웨어 등을 위해 별도로 설계할 필요가 없다는 것이지만, 플랫폼 자체의 구체적 특성에 의존하지 않는 대가를 치르기 때문에 보통 기능성이 제한된다는 단점이 있다. 따라서 플랫폼을 가리지 않는 소프트웨어는 웹페이지처럼 단순한 것이 보통이다.

피치/피칭(pitch/pitching) ☞ 79쪽

합명회사(partnership) ☞ 106쪽 '기업구조'

핫데스킹(hot-desking) 사람들이 개인적으로 지정된
책상이나 사무실 없이 빈 작업공간이 있으면 아무 데나
이용할 때를 말한다. 보통 핫데스킹 시에는 기본적으로 좌석,
책상, 통신장비 등이 배치되며, 때로 무선 인터넷 시설과
노트북 컴퓨터용 좌석만 갖춘 공유공간인 경우도 있다.

현금 흐름(cash flow) 사업이나 프로젝트에서는 수입과
비용이 발생함에 따라 돈이 들어오고 나간다. 필요할 때
현금을 이용할 수 있도록 현금 흐름에 주의를 기울이는 것이
중요하다. 사업이 전반적으로 수익성이 있더라도 현금 수지를
주의해서 관리하지 않으면 유동성(즉, 사용할 돈) 문제가
생길 수 있다(여기서 **30일 신용**이 큰 도움이 될 수 있지만,
우리의 **채무자**들도 마찬가지로 신용 시한을 이용한다는 점을
명심할 필요가 있다).

화면(사진)조정(picture grading) 화면(사진)의 일관성을
유지하고 특정 스타일의 효과를 내기 위해 색상, 채도, 색조
등과 같은 화면(사진) 속성을 조정·조작하는 과정.

후원자/후원(patron/patronage) ☞ 42쪽

히어로(hero) 스토리 속 주인공(히어로)의 중심적 역할로
인해 제작상의 다른 중심적 특색도 히어로라고 부르는 관행이
생겼다. 예를 들면, '히어로 로케이션', '히어로 소품' 등이다.

참 고 문 헌

Adewunmi, Bim. 2012. "Why Black British Drama Is Going Online, Not on TV." *The Guardian*, July 12.

Albini, Steve. 1997. "The Problem with Music." In *Commodify Your Dissent*, 164-176, ed. Thomas Frank. New York: W.W. Norton Sc Co.

Allen, Kathleen R. 2008. *Complete MBA for Dummies* (2nd edition). Hoboken, NJ: Wiley.

Allen, Paul. 2011. *Artist Management for the Music Business*. Oxford: Focal Press.

Amin, Ash, ed. 1994. *Post-Fordism: A Reader*. Oxford: Blackwell.

Anderson, Benedict. 1991. *Imagined Communities* (Revised edition). London: Verso.

Anderson, Chris. 2006. *The Long Tail: Why the Future of Business is Selling Less of More*. New York: Hyperion Books.

_____. 2009. *The Longer Long Tail: How Endless Choice is Creating Unlimited Demand*. New York: Random House Business.

Anderson, Christopher. 2000. "Disneyland." In *Television: The Critical View* (6th edition). Oxford: Oxford University Press.

Antonioni, Peter. 2010. *Economics for Dummies* (2nd edition). Chichester: John Wiley.

Arthur, Charles. 2009. "Are Downloads Really Killing the Music Industry? Or is it Something Else?" *The Guardian Technology Blog*, June 8. www.guardian.co.uk/news/data blog/2009/jun/09/games-dvd-music-downloads-piracy.

Arts Council England. 2012. "Our Goals and Priorities." *Arts Council England*, www.artscouncil.org.uk/funding/apply -for-funding/national-portfolio-funding-programme/ how-we-made-our- decision/our-goals-and-priorities/.

Badal, Sharon. 2007. *Swimming Upstream: A Lifesaving Guide to Short Film Distribution*. Oxford: Focal Press.

Baines, Paul. 2008. *Marketing* (2nd edition). Oxford: Oxford University Press.

Banks, Mark. 2006. "Moral Economy and Cultural Work." *Sociology* 40 (3) (June 1): 455-472.

_____. 2007. *The Politics of Cultural Work*. Basingstoke: Palgrave Macmillan.

_____. 2009. "Fit and Working Again? The Instrumental Leisure of the 'Creative Class'." *Environment and Planning A* 41 (3): 668-681.

Banks, Mark and Justin O'Connor. 2009. "After the Creative Industries." *International Journal of Cultural Policy* 15 (4): 365-373.

Banks, Miranda J. 2010. "The Picket Line Online: Creative Labor, Digital Activism and the 2007-2008 Writers Guild of America Strike." *Popular Communication: The International Journal of Media and Culture* 8 (1): 20-33.

Bannock, Graham, Ron Eric Baxter, and Evan Davis. 2003. *Dictionary of Economics* (4th edition). New York: Bloomberg Press.

Bardoel, Johannes and Leen d'Haenens. 2008. "Reinventing Public Service Broadcasting in Europe: Prospects, Promises and Problems." *Media, Culture & Society* 30 (3): 337-355.

Barrow, Colin. 2007. *Starting a Business for Dummies* (2nd edition). Hoboken, NJ: Wiley.

Barrowclough, Diana and Zeljka Kozul-Wright. 2006. *Creative Industries and Developing Countries: Voice, Choice and Economic Growth*. London: Routledge.

Batschmann, Oskar. 1997. *The Artist in the Modern World: A Conflict between Market and Self- Expression*. Cologne: DuMont Buchverlag.

Baxandall, M. 1988. *Painting and Experience in Fifteenth-century Italy: A Primer in the Social History of Pictorial Style* (2nd edition). Oxford: Oxford University Press.

Bazelon, Emily, John Dickerson, and David Plotz. 2011. "The Political Gabfest: The Crazy Negotiating Posture Gabfest." *Slate Magazine*, www.slate.com/id/2290092.

BBC. 2012a. "Commissioning TV - How We Commission." www.bbc.co.uk/commissioning/tv/how-we-work/how-we-commission.shtml.

_____. 2012b. "Commissioning TV - BBC One." www.bbc.co. uk/commissioning/tv/what-we-want/service-strategies/ bbc-one.shtml.

_____. 2012c. "Commissioning TV - BBC Two." www.bbc.co. uk/commissioning/tv/what-we-want/service-strategies/ bbc-two.shtml.

_____. 2012d. "Commissioning TV - BBC Three." www.bbc. co.uk/commissioning/tv/what-we-want/service-strate gies/bbc-three.shtml.

Becker, Howard Saul. 1982. *Art Worlds*. Berkeley, CA: University of California Press.

Bell, Matthew. 2010. "Monocle: 'It's the Media Project that I've Always Wanted to Do'." *The Independent*, August 1. www.independent.co.uk/news/media/press/monocle-its-the-media-project-that-ive-always-wanted-to-do-2040516.html.

Beniger, James R. 1986. *The Control Revolution: Technological and Economic Origins of the Information Society*. Cambridge, MA: Harvard University Press.

Bennett, Tony, Lawrence Grossberg, Meaghan Morris, and Raymond Williams. 2005. *New Keywords: A Revised Vocabulary of Culture and Society*. Chichester: Wiley-Blackwell.

Bercovici, Jeff. 2012. "Tom Freston's $1 Billion Revenge: Ex-Viacom Chief Helps Vice Become the Next MTV." *Forbes*, January 3. www.forbes.com/sites/jeffbercovici/2012/01/03/tom-frestons-1-billion-revenge-ex-viacom-chief-helps-vice-become-the-next-mtv/.

Berinsky, Adam J., Gregory A. Huber, and Gabriel S. Lenz. 2012. "Evaluating Online Labor Markets for Experimental Research: Amazon.com's Mechanical Turk." *Political Analysis*, March 2. http://pan.oxfordjournals.org/content/early/2012/03/02/pan.mpr057.

Bernard, Sheila Curran. 2007. *Documentary Storytelling: Making Stronger and More Dramatic Nonfiction Films*. Oxford: Elsevier.

Berry, David M. 2008. *Copy, Rip, Burn: The Politics of Copyleft and Open Source*. London: Pluto Press.

Berry, Ralph. 1985. *Shakespeare and the Awareness of the Audience*. London: Macmillan.

Bilton, Chris. 2007. *Management and Creativity: From Creative Industries to Creative Management*. Oxford: Blackwell.

_____. 2011. "The Management of the Creative Industries." In *Managing Media Work*, ed. Chris Bilton and Mark Deuze. London: Sage.

Bilton, Chris and Mark Deuze, eds. 2011. *Managing Media Work*. London: Sage.

Blair, Helen. 2009. "Active Networking: Action, Social Structure and the Process of Networking." In *Creative Labour: Working in the Creative Industries. Critical Perspectives on Work and Employment*, ed. Alan McKinlay and Chris Smith. Basingstoke: Palgrave Macmillan, 116-134.

Blair, Helen, Nigel Culkin, and Keith Randle. 2003. "From London to Los Angeles: a Comparison of Local Labour Market Processes in the US and UK Film Industries." *International Journal of Human Resource Management* 14 (4) (June): 619-633.

Bordwell, David, Janet Staiger, and Kristin Thompson. 1985. *Classical Hollywood Cinema: Film Style & Mode of Production to 1960*. London: Routledge.

Born, Georgina. 2004. *Uncertain Vision: Birt, Dyke and the Reinvention of the BBC*. London: Secker & Warburg.

Bourdieu, Pierre. 1985. "The Market of Symbolic Goods." *Poetics* 14 (1-2): 13-44.

_____. 1990. *The Logic of Practice*. Cambridge: Cambridge University Press.

Bowker, Geoffrey C., and Susan Leigh Star. 2000. *Sorting Things Out: Classification and Its Consequences*. Cambridge, MA: MIT Press.

Briggs, A. and P. Burke. 2002. *A Social History of the Media: From Gutenberg to the Internet*. Cambridge: Polity Press.

Broadcast. 2012. "Indie Survey 2012." *Broadcast*, March 23: 14.

Brotton, Jerry. 2006. *The Renaissance: A Very Short Introduction*. Oxford: Oxford University Press.

Brown, David Blayney. 2001. *Romanticism*. London: Phaidon Press

Brown, Maggie. 2007. *A Licence to be Different: The Story of Channel 4*, London: BFI (British Film Institute).

Burcher, Nick. 2012. *Paid, Owned, Earned: Maximising Marketing Returns in a Socially Connected World*. London: Kogan Page.

Burger, Peter. 1984. *Theory of the Avant-Garde*. Minneapolis, MN: University of Minnesota Press.

Burns, Paul. 2011. *Entrepreneurship and Small Business: Start-up, Growth and Maturity*. Basingstoke: Palgrave Macmillan.

Burton, Graeme. 2010. *Media and Society: Critical Perspectives* (2nd edition). Maidenhead: Open University Press.

Bygrave, William D. 2011. *Entrepreneurship* (2nd edition). Hoboken, NJ: Wiley.

Campbell, Lisa. 2012a. "BBC Agrees Directors UK Deal." *Broadcast*, March 29. www.broadcastnow.co.uk/news/broadcasters/bbc-agrees-directors-uk-deal/5039919.article.

_____. 2012b. "The Broadcast Interview, Stuart Murphy, Bringing Sky Down to Earth." *Broadcast*, June 29.

Carr, David. 2010. "Inviting in a Brash Outsider." *The New York Times*, February 15, sec. Business / Media & Advertising. www.nytimes.com/2010/02/15/business/media/15carr.html.

Carr, Paul. 2008. *Bringing Nothing to the Party: True Confessions of a New Media Whore*. London: Weidenfeld & Nicolson.

Carrotworkers Collective. 2011. *Surviving Internships: A Counter Guide to Free Labour in the Arts*. London: Carrotworkers Collective. http://carrotworkers.files.wordpress.com/2009/03/cw_web.pdf.

Caves, Richard E. 2000. *Creative Industries: Contracts between Art and Commerce*. Cambridge, MA: Harvard University Press.

Caves, Richard E. 2003. "Contracts Between Art and Commerce." *Journal of Economic Perspectives* 17 (2): 73-83.

Cellan-Jones, Rory. 2001. *Dot. bomb: The Rise and Fall of Dot.com*

Britain. London: Aurum.

Chalaby, Jean K. 2010. "The Rise of Britain's Super-indies: Policy-making in the Age of the Global Media *Market*. " *International Communication Gazette* 72 (8): 675-693.

_____. 2011. "The Making of an Entertainment Revolution: How the TV Format Trade Became a Global Industry." *European Journal of Communication* 26 (4) (December 1): 293-309.

Christensen, Clayton M. 1997. *The Innovator's Dilemma: When New Technologies Cause Great Firms to Fail*. Boston, MA: Harvard Business School Press.

Christopherson, Susan. 2009. "Working in the Creative Economy: Risk, Adaptation, and the Persistence of Exclusionary Networks." In *Creative Labour: Working in the Creative Industries. Critical Perspectives on Work and Employment*, ed. Alan McKinlay and Chris Smith. Basingstoke: Palgrave Macmillan, 72-90.

Christopherson, Susan and Danielle van Jaarsveld. 2005. "New Media after the Dot.com Bust." *International Journal of Cultural Policy* 11 (1): 77-94.

Clarke, David. 2012. "Global Trends, Israel and the US." *Broadcast*, March 16.

Clinton, Michael, Peter Totterdell, and Stephen Wood. 2006. "A Grounded Theory of Portfolio Working Experiencing the Smallest of Small Businesses." *International Small Business Journal* 24 (2) (April 1): 179-203.

Cluley, Robert. 2009. "Chained to the Grassroots: The Music Industries and DCMS." *Cultural Trends* 18 (3): 213.

Comunian, Roberta, Alessandra Faggian, and Sarah Jewell. 2011. "Winning and Losing in the Creative Industries: An Analysis of Creative Graduates' Career Opportunities across Creative Disciplines." *Cultural Trends* 20: 291-308.

Couldry, Nick. 2010. *Why Voice Matters: Culture and Politics after Neoliberalism*. London: Sage.

Couldry, Nick and Anna McCarthy. 2004. *MediaSpace*. London: Routledge.

Csikszentmihalyi, Mihaly. 1991. *Flow: The Psychology of Optimal Experience*. Reprint. New York: HarperPerennial.

_____. 2004. "The Creative Industries after Cultural Policy: A Genealogy and Some Possible Preferred Futures." *International Journal of Cultural Studies* 7 (1) (March 1): 105-115.

Cunningham, Stuart and Peter Higgs. 2008. "Creative Industries Mapping: Where Have We Come From and Where Are We Going?" *Creative Industries Journal* 1 (1): 7-30.

Currid, Elizabeth. 2007. *The Warhol Economy: How Fashion, Art and Music Drive New York City*. Princeton, NJ: Princeton University Press.

Curtin, Michael and Thomas Streeter. 2001. "Media." In *Culture Works: Essays on the Political Economy of Culture*, ed. Richard Maxwell. Minneapolis, MN: University of Minnesota Press, 225-251.

Daniels, Gary and John Mcllroy. 2008. *Trade Unions in a Neoliberal World: British Trade Unions under New Labour*. London: Taylor & Francis.

Davis, Susan G. 2001. "Shopping." In *Culture Works: Essays on the Political Economy of Culture*, ed. Richard Maxwell. Minneapolis, MN: University of Minnesota Press, 163-196.

Day, Elizabeth. 2012. "Can You Make Any Kind of Living as an Artist?" *The Guardian*, July 28. www.guardian.co.uk/culture/2012/jul/29/artists-day-job-feature.

DCMS. 1998a. *Creative Industries Mapping Document*. London: Department for Culture, Media and Sport.

_____. 1998b. "Creative Industries Mapping Document." *The National Archives*. http://webarchive.nationakrchives.gov.uk/20100407120701/www.culture.gov.uk/reference_library/publications/4740.aspx.

_____. 2009. "Digital Britain: Creating the Skills for the Digital Economy." www.dcms.gov.uk/reference_library/publications/6071.aspx.

_____. 2010. *Creative Industries Economic Estimates, February 2010*. London: Department for Culture, Media and Sport. www.culture.gov.uk/reference_library/publications/6622.aspx.

_____. 2011. *Creative Industries Economic Estimates, December 2011*. London: Department for Culture, Media and Sport. www.culture.gov.uk/publications/8682.aspx.

Deuze, Mark. 2007a. *Media Work. Digital Media and Society*. Cambridge: Polity Press.

_____. 2007b. "Convergence Culture in the Creative Industries." *International Journal of Cultural Studies* 10 (2): 243-263.

Dex, Shirley, Janet Willis, Richard Paterson, and Elaine Sheppard. 2000. "Freelance Workers and Contract Uncertainty: The Effects of Contractual Changes in the Television Industry." *Work, Employment and Society* 14 (2): 283-305.

Donald, James. 2004. "What's New? A Letter to Terry Flew." *Continuum: Journal of Media & Cultural Studies* 18 (2): 235-246.

Downey, John. 2007. "The United Kingdom." In *Western Broadcast Models: Structure, Conduct, and Performance*, ed. Leen d'Haenens and Frieda Saeys. Berlin: Walter de Gruyter, 319-340.

Dumenco, Simon. 2011. "Ad Age Magazine A-List: Tyler Brule is Editor of the Year." *Ad Age Magazine*, October 10. http//adage.com/article/media/ad-age-magazine-a-list-tyler-brule-editor-year/230271/.

Duménil, Gerard. 2011. *The Crisis of Neoliberalism*. Cambridge, MA: Harvard University Press.

Dylan, Bob. 2003. *Chronicles: Volume One*. New York: Simon & Schuster.

Economist. 2006. "Monitor: Artificial Artificial Intelligence." *The Economist*, June 8. www.economist.com/node/70017 38?story_id=7001738.

_____. 2008. "The Music Industry: From Major to Minor." *The Economist*, January 10. www.economist.com/node/10498 664?story_id=El_TDQJRGGQ.

_____. 2009. "The Harry Potter Economy." *The Economist*, December 17. www.economist.com/node/15108711.

_____. 2011. "Apps on Tap." *The Economist*, October 8. www.economist.com/node/21530920.

Edgar, Andrew and Peter Sedgwick, eds. 2008. *Cultural Theory: The Key Concepts* (2nd edition). London: Routledge.

Edge. 2012. "Get into Games 2012: EA Gothenburg, DICE and Criterion." *EDGE Magazine*, June 25. www.edge-onli ne.com/features/get-games-2012-ea-gothenburg-dice-and-criterion.

Eisenstein, Elizabeth L. 2012. *The Printing Revolution in Early Modern Europe*. Cambridge: Cambridge University Press.

Ekinsmyth, Carol. 2002. "Project Organization, Embeddedness and Risk in Magazine Publishing." *Regional Studies* 36 (3): 229-243.

Elliott, Stuart. 2009. "Despite Downturn, Bold Moves and New Techniques." *The New York Times*, October 29, sec. Business/Media & Advertising. www.nytimes.com/20 09/10/29/business/ media/29adco.html.

_____. 2012. "Havas Buys Majority Stake in Crowdsourcing Ad Agency." *Media Decoder Blog*. http://mediadecoder.blo gs.nytimes.com/2012/04/03/havas-buys-majority-stake -in-crowd-sourcing-ad-agency/.

Evans, Graeme. 2003. "Hard-branding the Cultural City - from Prado to Prada." *International Journal of Urban and Regional Research* 27: 417-440.

_____. 2005. "Creative Spaces: Strategies for Creative Cities." In *Tourism, Creativity and Development: ATLAS Reflections 2005*, ed. J. Swarbrooke, M. Smith, and L. Onderwater. Arnhem: Association for Tourism and Leisure Education, 7-10.

_____. 2009. "Creative Cities, Creative Spaces and Urban Policy." *Urban Studies* 46 (5-6): 1003-1140.

Evans, Simon, ed. 2004. *Creative Clusters Conference Handbook*. Sheffield: Creative Clusters.

Febvre, Lucian and Henri-Jean Martin. 1976. *The Coming of the Book: The Impact of Printing, 1450-1800*. London: New Left Books.

Fendley, Alison. 1996. *Saatchi & Saatchi: The Inside Story*. London: Arcade.

Fifield, Paul. 2008. *Marketing Strategy Masterclass: The 100 Questions You Need to Answer to Create Your Own Winning Marketing Strategy: Including the New "SCORPIO" Model of Market Strategy*. Oxford: Butterworth-Heineman.

Fill, Chris. 2009. *Marketing Communications: Interactivity, Communities and Content* (5th edition). Harlow: FT/Prentice Hall.

_____. 2011. *Essentials of Marketing Communications*. Harlow: FT/Prentice Hall.

Flew, Terry. 2012. *The Creative Industries: Culture and Policy*. London: Sage.

Florida, Richard. 2002a. *The Rise of the Creative Class: And How Its Transforming Work, Leisure, Community and Everyday Life*. New York: Basic Books.

_____. 2002b. "Bohemia and Economic Geography." *Journal of Economic Geography* 2 (1) (January 1): 55-71.

_____. 2010a. "Bohemian Index." *The Atlantic*, June. www.theatlantic.com/national/archive/2010/06/bohe mian-index/57658/.

_____. 2010b. "Creative Class Density." *The Atlantic*, September. www.theatlantic.com/business/archive/20 10/09/creative-class-density/62571/.

_____. 2010c. "The Density of Artistic and Cultural Creatives." *The Atlantic*, September. www.theatlantic.com/busine ss/archive/2010/09/the-density-of-artistic-and-cultural -creatives/62575/.

Foord, Jo. 2008. "Strategies for Creative Industries: An International Review." *Creative Industries Journal* 1 (2): 91-113.

Forty, A. 1995. *Objects of Desire: Design and Society since 1750*. London: Thames & Hudson.

Franco, Marta. 2012. "Amanda Palmer on Her $1 Million Kickstarter Campaign: 'This is the Future of Music'." *Time*, July 27. http://entertainment.time.com/2012/07/ 27/amanda-palmer-on-her-1-million-kickstarter-cam paign-this-is-the-future-of-music/.

Frederick, Jim. 2003. "The Intern Economy and the Culture Trust." In *Boob Jubilee: The Cultural Politics of the New Economy*, ed. Thomas Frank and David Mulcahey. New York: W.W. Norton & Co., 301-313.

Freedman, Des. 2003. "Managing Pirate Culture: Corporate Responses to Peer-to-peer Networking." *International Journal on Media Management* 5 (3): 173-179.

_____. 2008. *The Politics of Media Policy*. Cambridge: Polity Press.

Frith, S. 1988. *Music for Pleasure: Essays on the Sociology of Pop*. Cambridge: Cambridge University Press.

Fuller, Matthew. 2005. *Media Ecologies: Materialist Energies in Media and Technoculture*. Cambridge, MA: MIT Press.

Garnham, Nicholas. 1990. *Capitalism and Communication*. London: Sage.

_____. 2005. "From Cultural to Creative Industries: An Analysis of the Implications of the 'Creative Industries' Approach to Arts and Media Policy Making in the United

Kingdom." *International Journal of Cultural Policy* 11 (1): 15-30.

Gay, Peter. 1996. *The Enlightenment: An Interpretation: The Science of Freedom*. London: W.W. Norton (orig. published 1969).

Gilbey, Ryan. 2011. "Life is Bittersweet." *The Guardian*, June 30.

Gill, Rosalind. 2007. *Technobohemians or the New Cybertariat? New Media Work in Amsterdam a Decade after the Web*. Network Notebooks. Amsterdam: Institute of Network Cultures. http:// networkcultures.org/wpmu/portal/publications/network-notebooks/technobohemians-or-the- new-cybertariat/.

_____. 2011. "Life is a Pitch." In *Managing Media Work*, ed. Mark Deuze. London: Sage, 249-262.

Gill, Rosalind and Andy Pratt. 2008. "In the Social Factory? Immaterial Labour, Precariousness and Cultural Work." *Theory, Culture, Society* 25 (7-8): 1-30.

Gladwell, Malcolm. 2000. *The Tipping Point: How Little Things Can Make a Big Difference*. London: Little, Brown.

Goldhaber, Michael H. 1997. "The Attention Economy and the Net". Text. *First Monday*. http:// firstmonday.org/htbin/cgiwrap/bin/ojs/index.php/fm/article/viewArticle/519/440.

Gordy, Barry. 1994. *To Be Loved: The Music, the Magic, the Memories of Motown*. New York: Headline.

Gottlieb, Lori. 2002. *Inside the Cult of Kibu*. New York: Basic Books.

Grabher, Gernot. 2001. "Ecologies of Creativity: The Village, the Group, and the Heterarchic Organisation of the British Advertising Industry." *Environment and Planning A* 33 (2): 351-374.

_____. 2002a. "The Project Ecology of Advertising: Tasks, Talents and Teams." *Regional Studies* 36 (3): 245-262.

_____. 2002b. "Cool Projects, Boring Institutions: Temporary Collaboration in Social Context." *Regional Studies* 36 (3): 205-214.

Grabher, Gernot, and Oliver Ibert. 2011. "Project Ecologies: A Contextual View on Temporary Organizations." In *The Oxford Handbook of Project Management*, ed. Peter Morris, Jeffrey K Pinto, and Jonas Söderlund. Oxford: Oxford University Press, 175-200.

Green, Garth L. and Philip W. Scher. 2007. *Trinidad Carnival: The Cultural Politics of a Transnational Festival*. Bloomington, IN: Indiana University Press.

Greenberg, Joshua M. 2008. *From BetaMax to Blockbuster: Video Stores and the Invention of Movies on Video*. Cambridge, MA: MIT Press.

Greenslade, Roy. 2012. "Unpaid X Factor Interns Receive Compensation." *The Guardian*, June 7. www.Guardian.co.uk/media/greenslade/2012/jun/07/the-x-factor-itv.

Gregg, Melissa. 2010. "On Friday Night Drinks: Workplace Affects in the Age of the Cubicle." In *The Affect Theory Reader*, ed. Melissa Gregg and Gregory J. Seigworth. Durham, NC: Duke University Press, 250-268.

_____. 2011. *Work's Intimacy*. Oxford: Polity Press.

Grugulis, Irena and Dimitrinka Stoyanova. 2012. "Social Capital and Networks in Film and TV: Jobs for the Boys?" *Organization Studies*, August 8. http://oss.sagepub.com/content/early/2012/08/02/0170840612453525.

Grummell, Bernie. 2009. "The Educational Character of Public Service Broadcasting: From Cultural Enrichment to Knowledge Society." *European Journal of Communication* 24 (3): 267-285.

de Grunwald, Tanya. 2012. "X Factor Interns Win Thousands in Unpaid Wages." *Graduate Fog*. http://graduatefog.co.uk/2012/2091/factor-internship-interns-win-wages/.

Guile, David Joh. 2010. "Learning to Work in the Creative and Cultural Sector: New Spaces, Pedagogies and Expertise." *Journal of Education Policy* 25 (4) (July): 465-484.

Gurr, Andrew. 2006. "London's Blackfriars Playhouse and the Chamberlain's Men." In *Inside Shakespeare: Essays on the Blackfriars Stage*, ed. Paul Menzer. Selinsgrove, PA: Susquehanna University Press, 17-33.

Hackley, Chris. 2000. "Silent Running: Tacit, Discursive and Psychological Aspects of Management in a Top UK Advertising Agency." *British Journal of Management* 11 (3): 239-254.

Haddow, Joshua. 2012. "Interns of the World, Unite and Take Over." *Vice*. www.vice.com/en-uk/read/interns-unite-take-over-brendan-o-neill-fuck-you.

Hammond, Richard. 2003. *Smart Retail: How to Turn Your Store into a Sales Phenomenon*. London: Pearson/Prentice Hall.

Hancox, Dan. 2012. "Bloc 2012: Making Music Out of Chaos." *The Guardian*, July 9. www.guardian.co.uk/music/2012/jul09/bloc-weekend-2012.

Handy, Charles. 1995. *Age of Unreason*. London: Random House.

Hanks, Craig. 2010. *Technology and Values: Essential Readings*. Chrichester: John Wiley and Sons.

Hansen, Høgni Kalsø, Bjørn Asheim, and Jan Vang. 2009. "The European Creative Class and Regional Development: How Relevant is Florida's Theory for Europe?" In *Creative Economies, Creative Cities: Asian-European Perspectives*, ed. Lily Kong and JUstin O'Connor. Dordrecht: Springer, 99-120.

Harney, Stefano. 2010. "Creative Industries Debate. Unfinished Business: Labour, Management, and the Creative Industries." *Cultural Studies* 24 (3): 431.

Harper, Stephen C. 2003. *The McGraw-Hill Guide to Starting Your Own Business: A Step-by-Step Blueprint for the First-time Entrepreneur*. London: McGraw-Hill.

Hartley, John, ed. 2005. *Creative Industries*. Oxford: Wiley-Blackwell.

Harvard Business Review. 2010. *Harvard Business Review on Business Model Innovation*. Boston, MAs: Harvard Business.

Harvey, David. 1992. *The Condition of Postmodernity: An Enquiry into the Origins of Cultural Change*. Oxford: Blackwell.

Heath, Becky and Dom Potter. 2011. *Going for Broke: The State of Internships in the UK*. London. Internocracy.

Heebels, Barbara and Irina van Aalst. 2010. "Creative Clusters in Berlin: Entrepreneurship and the Quality of Place in Prenzlauer Berg and Kreuzberg." *Geografiska Annaler: Series B, Human Geography* 92 (4): 347-363.

Hesmondhalgh, David. 2007. *The Cultural Industries* (2nd edition). London: Sage.

_____. 2008. "Cultural and Creative Industries." In *The Sage Handbook of Cultural Analysis*, ed. Tony Bennett and John Frow. London: Sage, 552-569.

Hesmondhalgh, David and Sarah Baker. 2008. "Creative Work and Emotional Labour in the Television Industry." *Theory, Culture, Society* 25 (7-8): 97.

_____. 2010. "'A Very Complicated Version of Freedom': Conditions and Experiences of Creative Labour in Three Cultural Industries." *Poetics* 38 (1) (February): 4-20.

_____. 2011. *Creative Labour: Media Work in Three Cultural Industries*. London: Routledge.

van Heur, Bas. 2009. "The Clustering of Creative Networks: Between Myth and Reality." *Urban Studies* 46 (8) (July 1): 1531-1552.

Hirsch, Paul M. 2000. "Cultural Industries Revisited." *Organization Science* 11 (3): 356-361.

HMRC. 2012. "Employment Status." *HM Revenue and Customs*. www.hmrc.gov.uk/employment-status/.

Hobsbawm, E. J. 1999. *Industry and Empire: The Birth of the Industrial Revolution*. New York: The New Press.

Hochschild, Arlie Russell. 2003. *The Managed Heart: Commercialization of Human Feeling*. Berkeley, CA: University of California Press.

Hodkinson, Paul. 2011. *Media, Culture and Society: An Introduction*. Los Angeles: Sage.

Holgate, Jane and Sonia McKay. 2007. *Institutional Barriers to Recruitment and Employment in the Audio Visual Industries*. London: Working Lives Research Institute.

_____. 2009. "Equal Opportunities Policies: How Effective Are They in Increasing Diversity in the Audio-visual Industries' Freelance Labour Market?" *Media, Culture & Society* 31 (1) (January 1): 151-163.

Holt Douglas B. 1997. "Distinction in America? Recovering Bourdieu's Theory of Tastes from its Critics." *Poetics* 25 (2-3): 93-120.

Holt, Jennifer and Alisa Perren. 2009. *Media Industries: History, Theory, and Methos*. Oxford: Wiley Blackwell.

House of Lords. 2009, *Public Service Broadcasting: Short-term Crisis, Long-term Future?* London: The Stationery Office.

Howe, Jeff. 2006. "The Rise of Crowdsourcing." *Wired*, June. www.wired.com/wired/archive/14.06/crowds.html.

_____. 2008. *Crowdsourcing: Why the Power of the Crowd is Driving the Future of Business*. New York: Crown Publishing Group.

Hyde, Lewis. 2007. *The Gift: How the Creative Spirit Transforms the World*. Edinburgh: Canongate Books (org. published 1983).

Isaacson, Walter. 2011. *Steve Jobs: The Exclusive Biography*. London: Hachette UK.

Jansen, Wendy, Wilchard Steenbakkers, and Hans Jägers. 2007. *New Business Models for the Knowledge Economy*. Aldershot: Gower.

Jarvis, Jeff. 2012. *Gutenberg the Geek*. Amazon Kindle Single.

Jenkins, Henry. 2008. *Convergence Culture: Where Old and New Media Collide* (Revised edition). New York: New York University Press.

Johns, Jennifer. 2010. "Manchester's Film and Television Industry: Project Ecologies and Network Hierarchies."*Urban Studies* 47 (5) (May 1): 1059-1077.

Johnson, Bobbie. 2012a. "Why Less is More." *Matter*. http://blog.readmatter.com/post/23058106160/less-is-more.

_____. 2012b. "It isn't a Magazine, It isn't a Website." *Matter*. http://blog.readmatter.com/day/2012/07/05.

Johnson, Catherine. 2012. *Branding Television*. Abingdon: Routledge.

Johnson, Steven. 2010. *Where Good Ideas Com From: The Seven Patterns of Innovation*. London: Penguin.

Johnson, Trevor. 2011. "Going for Broke." *Time Out*, July 14.

Jubert, Tom. 2011. "10 Tips on How to Become a Professional Games Writer." *Plot is Gameplay's Bitch*. http://tom-jubert.blogspot.com/2011/03/10-tips-on-how-to-beco me-professional.html.

Julier, Guy. 2008. *The Culture of Design* (2nd edition). London: Sage.

Kanter, Jake. 2012. "Indies Secure Largest Slice of WoCC to Date." *Broadcast*, July 12. www.broadcastnow.co.uk/news/indies/indies-secure-largest-slice-of-wocc-to-date/5044297.article.

Karlsson, Charlie and Robert G. Picard. 2011. *Media Clusters: Spatial Agglomeration and Content Capabilities*. Cheltenham: Edward Elgar.

Kavoori, Anandam P. and Aswin Punathambekar. 2008. *Global Bollywood*. New York: New York University Press.

Kay, Jeremy. 2011. "Feature Focus: Equity Finance." *Screen International* (November): 31-38.

Keane, Michael. 2007. *Created in China: The Great New Leap Forward*. Routledge Media, Culture and Social Change in Asia 11. London: Routledge.

_____. 2009. "The Capital Complex: Beijing's New Creative Clusters." In *Creative Economies, Creative Cities: Asian-European Perspectives*, ed. Lily Kong and Justin O'Connor. Dordrecht: Springer, 77-97.

Kelly, Kevin. 2008. "1,000 True Fans." *The Technium*, March. www.kk.org/thetechnium/archives/2008/03/1000_true_fans.php/.

Kelty, Christopher M. 2008. *Two Bits: The Cultural Significance of Free Software*. Durham, NC: Duke University Press.

Khalsa, Balihar. 2012. "Time To Drop the Banner?" *Broadcast* (March 2): 24-25.

Kimes, Mina. 2011. "From Guns n'Roses Bassist to Money Manager." *Fortune*, March 4. http://money.cnn.com/2011/03/04/pf/duff_mckagan_meridian_rock.fortune/index.htm.

Kirkegaard, Sean. 2004. "Super Indies are in Line for Tomorrow's Big Prize." *The Guardian*, August 24. www.guardian.co.uk/media/2004/aug/24/broadcasting.business.

Knopper, Steve. 2009. *Appetite for Self-Destruction: The Spectacular Crash of the Record Industry in the Digital Age*. New York: Simon & Schuster.

Kong, Lily. 2009. "Beyond Networks and Relations: Towards Rethinking Creative Cluster Theory." In *Creative Economies, Creative Cities: Asian-European Perspectives*, ed. Lily Kong and Justin O'Connor. Dordrecht: Springer, 61-76.

Kotamraju, Nalini P. 2006. "Keeping Up: Web Design Skill and the Reinvented Worker." *Information, Communication & Society* 5 (1): 1-26.

Krotoski, Aleks. 2012. "Tech Weekly Podcast: Watching the Web." *The Guardian*, April 3. www.guardian.co.uk/technology/audio/2012/apr/03/tech-weekly-podcast-gov-surveillance.

Kruhly, Madeleine. 2011. "Harry Porter, Inc: How the Boy Wizard Created a $21 Billion Business." *The Atlantic*, July. http://www.theatlantic.com/business/archive/2011/07/harry-potter-inc-how-the-boy-wizard-created-a-21-billion-business/241948/.

Lane, Jeremy F. 2000. *Pierre Bourdieu: A Critical Introduction*. London: Pluto Press.

Larocca, Amy. 2010. "Planet Monocle." *New York Magazine*, December 5. http://nymag.com/news/media/69921/.

Leadbeater, Charles. 2008. *We-Think*. London: Profile.

Leadbeater, Charles and Kate Oakley. 1999. *The Independents: Britain's New Cultural Entrepreneurs*. London: Demos.

Lessig, Lawrence. 2005. *Free Culture: How Big Media Uses Technology and the Law to Lock Down Culture and Control Creativity*. New York: Penguin Group USA.

Lewandowski, Natalie. 2010. "Understanding Creative Roles in Entertainment: The Music Supervisor as Case Study."

Continuum: Journal of Media & Cultural Studies 24 (6): 865.

Lewis, Michael. 2002. *Next: The Future Just Happened*. New York: W.W. Norton & Co.

Leyshon, Andrew, Peter Webb, Shaun French, Nigel Thrift, and Louise Crewe. 2005. "On the Reproduction of the Musical Economy." *Media, Culture & Society* 27 (2): 177-209.

Lloyd, Richard Douglas. 2010. *Neo-Bohemia: Art and Commerce in the Postindustrial City* (2nd edition). London: Routledge.

Lobato, Ramon. 2010. "Creative Industries and Informal Economies." *International Journal of Cultural Studies* 13 (4): 337-354.

Lovink, Geert. 2003. *My First Recession*. Rotterdam: V2_publishing.

Lunt, Peter and Sonia Livingstone. 2012. *Media Regulation: Governance and the Interests of Citizens and Consumers*. London: Sage.

Lynn, Matthew. 2007. "Apple iPhone Will Fail in a Late, Defensive Move." *Bloomberg*. www.bloomberg.com/apps/news?pid=newsarchive&sid=aRelVKWbMAvO.

MacFarquhar, Larissa. 2012. "When Giants Fail: What Business Has Learned from Clayton Christensen." *The New Yorker*, May 14. www.newyorker.com/reporting/2012/05/14/120514fa_fact_macfarquhar.

Malik, Shiv and Rajeev Syal. 2011. "Internships: The Scandal of Britain's Unpaid Army." *The Guardian*, November 4. www.guardian.co.uk/money/2011/nov/04/internships-scandal-britain-unpaid-army.

Markoff, John. 2011. "Steve Jobs of Apple Dies at 56." *The New York Times*, October 5, sec. Business Day. www.nytimes.com/2011/10/06/business/steve-jobs-of-apple-dies-at-56.html.

Marling, Karal Ann. 1996. *As Seen on TV: The Visual Culture of Everyday Life in the 1950s*. Cambridge, MA: Harvard University Press.

Marx, Karl, and Friedrich Engels. 2012. *The Communist Manifesto: A Modern Edition*. 2nd ed. London: Verso Books (orig. published 1848).

Mason, Matt. 2008. *The Pirate's Dilemma: How Hackers, Punk Capitalists, Graffiti Millionaires and Other Youth Movements are Remixing Our Culture and Changing Our World*. London: Allen Lane.

Masterson, Rosalind and David Pickton. 2010. *Marketing: An Introduction* (2nd edition). London: Sage.

Mattelart, Armand. 1996. *The Invention of Communication*. Minneapolis, MN: University of Minnesota Press.

Mayer, Vicki, Miranda J. Banks, and John Thornton Caldwell. 2009. *Production Studies: Cultural Studies of Media Industries*. New York: Routledge.

McAthy, Rachel. 2012. "Long-form Journalism Project Matter Aiming for September Launch." *Journalism.co.uk*. www.journalism.co.uk/news/digital-long-form-journalism-pr

oject-matter-aiming-for-september-launch/s2/a549767/.

McEvoy, Sean. 2000. *Shakespeare: The Basics*. London: Routledge.

McFall, Elizabeth Rose. 2004. *Advertising: A Cultural Economy*. London: Sage.

McGuigan, Jim. 2009. "Doing a Florida Thing: The Creative Class Thesis and Cultural Policy." *International Journal of Cultural Policy* 15 (3): 291-300.

McKagan, Duff. 2011. *Its So Easy (And Other Lies): The Autobiography*. New York: Orion.

McKay, Jenny. 2000. *The Magazines Handbook*. London: Routledge.

McKinlay, Alan. 2009. "Making 'the Bits between the Adverts': Management, Accounting, Collective Bargaining and Work in UK Commercial Television, 1979-2005." In *Creative Labour: Working in the Creative Industries. Critical Perspectives on Work and Employment*, ed. Alan McKinlay and Chris Smith. Basingstoke: Palgrave Macmillan, 174-192.

McKinlay, Alan and Chris Smith, eds. 2009. *Creative Labour: Working in the Creative Industries. Critical Perspectives on Work and Employment*. Basingstoke: Palgrave Macmillan.

McLeod, Charlotte, Stephanie O'Donohoe, and Barbara Townley. 2009. "The Elephant in the Room? Class and Creative Careers in British Advertising Agencies." *Human Relations* 62 (7): 1011-1039.

McNab, Geoffrey. 2011. "Can Doha Strike Gold? *Screen International* (October): 23-25.

McRobbie, Angela. 1998. *British Fashion Design: Rag Trade or Image Industry?* London: Routledge.

_____. 2002. "Clubs to Companies: Notes on the Decline of Political Culture in Speeded up Creative Worlds." *Cultural Studies* 16 (4): 718-737.

Meikle, Graham and Sherman Young. 2012. *Media Convergence: Networked Digital Media in Everyday Life*. Basingstoke: Palgrave Macmillan.

Menger, Pierre-Michel. 1999. "Artistic Labor Markets and Careers." *Annual Review of Sociology* 25: 541-574.

Michaels, Sean. 2012. "Bloc Goes into Administration Following Festival Cancellation." *The Guardian*, July 12. www.guardian.co.uk/music/2012/jul/12/bloc-liquidation -festival-cancellation.

Mieszkowski, Katharine. 2006. "'I Make $1.45 a Week and I Love It'." *Salon*, July 24. www.salon.com/2006/07/24/ turks_3/.

Miller, Michael B. 1994. *The Bon Marche: Bourgeois Culture and the Department Store, 1869-1920*. Princeton, NJ: Princeton University Press.

Miller, Vincent. 2011. *Understanding Digital Culture*. London: Sage.

Monks, Leila. 2012. "The Demand for Formats Shows No Sign

of Waning." *Broadcast* (April 13): 13.

Moor, Elizabeth. 2003. "Branded Spaces: The Scope of 'New Marketing'." *Journal of Consumer Culture* 3 (1): 39-60.

Moor, Liz. 2008. "Branding Consultants as Cultural Intermediaries." *The Sociological Review* 56 (3): 408-428.

Moore, Karl and Niketh Pareek. 2010. *Marketing: The Basics* (2nd edition). London: Routledge.

Morris, Peter, Jeffrey K. Pinto, and Jonas Söderlund, eds. 2011. *The Oxford Handbook of Project Management*. Oxford: Oxford University Press.

Mullins, John W. 2009. *Getting to Plan B: Breaking Through to a Better Business Model*. Boston, MA: Harvard Business School Press.

Nathan, Max. 2005. "The Wrong Stuff: Creative Class Theory, Diversity and City Performance." *Centre for Cities Discussion Paper* 1 (September). www.centreforcities.org/ index.php?id=78.

Naughton, John. 2012. *From Gutenberg to Zuckerberg: What You Really Need to Know about the Internet*. London: Quercus.

Neff, Gina, Elizabeth Wissinger, and Sharon Zukin. 2005. "Entrepreneurial Labor among Cultural Producers: Cool Jobs in Hot Industries." *Social Semiotics* 15 (3): 307-334.

NESTA. 2006. *Creating Growth: How the UK Can Invest in Creative Businesses*. London: National Endowment for Science, Technology and the Arts (NESTA). www.nesta.org.uk/ publications/assets/features/creating_growth.

O'Connor, Justin. 2009a. "Creative Industries: a New Direction?" *International Journal of Cultural Policy* 15 (4): 387-402.

_____. 2009b. "Shanghai Moderne: Creative Economy in a Creative City?" In *Creative Economies, Creative Cities: Asian-European Perspectives*, ed. Lily Kong and Justin O'Connor. Dordrecht: Springer, 175-195.

Oakley, Kate. 2004. "Not So Cool Britannia: The Role of the Creative Industries in Economic Development." *International Journal of Cultural Studies* 7 (1) (March 1): 67-77.

_____. 2006. "Include Us Out—Economic Development and Social Policy in the Creative Industries." *Cultural Trends* 15 (4): 255.

_____. 2009a. "The Disappearing Arts: Creativity and Innovation after the Creative Industries." *International Journal of Cultural Policy* 15 (4): 403-413.

_____. 2009b. "Getting Out of Place: The Mobile Creative Class Takes on the Local. A UK Perspective on the Creative Class." In *Creative Economies, Creative Cities: Asian—European Perspectives*, ed. Lily Kong and Justin O'Connor. Dordrecht: Springer, 121-134.

Oakley, Kate, Brooke Sperry, and Andy Pratt. 2008. *The Art of Innovation: How Fine Arts Graduates Contribute to Innovation*. London: NESTA.

OECD. 2007. *Eurostat-OECD Manual on Business Demography Statistics*. Paris: OECD. www.oecd.org/std/entrepreneurshipandbusinessstatistics/eurostat-oecdmanualonbusinessdemographystatistics.htm.

Ofcom. 2006. *Review of the Television Production Sector*. London: Ofcom. http://stakeholders.ofcom.org.uk/consultations/tpsr/statement/.

Osborne, Thomas. 2003. "Against 'Creativity': A Philistine Rant." *Economy and Society* 32 (4): 507-525.

Osnowitz, Debra. 2010. *Freelancing Expertise: Contract Professionals in the New Economy*. Ithaca, NY: Cornell University Press.

Palmer, Amanda. 2012. "Kickstarter Project Update 5: All You Ever Wanted to Know About All This Kickstarter Money Sc Where It's Going." *Kickstarter*. www.kickstarter.com/projects/amandapalmer/amanda-palmer-the-new-record-art-book-and-tour/posts/232020.

Parker, Robin. 2011. "Battle Lines Drawn in Comedy." *Broadcast*, September 2.

Pearson. 2012. "Pearson Publishing". Corporate Website. *Pearson*, www.pearson.co.uk/.

Perlin, Ross. 2011. *Intern Nation: How to Earn Nothing and Learn Little in the Brave New Economy*. London: Verso.

Perrons, D. 2007. "Living and Working Patterns in the New Knowledge Economy: New Opportunities and Old Social Divisions in the Case of New Media and Care Work." In *Gendering the Knowledge Economy: Comparative Perspectives*, ed. Sylvia Walby, Heidi Gottfried, Karin Gottschall, and Mari Osawa. Basingstoke: Palgrave Macmillan, 188-206. www.palgrave.com/products/title.aspx?PID=334212.

Peters, Jeremy W. 2011. "Huffington Post is Target of Suit on Behalf of Bloggers." *New York Times Media Decoder*, April 12. http://mediadecoder.blogs.nytimes.com/2011/04/12/huffington-post-is-target-of-suit-on-behalf-of-bloggers/.

Pfanner, Eric. 2012a. "Maker of Angry Birds Shows Way for European Start-ups." *The New York Times*, May 17, sec. Technology. www.nytimes.com/2012/05/18/technology/18iht-rovio18.html.

———. 2012b. "WPP Acquires AKQA to Beef Up Digital Marketing." *The New York Times*, June 20, sec. Business Day/Global Business, www.nytimes.com/2012/06/21/business/global/wpp-acquires-akqa-to-beef-up-digital-marketing.html.

Planet Money. 2011. "The Friday Podcast: Is This Man a Snuggie? Planet Money: NPR." *Planet Money*, May 19. www.npr.org/blogs/money/2011/05/20/136496085/the-friday-podcast-is- this-man-a-snuggie.

———. 2012. "The App Economy." *NPR.org*, January 30. www.npr.org/blogs/money/2012/01/31/146152273/the-tuesday-podcast-the-app-economy.

Platman, Kerry. 2004. "'Portfolio Careers' and the Search for Flexibility in Later Life." *Work, Employment & Society* 18 (3): 573-599.

Plunkett, John. 2012. "BBC Director General: George Entwistle Profile." *The Guardian*, July 3. www.guardian.co.uk/media/2012/jul/04/george-entwistle-director-general-profile.

Popcorn, Faith. 1992. *The Popcorn Report: Revolutionary Trend Predictions for Marketing in the 90s*. London: Arrow.

Porter, Michael E. 2005. "Local Clusters in a Global Economy." In *Creative Industries*, ed. John Hartley. London: Routledge, 259-267.

Porter, R. 1990. *English Society in the Eighteenth Century*. London: Penguin.

Portny, Stanley E. 2010. *Project Management for Dummies*. Chichester: John Wiley & Sons.

Potts, Jason and Stuart Cunningham. 2008. "Four Models of the Creative Industries." *International Journal of Cultural Policy* 14 (3): 233-247.

Potts, Jason, Stuart Cunningham, John Hartley, and Paul Ormerod. 2008a. "Social Network Markets: A New Definition of the Creative Industries." *Journal of Cultural Economics* 32 (3): 167-185.

Potts, Jason, John Hartley, and Stuart Cunningham. 2008b. "Social Network Markets: A New Definition of the Creative Industries (Pre-Publication Draft)". Brisbane, Queensland University of Technology. http://cci.edu.au/topics/economics.

Power, Dominic. 2003. "The Nordic 'Cultural Industries': A Cross-national Assessment of the Place of the Cultural Industries in Denmark, Finland, Norway and Sweden." *Geografiska Annaler: Series B, Human Geography* 85 (3): 167-180.

Pratt, Andy C. 2004. "The Cultural Economy: A Call for Spatialized 'Production of Culture' Perspectives." *International Journal of Cultural Studies* 7 (1): 117-128.

———. 2007. "Locating the Cultural Economy." In *The Cultural Economy*. Vol. 2. The Cultures and Globalization Series, ed. Helmut Anheier and Yudhishthir Raj Isar. London: Sage, 42-51.

———. 2008. "Creative Industries: the Cultural Industries and the Creative Class." *Geografiska Annaler: Series B, Human Geography* 90 (2): 107-117.

———. 2009. "Urban Regeneration: From the Arts 'Feel Good' Factor to the Cultural Economy: a Case Study of Hoxton, London." *Urban Studies* 46 (5-6): 1041-1062.

Pratt, Andy C. and Paul Jeffcutt, eds. 2009. *Creativity, Innovation and the Cultural Economy*. London: Routledge.

Prieur, Annick and Mike Savage. 2011. "Updating Cultural Capital Theory: a Discussion Based on Studies in Denmark and in Britain." *Poetics* 39 (6): 566-580.

Rae, Issa. 2011. *The Misadventures of Awkward Black Girl*.

www.youtube.com/user/actingrlll2.

Randle, Keith and Nigel Culkin. 2009. "Getting in and Getting on in Hollywood: Freelance Careers in an Uncertain Industiy." In *Creative Labour: Working in the Creative Industries. Critical Perspectives on Work and Employment*, ed. Alan McKinlay and Chris Smith. Basingstoke: Palgrave Macmillan, 93-115.

Reidd et al. 2010. *A Creative Block? The Future of the UK Creative Industries?* London: The Work Foundation.

Richmond, Siubhan. 2012. *An Expert's Guide to Getting into TV*. e-book. London: Siubhan Richmond.

Rimmer, Matthew. 2007. *Digital Copyright and the Consumer Revolution: Hands Off My iPod*. Cheltenham: Edward Elgar.

Robb, John. 2009. *The North Will Rise Again: Manchester Music City 1976-1996*. London: Aurum.

Rodic, Yvan. 2010. *Facehunter*. London: Thames & Hudson. http://facehunter.blogspot.com/.

Rogerson, Christian. 2006. "Creative Industries and Urban Tourism: South African Perspectives." *Urban Forum* 17 (2): 149-166.

Rojek, Chris. 2001. *Celebrity*. London: Reaktion Books.

Ross, Andrew. 2003. *No-Collar: The Humane Workplace and its Hidden Costs*. New York: Basic Books.

_____. 2008. "The New Geography of Work." *Theory, Culture, Society* 25 (7-8): 31-49.

Rosser, Michael. 2011. "Second Chance for *Love Thy Neighbour* in Spain." *Broadcast*, July 15: 13.

Rushton, Katherine. 2009a. "Ben Stephenson, Controller, BBC Drama Commissioning." *Broadcast*, April 1. www.broad castnow.co.uk/news/people/ben-stephenson-controller-bbc-drama-com-missioning/2015609.article.

_____. 2009b. "Drama Producers Point to 'Systemic' Failures at BBC | News | Broadcast." *Broadcast*, July 23. www. broadcastnow.co.uk/news/broadcasters/bbc/drama-produ cers-point-to-systemic-failures-at-bbc/5003834.article.

_____. 2010. "Ben Stephenson, BBC Drama." *Broadcast*, January 14. www.broadcastnow.co.uk/news/commissio ning/ben-stephenson-bbc-drama/5009652.article.

Rushton, Susie. 2008. "'Monocle' Has an Eagle Eye on the Lives of the Jet Set." *The Independent*, February 18, sec. Media. www.independent.co.uk/news/media/monocle-has-an-eagle-eye-on- the-lives-of-the-jet-set-783487.html.

Russell, Edward. 2010. *The Fundamentals of Marketing*. Lausanne: AVA Publishing.

Saundry, Richard and Peter Nolan. 1998. "Regulatory Change and Performance in TV Production." *Media, Culture & Society* 20 (3) (July 1): 409-426.

Saundry, Richard, Mark Stuart, and Valerie Antcliff. 2007. "Broadcasting Discontent: Freelancers, Trade Unions and the Internet." *New Technology, Work and Employment* 22 (2) (July 1): 178-191.

Savage, Mike and Modesto Gayo. 2011. "Unravelling the Omnivore: A Field Analysis of Contemporary Musical Taste in the United Kingdom." *Poetics* 39 (5) (October): 337-357.

Schivelbusch, Wolfgang. 1986. *The Railway Journey: The Indusirialization of Time and Space in the 19th Century*. Berkeley, CA: University of California Press.

Scott, Allen J. 2010. "Cultural Economy and the Creative Field of the City." *Geografiska Annaler: Series B, Human Geography* 92 (2): 115-130.

Sengupta, Sukanya, Paul K. Edwards, and Chin-Ju Tsai. 2009. "The Good, the Bad, and the Ordinary Work Identities in 'Good' and 'Bad' Jobs in the United Kingdom." *Work and Occupations* 36 (1): 26-55.

Shih, Clara. 2011. *The Facebook Era: Tapping Online Social Networks to Market, Sell and Innovate* (2nd edition). Boston, MA: Pearson.

Shirky, Clay. 2011. *Cognitive Surplus: Creativity and Generosity in a Connected Age*. London: Penguin.

Shurgot, Michael W. 1998. *Stages of Play: Shakespeare's Theatrical Energies in Elizabethan Performance*. Delaware, DE: University of Delaware Press.

Simon, Herbert A. 1971. "Designing Organizations for an Information-Rich World." In *Computers, Communications, and the Public Interest*, ed. Martin Greenberger and Johns Hopkins University. Baltimore, MD: Johns Hopkins University Press.

Skillset. 2009. *2009 Employment Census: The Results of the Seventh Census of the Creative Media Industries*. London: Skillset. www.skillset.org/research/index/.

_____. 2011. *Sector Skills Assessment for the Creative Media Industries in the UK*. London: Skillset. www.skillset.org/ research/index/.

Skillset and CCSkills. 2011. *Sector Skills Assessment for the Creative Industries*. Strategic Skills Assessment for the Creative Industries. London: Skillset. www.skillset.org/research/ index/#ssa2011.

Smith, Chris and Alan McKinlay. 2009. "Creative Industries and Labour Process Analysis." In *Creative Labour: Working in the Creative Industries. Critical Perspectives on Work and Employment*, ed. Alan McKinlay and Chris Smith. Basingstoke: Palgrave Macmillan, 3-28.

Smith, Stuart James. 2008. *How to Make It in Music: Written by Musicians for Musicians*. London: Dennis Publishing.

Smith-Higgins, Lawrence and Miles Rees. 2007. *Intellectual Property*. London: Hodder Arnold.

Smythe, Dallas W. 2006. "On the Audience Commodity and its Work." In *Media and Cultural Studies: Keyworks*, ed. Meenakshi Gigi Durham and Douglas Kellner. Oxford: Blackwell, 230-256.

Sparke, Tim. 2012. "A Meeting of Great Minds". *Broadcast* (22 June): 20

Spencer, Lloyd. 2010. *Introducing the Enlightenment: a Graphic Guide*. London: Icon Books.

Stahl, Matt. 2009. "Privilege and Distinction in Production Worlds: Copyright, Collective Bargaining, and Working Conditions in Media Making." In *Production Studies: Cultural Studies of Media Industries*, ed. Vicki Mayer, Miranda J. Banks and John T. Caldwell. London: Routledge, 54-68.

Steger, Manfred B. 2010. *Neoliberalism: A Very Short Introduction*. Oxford: Oxford University Press.

Sternberg, Robert J., ed. 1998. *Handbook of Creativity*. Cambridge: Cambridge University Press.

Stokes, David. 2002. *Small Business Management*. London: Continuum

Surowiecki, James. 2005. *The Wisdom of Crowds*. New York: Knopf Doubleday Publishing Group.

_____. 2010. "Blockbuster, Netflix, and the Future of Rentals." *The New Yorker*, October 18. www.newyorker.com/ta lk/financial/2010/10/18/101018ta_talk_surowiecki.

Tench, Ralph and Liz Yeomans. 2009. *Exploring Public Relations*. Harlow: Pearson Education.

Thompson, Don. 2008. *The $12 Million Stuffed Shark: The Curious Economics of Contemporary Art*. London: Palgrave Macmillan.

Thornton, Sarah. 2008. *Seven Days in the Art World*. London: W.W. Norton.

Thrift, Nigel. 2005. *Knowing Capitalism*. London: Sage.

Throsby, David and Anita Zednik. 2011. "Multiple Job-holding and Artistic Careers: Some Empirical Evidence." *Cultural Trends* 20 (1): 9.

Tunstall, Jeremy, ed. *2001. Media Occupations and Professions: A Reader*. Oxford: Oxford University Press.

Turner, Graeme. 2004. *Understanding Celebrity*. London: Sage.

UNCTAD. 2010. *Creative Economy Report 2010*. United Nations Conference on Trade and Development.

UNESCO. 2009. *2009 UNESCO Framework for Cultural Statistics*. Paris: UNESCO.

Vanderbilt, Tom. 1997. "The Advertised Life." In *Commodify Your Dissent*, ed. Thomas Frank and Matt Weiland. New York: W.W. Norton & Co., 127-142.

Vaughan, W. 1999. *British Painting: The Golden Age*. London: Thames & Hudson.

Vice. 2012. "2012 Media Kit". Vice Media Group, http://scs.viceland.com/vice-com/VICE_UK_Media_kit_2012_Rev6.pdf.

Watkins, James. 2012. *The Woman in Black*. Alliance Films, UK/Canada.

Webb, Matt. 2010. "Week *272*." *Berg London Blog*. http://berglondon.com/blog/2010/08/26/week-272/.

Weeds, Helen. 2012. "Superstars and the Long Tail: The Impact of Technology on Market Structure in Media Industries." *Information Economics and Policy* 24 (1) (March): 60-68.

Wei, Li Wu, and Hua Jian. 2009. "Shanghai's Emergence into the Global Creative Economy." In *Creative Economies, Creative Cities*, ed. Lily Kong and Justin O'Connor. Dordrecht: Springer, 167-171.

Weisberg, Robert W. 1993. *Creativity: Beyond the Myth of Genius*. New York: W.H. Freeman.

West, Douglas. 1993. "Restricted Creativity: Advertising Agency Work Practices in the US, Canada and the UK." *The Journal of Creative Behavior* 27 (3): 200-213.

Wheeler, Brian. 2012. "How the Daily Mail Stormed the US." *BBC*, January 27, sec. Magazine. www.bbc.co.uk/news/magazine-16746785.

Wilkinson, Carl. 2008. "The Vice Squad." *The Observer*, March 30. www.guardian.co.uk/media/2008/mar/30/pressand publishing.tvandradioarts.

Williams, Raymond. 1961. *Culture and Society 1780-1950*. Harmondsworth: Penguin.

_____. 1965. *The Long Revolution*. Harmondsworth: Penguin.

_____. 1981. *Culture*. Glasgow: Fontana.

_____. 1985. *Keywords: A Vocabulary of Culture and Society*. Oxford: Oxford University Press.

Wilson, Elizabeth. 2000. *Bohemians: The Glamorous Outcasts*. London: Taurus Parke.

Wingfield, Nick and Brian X. Chen. 2012. "Google Outsells, but Apple Keeps Loyalty of Mobile App Developers." *The New York Times*, June 10, sec. Technology. www.nytimes.com/2012/06/11/technology/apple-keeps-loyalty-of-mobile-app-developers.html.

Wiseman, Andreas. 2012. "A Special Place." *Screen International* (January 27): 23.

Wood, James. 2000. *History of International Broadcasting* (Vol. 2). London: Institution of Electrical Engineers.

Wright, Shelagh, John Newbigin, John Kieffer, John Holden, and Tom Bewick. 2009. *After the Crunch*. London: Creative and Cultural Skills. www.creative-economy.org.uk.

Wyman, Bill. 2011a. "Lester Bangs' Basement: What it Means to Have All Music Instantly Available." *Slate*, April, www.slate.com/articles/arts/music_box/2011/04/les ter_bangs_basement.html.

_____. 2011b. "Groundhog Decade: Hollywood is about to Repeat the Catastrophic Mistakes of the Music Industry." *Slate*, July, www.slate.com/articles/arts/culturebox/2011/07/groundhog_decade.html.

_____. 2012. "So Long, and Thanks for All the Pirated Movies." *Slate*, January 20. www.slate.com/articles/business/technology/2012/01/megaupload_shutdown_what_the_sit e_s_departure_means_for_other_traffic_hogging_cybe rlockers_.single.html.

Young, James Webb. 2003. *A Technique for Producing Ideas*. London: McGraw-Hill Professional.

Yúdice, George. 2003. *The Expediency of Culture*. Durham, NC: Duke University Press.

Zukin, Sharon. 1982. *Loft Living: Culture and Capital in Urban Change*, Baltimore: John Hopkins University Press.

Zukin, Sharon and Laura Braslow. 2011. "The Life Cycle of New York's Creative Districts: Reflections on the Unanticipated Consequences of Unplanned Cultural Zones." *City, Culture and Society 2* (3) (September): 131-140.

찾아보기

지은이 **로저먼드 데이비스** Rosamund Davies

그리니치대학교 창조직업과 디지털 예술(Creative Professions and Digital Arts) 학과
교수다. 미디어와 창조적 글쓰기를 가르치고 있으며, 미디어와 창조산업 분야 일하기
과정을 개발했다. 이 과정은 『창조산업: 이론과 실무』를 집필하는 데 기초가 되었다.
런던 지역 영화위원회인 필름 런던(Film London)에서 스크립트 에디터이자 스토리
컨설턴트로서 100여 개의 프로젝트를 진행하기도 했다.

지은이 **고티 시그트호슨** Gauti Sigthorsson

그리니치대학교 창조직업과 디지털 예술(Creative Professions and Digital Arts) 학과
교수다. 미디어 이론, 디지털 문화, 조사방법론, 창조산업 실무와 정책, 디지털 미디어
기술, 디지털 인문학, 미디어와 창조산업 분야 일하기와 관련한 수업을 맡아 가르치고
있다.

옮긴이 **박동철(박안토니오)**

서울대학교 국제경제학과를 졸업하고, 한국외국어대학교 외국어연수원을 수료했으며,
미국 오하이오 대학교에서 경제학 석사학위를 받았다. 주EU대표부 일등서기관,
이스라엘 및 파키스탄 주재 참사관을 지냈고, 현재는 정보평론연구소를 운영하면서
연구와 집필 활동에 매진하고 있다. 옮긴 책으로는 『글로벌 트렌드 2025: 변모된 세계』,
『합동작전환경 평가보고서』, 『중국과 인도의 전략적 부상』, 『정보 분석의 혁신』,
『글로벌 거버넌스 2025: 중대한 기로』, 『포스너가 본 신자유주의의 위기』, 『글로벌
트렌드 2030: 선택적 세계』 등이 있다.

창조산업
이론과 실무

한울아카데미 1847

지은이 **로저먼드 데이비스·고티 시그트호슨** | 옮긴이 **박동철**
펴낸이 **김종수** | 펴낸곳 **도서출판 한울** | 편집책임 **최규선**

초판 1쇄 인쇄 **2015년 11월 2일** 초판 1쇄 발행 **2015년 11월 23일**

주소 **10881 경기도 파주시 광인사길 153 한울시소빌딩 3층**
전화 **031-955-0655** | 팩스 **031-955-0656** | 홈페이지 **www.hanulbooks.co.kr**
등록번호 **제406-2003-000051호**

Printed in Korea.
ISBN 978-89-460-5847-7 93320 (양장)
ISBN 978-89-460-6085-2 93320 (반양장)
* 책값은 겉표지에 표시되어 있습니다.